雇用差別と闘うアメリカの女性たち

最高裁を動かした10の物語

ジリアン・トーマス＝著｜中窪裕也＝訳

because of sex

One Law, Ten Cases, and Fifty Years That Changed American Women's Lives at Work

日本評論社

BECAUSE OF SEX

One Law, Ten Cases, and Fifty Years That Changed American Women's Lives at Work

Published by arrangement with St. Martin's Publishing Group
through Tuttle-Mori Agency, Inc., Tokyo

両親に捧ぐ、
すべてに感謝して

雇用差別と闘うアメリカの女性たち　最高裁を動かした10の物語

目　次

＊本書に出てくる法律名の原語は、以下のとおりである。

1964年公民権法　Civil Rights Act of 1964
1991年公民権法　Civil Rights Act of 1991
ADA（障害を持つアメリカ人法）　Americans with Disabilities Act
ADEA（雇用における年齢差別禁止法）Age Discrimination in Employment Act
EPA（同一賃金法）　Equal Pay Act
FLSA（公正労働基準法）　Fair Labor Standards Act
FMLA（家族・医療休暇法）　Family and Medical Leave Act
PDA（妊娠差別禁止法）　Pregnancy Discrimination Act
労働安全衛生法　Occupational Safety and Health Act

プロローグ

スミス議員の提案

１９６４年2月8日、アメリカ連邦議会の下院の本会議で、人種隔離政策の支持者である80歳のハワード・スミス議員が、演壇に上がった。そして、職場で働くアメリカの女性たちの運命を、永遠に変えてしまった。

その日は、画期的な立法となる「１９６４年公民権法」の法案審議の第8日目で、審議の最終日とされていた。バージニア州選出の民主党議員であるスミスは、この法律の第7編、雇用機会の平等を定めた部分に、1つの修正提案を行った。現在の法案は「人種、肌の色、宗教、または出身国」を理由とする差別を禁止しているけれど、もう1つ、差別の禁止事由を追加してはどうか、というのだ。スミスの案を、議会の担当職員が読み上げた。「法案の68頁、69頁、71頁および71頁の『宗教』という言葉の後に『性』という言葉を挿入する」と。[*1]

スミスはこの「小さな修正」[*2]を、笑いを狙うような形で提案した。自分の選挙区に住む1人の女性から手紙が届き、それに触発されたのだという。彼女は、オールドミスの友人たちが結婚相手としてふさわしい独身男性の不足に悩んでいるので、政府が彼女たちを守ってあげてほしい、と懇願していた。[*3] ほとんど男ばかりの聴衆が爆笑する中、スミスは結論として、次のように述べた。「私がこの手紙を読み上げたのは、女性の方々が現に不満をかかえ、かつ、守られるべき権利を有していることを示すためです。この件について、私は真剣なのです」[*4]

下院での法案の扱いを取り仕切る、ニューヨーク州選出のエマヌエル・セラー議員が、この愉快な騒ぎに加わった。「49年にわたる経験にもとづいて言えば、そして私は来年、50回目の結婚記念日を迎えるのでありますが、女性は断じて、不利な扱いを受ける少数派ではありません。少なくとも、私の家においては」と、彼は言った。「いつも、最後の言葉は、私が言うことになります。はい、その通りだね、と」[*5]

12人いる女性の下院議員のうちの何人かが立ち上がり、議場の笑いをしずめて、修正案への支持を真剣に訴えようとした。ようやくそれに成功したのは、ミシガン州選出で民主党のマーサ・グリフィス議員だった。「女性が第2のより劣った性として扱われてきたことを、もし改めて示す必要があるとすれば、今の笑いが何よりもその証明になったと思います」[*6]と、彼女は言った。

さらに、グリフィスは(彼女は公民権法案を支持していた)、スミスのような南部出身の民主党議員を中心とする法案反対派に対し、巧妙なアピールを行った。当時はすでに、彼らが憎悪する公民権法が賛成多数で可決されることが、不可避な情勢となっていた。そこでグリフィスは、「性」という言葉を追加しなければ、第7編は、白人女性よりも黒人女性により大きな権利を与えることになる、と警告した。[*7]「本日、白人男性がこの修正案に反対票を投じることは、彼の妻や、未亡人や、娘や、姉妹に対する反対を意味するのです」[*8]

修正案の可決

この日の会議は、後に「下院の女性の日」[*9]と呼ばれるようになる。公民権法案の成立を阻止しようとしてスミスが行った、あの即興の芸当によって、歴史に残ることとなった。[*10]アラバマ州バーミングハムの警察署長ブル・コナーの(公民権運動のデモを警察犬や放水により弾圧した)蛮行が全国ニュースで流され、全米にショックを与えた後だけに、アフリカ系アメリカ人の公民権を守ることは、多くの白人議員にとっても受け入れやすいものになっていたかもしれない。けれども、女性の公民権となると、文字どおり、冗談でしかなかったのだ。

自他共に認める「公民権法の敵」には不似合いに見えるかも知れないが、スミスは長年にわたり、合衆国憲法に男女同権規定を追加するよう求める、いわゆるＥＲＡの運動を支持してきた。ここ何週間か、彼はＥＲＡ支持者からの圧力を受けて、公民権法案にも「性」を理由とする差別の禁止を追加する修正提案を行うつもりであることを、言葉の端々に匂わせていた(ＥＲＡ支持者のほとんどは白人で、その多くは、1世紀にもわたる、かなり露骨に人種差別的な運動の伝統を引き継いでいた。南北戦争の後、アフリカ系アメリカ人の男性に対して法的保護が拡大され、まだ女性には認められていなかった選挙権が与えられるなどしたことへの反発が、出発点となっていたのである)。[*11]

また、スミスは、南部の製造業者の利益を代弁する立場にあったので、もしかしたら、性差別を禁止する連邦法ができることによって、多くの州に存在する、女性の労働時間を男性よりも短く規制する州の法律が無効になり、女性の労働力という人的資源の利用可能性が拡大することを、理解していたのかもしれない。[*12]

数時間後、スミスの修正提案は投票にかけられ、賛成168票、反対133票で可決された。賛成票の大部分は、共和党の議員と南部の民主党議員が投じたものだった。[*13] 傍聴席にいた1人の女性が「私たちは勝った! 私たちは勝った!」と叫び、「やった! アメリカ万歳!」という別の叫びが続いた。[*14] その後、法案は上院に送られたが、そちらの審議でも、スミスの修正案はそのまま残された。かくして、1964年7月2日、リンドン・ジョンソン大統領が最終的に議会を通過した公民権法案に署名したとき、「性を理由とする」雇用差別の禁止規定も含まれていた。[*15]

第7編がもたらした変化

今日、働くアメリカ女性の大部分の人々は、職場における性差別が禁止され、自分たちの平等が守られているのは、不快な人種差別主義者の老人男性のおかげだと聞けば、驚くことだろう。ハワード・スミス議員の真の意図が何だったのかについては、歴史家の間で、今でも議論が続いている。[*16] いずれにしても、あの法律は、人種差別の撤廃を求める公民権運動が勝ち取った記念碑的な成果であると同時に、男女平等のための闘争においても、重要な画期となった。第7編は、女性のための革命を引き起こしたのだ。

1964年当時は、まさにテレビドラマの「マッドメン」シリーズに描かれているような状況だった。アメリカの女性のうち、雇われて働く人の割合は半分にもみたず、全労働者の中で女性が占める割合も3分の1程度にすぎなかった。女性が就いている職種も限られ、秘書やウェイトレス、教員など、低賃金のものに集中していた。[*17] それもそのはずで、募集広告が、職種によって「従業員募集―女性」と「従業員募集―男性」に分けられていた。

男性の上司や同僚から色目を使われたり、身体を触られたり、関係を求められたりするのは日常茶飯事で、職場で呼吸をするときの空気のようなものだった(もちろん、当時の空気はタバコの煙がいっぱいだ)。妊娠することは――場合によっては結婚することさえも――解雇通知を意味していた。

今ではもう、そのような「女の差別」の制度[*18]は存在しない。アメリカの女性の60%が家庭外で仕事を持ち、雇用される労働者の半数を女性が占めている。女性労働者のうち子どものいる人の割合も、70%に達している。[*19]政治、ビジネス、医療、法曹、ジャーナリズム、大学など(これらはほんの一例にすぎない)様々な分野で、女性がきわめて高い地位に就いている。連邦最高裁の9人の判事のうち3分の1は女性であり、アメリカ大統領に女性が就くのも時間の問題にすぎない。昔はどこにでもあり、「そういうものだ」と理解されていた性的な行為が、今はセクシュアル・ハラスメントという名称を与えられている。女性が妊娠した場合、かなり遅い時期まで働き続けることも多く、また、ほとんどの者は、子どもが生まれた後で、また職場に戻ってくる。[*20]

第7編がなかったならば、このような大きな変化が生じることは、ありえなかっただろう。けれども、1964年における法律の制定は、実は出発点にすぎない。その後に何が起こったのか、というところから、本書の物語が始まるのである。

判例による法解釈の発展

女性たちは、職場における正義を求めて立ち上がり、第7編にもとづき訴訟を提起するようになった。しかし、初期の段階では、そのような訴訟は、裁判所で必ずしも好意的な扱いを受けなかった。1964年当時、全米の連邦裁判所に422名の裁判官がいたが、女性はわずかに3人にすぎなかった。[*21]しかも、第7編の性差別禁止の規定が、法律成立の直前になって初めて追加されたため、「性を理由とする」差別という言葉が何を意味するのかについて、通常ならあるはずの議会の審議録や委員会報告書が欠けていたのだ。

けれども、そのような訴訟で1件、また1件と有利な判断を勝ち取るごとに、その言葉の意味内容が少しずつ明らかになってきた。連邦最高裁にまで至る事案は、全体の中のごく一部にすぎないが、そこで最高裁が示した第7編の解釈は、以後、すべての裁判官を拘束することとなる。

自分の訴訟が連邦最高裁にまで到達するという稀有な体験をした女性たちのことは、あまり世に知られていない。アイダ・フィリップス、ブレンダ・ミース、キム・ローリンソン、ロサンゼルス市水道電力局の女性たち、ミシェル・ビンソン、リリアン・ガーランド、アン・ホプキンス、ジョンソン・コントロールズ社のバッテリー製造工場の女性たち、テレサ・ハリス、シーラ・ホワイト、ペギー・ヤング。ほとんどが中流ないし労働者階級の人たちで、ほとんどが、何年にもわたって自分ひとりで訴訟を闘い抜いた(もちろん、頑張ってくれる弁護士や、家族や友人の支えはあったかもしれないが)。これらの誰1人として、最初に訴訟を起こしたとき、連邦最高裁の9人の判事に判断をしてもらおうなどとは考えていなかった。彼女たちは皆、単に働きたいと思っていただけなのだ。

EEOCの態度と権限の変化

長い間、彼女たちのように個人で訴訟を提起した人々には、差別を行った使用者や無関心な裁判官のほかにも、闘うべき相手があった。第7編により同法の施行のために作られた機関である雇用機会均等委員会(EEOC)は、法案修正により追加された性差別の禁止規定を、馬鹿げた話のように考えていたのだ。ハワード・スミス議員の演説を聞いたときの聴衆と、まったく同じように。

EEOCの初代委員長であるフランクリン・ルーズベルト・ジュニアは、新聞記者から「性についてはどうですか?」と聞かれて、「そんなことは言わせるなよ。私は大好きだけど」と答えた。*22 また、EEOCの発足当初の事務局高官の1人は、性差別の規定を、「婚外関係で懐胎」した「まぐれ当たりの子」と表現して軽視した。*23 すべての仕事が男女に平等に開かれなければならないと考えたときに浮かぶはしゃいだ気分が、第7編は「バニー問題」を生み出した、というジョークを流行させた。バニーの衣装を着るプレイボーイ・クラブのウェイトレスに、すね毛の濃い男を雇わなければならなくなる、というものだが、これを各所で吹聴したのは、EEOCの職員たちだったのだ。[*24] また、ニューヨーク・タイムズ紙は、同様に困惑をもたらす例として、「男性用サウナ浴場内の接客係に女性が応募、女性のコルセット販売店の店員に男性が応募、男性用の睡眠施設しかないタグボートの仕事に女性が応募」などの例をあげた。[*25]

EEOCが活動を開始した最初の年、差別の申立てのうちの3分の1は女性からのものだったが、[*26] EEOCにはびこる男性優位主義のため、これらの申立てが提起した無数の問題への対応は遅れるばかりだった。けれども、ごく少数ながら本気で頑張る女性のスタッフ弁護士の努力と、外部団体である全米女性機構(NOW)からの抗議――NOWは、第7編の性差別禁止規定に関するEEOCのやる気のなさに激怒した活動家の人々により、1966年に結成されたものだった――によって、EEOCも次第に態度を改め、積極的に行動するようになった。たとえば、EEOCは解釈指針を発表し、男女別の求人広告は違法である、航空会社が採用している客室乗務員の未婚者限定ルールは、乗務員を性的な対象物という役割に追いやるもので違法である、女性が持ち上げる重量物の重さや女性の労働時間について特別の制限を定める州の「保護立法」は、連邦法である第7編に抵触するため無効である、等の判断を示した。

その後、1972年の法改正で、EEOCは、第7編の違反に対し、差別の被害者に代わって自ら訴訟を提起する権限を与えられた。それまでにアメリカ中で提起されていた労働者個人による何百件もの訴訟に、このEEOCによる訴訟が強力な補完物として加わり、大きな役割を果たしていくことになる。

現在も残る差別や格差

本書で取り上げるのは、連邦最高裁における成功事例であり、いずれも賞賛に値する。しかし、だからといって、第7編が職場の性差別に対する特効薬となった(あるいは、今もそうである)、と考えるのは間違いである。1つには、第7編は従業員15人未満の小規模な使用者には適用されない。そのため、推計によれば、全米の労働者の約5分の1は、男性も女性も、その保護の対象外となっている。[*27]

現在もこの国では何百万人もの女性たちが、貧困から抜け出すことを許さない低賃金の職場で、健康に危険をもたらす職場で、退職時の保障や給付のない職場で、妊娠や育児への配慮をしてくれない職場で、病気の日にも休めない職場で、大変な苦労をしながら働いているのだ。専門的な仕事に就いている女性であっても、妊娠・出産は、依然として困難な問題である。自分のキャリア展開に重大な悪影響が生じるだけではなく、女性は仕事に対するコミットメントが低いという有害な固定観念を拡散してしまう。[*28] セクシュアル・ハラスメントも、まだ広く蔓延している。特に、男性が支配的な職場や、客のチップに依存する低賃金の仕事では、ひどい状況にある。最近では、電子メール、ショート・メッセージ、SNSなど、意に反する性的なメッセージが送られてくる新たな手段が広がって、恐怖を感じることすらある。男女の賃金格差も、解消されずに残っている。学歴や経験をコントロールしても、明らかに女性のほうが低く、白人の場合、男性の1ドルに対して女性は78セントである。有色人種については、予測通りといえるが、さらにずっと低い額となる。[*29] 現在でも、女性の建設作業員や消防士を見ることはあまり多くない(その点でいえば、男性の看護師や秘書についても同様である)。伝統的に女性が少ない、科学、技術、工学、数学といった学問分野や、金融業界では、今でもその状態が続いている。企業トップの経営陣についても、女性の数はあまりに少な過ぎる。[*30]

これらの問題は、すべてが「性を理由とする」差別に起因するわけではない。第7編とは別の新しい法律の制定や、古い法律の改正によって、対処する必要があるものもある。また、使用者が自主的に方針や制度の改変を行うべきものもある。さらに、長い年月がかかっても、アメリカの文化そのものが変わるのを待つしかないものもある。今も私たちの周囲にあふれている男女間の不均等を見ると、落胆した気持ちになるのは自然なことである。しかし、昔はもっともっとひどかったのだという事実を思い出すのも、有益なのではないだろうか。

原告となった女性たち

多くの雇用差別訴訟を担当した、ある有名なフェミニストの女性弁護士が、自分が代理人となった原告の女性たちについて、次のように語っている。「裁判はとても辛いことが多いので、依頼人の女性たちは口々に、『なぜ私なのでしょうか？ どうして私がこんな目に遭わないといけないのでしょうか？ あのひどい奴のために、私の人生はひっくり返されてしまいました。あいつにそんなことをする権利はないはずです』と言っていました。たしかに、まったく不当な話です。でも、このように勇敢に立ち上がったたくさんの女性たちのおかげで、法が変化し、発展してきました。彼女たちは、私たちみんなのために道を作ってくれたのです」[*31]

本書は、そのような女性たちの何人かに光を当て、感謝を示そうとするものである。彼女たちは、それぞれ歴史に残る貴重な法的勝利を収め、無数の人々に恩恵を与えてくれたが、自分にとっての利益は、ほとんどの場合、驚くほど少なかった。本書で取り上げる判決によって確立された権利の多くは、今日の社会ではあまりにも当たり前になっており、私たちは、そんなに遠くない過去、それらが存在しない時代があったという事実に、気づかずに過ごしがちである。

私が本書を執筆したのは、弁護士としての自分の経験に触発されたところが大きい。私自身、以下の章に出てくる女性たちとよく似た人々の訴訟を代理人として担当してきた。依頼主である彼女らは、自分になされた不正義を正さなければならないという不屈の精神を持ち、しばしば多大な個人的損失をかえりみずに頑張った。

ただ、本書の女性たちは、最終的に連邦最高裁の判決へと至る訴訟を提起したのであるから、今よりももっと困難な問題に直面していた。彼女たちは、自分で新たに法的な道筋を開拓しなければならなかったのだ。私の場合には、彼女たちが作り出してくれた判決を、先例として引用することができたが、彼女たちが裁判を起こしたときには、法律がまだ取り組みを始めたばかりで解決の方向も見えないような問題に、苦労しながら立ち向かわざるを得なかった。

勝訴できるかどうかの見込みがあれほど不確実な中で、

しかも、社会のカルチャーが働く女性に対してあれほど懐疑的だった時代に、性差別を争う訴訟を提起して闘っていくのは、特別の勇気を必要とした。私は彼女たちのことを知ってみたい、そして彼女たちの話を伝えたい、と思った。

第1章

女性と子どもは最後に

フィリップス事件　1971年
Phillips v. Martin Marietta Corp.（1971）

求人応募での体験

１９６６年の９月のある暑い夜、フロリダ州に住むアイダ・フィイリップスは、台所のテーブルに向かって手紙を書いていた。緑とオレンジの花柄のテーブルクロスの上に小柄な身体をかがめ、３枚の小さな便せんを、きれいな筆記体の字ですぐに埋め尽くした。「アメリカ合衆国大統領閣下」で始まる、その手紙には、次のように書かれていた。「１９６６年９月６日の午後７時、私はフロリダ州オーランドにあるマーチン社で、労働者の募集に応募しようとしていました。広告には、組立作業の見習いとして１００人を採用すると書いてありました。ところが、書類に必要事項を記入して提出しようとすると、受付の人が、私は応募できないと言うのです。小学校に入る前の子どもがいるのでダメだ、と」[*1]

その新聞広告は、近所に住む知人が見つけて知らせてくれたものだった。マーチン・マリエッタ社はミサイルの製造を行っており、オーランドのダウンタウンから10マイル（約16キロ）ほどの場所にある工場では、次々に施設の拡張工事が行われていた。[*2] 何千人もの労働者を雇用する、オーランドでも屈指の大企業である。[*3] 組立作業の仕事では、新人でも最高で週１２５ドルもの賃金がもらえるという。[*4] アイダがドーナツ店でウェイトレスとして働いて稼ぐ賃金の２倍以上だ。[*5] さらに良いことには、年金や健康保険などの付加給付も完備されている。この求人のことを教えてくれた知人は、「急いだほうがいいよ」と言っていた。彼はマーチン・マリエッタ社で働いており、応募書類の紹介者の欄には自分の名前を書いておきなさい、と言ってくれた。「この仕事にぜひ就きたいと思って、たくさんの人が応募して来るだろうから」

アイダは、私もぜひ採用してもらわなければ、と固く決意していた。彼女は32歳で、下は３歳から16歳までの７人の子どもをかかえ、生活はぎりぎりの状態だった。毎日ウェイトレスの仕事でもらったチップの額を数えては、その日の夕食に何が買えるだろうかと考えていた。少しでも余りが出たら、いろいろな費用の支払いのために貯めておかねばならない。夫のトム・フィリップスは機械工として働いていたが、彼の給料は少しも当てにできなかった。ほとんどが酒代に消えてしまうのだ。

こうして、快活でえくぼの可愛い赤毛のアイダは、応募書類を提出するために、10マイル先のカークマン通りにあるマーチン・マリエッタ社の工場まで、車で出かけて行った。けれども、行列が進んでようやく自分の番になったとき、受付の女性から、学校に上がる前の子どもがいるかどうかを尋ねられた。3歳の娘がいます、と答えると、驚いたことに、書類の受け取りを拒否されてしまった。あの子はデイケアの保育施設に通っているので[*6]心配はありません、すぐ隣に住んでいる自分の母親や、近所にいる妹など、バックアップをしてくれる当ても十分にあります、と説明したが、聞き入れてもらえなかった。会社は、そんな小さな子どもがいる女性というだけで、まったく採用する気はないらしい。

手紙への反応

「まるで、世界が崩れ落ちてきたような気分でした」と、アイダは、その時のことを思い出しながら言った。「あの仕事に希望を託し、すっかりその気になっていたのですから」[*7]。アイダにはあの賃金が、子どもたちにはあの健康保険が、ぜひとも必要だった。

そこで、アイダは意を決し、リンドン・ジョンソン大統領に手紙を書くことにした。「大統領閣下、私の意見を申し上げれば、これは間違ったことだと思います。あなたが大統領として推進してきた政策に反しています。平等な機会は、雇用の平等と憲法上の権利は、どこに行ってしまったのでしょうか」と訴えかけた。[*8]アイダは、小さい頃から政治にはあまり関心がなかったが、最近は選挙の有権者登録をし、新聞を「隅から隅まで」読むようになっていた。[*9]１９６４年公民権法のことを明確に意識していたわけではないが、マーチン・マリエッタ社の行為は違法ではないか、という疑念は、頭にはっきりと浮かんでいた。

アイダの娘であるベラ・サープは、あの夜、近所の例の知人が家にやって来てどんな具合だったかと尋ねたときのことを、今でも覚えている。アイダの話を聞いて、信じられない、何かの間違いではないか、と言うのだ。彼にも就学前の子どもがいるけれど、会社で問題にされたことはない。「もう一度、会社に行って、なぜなのかと聞いてみるべきだよ」。アイダも同意して、翌日、また工場に行ってみた。けれども、受付の女性は、会社の規則を繰り返すばかりだった。「小さな子どものいる女性は、採用に不適格」だと。それ以上、何の説明もしてくれなかった。

アイダが手紙を投函してから1週間も経たないうちに、ホワイトハウスから返事が来た。彼女の申立てをEEOCに回付し、調査させることにした、と書いてあった。第7編の施行を担当する、連邦政府の機関だ。[*10]

翌年の夏、EEOCはアイダの主張を支持する決定を下し、[*11]あの仕事に彼女を採用する形で自主的な是正に応じるよう、会社に説得を試みた。[*12]しかし、説得は失敗に終わったため、EEOCは1967年11月、家族と一緒にジャクソンビルへと引っ越していたアイダに、通知書を郵送した。EEOCとしてはこれ以上どうすることもできないが、彼女は自分で連邦裁判所に訴訟を提起する権利がある、と書かれていた。[*13]アイダは、絶対にそうしたいと思った。もう怒り心頭で、訴えないという選択なんかありえない。さっそく弁護士を見つけなければ。

弁護士をさがす

アイダが最初に相談をした弁護士は、彼女の言葉を借りれば、「そんなくだらない事件に関わるつもりはない」という反応だった。[*14]アイダはめげずに次を探すことにしたが、そのとき、「黒人の弁護士のほうがいいかもしれない。公民権の問題について、より詳しく知っているはずだから」という考えに思い当たった。[*15]

地元で評判の高いアフリカ系アメリカ人の弁護士であるアール・ジョンソンが、当時、市議会議員の選挙に出馬しているところだったので、アイダは彼に相談してみた。ジョンソンは、残念ながら、選挙運動に多くの時間を取られてしまうため、自分で引き受けるわけには行かないが、代わりに、自分の事務所に最近加わった若手の黒人弁護士、リーズ・マーシャルを紹介しよう、と言ってくれた。[*16]

マーシャル弁護士は、ハワード大学のロースクールを1年前に卒業したばかりの新人であるが、全米黒人地位向上協会(NAACP)の法律弁護・教育基金(LDF)が運営を始めた有名なインターンシップ・プログラムに参加していた。LDFは、後に連邦最高裁の初めての黒人判事となるサーグッド・マーシャルが、1940年に作った組織であり、当時、まだアメリカ人の生活のすべての場面——教育、投票、刑事司法、住宅、食事・宿泊、雇用など——にあふれていた人種差別を法的に争うことにかけては、全米で最も名高い訴訟弁護士の事務所だった。かつての最高裁判例で認められていた「分離すれども平等」という法理を打破するための戦術を編み出して実行したのも、このLDFである。それが最終的に、連邦最高裁の画期的な1954年のブラウン事件(ブラウン対トピーカ市教育委員会)判決[*17]に結実し、判例変更をもたらしたのである。

LDFのインターンシップ・プログラムは、裁判所で公民権のための闘いを行うときの戦力として、いわば歩兵を募集して訓練するようなものだった。最初の1年間は、ニューヨークにあるLDFの本部で研修を行い、その後の3年間は、各地で、より経験豊富な弁護士の指導を受けながら、実際の訴訟を担当させる。マーシャルは、ちょうど1年目の研修を終えたところで、今後、3年にわたり、ジョンソンの指導を受けることになっていた。ジョンソンは、NAACPのフロリダ支部に所属し、LDFの全米「協力弁護士」のネットワークに名を連ねていた。

マーシャルは、現在はジャクソンビルで自分だけの法律事務所を開き、人身傷害の事件を専門に扱っている。けだるい感じながらもよく響く声で、顔には満面の笑みを浮かべて屈託なく笑うので、安心感を与えてくれる。しかし、1960年代に彼が扱っていた事件は、とても安心どころではないものばかりだった。クー・クラックス・クラン(KKK)が跋扈するフロリダの地で、貧しい黒人たちの弁護をしていたが、彼らは、歩道に唾を吐いたといったような、でっち上げに近い「犯罪」で、長い刑に処せられかねないのだ。

マーシャル弁護士の驚き

マーシャルの職業的関心の中心は、黒人差別の体制を打破することにあった。にもかかわらず、そして、アイダは白人だったのに、マーシャルは、彼女の話を聞いて、個人的な親近感を覚えた。マーシャルの母親は、アイダと同様、正規の教育をほとんど受けておらず、小学4年で学校をやめていた。彼女は4人の子を抱えたシングルマザーとなり、少しでも良い生活ができるかもしれないと、ニューヨークに移り住んだ。マーシャルがまだ小学生の頃の話で、彼と2人の兄は、豆やナスの栽培をしていた祖父母と一緒に、フロリダ州フォートローダーデールで暮らした（彼の姉は、もう家を離れて大学に通っていた）。マーシャルが9年生で麻疹にかかったとき、母は、1950年代のフロリダで黒人の子が受けることのできる医療水準の低さを心配して、呼び寄せてくれた。マーシャルと兄たちは、グレイハウンドの長距離バスに乗り、ブロンクスにある母の家へと向かった。その後の数年間、彼は、母がひとりで必死に働いて何とか家計のやりくりをしながら、4人の子のうち3人を大学に通わせて卒業させる姿を、間近に見ながら育った。

マーシャルは、アイダの事件に興味をそそられた。法令集を取り出して、前年に施行された第7編の規定を再読したところ、差別禁止の対象となる属性の中に「性」という言葉が入っていることに、初めて気づいた（彼は後に、「本当にそうで、調べてみて、おお、確かにある、と思いました」と語っている）。マーチン・マリエッタ社の方針は、明らかに性差別にあたると思われた。小さな子どものいる女性は雇わないとする一方で、同じ状況にある男性は雇っている。これが「性を理由とする」差別でないとしたら、何がそれに当たるというのか。そして、マーシャルはアイダのことが気に入った。働く母親に対する露骨な侮辱を行ったマーチン・マリエッタ社への彼女の怒りに、彼も強く共感した。「これは彼女だけの問題ではなく、同じ境遇におかれた人々、子どもがいるというだけで排除されてしまう女性全員の問題でした」と、彼は述べている。マーシャルは引き受ける決心をし、「やってみよう」と言った。

マーシャルは、マーチン・マリエッタのような巨大企業に闘いを挑むことの大変さについて考えていた。相手方は、資金潤沢な企業弁護士の軍団を用意するだろう。「キッチンシンクを投げつけられる」ことになると覚悟していたが、こちらも誰かに助けを借りる必要がある。マーシャルは、LDFや、公民権法の分野で有名な何人かの大物弁護士に相談をしてみた。ところが、驚いたことに、誰一人としてアイダの事件に関心を示してくれなかった。

当時は、女性の権利の問題を専門に扱う団体はほとんどなかった。全米女性機構（NOW）は、前年に発足したばかりで、ニューヨーク・タイムズ紙のコラムニスト、ゲイル・コリンズが後に述べたところによれば、NOWの幹部にコンタクトするのは、「キリスト教が誕生した頃に、教徒を探そうとするようなもの」だった。[*18] 今では輝かしい名声を誇っている、他の女性の権利推進団体——たとえば、アメリカ自由人権協会（ACLU）の女性の権利プロジェクトや、全国女性法律センター（NWLC）——は、まだ存在していなかったのだ。

けれども、マーシャルは第7編の違反があったと確信しており、EEOCも同じ見解だったことに勇気を得て、独力で頑張ることにした（報酬を払ってもらえるかについては、第7編の中に、原告が勝訴した場合には被告がその弁護士費用を負担しなければならない、という規定があることが、唯一の希望だった）。1967年12月12日、彼は、フロリダ州の中部地区を管轄する連邦地裁に訴状を提出し、会社が第7編に違反したことを認めた上で、救済として、アイダの採用とこれまでの賃金分の支払いを命じるよう求めた。

連邦地裁の判決

本件は、任命されてまだ間もないジョージ・ヤング判事に割り当てられたが、数週間も経たないうちに、その命運が明らかになった。彼は、アイダの訴えを骨抜きにするような決定を下したのだ（会社からその旨の申立てもなされていないのに、異例の措置である）。すなわち、小さな子どものいる女性に対する差別は「性を理由とする」差別には当たらないとして、ヤング判事は、彼女の訴状のうち、これに関する部分を抹消することとした。代わりに、アイダの訴状が、会社は女性を一切採用しない方針を取っている、と主張しているものとみなして裁判を進めるという。
これは、まったく不可能な主張だった。マーチン・マリエッタ社は、組立工程の見習いとして採用された者の大部分が女性であったという証拠を、すでに十分に裁判所に提出していた。数か月後、ヤング判事は、その証拠を引用しながら、性差別があったことを示すものはないとして、会社勝訴の判決を下した。[*19] 男性については就学前の子どもがいても採用されたことを、マーチン・マリエッタ社も否定していなかったが、ヤング判事は、その点は無関係だと断言した。「小さな子どもがいる場合、男性と女性とでは、責任の度合いが異なっている。使用者は、労働者の採用方針を決定するにあたり、その違いを考慮することを許されるべきである」というのが、彼の意見だった。[*20]
マーシャルにとって、アイダの訴えに対するヤング判事の否定的な対応――「迅速、即決、性急だった」と、彼は口惜しそうに語っている――は、予期せぬ衝撃だった。けれども、彼は、この訴訟には「良い、正しい」感触があると、固く信じていた。たしかに、書面の中で引用できるような先例は、ほとんどなかった。第7編はごく新しい法律のため、「性を理由とする」差別の意味について、まだ連邦最高裁が判断を下したことはなく、下級審の裁判例を見ても、アイダのような問題を取り扱った事案は皆無だった。しかし、マーチン・マリエッタ社の方針は(また、それを支持したヤング判事の判断も)、女性は必ず仕事よりも母親としての役割を優先させる、というステレオタイプ(固定観念)に根ざしている。第7編は、まさにこのような偏見を禁じるために作られたのではないか。マーシャルは、控訴することに決めた。

控訴とEEOCのガイドライン

「控訴裁判所に行けば、こちらの主張をもっと良く聞いてくれる裁判官がいるような気がしました」と、マーシャルは言った。「きっと誰かが事件を見直し、私たちが何を言っているのかを理解してくれるはずだ、と」。本件は第5巡回区の管轄となるので、希望があるように思われた。

第５巡回区の連邦控訴裁は、現在では全米で最も保守的な裁判所の１つと考えられているが、１９６０年代の後半は、逆に最もリベラルな裁判所の１つであった。当時は、アラバマ、フロリダ、ジョージア、ルイジアナ、ミシシッピ、テキサスと、南北戦争の時に南部連合に加わった諸州を広くカバーしており、「南部の最高裁[*21]」というニックネームが付けられていた。ブラウン事件の連邦最高裁判決が出された後、これらの州が作った人種差別的な法律の効力を争う訴訟が数多く提起され、戦場となった第５巡回区の連邦控訴裁は、次々にリベラルな判断を下して、地元で悪評を得ることとなった。

控訴をするのに先立ち、マーシャルはもう一度、公民権運動に関わる全国の様々な団体に支援を求めようとした。しかし、またしても拒絶されるばかりだった。これらの団体としては、アイダの訴訟が「性を理由とする」差別の意義を問う事案として適切かどうかにつき、疑問を感じていたのかもしれない。ヤング判事が即座に下した棄却判決が、その疑問を裏付ける形となったのは確実である。仕方がないので、マーシャルは、弁護士１人のままで訴訟を続けることにした。ただ、ＥＥＯＣの協力を得ることには成功した。ＥＥＯＣは、第７編の違反にあたるという、こちらの主張を支持する内容の意見書を、裁判所に提出してくれた（このような外部の関係団体から提出される意見書は、「アミカス意見書」と呼ばれる。アミカスは「法廷の友」という意味であり、その訴訟が当事者以外の人々に対しても様々な問題を提起して、より大きな潜在的インパクトを有することを、裁判所に認識させてくれる）。

また、ＥＥＯＣは、本件でアイダを支持する旨の意見を示しただけではなく、より大きな基本方針を打ち出し始めていた。すでに、第７編が施行された１９６５年に、ＥＥＯＣは「性を理由とする差別に関するガイドライン」を発表していた。このガイドラインは、法律としての拘束力は持たないが、第７編の「性」差別に関する規定の意味について、政府当局の見解を使用者や裁判所に知らせる役割を果たすものである。その中には、たとえば「女性のほうが男性よりも離職する率が高い」など、女性一般の雇用行動の特徴に関する想定にもとづいて使用者が女性の採用を拒否することは許されない、という指摘が含まれていた。[*22] また、別の箇所には、労働者の採用にあたり、「男性は複雑な機器の組立作業の能力が劣る」、「女性は積極的なセールスの仕事が苦手である」など、男女の特性に関するステレオタイプにもとづき採否の決定を行うことも許されない、と書かれていた。[*23]

さらに、アイダの事件に最も関連が深いものとして、このガイドラインでは、結婚指輪をした女性といったような、女性の中の一部の者に対する差別の問題にも言及がなされていた。そこには、「あるルールが、女性全体を対象とするものであるか、それとも、女性の中の一部である、結婚した女性だけを対象としているのか、という点は重要と思われない。ルールの適用にあたって性が1つの要素となっている以上は、性を理由とする差別に該当する」と書かれていた。[*24]

アイダの生活と人生

アイダがマーチン・マリエッタ社の仕事に応募してから2年が過ぎたが、彼女の生活はあまり変わっていなかった。彼女が連邦控訴裁に提出した書類の中には、ぎりぎりの苦しい暮らしをしていることを示す宣誓供述書が含まれていた。彼女は「ダービーハウス」という名のレストランでウェイトレスとして働き、月に120ドルの収入を得ていた。マーチン・マリエッタ社に採用されていれば、たった1週間で稼ぐことのできた金額である。アイダの子どもたちは、家計のやりくりを助けるために、学校が終わるとそのレストランで手伝いをした。当時13歳のアルは、客のグラスに水を注いだり、皿を洗ったりした。2人の姉、ペギーとベラは、彼の歳の頃には同じ仕事をしていたが、もう大きくなったので卒業し、テーブルで注文を聞いたり料理を運んだりしていた。兄のロニーは、料理人になっていた。アイダの宣誓供述書によれば、彼女には貯金がなく、銀行口座も持っていなかった。

このような生活は、アイダが少女の頃、大恐慌時代のサウスカロライナ州の田舎で経験した生活と、非常によく似たものだった。彼女の結婚前の名前はアイダ・ワートフォードで、父親は小作農として働き、8人の子を抱えていた（誕生時や幼少時に死亡した子も、他に何人かいた）。15歳のとき、アイダは、フレッド・マカリスターと出会った。彼は長距離トラックの運転手で、時には整備士の仕事もしていた。アイダが妊娠していることが分かったとき、２人は結婚した。その子は残念ながら死んでしまったが、彼女が25歳になる頃には、さらに６人の子を産んでいた。一家は、フレッドが仕事を見つけることができた所に、次々と引っ越した。メリーランド州のブーイから始まって、ワシントンに行き、最後は１９６０年にフロリダ州のオーランドにたどり着いた。

マカリスター夫人であった間、アイダはいつも、夫の収入を補うために働いていた。子どもが小さい頃は自宅から、エイボン化粧品や、タッパーウェアや、サラ・コベントリーのジュエリーの販売をし、子どもが大きくなると、レストランでウェイトレスの仕事をした。フロリダでは、初めて工場で働いた。柑橘類の果実を仕分けして木箱に詰める作業だった。ペギーとベラとアルは、母親のアイダが、ベルトコンベアーを流れてくる果実をいかに素早く手で仕分けていたかを、当時のことを思い出しながら語ってくれた。賃金は詰め終わった箱の数により決まるので、急がなければならない。テレビの「アイ・ラブ・ルーシー」でルシル・ボールが演じた有名なチョコレート工場のシーンにそっくりだった、髪の色まで赤褐色で同じだし、と３人は笑っていた。髪を染めることが、彼女の数少ない楽しみの１つだった（ドラッグストアで売っている安物の染料しか使えなかったが）。

けれども、彼女の結婚生活はトラブル続きだった。フレッドが酒の問題をかかえていたからだ。アイダは彼と離婚し、しばらくさまよった末に、トム・フィリップスという名の機械工と再婚した。彼との間に、７番目の子、グレーシーが生まれた。グレーシーという名前は、アイダの母親の名前をもらったものだ。マーチン・マリエッタ社に応募書類を持って行ったとき、このグレーシーが、まだ学校に入る年齢に達していなかったため、問題になったのである。トムは、最初のうちは悪くなかったが、次第に本性を表わすようになった。アイダと子どもたちに暴力をふるったのだ。トムが暴れたとき、彼の怒りを静めて落ち着かせることができたのは、アルだけだった。

アイダは、トムとの婚姻関係に捕らわれ、恐怖に陥れられ、かつ、ほとんど一文無しの状態だった。

マーシャル弁護士のような家族以外の者の目には、トムは、マーチン・マリエッタ社に対するアイダの訴訟を支援してくれているように見えた。しかし、彼女の子どもたちはずっと、トムが乗り気だったのは、この訴訟により、いつか大金が入ってくる可能性があると思ったからにすぎない、と信じていた。その後、1970年代の中頃、トムは友人を殺した罪で刑務所に送られ、ようやく家族は彼から解放された。

控訴裁判所の判断

第5巡回区の連邦控訴裁で口頭弁論を開始した瞬間から、マーシャルは、自分の前にいる3人の判事が全員、地裁のヤング判事の意見に賛成していることは明らかだと感じた。そのため、1969年5月に出された控訴裁の判決を見たとき、驚きはなかった。判決は、マーチン・マリエッタ社は、すべての女性ではなく、一部の女性を排除したにすぎないので、「性を理由とする」差別には当たらない、というものだった。

アイダ・フィリップスが採用を拒否されたのは、彼女が女性だったからではなく、また、彼女が就学前の子を持っていたからでもない。これら2つの要素が合体したことによって、希望した職に就くことができなくなったのである。[*25]

さらに控訴裁は、EEOCが示した第7編の解釈に言及し、これを明確に否定した。判決によれば、EEOCの解釈は、連邦議会が第7編の制定にあたって「働く父親と働く母親とでは就学前の子どもとの関係に違いがあるという事実を考慮することは絶対に許されず、使用者は採用方針の決定や運用に際し、両者を必ず、まったく同一に扱わなければならないと考えていた」と理解するものである。しかし、それはナンセンスと言うほかない。「連邦議会の議員たちの共通の認識は、そのような理不尽な解釈を許すほど、一般の人々のそれとかけ離れたものであったはずがない」と、判決は述べている。[*26]

かくも徹底的な拒絶を受けた傷がまだ生々しい頃、アイダとマーシャルのもとに、第5巡回区控訴裁の事務員から、見慣れない手紙が届いた。開いてみると、「今後、本裁判所がさらに決定を行うまでの間、これまでに出された命令は撤回される」と書かれていた。[*27] マーシャルが調べてみると、同裁判所の残りの11人の判事のうちの1人が、アイダの事件について見直しを行うことを求めたようだ。今度は3人ではなく、すべての判事が判断に加わることになる。このような手続は、大法廷による再審査と呼ばれ、ある判決の結論に対して、同じ裁判所に属する他の判事が反対を表明した場合にのみ開始される。訴訟を提起して以来、こちらの法的主張に誰かが耳を傾けてくれるかもしれない、と思えたのは、これが初めてである。マーシャルは、意気揚々たる気分だった。「これこそが、我々の求め続けてきたものだ。本件の事実をしっかり把握した上で、我々がどういう立場に立ち、何を言おうとしているのかを理解してくれる人が、必ずいると思っていた」

しかし、3か月後に届いたのは、またしても悪い知らせだった。大法廷の多数意見は、何ら理由を説明しないまま、本件について再審査は行わないと決定したのだ。[*28] 第5巡回区の連邦控訴裁から、再び拒絶されたわけである。ただ、今回の判断には、力のこもった反対意見が付されていた。この反対意見を書いたのは、同裁判所の首席判事を務めるジョン・ブラウンで、他の2人の判事もこれに賛同する署名をしていた。ブラウン判事は、1950年代から60年代の公民権をめぐる激動の渦中で、一貫してリベラルな判断を下したことで有名な人物だった。彼の反対意見は、次のように述べていた。「本件は単純である。就学前の子を持つ女性は採用不可とされたのに対し、就学前の子を持つ男性は採用可とされていた。そこで問題は、これが性に関係しているかどうかである。この単純な問題に対する解答も、同様に単純であり、もちろん性に関係している。男性の母親というものを見たことのある人は、誰1人としていない(賢明で終身の身分保障を有する判事様であっても)、ということだ」[*29]

ブラウン判事は、控訴裁が採用した第7編の解釈を、嘲笑的に「性プラス」の理論と名づけた。使用者としては、性別に何か別の属性を「プラス」して選考基準を作ればよく、あとは差別は野放しということになる。彼の説明によれば、このような「性プラス」は、第7編をずたずたに切り裂き、死に至らしめるものである。使用者は、女性の採用基準の中に、男性には適用されない「プラス」の属性を加えるだけで、多くの女性を集団的に失格させることができてしまう。たとえば、体重が一定未満の女性、筋力が劣る女性などである。[*30] もしも「性プラス」が認められるなら、第7編は死んでしまうだろう、とブラウン判事は不吉な予言をした。[*31]

公民権団体の支援

1969年の秋、LDFに所属する1人の若いアフリカ系アメリカ人弁護士が、廊下を歩いて上司の部屋へと向かった。彼の名はビル・ロビンソン。上司は、LDFの代表弁護士であるジャック・グリーンバーグだ。彼らは、アイダの事件を連邦最高裁に上告する仕事を引き受けるべきかどうかについて、議論を始めた。以前、LDFのインターンをしていたリーズ・マーシャル弁護士が、控訴裁の判断とブラウン判事の反対意見を電話で知らせ、協力を求めてきたのだ。背が高くて痩身のロビンソンは、コロンビア・ロースクールを卒業してからまだ5年であるが、第7編の訴訟を担当するチームの主任となり、急増する事件を切り盛りしていた。

LDFの弁護士たちは、戦略的に選んだ訴訟を全米の各地で提起して、人種差別と闘っていた。人種による隔離制度のせいで、アフリカ系アメリカ人は製造業の高賃金の仕事から排除されており、これを廃絶するために、新しく制定された連邦法である第7編を活用する必要があった。公民権運動の現場で活動している人々の協力により集められた情報にもとづき、3つの主要なターゲットが設定された。第1は、職に応募するときのルールである。適性テストや高卒という要件が定められると、黒人の多くが排除されてしまうのだ(差別により劣悪な教育しか受けることができない地域が多かったためである)。第2は、先任権制度である。これにより、黒人が従来は排除されていた職務で新たに採用されても、解雇が必要になれば、真っ先にその対象とされることになる(白人労働者のほうが前からその仕事に就いているので勤続年数が長く、高い先任権を持っている）。第3は、労働組合が行っている、露骨に人種差別的な慣行である。たとえば、黒人の組合員については仕事の紹介は行わない、というものである（そもそも黒人が組合員になること自体、許されていないことも多い）。

性差別の問題は、このようなLDFの戦略の対象に含まれていなかった。しかし、マーシャルがアイダの訴訟に関して初めて支援を要請してから3年後、ついに成功する日がやってきた。ブラウン判事の痛烈な反対意見が、本件が重要で幅広い問題を提起していることを切迫感をもって伝えたことが、大きな助けとなったのかもしれない。それを別にしても、ロビンソンとグリーンバーグは、本件がLDFの使命に適合することは明らかだと感じていた。1つには、統計によれば、働く母親は、結婚しているか否かに関わらず、アフリカ系アメリカ人の比率が高い。したがって、「性プラス」の理論が認められれば、純然たる人口統計の論理によって必然的に、黒人女性が不均衡に不利な影響を受けることになる。もう1つには、第5巡回区の控訴裁が採用した「性プラス」の理論は、先例として危険であった。それは容易に「人種プラス」という形に作り替えることができ（もちろん「出身国プラス」や「宗教プラス」も作られるだろう）、男性・女性を問わず、その属性を有する労働者をすべて排除するために利用されてしまう。

ロビンソンはマーシャルに電話をし、LDFとして支援を行うことを伝えた。マーシャルは、すぐにアイダに電話をした。彼女にようやく良いニュースをもたらすことができて、喜びでいっぱいだった。LDFの弁護士は第一級の人たちばかりで、単に事件を引き継ぐだけではなく、こちらにも情報を共有してくれる。「きっと大丈夫だ」と、彼はアイダに言った。

最高裁への上告の申立て

連邦最高裁は、控訴裁とは異なり、すべての上告を受理して見直しを行うわけではない。実際、毎年、最高裁に申し立てられる上告受理の申請（受理するかどうかが最高裁の裁量にゆだねられているため、「裁量上告」の申立てと呼ばれる）の大多数が退けられている。アンソニー・ルイスが著書『ギデオンのトランペット』（刑事被告人が弁護人を付けてもらう権利を確立した、連邦最高裁の1963年のギデオン対ウェインライト事件[*32]を扱った名著）で述べているように、「最高裁の最も重要な仕事の1つは、自ら決定を下すかどうかを決定すること」[*33]なのである。

　1970年代には、年平均で約4000件の裁量上告の申立てがなされたが、最高裁が受理したのは、その4%にすぎない[*34]（2004年までに申立ての件数は約7500件に膨れあがったが、受理率は1%に低下した[*35]）。最高裁がどの事件を取り上げ、どの事件を取り上げないかについて、確固たる決まりはないが、過去の例を見れば、いくつかの手がかりが得られる。たとえば、連邦控訴裁の間で意見の相違があり、法の均一な適用が確保されるように見解を統一する必要がある場合、あるいは、争点となっている法的問題が非常に重要で、かつ、これに関する下級審の判断がひどく間違っているため、最高裁が介入して誤りを正すことが不可欠と考えられる場合である。いずれにしても、控訴裁判決の見直しを求める裁量上告の申立てが認められるためには、連邦最高裁の9人の判事のうち4人が、それに賛成しなければならない。

　アイダの事件を上告するに当たり、ロビンソンと彼のLDFのチームは、最高裁の判事たちに、第5巡回区控訴裁が重大な誤りを犯した、と考えてもらうことに狙いを定めた。当時は第7編が制定されてから4年しか経っておらず、性差別の禁止に関する解釈を示した先例はほとんど存在していなかった。第7編は、女性のためであれ他の人々のためであれ、実際に機能する機会をまだほとんど与えられていないのに、本件の控訴裁判決によって、不当かつ大幅に意義を削減されてしまった、とLDFは主張した。彼らは、裁量上告の申立書の中で、本件の重要性を強調し、アイダ・フィリップスとマーチン・マリエッタ社との紛争をはるかに超えた、重大な問題が提起されているのだということを、連邦最高裁の判事たちに訴えた。

上告申立てに当たっての主張

　そのための戦術として、LDFは、鍵となる2つの議論に焦点を当てた。第1は、「性プラス」は第7編の解釈として明らかな誤りである、女性のうちの一部の者について採用を拒否することも、「性を理由とする」差別にほかならない、という議論である。彼らは、ＥＥＯＣのガイドラインと、まだ数少ない下級審裁判例をいくつか引用しながら、「第7編は二重基準を許さない。男性には適用されないのに、女性に対してのみ雇用機会を制限したり特別の負担をかけたりする慣行は、違法である」[*36]と主張した。

第2に、ＬＤＦは、ヤング判事が提起した実際的な議論――控訴裁でもこれが支持されており、連邦最高裁の判事の多数もそう考えるかもしれない――に正面から反論しておく必要があった。すなわち、「小さな子のいる男性と女性とでは、責任の程度に違いがあるのが現実であり、使用者は、その違いを認めた上で行動することを許されるべきである」[*37]という議論である。アメリカの多くの家庭において、子どもの世話は女性が主として担当してきたことは、歴史的な事実である。また、多くの女性が外に働きに出るようになった今日でも、子どもの世話については、依然として母親のほうが大きな負担をしている。一部の母親にとって、子育てが仕事への妨げとなることは、否定できないところである。

しかしながら、マーチン・マリエッタ社の方針は、そのような一般的傾向があるからといって、信頼性のなさ、献身の欠如という特性を、すべての母親に当てはめるものであった。母親というものは常に仕事よりも子どものことを気にかける、というステレオタイプを抱き、それを公式の採用方針の中に組み込んだのである。このような、一定のグループの人々の性質に対する思い込みに依拠することが許されるならば「第7編の目的は台無しになってしまう」ことを、連邦最高裁に警告しなければならない。第7編の下では、仕事に応募してきた者は、ある属性を有するグループの一員としてではなく、個人として扱われるべきである、そのグループの全員に、ドアの中に入る平等な機会が与えられなければならない、とＬＤＦは主張した。裁量上告の申立書には、次のように書かれていた。

女性は子どもに対して特別の責任を負う可能性があるので、採用に当たっても別異に扱うことが許される、という議論は間違っている。そのような責任があっても実際の職務遂行に影響がない場合もあるという事実を、無視しているからである。…マーチン・マリエッタ社のルールは、各人の家庭責任の程度を客観的に判定しようという努力をまったく行っていない。このようなステレオタイプにもとづく取扱いは、第7編が違法として禁止する差別の、まさに核心に位置するものである。[*38]

また、使用者がある特定の仕事について、本当に女性では遂行が不可能と考えるならば、第7編にそのための例外が設けられていることも、ＬＤＦは指摘した。これは、「真正な職業資格」（ＢＦＯＱ）と呼ばれるものである。その仕事が一方の性の者によりなされることが「業務の正常な運営のために合理的に必要」である、と使用者が証明することができれば、その性であることがＢＦＯＱと認められ、他の性の者を排除することが許される。これに関してＬＤＦは、マーチン・マリエッタ社がＢＦＯＱによる例外をもし主張するのであれば、「就学前の子どもを持つ母親は、本件の仕事を遂行する能力が劣る」ことを証明しなければならないが、そんなことはありえない、と主張した。[*39]

さらにＬＤＦは、統計資料を用いながら、母親たちが働くのは、決して「小遣い稼ぎ」のためではない、と指摘した。アメリカの多くの家庭において、母親が働いて得る賃金収入は、家族が生き延びていく上で、ますます重要で不可欠のものとなっていた。当時、6歳未満の子どもを1人以上抱えて働く女性の数は、約３６０万人であったが、その中には、アフリカ系アメリカ人が不均衡に多く含まれていた。結婚して小さな子どもを持つ女性のうち、白人と比較して約2倍の黒人女性が働いていた。[*40] また、様々な調査によれば、小さな子どもを抱えた母親が働く理由としては、自分が唯一の稼ぎ手であるから、あるいは、夫の収入では食べていけないからと、経済的な必要性にもとづくものが多かった。[*41] その意味するところは明白である。仮に控訴裁の判断が支持された場合には、何百万人もの母親――さらに、何百万人もの子どもたち――が、きわめて深刻な経済的打撃を受けることになる。

最後に、ＬＤＦは、「性プラス」による差別で被害を受けるのは決して女性にとどまらないという点について、警鐘を鳴らした。ブラウン判事の反対意見を引用しながら、もしも「性プラス」が認められるなら、第7編は死んでしまう、と指摘した。「性プラス」の後には、すぐに「人種プラス」が出てくるのが目に見えている。黒人の労働者に対してだけ、白人には適用されない追加の要件をみたすことが求められるだろう。本件の「性プラス」のルールは「将来の人種差別の種をまくものである」と、ＬＤＦは主張した。[*42]

上告の受理

１９７０年3月2日、連邦最高裁からロビンソンに電話で連絡があった。上告を受理して見直しを行うことになり、12月に口頭弁論の期日が設定されたという。連邦最高裁が、第7編の「性を理由として」という規定の意味について判断を下すのは、これが初めてである。そもそも、連邦最高裁が第7編に関して判断を下すこと自体、これまで例がなく、今回が初めてのケースとなる。

ロビンソンは、廊下の先にある事務局長のグリーンバーグの部屋に行き、このニュースを伝えた。連邦最高裁の判事の前でアイダの代理人として弁論を行うのは、当然グリーンバーグだろうと思っていた。ロビンソンは、控訴裁判所で弁論を行ったことはあるが、最高裁での経験はなかった。この点、グリーンバーグは何度も経験があり、最高裁のベテランといえるほどだ。それに、本件は、第7編に関して初めて連邦最高裁が判断を示すものであり、その重要性は計り知れない。ところが、グリーンバーグから準備をするようにと言われ、ロビンソンは驚いた。連邦最高裁で弁論を行うのは自分ではなく、ロビンソンだと言うのだ。

リーズ・マーシャルは、アイダに電話をして嬉しいニュースを伝えたときのことを、よく覚えている。２人は「わめき、叫び、金切り声をあげて」喜んだ。そう、これが必要だったのだ。この知らせは、沈み込むばかりだったアイダの気分を、気付け薬のように高揚させてくれた。彼女は相変わらずウェイトレスとして働いていた。得られる収入は、工場の組立ラインに採用されていれば得られていたはずの賃金の、ほんの一部でしかない。頭が水面下に沈んでしまわないように、大変な苦労をしながら家計をやりくりする毎日だった。

アイダは、自分の家族のためだけではなく、他の女性たちのためにも、良い結果を出したいと思っていた。[*43] それなのに、現在までのところ、彼女が得たものは、マーチン・マリエッタ社の方針はまったく適法だという、男の裁判官の判断ばかりだった。しかし、そのような経験が、アイダの中にあった活動家精神に火を付けた。彼女は最近、ＮＯＷの地方支部に加入し、ジャクソンビルのダウンタウンで開催された女性の権利のための集会に、いちばん上の娘のペギーを引っ張るようにして連れて行っていた。アイダは後日、自分は「ブラジャーを燃やすとかいった馬鹿げたこと」に賛成したわけではないと、新聞記者に語っている。彼女にとって、女性の解放とは、何よりも「雇用機会の平等」を意味していたのである。[*44]

関心の高まりと意見書

マーシャルは、アイダの事件に対する人々の関心を高めようと苦労してきたが、連邦最高裁が判断を行うことが決まったとたん、その心配はなくなった。「最高裁、性差別の成否を判断へ」という見出しが、ニューヨーク・タイムズ紙の一面を飾ったのだ。また、第7編の制定時に「性」という言葉が条文に追加されるよう尽力した立役者である、ミシガン州選出のマーサ・グリフィス下院議員が、本件に関して怒りをあらわにしたという報道もなされた。もしも連邦最高裁が控訴裁の判決を支持した場合、「私は判事全員の弾劾手続を求めます」と、グリフィス議員は宣言した。「法律に書かれた内容を尊重せず、明らかにそれに反する形で法の解釈適用を行っていることになるからです[*45]」

様々な団体からのアミカス意見書も、続々と提出されていた。連邦政府の訟務長官は、アメリカ合衆国が当事者となる訴訟で政府の代理人となって訴訟遂行にあたる高官であるが、本件について意見書を提出し、連邦政府は原告の立場を支持することを表明した。ＥＥＯＣも同様の意見書を提出し、さらに民間からも、NOW（設立からもう4年が経過していた）、ACLU、女性人権協会から、それぞれ意見書が提出された。

これらの意見書は、いずれも裁量上告の申立ての中で LDFが行った主張を基礎にするものであり、特に、連邦最高裁の判事たちに、今日のアメリカの家庭状況を正しく理解させようとしていた。両親が揃った家庭で、夫が仕事で十分な収入を稼ぎ、妻が家で子どもを育てる、という図式は、もはや過去の幻影でしかなかった。連邦労働省の調査によれば、1969年の時点で、これに当てはまる家庭は、全体の約半分にすぎない。[*46] 全米の家庭の約40%が、女性が稼いでくる賃金収入に依存して暮らしているのが現実である。それらの家庭のうち、30%では両親が共働きをしており、8%では女性が唯一の稼ぎ手であった。[*47] 注目すべきは、これら女性が稼ぎ頭となっている家庭の35%で、貧困線を下回る収入しか得られていなかったことである。また、アフリカ系アメリカ人の家庭では、女性の賃金収入が、より一層、大きな比重を占めていた。[*48] 実際、母親が家庭にとどまって子どもの世話をする、という定型的なイメージは、歴史的に見ても、黒人女性には当てはまらないことが多かったのだ。[*49]

また、これらの意見書は、仮に連邦最高裁が「性プラス」の議論を承認し、他の使用者もそれに倣って同様の方針を採用した場合に、どれだけ多くの女性が職を失うことになるか、という点についても、その数字の大きさを強調しながら詳しく説明していた。当時、女性はアメリカの労働人口の37%を占めていたが、その3分の1強が、18歳以下の子をもつ母親であった。[*50] 人数でいえば1000万人以上である。そのうち就学前の子をもつ母親は、約400万人を数えていた。[*51] 他の「プラス」属性の使用が許されるなら、影響を受ける労働者の数は大きく跳ね上がる。ACLUの意見書が指摘するように、女性のうち様々な「プラス」属性を有する人々を排除する方針が取られた場合には、まさに壊滅的な結果となりうる。たとえば、「プラス」属性として、結婚しているという要素が採用された場合、1750万人もの既婚女性が職場から追い出されてしまう。性「プラス」離婚者という形で排除がなされれば、160万人の女性が職を失うことになる。性「プラス」配偶者と死別、という形になれば、さらに260万人の女性が閉め出されるのである。[*52]

客室乗務員組合の警告

実際、既婚女性に対する排除は、決して仮定の話ではなかった。これについては、航空機の客室乗務員の労働組合(ALSSA)が提出したアミカス意見書が、詳しく述べている。ALSSAは、主要な7つの航空会社の客室乗務員を組織し、組合員は1万3000人を数えていたが、そのうち1万2000人が女性であった。客室乗務員は、アイダの事件に大きな利害と関心を有していた。第7編が制定された後、女性の客室乗務員たちは、直ちに性差別禁止規定を利用して、様々な規則の効力を争っていた。男性には適用されない、女性だけに関する規則である。たとえば、最高体重、年齢上限(35歳定年制)、妊娠の禁止、結婚の禁止などである。これらはすべて、客室乗務員は性的に魅力があり、(ほとんどが男性の)乗客の目を楽しませ、葉巻に火を付けてあげたり、カクテルを作ってあげたり、ふわふわの枕を手渡したりする、というイメージを強化することを狙ったものだ。

ジャーナリストのゲイル・コリンズが、著書『すべてが変わった時』に書いているように、1960年代における客室乗務員の平均勤続年数は、わずか18か月であった。女性が結婚したときには退職しなければならないという規則が、その原因である。[*53]航空会社の中には、このような乗務員の入れ替わりを、宣伝の道具として利用するものさえあった。たとえば、アメリカン航空の1965年の広告では、女性の客室乗務員(マネキン人形のように身を固くしている)を抱きかかえ、彼女の口を手でふさぎながら、人目を忍んでこそこそと逃げて行く男の漫画の下に、「人々は私たちのスチュワーデスを盗んで行くのです」という見出しがあり、次のような文章が書かれていた。「2年以内に、ほとんどのスチュワーデスは、私たちの元を去って他の男性のところに行きます。驚くべきことではありません。5時間半も笑みを絶やさないことのできる若い女性は、めったにいないからです。ましてや、124人ものお客様がディナーに何を希望したかを覚えていることのできる奥さまが、どこにいるでしょうか（その上、気象学やジェット機のことについても教えてくれます。あなたが女性に求めるものが、もしそれであるならば）」[*54]

ＡＬＳＳＡの意見書は、連邦最高裁が「性プラス」理論を支持する判決を下すなら、組合員にとってきわめて重大な惨事となる、と指摘した。第7編の制定以降、大手の航空会社は、年齢、妊娠、結婚に関する規則の撤廃に応じてきた。ＡＬＳＳＡは、それらの規則を詳細に説明した上で、もしも本件でマーチン・マリエッタ社が勝訴すれば、これらの進歩はすべて帳消しにされてしまいかねない、と最高裁に警告を発したのである。[*55]

連邦最高裁で闘うにあたり、このように多くの人々がアイダの側に立って支援をしてくれたのは、マーシャルの言葉によれば、まるで「天からの贈り物」のように思われた。「これほど素晴らしい人々が助けに入ってくれたことに、私たちは驚くばかりでした」

口頭弁論の準備

連邦最高裁の口頭弁論は、事実調べを行う場ではない。証言をする証人はおらず、両当事者の代理人弁護士が、9人の判事の前で弁論を行うだけである。それぞれの側が30分を与えられ、その短い時間の中で、必要なすべての論点をカバーしなければならない。また、口頭弁論は、事前に準備した演説を行えばよいというものではない。弁護士が話を始めると、最初の数行も終わらないうちに、判事たちが質問を浴びせかけて来る。議論の前提となっている事柄を明るみに出したり、説得力に欠けると考えられる部分を突いてみたり、主張される法理の妥当性を検証するために、仮定の事例を示して議論したりする。しかも、この間、時計はずっと回り続けているのだ。

このような口頭弁論でのやり取りが、果たして連邦最高裁の結論に影響を与えるのかどうかについては議論があり、ほとんど影響しないという見解のほうが強いようだ。しかし、最近の研究によれば、口頭弁論で質の高い議論を行えば、たとえその主張内容が特定の判事のイデオロギー傾向に反する場合であっても、結論に違いをもたらすことができるようである。最高裁の判事自身も、口頭弁論によって、事件に対する自分の意見が変わりうることを認めている。たとえば、連邦最高裁の長官を務めたウィリアム・レーンキスト判事は、「口頭弁論を行う弁護士が有能で効果的な場合、彼がどのように主張を展開するかが、その事件の結論を左右するものだ」と述べている。ウィリアム・ブレナン判事も、「私の経験では、口頭弁論における議論の展開によって自分の判断が定まることは、非常によくあった」と述べており、また、ハリー・ブラックマン判事も、「優れた弁論は、その事件に関する多くの知見を提供し、後で我々が、いったい何が問題なのかを分析するときに、有益な助けとなってくれる。話を聞くことによって、書類の中に含まれていた混乱が整理され、すっきりと理解できることも多い」と述べている。[*56]

最高裁の口頭弁論を控えた弁護士が、準備のためによく行うのが、「模擬法廷」である。重要な事件における本番前の最終リハーサルのようなものであり、弁護士や大学教授やその他の専門家が、判事の役を演じる。目標は、当該事件について、あらゆる角度から完全に検討を行っておき、実際の口頭弁論の場で、それまで考えたこともなかったような質問に遭遇する、という事態を回避することである。ロビンソンは、初めての連邦最高裁の口頭弁論のために、少なくとも3回の模擬法廷を開いてもらった。第1は、彼が所属するLDFの第7編のチーム内のもの、第2は、ジャック・グリーンバーグが担当していたコロンビア・ロースクールの講義を受講中の学生たちによるもの、第3は、外部の様々な弁護士に呼びかけて参加者を募ったものである。

当時のLDFは、非常に忙しい状況にあった。アイダの事件の裁量上告の申立てが受理されてからほどなく、連邦最高裁は、LDFが扱っていた別の第7編の事件についても、裁量上告の申立てを受理した。有名な最高裁の判例となる、グリッグス事件(グリッグス対デューク電力会社)である。こちらのほうは、電力会社の作業員について、高卒資格と一般適性テストの一定以上のスコアを要求することは人種差別にあたるとして争った事案であり、LDFの訴訟戦略の本筋にぴったり適合するものだった。[*57]グリッグス事件の口頭弁論の期日は、アイダの事件のわずか5日後で、事務局長のグリーンバーグが弁論を行うことになっていた。

口頭弁論の開始

アイダの事件の口頭弁論は、1970年12月9日の朝に行われた。その日、ビル・ロビンソンの妻は、出産のためニューヨークに戻っていた。彼らの最初の子が、いつ生まれてもおかしくない状態になっていたのだ。しかし、ロビンソンは事件に集中し、いよいよ自分の時が来た、と感じていた。リーズ・マーシャルは、妻と一緒に出席した。アイダと夫のトム・フィリップスも、フロリダから車でやって来た。[*58] アイダの娘ベラと彼らの娘グレーシーもワシントンに連れて来たが、口頭弁論が行われている間は、アイダの妹の家に預けていた。フロリダからは、マーシャルの事務所のパートナー弁護士であるアール・ジョンソンも駆けつけた。

アイダの子どもたちによれば、彼女は、「自分の」事件が審理されるのを聞くために連邦最高裁にいるという事実に「畏怖の念」を抱いたという(もっとも、彼女は判事たちに自分の口から訴えたいと思っていたので、傍聴しか許されないと知ったときには、がっかりしたようだ)。後にアイダは、新聞記者の取材に対し、口頭弁論が始まる前、自分が有名人のように扱われたことにワクワクするような興奮を感じた、と語っている。「私が法廷の椅子に座っていると、ジョージタウン大学の女性の先生が自分のクラスの学生たちに性差別の話をし、原告のフィリップスさんはここに来られているのかしら、と言うのです。私がそのフィリップスです!と、どれだけ言いたかったことか」[*59]

9人の判事が、1列になって入廷してきた。最初に長官のウォーレン・バーガー判事が中央の席に座り、続いて他の判事たちが、就任からの年数順に、それぞれ左右の自分の席に着いた。バーガーの右隣は、最も古株のヒューゴー・ブラック判事、左隣はウィリアム・ダグラス判事である。他の判事は、長い机に沿って扇形に広がる形で、ブラックの右側に、ジョン・ハーラン、ポッター・スチュワート、サーグッド・マーシャルの3人の判事が座り、ダグラスの左側には、ウィリアム・ブレナン、バイロン・ホワイト、いちばん新任のハリー・ブラックマンという3人の判事が座った。女性の最高裁判事が任命されるのは、まだ10年以上も先の話である。

原告側の弁論

最高裁に上告を申し立てた側の当事者の代理人として、ビル・ロビンソンが、まず演壇に向かった。演壇には2つのランプが付いており、30分の持ち時間が残り5分となったところで白いランプが点灯する。もう1つの赤いランプが点灯したときは、もう時間切れということだ。

「裁判長閣下、ならびに尊敬する判事の皆さま。ここに謹んで申し上げさせていただきます」と、ロビンソンは、静かに落ち着いた口調で弁論を始めた。緊張や不安の影はなく、初めて最高裁で弁論を行う(しかも、子どもの誕生が間近に迫っている)とは思えないような話しぶりだった。ロビンソンは、本件の基本的な事実関係——アイダによる最初の応募の試み、マーチン・マリエッタ社による拒絶、その後の下級審手続における展開など——について説明した上で、第5巡回区の控訴裁判決を破棄すべき3つの大きな理由を提示した。彼は何とか判事の質問に遮られずに、その3つを列挙することができた。

第1に、控訴裁判決は「第7編の基本目的に反する」ものである。アイダのような女性を雇わない理由として、「父親は外で働き、母親は家で子どもの世話をする」という、性的ステレオタイプに依拠しているからである。

第2に、控訴裁判決は、「性を理由とする」差別を禁じた第7編の「明文の規定」に反している。ロビンソンは、LDFが裁量上告の申立ての書面に入れておいた統計数字(その後、口頭弁論の前に提出した主要な準備書面でも再掲)を引用し、本件のような「性プラス」基準の利用が許された場合、幼い子を有する約400万人もの母親が、仕事に対する保護を失ってしまうこと、さらに、他にも多種多様な「プラス」の属性が性に付加され、第7編による保護の範囲がいくらでも削り取られてしまう危険があることを指摘した。連邦議会が「性を理由とする」差別の禁止規定を設けたとき、このような抜け穴の存在を想定していたはずがない。実際、上院での法案審議の際には、「性のみを理由とする」という形に修正する提案がなされたものの、否決されたという経緯もある。[*60]

第3に、「性プラス」は、第7編の規制を、原形をとどめないほどに侵食してしまう。「性プラス」にもとづく差別が許容されるなら、「人種プラス」、「宗教プラス」、「出身国プラス」の差別も許容されることになるからである。[*61] ここでロビンソンは、後に彼が語ったところによれば、あまりにも明白に人種差別的で、第7編に適合するとは決して考えられないような「馬鹿げた」例を、わざと示した。「たとえば、使用者が、縮れ毛が膨らんだアフロヘアーの黒人は雇用しない、とする場合はどうでしょう。あるいは逆に、直毛の黒人は雇用しない、とする場合も考えられます」。[*62] このような議論を通じて、ロビンソンは、最高裁がもしかしたらマーチン・マリエッタ社の方針に何らかの合理性があると考えるかもしれないという可能性をつぶし、「性プラス」の真実の姿——連邦法の差別禁止規定を潜脱するための策略——を白日の下にさらそうと試みた。

判事たちの質問

判事たちは、ロビンソンの議論に対して露骨な敵意は示さなかった。しかし、第7編の性差別規定の内容や範囲について様々な質問が出され、それらの中には懐疑的な、さらには困惑したような、響きも含まれていた。1つには、第7編が「男の仕事」と「女の仕事」の区別を撤廃したという考え方に、何人かの判事は納得できないようだった。ブラック判事は、「この法律によれば、溝掘り作業のようなきつい肉体労働でも、使用者は女性に職を与えなければならないのですか?」と、ロビンソンに質問した。ブラックマン判事も、「1つ、教えてほしいのですが」と言いながら、次のような質問をした。「ある病院が長年、看護師として女性だけを雇用してきたとします。そこに、この法律ができた後、男性の看護師が応募して来ました。あなたの解釈によれば、これまで女性の看護師しかおらず、それで万事うまくやってきたからといって、男性の看護師の採用を拒否することはできない、法律の定めるBFOQの例外に当たらない限りは、ということになる。そのように理解してよいのでしょうか?」。ロビンソンはブラックマン判事に、おっしゃる通りです、と答えた。すると、バーガー長官が、「個人秘書についても同じになりますか？　今まで99％以上は女性だと思いますが」と、甲高い声をあげた。その通りです、とロビンソンは言った。[63]

バーガー長官は、判事たちの中でもとりわけ、第7編の性差別禁止規定に落ち着きの悪さを感じているようだった。その前に行われたロビンソンと他の判事とのやり取りの際にも割り込んで、次のような質問をしていた。「連邦裁判所の判事が、自分の下で働く法務助手を雇うにあたって、女性については、小さな子どものいる方はお断りという方針を取り、男性については、妻との間に小さな子どもがいても大丈夫とした場合、第7編の違反になるのでしょうか？　もし第7編が判事にも適用されるとしたら」。ロビンソンが、第7編は連邦裁判所には適用されないと答えると（その2年後の法律改正で、政府の職員にも第7編が適用されることになり、この空白は解消された）、バーガー長官は、大いに安心したというような口調で、「もちろん、連邦裁判所の判事には適用されませんよね。そうだと思っていた」と述べて、傍聴人の笑いを誘った。[64]

バーガー長官は、次に、性差別の禁止が「法案審議の終わりに近い段階で追加された」ことを指摘した上で、ロビンソンに、性差別を追加する提案がなされてから法案の採決までの間に、具体的にどれだけの時間があったのか、説明するよう求めた。しかし、ロビンソンは、この誘いに乗るつもりはなかった。性差別については、人種、出身国、宗教による差別の場合よりも禁止の度合いが弱い、という議論を導くための質問としか思えなかったからだ。「弁護士や裁判官がこの法律を解釈するに当たっては、性という言葉がいつ追加されたかは無関係であり、性差別も他の差別事由とまったく同じに扱われるべきだと考えます」と、ロビンソンは言った。[65]　バーガー長官は、それ以上、突っ込んで来なかった。

訟務長官の弁論

ロビンソンが着席すると、連邦最高裁の職員から、弁論が終わったら事務室に立ち寄るように、というメモが手渡された。何のことかは明らかだった。妻の陣痛が始まったのだ。しかし、まだ出て行くわけにはいかない。

ＬＤＦは、こちらに割り当てられた時間のうちの数分を、訟務長官のローレンス・ウォーレスに譲り、弁論を行ってもらうことにしていた。それが終わると、今度はマーチン・マリエッタ社の弁護士が30分の弁論を行う。これに対し、ロビンソンが最後に2分間の反論を行って、ようやく終了となる。

ウォーレスは立ち上がり、連邦政府としても「性プラス」の理論は根本的に間違っていると考える、と述べて、ロビンソンの立場を支持した。ある州が就学前の子どものいる女性の投票権を否定する法律を制定したならば、合衆国憲法第19修正（性別を理由とする投票権の否定を禁止）の違反となる。同じように、マーチン・マリエッタ社の方針も第7編の違反である。「女性全員を排除しなくても、女性に対する差別は成立するのです」と、ウォーレスは説明した。[*66]

ブラック判事が、ＢＦＯＱの範囲に関わる質問をした。航空会社が、客室乗務員を「スチュワーデスだけにして、スチュワードは雇わないと決めることはできるのですか？　客が女性のほうを好むから、という理由で。若い女性のほうが好まれるのは明らかでしょう？」。[*67] ウォーレスは、そのような行為は違法で許されないというのがＥＥＯＣの公式見解であるが、まだ裁判所の判断は示されていない、と答えた。

すると、他の判事たちから、本件でＢＦＯＱの例外が認められるためには、どのような証拠が示される必要があるのか、という質問が次々に出された。母親である女性が電話をするためにしばしば離席し、製造ラインの仕事に支障が出ている、という証拠はどうか？　常習的な欠勤が多いという証拠は？　事故率が高いというのは？　ウォーレスは、ＢＦＯＱと認められるためには、これらの職務遂行上の問題と母親であることとの間に、きわめて強固な集団間の相関関係がなければならない、と強く指摘した。母親である女性が、仕事中に電話をしすぎるなら、欠勤が多すぎるなら、あるいは不注意で事故を起こしすぎるなら、同じ行為をした男性と同じように、処分を受けるべきである。しかし、それはあくまで彼女1人の落ち度である。その結果を「すべての」母親になすりつけ、一律に採用を拒否することの正当化に用いることは許されない、とウォーレスは主張した。*68

会社側の主張

次に、マーチン・マリエッタ社の代理人であるドン・センターフィット弁護士が、演壇に立った。彼は、フロリダ州で最も規模の大きい法律事務所の1つのパートナーで、以前は銀行の経営者をしていたこともある。彼の事務所の顧客は、ほとんどが企業だったが、時には、イデオロギー的にその対極にある人々の仕事を引き受けることもあった。たとえば、1960年代には、本件でアイダの側に立って活動しているACLUが、顧客となったこともある。

事実、本件においてもセンターフィットは、マーチン・マリエッタ社の方針に居心地の悪さを感じているのではないかと思われる節があった。口頭弁論の期日の少し前に、彼はロビンソンに電話をし、近々ニューヨークに行くので昼食でも一緒にどうか、と言ってきた。彼らはフォーシーズンズ・ホテルで会ったが、仕事の話はほとんどしなかった。ただ、唯一それに近いものとして、アイダが最初にマーチン・マリエッタ社に出かけて行った日は、新聞の広告を見て非常に多くの応募者が押し寄せたため、対応するスタッフが忙殺されてしまったと、センターフィットのほうから話し始めた。何百人もの応募者がやって来たという。そのため、何とかしのいで対処する必要があり、とにかく対象者の数を減らそうとして、スタッフがいくつかの追加的な要件を考え付いた(小さな子どものいる女性は不可というのも、その1つである)と、センターフィットは説明した。会社は訴訟を終わりにして和解したい、と示唆することは決してなかったが、ロビンソンは、こちらの態度を和らげたかったのだろうと推測している。LDFの「火を噴くような」リベラル主義者たちが連邦最高裁に聞かせようと息巻いていた主張を、どうにかしてトーンダウンさせようと。ロビンソンは、その時のことを思い出し、自分は初めて経験する5つ星レストランの食事を堪能したけれど、それ以外の点では、センターフィットの狙いは失敗に終わった、と笑いながら言った。

連邦最高裁の判事たちを前にして、センターフィットは、先日の昼食時の話のバリエーションのような主張を試みた。受付の担当者がアイダに、小さな子どものいる女性は応募できない、と言ったかもしれないことは否定しない。しかし、実際には、会社としてそのような方針を定めてはいなかったのだ、と。さらに、センターフィットによれば、マーチン・マリエッタ社は、控訴裁が採用した「性プラス」の理論にさえ賛成していない。しかしながら、本件では、なぜアイダが仕事を得られなかったのか、あるいは、そもそもそういう事実があったのかについても、判断できる十分な証拠がない。ヤング判事が、そのような立証がなされる前に訴えを棄却してしまったからであるが、そうである以上、下級審の判断は維持されるべきである、とセンターフィットは主張した。

判事たちは、もし会社が本当にそのような方針を取っていたとしたら、違法となるのではないか、と問いただした。これに対してセンターフィットは、そのような絶対的な言い方は適当ではないと抵抗した。彼がぎりぎり認めたのは、もし最高裁が、原告の側は、就学前の子どもを持っていたために採用を拒否されたという事実の立証を行う機会を与えられるべきだと考えるのなら、会社の側も、ＢＦＯＱの抗弁を主張・立証する機会を与えられるべきである、ということであった。これは奇妙な議論だった。マーチン・マリエッタ社は、小さな子どものいる母親を排除していないが、もし排除していたとしても、それは法的に正当化される、というのである。

センターフィットの弁論の終わり頃に、バーガー長官が再度、女性の能力の特質に関する自分の考えを表明する機会をとらえ、発言した。センターフィットが、マーチン・マリエッタ社の組立工程の見習いの仕事は「重労働」ではなく、細かな電子部品を扱う「複雑作業」である、と説明したときのことだが、バーガー長官は、当然のことだという感じで、だからこそ会社の労働者の大部分が女性となっているのでしょうね、と言った。「女性はそういう手作業が男性よりもずっと上手で、良い仕事をしますから」。さらに、「ほとんどの人が秘書として女性を雇うのも、まったく同じ理由からです。男性よりも秘書の仕事が上手です」と付け加えた。センターフィットは、明らかにほっとした様子で、次のように答え、聴衆の笑いを誘った。「たいへん嬉しく思います。私からそのように申し上げることは、EEOCがいう性的ステレオタイプに該当するような気がして、はばかられましたので」[*69]

連邦最高裁の長官が、女性はその性質上、秘書の仕事に適していると述べて平然としているのは、女性の権利のために闘っている人々にとって、落胆せざるを得ないことだった。女性行動連盟のバーニス・サンドラーは、後日、長年の女性運動の仲間であるポーリ・マレー（彼女は、アイダの事件におけるACLUのアミカス意見書の執筆者の1人であった）に、このときの模様について、「まだまだ道のりは遠いということね」と言った。[*70] もしこれが、バーガーが、やはり公開の法廷で、白人とは異なる黒人に特有の能力について意見を述べたのであったら、とても笑い事ではすまなかったはずだ。

口頭弁論の終了

次に、ロビンソンが再び演壇に上がり、短い反論を行った。彼は、マーチン・マリエッタ社が自認した点について、傷に塩を塗り込むことを試みた。すなわち、EEOCは4年前、当事者間で合意により解決がなされるように調整の努力を行ったのに、会社はこれに応じなかった。もし本当に、受付の担当者が会社の方針を正しく理解していなかったためにアイダが追い返されてしまったのなら、なぜ会社は、後にアイダの問題が発生したことを知ったとき、彼女を採用しなかったのか？　あるいは、最低でも、なぜ彼女に応募書類を提出させなかったのか？　なぜ会社は、その反対に、彼女を拒絶する権利の確認を求めて、連邦最高裁まで争っているのか？[*71]

ロビンソンは、弁論が終わると、所持品の入った鞄をひったくるように抱え、最高裁の事務室へと急いだ。思った通り、妻の陣痛が始まったという連絡だったが、病院に電話をしても通じず、それ以上のことはわからなかった。ジャック・グリーンバーグの妻が、後でホテルから荷物を引き取っておくからと言ってくれたので、ロビンソンはタクシーを拾って空港に行き、次のニューヨーク行きのシャトル便の切符を買った。ロビンソンの娘は、もう何時間も前に生まれていたのだが、彼がそれを知らされたのは、ニューヨークのマウントサイナイ病院に着いてからだった。出生証明書によれば、口頭弁論の開始時刻のちょうど1分前に、彼女は生まれていた。

その頃、ワシントンでは、ロビンソンを除いた原告側の弁護士チームの誰もが、口頭弁論はうまく行ったと考えていた。ロビンソンは的確な議論を展開し、質問に邪魔されることも少なかった。センターフィットも同じように感じていたに違いない。口頭弁論の終了後、リーズ・マーシャルが最高裁の男子トイレに入ると、センターフィットと彼の同僚であるウィリアム・エイカーマンが後を追うように入ってきたので、マーシャルは驚いた。彼らはどうも、最高裁の判断が下されるのを待つ意欲を失ったようで、和解の相談をしたいと言う。マーシャルは、「多分、トイレは、その話をするのにふさわしい場所ではないと思います」と答えた。その後、彼はすぐにトイレを出て、アイダにこの提案の話をした。しかし、彼女は興味を示さなかった。もうその時までに、「彼女にとって、最高裁判決のほうが、お金よりも重要なものになっていた」と、マーシャルは語っている。[*72]

連邦最高裁の判断

1971年1月25日、ビル・ロビンソンが、インフルエンザのため自宅にいたところに、事務所から電話がかかって来た。連邦最高裁の判決が出たのだ。わずか数段落の短い判決であるが、アイダの勝訴だった。判決によれば、第7編は「同様の資格・能力を持つ者が、その性別にかかわらず雇用機会を与えられること」を求めている。[*73] したがって、連邦控訴裁が、同法は(どちらも就学前の子どもを持つ)男性と女性とで異なる採用方針を取ることを許容している、と解釈したのは誤りである。換言すれば、女性だけに不利益な影響を与える方針は、たとえ女性全員が損害を受けるわけではなくても、性差別に該当する。「性プラス」は第7編に違反するのである。

リーズ・マーシャルは、その頃にはジャクソンビルの公選弁護人の事務所で働くようになっていたが、前の事務所のパートナーであるアール・ジョンソンから、電話で連絡があった。彼はアイダに電話をし、判決を知らせた。ひとしきり歓喜の叫びを上げた後、彼女は泣き始めた。マーシャルによれば、判決が全員一致であったことが、両人にとって特に甘美に感じられた。

ただ、判決のある部分が、口頭弁論の際に示された判事たちの迷いを体現しているようであった。すなわち、連邦最高裁は、マーチン・マリエッタ社が（あるいは他の使用者一般についても）子の世話に関する母親の責任を「絶対に」考慮してはならないとまでは言い切っていなかった。会社としては、第7編に対するBFOQの例外をみたしうるだけの証拠を提出すれば、それで十分としている。本件でいえば、小さな子どもを持つ母親を排除することが「その業務または事業の正常な運営のために合理的に必要」である、という証明を意味する。[*74]「もし、そのような仕事と抵触する家庭上の責任が存在し、それが男性よりも女性の職務遂行に対してより顕著な影響を与えることが示された場合には、BFOQの適用において「違いが生じると議論することも可能」である。そのため、本件は連邦地裁のヤング判事のところに差し戻され、マーチン・マリエッタ社が前記の「証明」をすることができるように、事実審理を行うべきだとされたのである。[*75]

サーグッド・マーシャル判事は、判決の結論には賛成したものの、独自の意見を書き、多数意見が、マーチン・マリエッタ社のような方針がBFOQの例外に該当しうるかもしれないと示唆した点を、厳しく批判した。この方針は「女性の適切な役割に関する古めかしい虚構」にもとづくものであり、そのようなステレオタイプをBFOQと認めることは、使用者に対し、女性を第一義的に母親と考え、労働者としては二の次に扱うことを奨励することになる。[*76]マーシャル判事は、連邦議会で第7編法案を審議していたときになされた発言や、EEOCのガイドラインを引用しながら、BFOQは極めて限定的に解釈されるべきであり、たとえば映画監督が特定の性別の役を演じる俳優を選ぶときのように、「必然的に一方の性のみが有する身体的な特徴が必要とされる職務の状況」に限られる、と主張した。[*77]

後に発表された、本件について連邦最高裁の内部でどのような議論がなされたかの研究によれば、少なくとも何人かの判事、特にバーガー長官は、マーチン・マリエッタ社を声高に非難することに躊躇を感じていた。ボブ・ウッドワードとスコット・アームストロングの著書『ブレザレン』は、当時の重要事件における最高裁の舞台裏での駆け引きや闘争を描いているが、その中で、バーガー長官自身の偏見――彼はそれを口頭弁論の席でもほとんど隠そうとしなかった――が、最高裁での議論にいかに影響を与えたかが記されている。内部の関係者の話によれば、バーガー長官は、マーチン・マリエッタ社の方針を「強く支持」していた。

「私は絶対に女性の法務助手は雇わない」と、バーガーは法務助手たちに言った。女性は午後６時になると帰宅して、夫の夕食の準備をしなければならない。彼が言うには、１９５６年に控訴裁判所で初めて雇った法務助手が女性だったが、まったくうまく行かなかった。使用者は、誰をどのような理由によっても解雇してもよいはずだ、それは雇い主の特権である、と彼は考えていた。

そのような見解は、公民権法の一部は憲法違反だと宣言しているに等しいのではないですか、という声が出されると、バーガーは腹立たしげに議論を打ち切った。彼は、法律の細かな話をしたいわけではなかった。自分の経験からいえば、小さな子どものいる女性は、同じ仕事に就いている男性と比べてうまく仕事をこなすことができなかった。本件の使用者も、権利の範囲内だったということだ。[*78]

バーガー長官は自分の法務助手たちに、判事による合議の席では、彼の意見は支持者が少なくて負けてしまった、と述べている。「私にできた最大限のこと」は、会社がこの方針はＢＦＯＱの例外に当たると議論する余地を残しておくことだったという。[*79] マーチン・マリエッタ社に不利な判断を下すことに躊躇を感じた判事は、バーガー長官だけではなかった。ペンシルバニア大学ロースクール教授のセリーナ・メイエリは、公民権運動の中で形成された法理が女性の権利のための訴訟でいかに役立ったかを綿密に検討した著書『人種から考える』の中で、連邦最高裁の内部連絡文書によれば、ブラックマン判事も「就学前の子どもを持つ女性は雇わないという差別には、それなりの合理性がある」と考えており、バーガー長官に宛てて「本判決では可能な限り、我々の説明は少なくしたほうがよいと思います」と書いていたことを明らかにしている。[*80]

和解の成立

実際のところ、マーチン・マリエッタ社は、審理の場でさらに争うことを望んでいなかった。最高裁の判決が出されてから少し後、会社側の弁護士から、和解の相談をしたいという連絡が——今度は電話で——あった。アイダの弁護士は、会社側との間で、彼女が1966年9月6日に採用されていたとしたら、どれだけの賃金を得られていたかを計算し、それにもとづいて、適切な未払い賃金額を決定する作業を行った(それに加えて、彼らの報酬となる少額の弁護士費用分も支払われる)。

連邦最高裁での勝利という形で法律の頂点を極めた事件であっても、その最終処理における薄汚い現実は、勝者にとって不満の残るものとなりうる。本件が争われている年月の間に、マーチン・マリエッタ社は、多くの組立作業の労働者をレイオフしており、その中には1966年9月に雇われた者も含まれていた。つまり、たとえアイダがあの時に職を得ていたとしても、それを保持することはできなかったということだ。彼女が熱望していたあの高い賃金も充実した給付も、実際には手に入れられなかったことになる。

彼女は結局、レストラン「ランチハウス」で週に6日、午前6時30分から午後2時までのシフトで働き続けた。[*81] アイダはある時、新聞記者のインタビューに答えて、次のように語っている。「私たちはもう、働くことしか知らないような生活でした。働いて、家に帰って、また働いて」。[*82] その上、アイダがこの間に働いて得た賃金の総額は、和解によりマーチン・マリエッタ社から支払われる金額から差し引かれてしまう。その結果、最終的に会社からアイダに支払われたのは、1万3507ドルにすぎなかった。[*83] 彼女は、このお金を、いちばん上の娘のペギーが家を買うための頭金と、いちばん下の娘のグレーシーをディズニーランドに連れて行くための費用と、自分の家に冷房を付けるのに使った(彼女にとって初めての冷房だった）。

その後の人生

アイダ・フィリップスは、その後もウェイトレスとして働いていたが、１９８５年に卵巣がんにより51歳で死亡した。健康保険は彼女にとって贅沢品で、とても加入する余裕はなかった。そのため、がんは発見されないまま進行し、気づいた時には両肺まで広がっていた。ただ、死の４年前、アイダはようやく人生の幸せを手に入れることができた。彼女はテッド・ロバーツと出会い、結婚したのだ。彼は最後まで献身的にアイダの世話をした。幸いなことに、アイダの死後、テッドと、アイダの最初の夫であるフレッド・マカリスター――彼はもう酒を飲むのを止め、自分の子どもたちとの関係を修復していた――は、良い友達になった。彼らは互いに相手のことを「義理の夫」と呼んで面白がっていた。

アイダは、自分の訴訟の社会的意義を認識しており、新聞記者に、「私は、女性の権利のために、自分なりの役割を果たした気がします」と語っている。[*84] しかし、裁判が最高裁まで進行していく間においても、本格的な活動家になることはなかった。彼女はむしろ、リーズ・マーシャルと自分の家族を心の支えにすることで満足しているようだった。彼女とマーシャルは、１９６０年代の人種隔離されたフロリダでは、かなり特異なペアであった。すべてが片付いた後、彼らはいろいろ思い出を語り合ったが、中でも楽しんだのは、マーチン・マリエッタ社が雇った、南部の古き良き白人男たちのネットワークに属する弁護士たちが、裁判所でマーシャルを見たときに、彼が黒人で、かつ、子どもの頃に罹ったポリオのせいで脚を引きずっていたため、どれだけ「バカにして笑った」か、という話であった。[*85]

アイダは、自分が大した人物と見られないことを喜んでいたようだ。「多分」と、彼女は言った。「それが私のやり方なのでしょうね。小さくて間抜けなウェイトレスに見えるけれど、本当はそれ以上の存在なんだぞって、秘かに主張するのが」[*86]

第2章

刑務所の壁を突き破れ

ドサード事件　1977年

Dothard v. Rawlinson（1977）

公安局長との面談

アラバマ州公安局長のE・C・ドサード大佐は、ハイウェイのパトロールをする州警察官(ステート・トルーパー)に女性を採用することなど、絶対にありえないと思っていた。1975年11月上旬のある晴れた日、天井が高くて豪華な彼のオフィスでブレンダ・ミースと面会したときにも、そうはっきり言ってやった。

部屋の両側にはアラバマ州の州旗とアメリカ国旗が掲げられ、背後の壁には巨大なアラバマ州の紋章が飾られている。ドサードは、州のハイウェイをパトロールする仕事は極めて危険であり、男にしかできない、と説明した。この男性のみという話は、ブレンダにとって初耳だった。郵便で受け取った不採用通知には、彼女の体重が160ポンド(約72・6キロ)という最低基準をみたしていない、としか書かれていなかった。

ブレンダの体重は130ポンド(約59・0キロ)で、まったく足りないことは自分でもわかっていた。ドサードに面会を申し込んだのは、直接に話をして自分がその仕事にどれだけ情熱を持っているかをアピールすれば、何とか雇ってもらえると思ったからだ。もちろん情熱だけではなく、資格も十分にある。そもそも、州警察官の筆記試験を受けるための条件としてアラバマ州が要求しているのは、志願者が21歳から26歳までの間で、高校卒業またはそれと同等の学歴を有し、有効な運転免許証を持ち、過去に犯罪歴がなく、健康に問題がない(視力が良好で、歯も丈夫でなければならない)ことだけなのだ。そしてブレンダは、さらに多くの資格を持っていた。ビジネス・カレッジを卒業した上に、地元のトロイ州立大学で、刑事司法と心理学で第2学位を取るために必要な授業を受講していたのだ。

それらの授業はモントゴメリー警察学校に出かけて行われることが多く、ブレンダはそこで、ドン・アトウェルとジム・ソーンソーシーという2人の州警察官と友達になった。彼らが、それまで女性の州警察官は皆無だったにもかかわらず、採用試験を受けることを勧めてくれたのだ。実際、アトウェルは、ブレンダの学習意欲の強さにとても感心し、数週間にわたってパトロールに同行させてくれた。一度などは、公共の場で酩酊した女性を逮捕する際に、ブレンダに声をかけて手伝わせてくれたほどだ（その女性は、後に起訴されて裁判になったとき、被告席で、アラバマ州の警察官はなぜみんな「あの女性警察官のように」立派な態度を取れないのでしょうか、と発言し、判事を当惑させたという）。

ブレンダの経歴

赤毛で青い瞳と大きな笑みが魅力のブレンダは、テレビのクイズ番組「ザ・プライス・イズ・ライト」のアシスタントの声がかかったこともあったほどだが、ルールを守るのがいつも苦手だった。１９５０年代にバージニア州のマナサスで、一人っ子として育ち、母は専業主婦で、父はリッチモンド・フレデリックスバーグ・ポトマック鉄道の車掌をしていた。ブレンダは小さい頃から、どこに行っても目に入る、世界を「白人」と「有色人」（黒人）の２つに分断する人種隔離の標識に、疑問を抱いていた。そして、母親の人生のことを考えたとき――父は第２次世界大戦で従軍し、海外に駐留していた間に別の女性との間に子どもをもうけたが、母は見て見ぬふりをしていた――「私は絶対にああはならない」と決意した。

けれども、ブレンダには大きな願望はあっても、焦点が定まらない。高校時代は、カントリー音楽のスターになることを夢見ながら、学校を欠席して様々な場所に出入りすることが多かった。卒業後、地元のビジネス・カレッジで1年のプログラムを修了すると、19歳で結婚し、国防総省で秘書の仕事に就いた。その後、最初の夫とは別れ、職場で知り合った空軍の士官、イバン・ミースと結婚した。

首都ワシントン近郊のメリーランド州で、彼との新婚生活を送っているときに、ブレンダは、自分が警察の仕事が好きかもしれないと初めて気づいた。近所に住むＦＢＩ（連邦捜査局）の捜査官が、「自分の持っているＦＢＩの雑誌類をすべて私にくれ、しばらくすると、今度はテストだ、と言うのです」と、当時を思い出しながら、ブレンダは語った。「では、この指紋はどのタイプだろう、アーチ型、ループ型、渦巻き型のどれかな、って」

1973年、ブレンダは、アラバマ州モントゴメリーに引っ越した。夫のイバンが、士官教育の最終課程を、マックスウェル空軍基地にあるアメリカ空軍大学で受けるためだったが、彼の勧めもあって、ブレンダは自分で気づいた新たな興味を真剣に探求してみることにした。こうして彼女は、トロイ州立大学の夜間コースを受講し始めた。

その授業は非常に面白く、州警察官の仕事に随行させてもらったときも同様で、ついに自分の天職といえるものを見つけた、と彼女は思った。だから、州の公安局から不採用の通知が来たときにも、アトウェルとソーンソーシーから、ここで諦めてはいけないと励まされ、ドサードのオフィスに電話して面会の約束を取り付けたのだ。面会の日、ブレンダは、長い髪をピンでフレンチツイストに固め、持っている中でいちばんプロフェッショナルな服装である、アイボリーのスーツと黒のパンプスを身につけて、ドサードのオフィスまで、アトウェルの車に乗せて行ってもらった。

面談の結果

ドサードは、アラバマ州警察に20年近くも勤務していた。ジョージ・ウォーレス知事の個人護衛を担当する特殊部隊にいたこともあり、1972年に知事が銃撃されて半身不随となった暗殺未遂事件では、ドサードも負傷した。[*1] ブレンダとの面会では、最初から、明らかに彼の心は決まっていた。とても手の込んだ彫りの模様が入っているピカピカの机の上に、大柄な身体を乗り出しながら、「さて、ミースさん、あなたは州警察官になりたいというのですね」と、南部特有のゆっくりとした口調で言った。「いったい全体、どうして女性にあんな仕事ができると思ったのですか?」 ブレンダは、女性も男性と同じようにできると思っています、と答えた。

「でも、それでは答えになっていない。なぜ、あなたは、女性でもその仕事ができると思うのか、と聞いているのです」と、ドサードの追及は続いた。彼の威圧的な態度や身振りに、ブレンダを恐れを感じたが、勇気を振り絞り、こちらも椅子に座った身体を前に乗り出しながら答えた。

「警察官の仕事の中には、女性のほうが上手にできるものもあると思います。交渉をしたり、相手と話し合って納得してもらったり。もちろん、自分や他人を守るために銃を用いることも、女性も同じくらい上達することができます」

ドサードは、さらに少し、身体を前に乗り出してきた。

「拳での殴り合いはどうだろう」

「私は空手を習っています」と、ブレンダは優しく答えた。「それが役に立つかもしれません」

ドサードは、感心しない様子で、体重160ポンド以上という基準のほうに話を移した。身長にも5フィート9インチ(約175・3センチ)以上という基準があり、5フィート6インチ(約167・6センチ)のブレンダは、こちらも満たしてなかった。「ほら、こういう決まりなのでね。あなたが州警察官になりたいからといって、変更するわけにはいかないのです」。しかし、ブレンダが知らず、ドサードがあえて教えなかった事実がある。アラバマ州の法律は、担当者の判断により、これらの最低基準の適用を除外することができると定めていたのだ(それまで、実際に用いられた例はなかったけれど)。

20分ほど経ったところで、ドサードは立ち上がった。

「このくらいで、もう十分でしょう」

ブレンダは驚いたが、無礼になってはいけないと思い、「はい」と答えて立ち上がった。

彼女はそのまま帰ろうとしたが、ドサードのほうは、まだ用件が残っていたようだ。これ見よがしに1枚の証明書を取り出して、ブレンダに手渡した。そこには、ブレンダを「名誉州警察官」に任命する、と書かれていた。部屋から出て行く彼女に、ドサードは、「ごきげんよう、ミースさん。よい1日を」と声をかけた。

ブレンダの怒り

ブレンダは、怒りに震えた。ここに来たのは、アラバマ州警察のトップと直談判をして、州警察官になるという自分の夢を実現しようと思ったからだ。ところが、何の成果もなく、見学に来た小学生に配るような記念品を渡されて、帰ろうとしている。彼女は、公安局の建物から走るように飛び出すと、待っていたアトウェルの車に乗り込んだ。

近くのバーでグラスを重ねながら、ブレンダは、ドサードから受けた侮蔑的な扱いについて話をした。アトウェルもカンカンに怒り、「こんなことを許したまま終わらせるつもりかい？　南部貧困法律センター(ＳＰＬＣ)に行って相談すべきだよ」と言った。

アトウェルは、つい何年か前、ＳＰＬＣが、州警察官の雇用に関する人種差別を争って集団訴訟を起こし、見事に勝利したことを思い出していた。ブレンダは、人種差別を禁止した連邦の法律があることは知っていたが、女性も差別からの保護を受けられるというのは、初めて聞いた話だった。帰宅して夫と一晩話し合った末に、ブレンダは翌日、ＳＰＬＣに電話をして相談の予約を取った。

ドサードは、アトウェルを自分の部屋に呼び出し、「あの女」が州警察官に応募して来たことに、おまえが関係していることはわかっているぞ、と言った。アトウェルは否定したが、しばらくすると、自分が配置換えになったという話が伝わってきた。新しい職場は、１００マイル(約１６１キロ)も離れた、アラバマ州ドーサン。「世界のピーナッツの都」と自称する地方都市だった。*2

キムの経験

その頃、同じモントゴメリーの市内に住む別の女性も、アラバマ州の法執行に関わる仕事に応募したのに不合格とされ、怒りをあらわにしていた。ダイアナ・キム・ローリンソンは22歳で、アラバマ大学のタスカルーサ本校を卒業したばかりだった。

彼女は、４人の教授が行う矯正心理学の研究プロジェクトの助手として1年を過ごすうちに、面白さに夢中になってしまった。この分野はまだ萌芽的な段階にあったが、刑務所の中で、囚人同士や看守との関係から生じる心理的な力学を研究するものだった。キム(みんなが彼女を、このミドルネームで呼んでいた)が特に大好きだったのは、タスカルーサの少年犯罪部に所属する警察官と一緒にパトカーに乗ることだった。彼女の目の前で、警察官は、容疑者を逮捕したり、麻薬の摘発をしたり、捜査の記録を書いたりした。キムは小さい頃から、とても恥ずかしがり屋で目立たず、近所の人たちも、2人の姉妹のほかにもう1人女の子がいることに気づかないほどだった。そんな本好きの若い女性が、刑務所の看守になりたいと考えるなんて、ありえないように思えるだろう。しかし、法執行の現場の空気に触れたことによって、「私の中のスイッチがパチンと入ったのです」と、キムは言う。「突然の啓示のように、これこそが私がやりたいことだ、と感じました」

大学のキャリアサービス課の助力により、州の矯正局の仕事の中で、彼女のように大学院修了の資格を持っていなくても応募できるものを、1つ見つけることができた。「矯正カウンセラー」という名前の、刑務所の看守である。しかし、しばらくすると、州職員局の長官名で、不合格の通知が届いた。その仕事には、体重が120ポンド（約54・4キロ）以上という最低基準が定められており、115ポンド（約51・2キロ）のキムは不適格だと書かれている。ちなみに、身長のほうはぎりぎりで大丈夫だった。警察官とは違って、刑務所看守の最低基準は5フィート2インチ（約157・5センチ）であり、彼女は5フィート3インチ（約160・0センチ）だった。キムは矯正局に出かけて抗議したが、まったくらちが明かなかった。ブレンダの場合と同様、例外的に基準の適用除外が認められうることを、誰も教えてはくれなかった。

「本当にむかついて」と、キムは、当時のことを思い出しながら言った。にぎやかな笑い声と、経験を重ねた円熟の風情を持つ女性だ。「何の根拠もない、まったく勝手な基準ですから」。歴史的な人種差別反対のバス・ボイコット運動が行われたモントゴメリーで、その余熱を感じながら育った彼女は、第7編のことも、その適用に当たってＥＥＯＣが果たす役割についても知っていた。タスカルーサから車を2時間運転して、ＥＥＯＣのオフィスのあるバーミングハムに行き、差別の申立てをした。これが訴訟への最初のステップとなるが、受付をした職員から、ＥＥＯＣが対応できるのは何年も先になるかもしれない、と言われた。まさにその通りで、申立てをして以来、彼女には何の連絡もなかった。

ホロビッツ弁護士との出会い

キムの人生のほうも、正しい方向に進む気配はなかった。1974年12月に大学を卒業した後、彼女は恋人と別れ、ひどいうつ状態に陥った。モントゴメリーの家に戻って引きこもったが、そこでも安らぎは得られなかった。両親や姉妹との関係が、以前から良くなかったのだ。家族はみんな、アフリカ系アメリカ人のことを平気で「ニガー」と呼び、公民権運動にはまったく無頓着だった。「誰が私をこの家族の中に落として行ったのだろう?」と、彼女はいつも不思議に思っていた。悲しみと怒りが心にあふれ、次に何をすればよいのかもわからないまま、キムは、地元のヘアサロンで、シャンプーをする仕事に就いた。

このヘアサロンは、SPLCのスタッフの行きつけの店で、パム・ホロビッツという名の若い弁護士もその1人だった。ミネソタ州出身の彼女は、公民権運動やベトナム反戦運動に触発され、ロースクールで法律を学んだ。卒業後はアラバマ州のプリチャードに移り住み、2年が過ぎたところだった。プリチャードに来たのは、理想主義的なアルジャーノン・ジェイ・クーパー市長の下で働く仕事を見つけ、それに引き寄せられたからだ。クーパーは、公民権運動で活躍した弁護士で、ロバート・ケネディの補佐官をしていたこともある。1972年に、白人の現職市長を破ってアラバマ州で初めてのアフリカ系アメリカ人市長に当選し、全国に名前が知られるようになった。その後、ホロビッツは、SPLCのスタッフ弁護士の1人が辞めて大学教授になったときに、その後任に迎えられ、モントゴメリーに引っ越した。いずれもSPLCの共同創設者の1人であるジョー・レビンとモリス・ディーと一緒に、3人でチームを組んで、弁護の仕事をしていた(3人目の共同創設者である伝説的な公民権運動の活動家、ジュリアン・ボンドは、SPLCの理事長だった。彼は後にホロビッツの夫となる)。

SPLCに移って1年くらいの頃、ホロビッツはヘアサロンにヘアカットに行き、シャンプーをしてくれる女性と会話を始めた。それがキムだった。「あなたは弁護士さんでしょう」とキムは言った。ホロビッツは、また知らない人から困った問題の相談をされるのかと思いながら、仕方なく、そうだと答えた。キムが説明を始めると、ホロビッツは驚いた。「口をポカンと開けながら聞いていていました」と、キムは回想する。本当に信じられないような偶然だ。ホロビッツは数日前にブレンダ・ミースと会い、彼女の事件を引き受けたところだった。SPLCは近日中にブレンダの事件の訴訟を提起する予定なので、急がなければならない。もし本当に闘うつもりなら、オフィスに来て必要な書類にサインをし、訴訟に加わるべきだ、とホロビッツは言った。その週の終わりには、キムも原告としてSPLCの顧客となっていた。

法執行職務の状況

SPLCがこの訴訟を提起した1975年12月当時、法執行の仕事で働く女性は極めて少なかった。全国的な数字で見れば、警察官の女性比率はわずか2・7％、[*3]刑務所などの矯正施設は6％程度だった。[*4]州警察官に女性のいる州は9つにすぎず、[*5]たとえ女性が採用された場合にも、給料の安い、低い職務に押しやられるのが通常だった。書類作成などの事務、あるいは、青少年や風紀担当など、より「ソフト」な部門の仕事である。矯正施設の職員についても同様で、女性は女性刑務所、少年施設、軽警備施設などを担当するのが一般的だった。女性看守は寮母と同じ「マトロン」という言葉で呼ばれることが多く、そのこと自体、彼女たちの仕事の性格を雄弁に物語っていた。

アラバマ州も例外ではなかった。1975年当時、659人の州警察官は、全員が男性だった。刑務所のほうは、女性比率が全国平均よりも少しだけ高く、435人の矯正カウンセラー（看守）のうち13％を占めていた。しかし、そのほとんどが、女性専用の刑務所か、軽警備の少年施設や通勤刑のための施設で働いていた。

身長の最低基準も、法執行の仕事における「男の支配」を保つ要因となっていた。大多数の州がこれを定めており、また、身長よりは少ないとはいえ、体重の最低基準を定める州も多かった。1974年当時、49の州警察組織のうち47が、応募者の身長が5フィート8インチ（約172・7センチ）以上であることを要求しており、ほとんどの大都市の警察も同様であった。[*6]また、FBIも、捜査官について身長5フィート7インチ（約170・2センチ）以上という基準を定めていた。[*7] これらの基準は「性中立的」である点で、露骨な女性の排除とは異なっている。しかし、その効果を見れば、「性中立的」とはとても言えたものではなかった。より背の高い応募者だけを採用した場合、男性よりも女性のほうが多く失格してしまうことは明白であり、人口統計学の専門家に聞くまでもないだろう。

女性保護立法の影響

法執行の職務における女性の排除は、「男の仕事」と「女の仕事」の区分という、全体的な労働世界の状況の反映でもあった。これには1世紀にもわたる歴史的背景がある。19世紀後半から20世紀半ばにかけて、多くの州の議会は、女性に対する様々な「保護」労働立法を制定した。女性労働者について、1日の労働時間の上限を定めたり、危険な業務での就労を禁止したり、休憩等の特別の措置を義務づけたりするものだ。[*8]

これらの女性保護規定については、後に、男女を問わず「すべての」労働者を保護する形に拡大すべきだという議論が高まり、そのような法律が作られるようになった。連邦の1938年公正労働基準法（FLSA）が、最も有名な例である。しかし、旧来的な州の法律はなお残り、一方の性だけに規制が適用されるという事実が、職場における女性の地位を二流にとどめる結果をもたらした。女性は、目に見える経済的利益の面で、時間外労働、深夜勤務、重筋作業等と結びついた高い賃金と監督権限を得ることができないのである。のみならず、女性保護立法は、男女の役割に関する厳格な文化的区分をいっそう強化した。白人女性は、何よりも家庭を守る妻であり母であるとみなされ、その身体と能力は、ほとんどの仕事で生じる予測不能な荒波には不適と考えられた（対照的に、黒人女性は、そのような奥様扱いをされることはなかった。実際、奴隷制の時代から、以後もずっと、彼女らの労働が、白人女性が家庭にとどまることを可能にしたのだ）。[*9]

連邦最高裁は、このような女性労働者の保護立法に対し、何度も肯定的な判断を下していた。争われた事項は様々であるが、女性であることの本質は家庭生活にある、という同じテーマを、毎回、若干の変化をつけながらも再確認していたといえる。たとえば、1872年の事件では、女性は弁護士を開業することができないとするイリノイ州の法律を、「女性が夫とは別個独立のキャリアを持つことは、家族制度の調和と相容れない考え方である」と述べて、支持した。[*10] また、1908年のミュラー事件では、洗濯業および工場で働く女性について1日の最長労働時間を10時間と定めたオレゴン州の法律を、やはり支持した。その数年前、連邦最高裁は、製パン業で働く労働者について（男女を問わず）最長労働時間を定めた別の州の法律を、違憲無効と判断していた。しかし、ミュラー事件では、女性は「国民の強さと活力を保持する」という高次の責務を担っているので、州は女性を重労働から保護することに正当な利益を持っている、という理由が示された。[*11]

さらに1948年の事件では、第7編の成立のわずか16年前であるにもかかわらず、連邦最高裁は、自分の夫または父親が所有するバー以外で、女性がバーテンダーとして働くことを禁止するミシガン州の法律を、やはり支持した。[*12] 判決は、「女性がバーテンダーとして働くことは道徳的および社会的な問題を引き起こすので、州の立法府はこれを防ぐ措置を取ることが許される」と述べている。「ミシガン州が、夫または父親がバーの所有者の場合には、その監視によって女性への危険が最小化されるため、そのような保護機能のない他のバーとは状況が異なる、と考えたことは明らかである。本裁判所は、同州の立法府のかかる判断を否定する立場にはない」[*13]

第7編の制定と適用拡大

このような法状況の下で、1964年、連邦議会により第7編が制定された。州の女性保護立法は最終的に第7編違反で無効とされるのであるが、当初の段階では、警察や刑務所で働きたいと思う女性にとって、第7編はほとんど何の助けにもならなかった。制定時の第7編は、法執行機関を運営する連邦政府や州や地方の政府を、適用対象としていなかったからである。一部の機関は自主的に、差別的な規則や方針を変更した。[*14] しかし、女性が仕事へのアクセスを求めて訴訟を提起することが可能になったのは、連邦議会が1972年に第7編を改正し、政府機関も適用対象に含めてからのことだった。[*15]

したがって、1975年の時点では、法執行の仕事から女性を排除する実に多種多様なルールについて、裁判所が判断を行った事例はまだほとんどなかった。連邦議会が第7編で定めた「平等な雇用機会」という法命題が、ドサード大佐のような深く根ざした信念と衝突したときに、裁判所がどのような結論を下すのか、誰にも予想が付かなかった。実際、連邦裁判所の中でも、街路で喧嘩を止めさせたり刑務所で秩序を保ったりする仕事を、たとえ「どんなに」身体が大きくても、女性が本当にできるのか、という疑問を持つ裁判官が多かった。ましてや、法執行に携わる現場の人々や、世間一般では、そのような声が大勢をしめていた。

社会改革を目指すホロビッツやSPLCの仲間の弁護士たちは、裁判所の先例がほとんどない中で、現状を争う訴訟の原告となる女性を見つけ出そうとしていた。ホロビッツが後に語ったところによれば、男性が支配する分野で女性の機会を切り開くことは、女性ができる仕事、すべき仕事は何か、という点に関するステレオタイプを打ち破り、「全国の女性運動の目的を大きく前進させる」ものである。また、そのような仕事は賃金が非常に高くて諸給付も充実しており、しかも大学卒業の資格も要求されないため、女性は経済的な安定を得ることができる。この点もSPLCの使命にぴったりだった。

ホロビッツは、自分の非常な幸運を自覚していた。ブレンダ・ミースとキム・ローリンソンという高い資質を有する2人の女性が、まったく同じ時期に、モントゴメリーにある2つの法執行機関で、それぞれ働きたいと応募したのだ。この2人に出会ったとき、ホロビッツはすでにモントゴメリー市警察を相手に訴訟を起こしていた。3人の女性警察官が原告となって、自分たちにパトロールの仕事を割り当てないのは不当だと主張したもので、こちらの事件については1976年に、勝訴判決を得ることができた。[*16]

原告側の理論

ホロビッツは、ブレンダとキムの訴訟を、SPLCに新しく加わった弁護士、ジョン・キャロルと一緒に担当することになった。2人は、最初に裁判所に提出する訴状の中で、2つの法理論を主張することにした。

まず、ブレンダの事件では、州警察に対する訴訟の根拠を合衆国憲法第14修正の平等保護条項に置き、アラバマ州はこの憲法上の権利を侵害した、という主張のみを行った。こちらでは、誰もその理由を思い出せないのだが、最初にEEOCへの差別の申立てを行っていなかったため、第7編にもとづく訴訟を起こすことができなかったのだ。

他方、キムの事件では、身長・体重の最低基準は第7編に違反するとの主張も行うが、州の矯正局は女性を排除する意図でこの基準を定めた、と言えるだけの証拠はなかった。基準を適用した効果として、結果的に女性のほうが不均衡に多く排除されてしまったにすぎない。けれども、最近出された連邦最高裁の判決によれば、そのような差別的「効果」があれば第7編の違反が成立するはずだと、ホロビッツとキャロルは確信していた。

この判決は、1971年のグリッグス事件(グリッグス対デューク電力会社)[*17]である。ノースカロライナ州のデューク電力会社の発電所で働くアフリカ系アメリカ人の労働者たちが、会社の定める資格要件は人種差別にあたると主張して、訴訟を提起した。同社では、最初の採用や部門を超える異動のための要件として、労働者が高卒の資格を有し、かつ、一般適性テストで合格点を取ることを求めていた。[*18]これにより、黒人の志願者はほとんどが失格という結果になってしまったのである。[*19]

連邦最高裁は、使用者の基準が排除的な「効果」を生み出すならば、そのような「意図」がある場合と同様に違法となりうる、と判断し、第7編の射程を大きく拡大した。ある基準が、特定の属性(人種、性など)を有する集団に「差別的インパクト」を生じさせる――言い換えれば、「形式的には平等であるが、その機能において差別的である」――場合には、第7編は、それが「業務上の必要性」により正当化されることを要求する、というのである。[*20]

判決によれば、「業務上の必要性」の証明のために、使用者は、問題の基準をみたす志願者のほうが、みたさない志願者よりも、本当にその仕事をより良く遂行できることを証明しなければならない。[21] そして、グリッグス事件では、使用者はその証明に失敗した。デューク電力会社が高卒資格や一般適性テストでの合格点という基準を採用したとき、以前から働いていた、ほとんどが白人の労働者については、例外として基準の適用が免除された。ところが、これらの高卒資格や一般適性テストの基準をみたさない労働者も、十分に仕事をこなしており、中には昇進を認められた者さえいた。[22] 連邦最高裁の目から見れば、これは、高卒資格や一般適性テストの点数が、デューク電力会社できちんと働くことができるかどうかを予測する機能を果たさないことを意味する。これらの基準は、当時のノースカロライナ州で、多くのアフリカ系アメリカ人が受けることのできた教育水準の低さを暴露するものでしかなかった。[23] そのため「業務上の必要性」にはまったく該当せず、違法という結論となった。

したがって、ホロビッツとキャロルとしては、第7編の下で勝訴するために、州矯正局が定めた身長・体重の最低基準が、デューク電力会社の高卒資格やテストの点数と同じであることを示す必要があった。すなわち、それらの基準は、女性を刑務所の仕事から排除する効果を持つ一方で、実際に労働者の質を高めることにはつながっていない、ということだ。

もちろん、グリッグス事件は人種差別の事案だったのに対し、こちらは性差別の事案である。連邦最高裁は、表面上は中立的でも「女性」に対して差別的インパクトをもたらす使用者の方針が違法かどうかについて、まだ何の見解も示していなかった。ホロビッツとキャロルにとっての朗報は、少なくとも1つの連邦地裁が、この点につき積極的な判断を下していたことだ。これはカリフォルニア州での事案であるが、サンフランシスコの市警察が定めた身長5フィート6インチ(約167・6センチ)以上という基準について、裁判所は、グリッグス事件の判決を引用しながら、それが女性に対して差別的インパクトを及ぼし、かつ、業務上の必要性により正当化できず、違法と判断した。[24] 市警察当局は、警察官の身長と職務遂行能力との間の関連性について、信頼できるデータを示すことができなかったのである。[25]

規則２０４号の制定

　ところが、ホロビッツとキャロルがこのように２つの法理論（ブレンダの事件では憲法の平等保護条項、キムの事件では第7編の差別的インパクト法理）を決定したところで、思いがけない展開があり、事態は複雑化した。１９７６年２月、アラバマ州矯正局は新しい規則を発表し、女性は、たとえ矯正カウンセラーとなるための身長・体重の基準をみたしていても、凶悪犯用の重警備刑務所で男性囚人との身体的接近を必要とする仕事（いわゆる接触業務）に就くことはできない、と定めたのだ。この結果、そのような接触業務――シャワー室・トイレ・共同寝室の巡回、裸にしての所持品検査などの仕事は、これに含まれる――は、男性しかできないこととなった。

「規則２０４号」と呼ばれるこの新規則は、アラバマ州の刑務所看守の仕事から、ほぼ全面的に女性を排除するものであった。たしかに、全部で15ある州の矯正施設のうち、男性囚人のみを収容する重警備刑務所は、４つにすぎない。しかし、それら４つの刑務所で、州の矯正カウンセラー全体の75％もが働いており、そのほとんどが接触業務に従事していたのだ。[*26]

　この新展開は、キムの事件に、まったく新たな法的問題を投げ込んだ。規則２０４号は、多くの仕事から明示的かつ意図的に、女性を排除するものである。明らかに、これは第7編に違反する。ある仕事を「男性のみ」と定める規則よりも露骨な「性を理由とする」差別が、どこにあると言うのか。さらに、ホロビッツとキャロルは、このような女性に対する一律の禁止は憲法第14修正の平等保護条項にも違反すると確信していた。ブレンダの事件でドサード大佐が言っていた、州警察官は「男性のみ」というルールについても、まったく同様である。

　しかし、アラバマ州は策を考えていた。規則２０４号は、第7編で認められた抜け穴、すなわち、「真正な職業資格」（ＢＦＯＱ）の例外に当たる、と主張しようというのだ。もしもアラバマ州が、重警備刑務所の正常な運営のためには接触業務で働く職員を男性に限定することが合理的に必要である、と証明できれば、規則２０４号は適法ということになる。

州刑務所の実情

1970年代の半ば、アラバマ州の重警備刑務所が、性別にかかわらず、職員にとって極めて危険な職場であったことは、疑問の余地がない。建物には大きな共同寝室が設けられ、最も凶悪な犯罪者でさえも、監房に閉じ込められずにそれを利用していた。看守は制服ではなく平服を着用し、武器は所持していなかった。下手に持っていると、奪われて自分たちに向けられる危険があったからである。州矯正局のジャドソン・ロック局長の証言によれば、1973年以降、矯正カウンセラーに対する襲撃事件は40件も発生し、そのうち2件は死亡事案であった。

もっとも、キムは、このような危険にも平然としていた。後に裁判のための証言録取の際、彼女は、殺された2人の看守の写真を何枚か見せられた。アラバマ州の側の弁護士は、これらの恐ろしい写真を指さしながら、彼女に迫った。「いいですか、ローリンソンさん。あなたはずっと小さく、かつ女性です。なのに、こんな場所で働きたいと思うのですか？　身の安全への心配はないと言うのですか？」　キムは、写真の中の1枚を身ぶりで示しながら、こう答えた。「たしかに大きな男ですね。そして『彼は』死んでいる。結局、何がおっしゃりたいのか、私にはわかりません」

アラバマ州の重警備刑務所で働く看守がこのような危険にさらされていた主要な原因は、州による運営システムの著しい欠陥にあった。1976年1月、SPLCが扱った別の訴訟で、連邦地裁のフランク・ジョンソン（ジュニア）判事は、アラバマ州の刑務所の状態はあまりに非人道的であり、合衆国憲法第8修正が禁じた「残酷かつ異常な刑罰」に当たる、と判断した[*27]（慢性的な定員超過の詰め込み[*28]や、囚人の医療に対する管理者のひどい懈怠[*29]について、他にもいくつか訴訟が起こされ、州矯正局は敗訴判決を受けている）。ジョンソン判事によれば、刑務所の施設が「人間の居住におよそ適さない[*30]」状態になっていたのみならず、信じられないことに、アラバマ州では囚人について、区分けのシステムが存在していなかった。凶暴な受刑者も、精神病を患う者も、すべてが囚人全体の中に入り混ざり、何の識別も治療もなされていなかった。[*31]

このような混沌たる状況をさらに悪化させたのが、刑務所に配備される職員の著しい不足である。アラバマ州の4つの重警備刑務所で囚人を監視するためには、700名近くの矯正カウンセラーが必要であったにもかかわらず、実際に州が雇ったのは383名にすぎない。その結果、ジョンソン判事の言葉によれば、「暴力が広くはびこる、ジャングルのような状態」[*32]が作り出された。

かかる状況を是正するために、ジョンソン判事はアラバマ州に、包括的な措置を取るよう命じた。その1つが、必要な数の看守を採用することであった。これにより、矯正カウンセラーの数は、従来よりも倍増することになる。ところがアラバマ州は、この裁判所の命令による採用ブームの恩恵が女性には及ばないようにするために、直ちに対応した。ジョンソン判事の判決から1か月も経たないうちに州が定めたのが、前記の規則204号であった。しかもアラバマ州は、州の刑務所システムの中に自らが作り出した「暴力が広くはびこる、ジャングルのような状態」を、刑務所のほとんどの仕事から女性を排除するための根拠として利用しようとしていたのだ。

ＢＦＯＱに関する先例

当時、第7編はまだ誕生から10年しか経っていなかった。そのため、連邦議会はどのような性差別を禁止しようとして第7編を作ったのか、という点を検討した裁判所の判決は少なかった。ましてや、ＢＦＯＱという例外により、連邦議会はどのような性差別を「許容」しようとしていたのか、という点を判断した裁判例は、ほんのわずかだった。他方でＥＥＯＣは、この例外は「狭く」解釈すべきであるというガイドラインを発しており、特に、性的ステレオタイプに依拠することは許されない、と明確に述べていた。この点、連邦最高裁が数年前に出したフィリップス事件(第1章)の判決では、多数意見はより緩やかな解釈を認めるように見えるのに対し、サーグッド・マーシャル判事の個別意見はそれに批判的であり、連邦最高裁が今後、ＢＦＯＱについてどのような態度を取るのかは、予測が困難な状況にあった。[*33]

ＢＦＯＱの例外について判断を下した数少ない下級審裁判例の中では、狭く解釈する立場が支配的だった。1960年代の終わり頃以降、連邦控訴裁では、男女の能力に関するステレオタイプにもとづく職業の区分について、ＢＦＯＱと認めることを拒否する判断が示されている。たとえば、コルゲート・パルモリブ社では、工場で重量物を持ち上げる必要のある仕事を、女性に禁止していた。[*34] サザーン・ベル電信電話会社でも、やはり重量物を持ち上げる必要があることを理由に、メンテナンスの仕事を男性のみとしていた。[*35] パンアメリカン航空では、女性のほうが「飛行中の時間を最大限に快適なものとすること」が生来的により上手であるとして、客室乗務員を女性に限定していた。[*36] サザーン・パシフィック鉄道では、様々な仕事について、労働時間が長すぎる、仕事の内容がきつすぎる等の理由により、女性は採用しないとしていた。[*37] これらの事案ではすべて、ＢＦＯＱには当たらないと判断された。

証拠開示による発見

雇用差別を争う訴訟においては、証拠開示(ディスカバリー)が極めて重要な段階となる。証拠開示では、双方の当事者がそれぞれ相手方に対し、自分の主張や抗弁を立証するために必要な情報を渡すよう請求する。文書が互いに受け渡され、証人に対する質問が行われ、事実に関する認否がなされる。こうして集められた証拠が、当該事件の「記録」となる。ブレンダとキムの事件で証拠開示の手続が始まると、ホロビッツとキャロルはすぐに、アラバマ州は自らが採用した方針を正当化するような具体的証拠をまったく持っていないことを知った。

たとえば、本当に身体が大きいほうが警察官としてより優れているのかについて、州が調査を行ったことはなかった。ドサード大佐は、なぜ州警察官について身長・体重の最低基準が作られたのかという質問に対し、自分には皆目分からないと証言した。彼が述べることができたのは、そのくらい身体が大きくなければ、「抵抗する相手を逮捕したり、車の下で身動きできない人を救出したり、道をふさいだ重い障害物を撤去したり」する職務の遂行のために必要な力がない、という個人的な信念だけだった。[*38] 同様に、州の矯正局がなぜ矯正カウンセラーについて身長・体重の最低基準を定めたのか、州矯正局の主要な証人であるロック局長は、分からないと答えるしかなかった。また、その基準が、なぜ州警察官よりも7インチ(約17・8センチ)も低く、40ポンド(約18・1キロ)も軽くてよいのかについても、彼は答えることができなかった。[*39]

さらにアラバマ州は、志願者が身長・体重の最低基準をみたしていることを要求する一方で、実際の身体能力には無頓着だった。力は強いのか、速く走れるのか、敏捷性はどうか、護身技術はあるのか。これらの点を調べるテストは、まったく行われていなかった。また、採用されて職務に就いた警察官についても、州がその身体能力をチェックすることはおよそなかった。後にジョン・キャロルが笑いながら語ったように、「体重が300ポンド(約136キロ)もある州警察官が何人もいて、大型トレーラーをうまく避けることができず、轢かれそうになるけれど、それでもクビにならずに勤めていてね」

規則204号の根拠

「接触業務」に関する規則204号に関しても、しっかりした根拠となる事実は存在しなかった。ホロビッツは今でも、アラバマ州の「我々がそう決めたからそうなのだ」と言うに等しい抗弁を思い出し、あきれたように首を横に振る。州の当局者たちの証言を聞けば、あの規則の主たる根拠は、経験的な証拠ではなく、女性に対する自分たち自身の態度――あるいは、囚人たちの行動に関する思い込み――だったことが明白だ。州矯正局のロック局長は、宣誓供述書の中で、次のように述べている。「女性と男性との間には、基本的な違いがあります。そのため女性は、自分を守ったり囚人を鎮めたりするための身体能力が、より劣っているのです」[*40]

ロックはさらに続けて、女性がもしも重警備刑務所の看守になったら、という想像の話をした。「男ばかりで異性へのはけ口のない環境に閉じ込められた囚人たちを刺激し、…彼女の存在そのものがトラブルを引き起こすと思います。当然ながら、そこには性的な意味合いがあります。彼女は性的対象物なのです」[*41]。その証拠として、彼は、過去に重警備刑務所で発生した、女性に対する2件の襲撃事件をあげた。[*42] ただ、後に分かったことだが、どちらの女性も、訓練を受けた看守ではなかった。1人は事務員として働いており、もう1人は大学の見学ツアーに参加した学生だった。[43]

アラバマ州では1974年以降、軽警備施設では女性が働いていたので、ホロビッツとキャロルは、彼女たちがそこでどのような仕事ぶりであるのかを知りたいと思った。この点に関し、23歳以下の男性を収容するアラバマ州立フランク・リー青少年センターの所長、ビル・ギルモアは、6人の女性が16の接触業務で働いたが、特段の問題は起きていないことを認めた。にもかかわらず、彼は、女性看守の職務遂行は「全体として男性看守ほど効果的ではない」と自分は信じていると言い、「女性の監視技術の問題と、男性収監者が彼女らの指示を実行したがらない傾向」に懸念を表明した[44](そう言いながら、彼は、女性看守が明らかに「効果的」ではなかったという実例や、収監者が女性看守に対して「ごね得」を狙う行動を取ったという実例を、まったく示していない)。さらにギルモアは、自分の意見として、「これは父親と母親の場合と同じことです」と述べ、少し間を置いて考えた上で、次のように述べた。「相手が母親であれば、私たちはしばしば議論をし、時には有利な結果を得ることができます。しかし、父親が出てくると、早々にあきらめて、言うとおりにするものです」[45]

専門家の意見

このような偏見を打ち破るため、ホロビッツとキャロルは、研究者等の専門家の知見に頼ることにした。1976年当時、まだ少数ながらも、採用時にどのような資質をチェックすれば法執行職員として成功するか否かを予見することができるかに関し、公式に検証された研究を行った人々がいた。これらの専門家の証言によれば、研究の結果、第1に、身体の大きさよりも、的確な判断力と対人能力のほうが重要で、たとえ暴力的な現場においてもそうであること、第2に、女性のほうが男性よりも職務遂行中に襲撃を受けやすいとはいえないこと、第3に、身体的な力を使わなければならない場合でも、決め手となるのは野蛮な力よりも技術であること、が明らかになっていた。[46]

アーバン・インスティテュートのピーター・ブロック

は、そのような専門家の1人である。ホロビッツは以前、モントゴメリー市警察に対する性差別訴訟で彼の研究を引用し、勝訴に至ることができた。ブロックは、1974年に発表された首都ワシントンの女性警察官の職務遂行に関する画期的な研究の共著者の1人であった。[*47] ワシントン警察では、その2年前からパトロールの仕事に女性を配置するようになっていたが、この研究によれば、女性警察官は、「怒ったり暴力的になったりしている人々をうまく扱うこと」を含む、ほとんどの調査項目で、男性警察官に遜色のない仕事を行っていた。また、一般市民の側も、警察官が男性であっても女性であっても「同程度の敬意」を示すとされていた。[*48] さらに女性は、男性よりも、「警察官にふさわしくない重大な行為」を行ったり、「攻撃的」手段に訴えたりすることが少ないという。[*49] 女性をパトロールの仕事に入れたことによって混乱が生じた例はあるものの、この研究は、同僚の男性警察官や警察上層部のネガティブな態度に問題があったと結論づけていた。[*50]

ブロックは、もう1つの研究で、ニューヨーク州ナッソー郡とテキサス州ダラス市について、警察官の身長が実際の職務遂行に与える影響を検討したが、特段の関連性は認められなかった。[*51] むしろ、採用後の試用期間中にどのような訓練を受けたかと、上司から有意義なフィードバックが得られるかという点が、警察官として成功するか否かの主要な要因となっていた。[*52]

ホロビッツとキャロルは、アーカンソー大学の社会福祉学大学院のC・ロバート・サーバー教授にも証言を求めた。彼は、ウェストバージニア州とアーカンソー州で矯正局の局長を務めた人物であり、先にSPLCがアラバマ州の刑務所の状態は不当として争った訴訟でも、専門家として証言をしてくれていた。サーバーの意見も、身体の大きさは看守としての職務の遂行に何の影響も及ぼさない、というものだった。

刑務所の運営に関する専門家として、もう1人、シカゴの矯正センターの所長であるレイ・ネルソンも、SPLCのために証言してくれた。このセンターでは女性看守に男性囚人の監視をさせていたが、志願者の身長や体重について、最低基準は定めていなかった。ただ、両者の「バランスが取れている」ことを求めるのみである。ネルソンの証言によれば、このような方針によりセンターの安全に懸念が生じることはなかった。また、これはサーバーも言っていたことであるが、男ばかりの施設に女性が入ることは、重要な治療的効果をもたらした。刑務所の環境が「正常化」され、囚人が刑期を終えた後に一般社会に戻るための準備となるのである。[*53]

ブレンダとキムの苦労

SPLCの弁護士たちが訴訟の法律的な構成を練り上げている間、ブレンダとキムは、それぞれ自分の生活を前に進めようとしていた。しかし、1976年のアラバマ州モントゴメリーは、伝統的な枠に収まらない女性にとって、暮らしやすい場所ではなかった。訴訟を提起してほどなく、ブレンダは、家の芝生で十字架が燃やされているのを発見した。街の中を運転中、車に石を投げられたことも何度かあった。夫やごく親しい友人たちは支持してくれたが、それ以外の社会的つながりのある人々——主として、夫の軍隊での同僚やその妻たち——は、明らかに口を閉ざしていた。[*54]

キムは、公民権訴訟の原告という新しい地位がもたらす公的な注目を受け入れることに、より積極的だった。彼女は様々な新聞記者の取材に応じ、また、SPLCが訴訟の広報のためにニュースレターで彼女の写真を使うことにも同意した。アラバマ・ジャーナル紙が論説欄に、キムを笑いものにした漫画——鉄格子の向こうにいる囚人が、女性看守に「やあ、ねえちゃん、あんたは俺にちょうどいいサイズだぜ」と言って冷やかしている——を掲載したとき、彼女は熱のこもった反論の手紙を書いた。「問題の焦点は、ある人がどれだけ大きくて意地が悪いかではありません。その仕事を、身体的にも精神的にも、どれだけきちんと行うことができるか、ということです。そして皆さん、これは、何インチか、何ポンドか、どちらの性かとは、関係のない話です！」[*55]

キムにとって辛かったのは、両親の反応だった。2人が矯正カウンセラーになるという彼女の夢を理解してくれることは絶対にないと知っていたので、その職に応募したことは知らせていなかった。ましてや、EEOCに差別の申立てをしたことや、弁護士を雇ったことも、もちろん内緒だった。訴訟を提起し、もうすぐ新聞報道がなされるという段階になって、仕方なく打ち明けたが、予想どおり、「両親にとっては、すべてがおよそ理解不能でした」と、キムは後に語っている。

彼女の両親にとってみれば、娘が刑務所の仕事に情熱を燃やすこと自体、困惑せざるを得ないことだったが、そのために訴訟を提起するというのは、ぞっとするほど恐ろしい事態である。父親のラマーは不動産会社を所有しており、彼も妻のバージニアも、キムの訴訟がビジネスに悪い影響を与えるだろうと心配していた。しかし、彼女の行為は、もっと深い意味で、許されざる行為であった。キムは、権威に逆らう女性として、いわゆる「南部のカルチャー」に反していたのだ。両親は、「なぜお前はこんな騒動を起こしてみんなを困らせ、わが家に恥をかかせるのか。まったくわからない」と言って嘆いたと、キムは、当時を思い出しながら語った。「規則やルールには、それなりの理由があるものだ。法律が定められているのも理由あってのことだ」と言われたという。キムは結局、両親とはその話をしないことにした。

訴訟の提起

ブレンダ・ミースの事案とキム・ローリンソンの事案を統合した訴訟は、１９７６年の春、アラバマ州の中部地区を管轄する連邦地裁に提起された。１９９１年に法改正が行われるまでは、第７編の訴訟において陪審手続は認められていなかったため、本件でも、裁判所の判断は「書面にもとづき」――つまり、弁護士が提出した主張書面の中に含まれる議論だけにもとづいて――行われる。また、本件では憲法上の主張もなされていたので、連邦の法律により、通常の１人ではなく、３人の裁判官によるパネルで合議が行われることとなった。

この３人のパネルに関し、ブレンダとキムは、これ以上は望み得ないほどの幸運に恵まれた。３人のうち２人が、公民権に関して進歩的な法理を形成してきた、偉大な判事だったのだ。そのうち１人は、リチャード・ライブス判事である。トルーマン大統領によって任命され、第５巡回区の連邦控訴裁の判事を長らく務めていた。この第5巡回区の連邦控訴裁は、連邦最高裁のブラウン事件[*56]以降に噴出した多数の公民権訴訟の爆心地のようなものであり、ライブス判事は、同僚のエルバート・タトル首席判事、ジョン・マイナー・ウィズダム判事、ジョン・ブラウン判事と共に[*57]、南部の差別社会を解体するような数多くの判決を次々に下した。これを快く思わない同僚判事の1人は、彼らのことを苦々しげに「四騎士」と呼んだ(ヨハネの黙示録に出てくる四騎士になぞらえたものである)[*58]。

ライブス判事が下した最も重要な判決の1つが、歴史的なモントゴメリーのバス・ボイコット運動の中で、市のバス運行における人種隔離は違憲であると判断して事態を収束へと導いた、1956年のブラウダー事件(ブラウダー対ゲイル)[*59]である。20年前、彼と一緒にこの事件の判決を書いたのが、ブレンダとキムの事件のパネルに入ったもう1人の偉大な判事、フランク・ジョンソン(ジュニア)だった。ジョンソン判事は、アラバマ州刑務所の劣悪な状態を痛烈に批判した、前述の判決を書いた人物である。さらに、より以前から、SPLCが提起した様々な訴訟で担当裁判官となり、勝訴させてくれていた。たとえば、アラバマ州警察における人種隔離の撤廃を命じた判決や、モントゴメリー市警察の警察官に女性の採用を認めるよう命じた判決である。マーチン・ルーサー・キング牧師は、ジョンソン判事が公民権の事件で下した数々の判決が、「正義」という言葉に「本当の意味を与えた」と評価していた[*60]。おそらく、それと同じくらい雄弁にジョンソン判事の評価を物語るのが、人種隔離に固執したアラバマ州知事、ジョージ・ウォーレスの、「あの人種統合主義者の、南部を食い物にする流れ者の、やくざで腰抜けな、白々しい嘘つき野郎」[*61]という言葉であろう。

連邦地裁の判決

ブレンダとキムは、自分たちの運命を知るまでに長く待つ必要はなかった。1976年7月28日、連邦地裁は判決を下した。3人の判事の全員一致で、原告側の明快な勝利だった。「女性の権利運動が教えてくれた教訓の1つは、男女に関して長年にわたり信じられてきたことの多くが、経験データと客観性の光を当てて検証すると、誤りであったということだ」と、判決は述べている。[*62]

この判決は、まず、ブレンダの事件の、州警察に対する連邦憲法にもとづく請求について判断し、ピーター・ブロックの証言や研究を引用しながら、身長・体重の制限は、法執行職務の向上という目的との間に「合理的な関係」があるとはいえない、と述べている。「ドサード大佐は、州警察官から女性を排除するのは、本人の保護と公共の保護を意図したものだと主張する。しかし、どちらの主張も誤っている。第１に、女性は保護者を必要としていない。無粋な仕事や危険な仕事に就くのが得策かどうかを、自分で考えて決める能力を有しているからである。第２に、公共の安全が適切に守られるかという懸念についても、女性がパトロールを行う警察官の職務を遂行できないという証拠は見当たらない」[*63]

次に、キムの事件の矯正カウンセラーの身長・体重の要件に関しても、判決は同様の論理により、第７編の違反と判断した。男性はほぼ全員がこの基準を満たすのに対し、女性は60％しか満たさないという事実を指摘した上で、[*64]連邦最高裁のグリッグス事件により要求される、このような「差別的インパクト」を正当化するだけの「業務上の必要性」を、アラバマ州は示すことができなかった、と述べている。「もし刑務所の看守にとって体力が重要な資質なのであれば、州矯正局は志願者に対し、実際に体力を測定するようなテストを導入すべきである。身長と体重によって大雑把にそれを見ようというのは、資格能力を備えた人々を、実力を示す機会を与えないまま不当に排除してしまう、許されない行為である」[*65]

最後に、判決は規則２０４号を取り上げ、接触業務では男性であることがＢＦＯＱに該当することを、アラバマ州は証明することができなかった、と述べている。「ある職務に『きつい』というレッテルを貼り、次にステレオタイプに依拠して女性はそれができないと主張するだけでは、証明責任を果たしたことにはならない。女性では本当にその責務を果たせないことを示す、客観的で実証可能な証拠が必要である」[*66]。裁判所の見解によれば、事実はむしろ逆で、アラバマ州の提出した証拠は、軽警備刑務所で女性が働いても支障は生じていないことを示している。彼女らは、男性看守が行うことをすべて行っており、その存在が男性囚人を刺激して襲撃を誘発するという事態も発生していない。囚人のプライバシーの権利を守るために、同性の看守でなければならない仕事もあるが（たとえば、裸にしての所持品検査など）、だからと言って、看守という仕事から女性を一切排除する必要はない。そのような数少ない業務には男性看守を割り当てればすむ話である。

　このように、連邦地裁は、すべての点でブレンダとキムの主張を認めた上で、では、いかなる救済を命じるか、という問題を検討している。その結果、第1に、アラバマ州に対し、州警察官および矯正カウンセラーについて身長・体重の基準を用いることを中止し、かつ、規則204号についても施行を停止することが命じられた。また、第2に、同州の公安局と矯正局に対し、州警察官および看守の職に女性が志願することを促進するための募集キャンペーンを30日以内に開始せよとの命令も出された。しかし、同時に残念なニュースも含まれていた。SPLCが求めていた、ブレンダとキムを実際に採用せよという命令は、出してもらえなかったのだ。公共の安全に関わる公務員の任用について、州は能力主義の制度を取っており、連邦地裁は、2人の原告を優先採用させることによって制度に混乱をもたらすことは避けたいと考えたのである。したがって、ブレンダとキムは、今でもそれぞれの職に就きたいと考えるのであれば、最初の応募の段階からやり直さなければならなかった。

ブレンダの決断

「やあ、あなたの名前がニューヨーク・タイムズに出ますよ」と、ジョン・キャロルは言った。ブレンダに電話で勝訴を伝えたときのことだ。

　ブレンダは痺れるほどの喜びを感じた。「本当にもう踊って叫んで、職場にいる夫に電話をしたのです」と、彼女は回想する。「そうしたら彼も大興奮で、その日の夜は、2人で出かけてお祝いをしました」

　けれども、この勝訴判決によって自動的にモントゴメリーで州警察官の職に就けるわけではないことを知って、ブレンダはがっかりした。もう何か月にもわたって、彼女は法執行の仕事を得ようと努力し続けていた。最初はアラバマ州モビールで、夫と一緒にまたワシントンに戻った後は、周辺のメリーランド州やバージニア州で、いろいろ探したが、うまく行かなかった。地裁判決の頃には、地元のコミュニティ・カレッジで刑事司法の勉強を続けながら、衣料品店で万引き防止の警備員として働いて、時間をつぶしていた。また、同じ頃、ブレンダは初めての子を妊娠した。

　ブレンダと夫は、彼女を州警察官に採用せよという判決が出た場合にどうすべきか、ずいぶん悩んで考えたが、最終的に、その職に就くという結論を出していた。「私は言ったのです。『これだけやった末に、やはり辞退しますと言うなんて、ありえないでしょう』って」。そうすると、2人の家庭生活をどうするのかが問題となるが、夫は、アラバマ州にある空軍の仕事に配属されるように手を尽くしてみるか、あるいは軍隊を辞めてしまうつもりだった。「彼は、それほどまでに私の裁判を支援してくれていました」と、ブレンダは感嘆しながら言った。

　ブレンダは、娘を出産してから数か月後、モントゴメリーに飛行機で戻り、州警察官の採用試験を受けた。「試験は難しくありませんでした。受かった、と思いました」と、ブレンダは言う。ところが、採点の結果、彼女は点数が足りず、採用候補者のリストには入らなかったという通知が来た。ブレンダは愕然とした。アラバマ州の公安局に問い合わせてみると、名誉除隊した軍役経験者には5点、そのうち服務中の事由により障害を負った者には10点、それぞれ加算がなされたことが分かった。[*67] そのため、ブレンダの成績が相対的に低くなってしまったのだ。[*68]

　ブレンダは、もうこれ以上闘うのはうんざりだと感じていた。彼女には、生まれたばかりの赤ちゃんがおり、軍人の妻としての責任もあった。「もう仕方がないと諦めることにしました」と、ブレンダは言った。「私は、女性の権利の唱道者から、ごく普通のアメリカの母親になったのです」。ブレンダは、ドサード大尉とアラバマ州を相手に立ち上がり、勝利を収めたのだ。彼女のおかげで、今後は州内のどの女性も、性別のために州警察官のキャリアへの門戸を閉ざされることはなくなった。ブレンダにとっては、それでもう十分だった。

数年後の1979年、アラバマ州で初となる女性の州警察官がついに採用された。アフリカ系アメリカ人のクララ・ジーグラーである。[*69] しかし、その後、後に続く女性は多くなかった。今でも814人の州警察官のうち、女性はわずか22人、全体の3％未満である。

連邦最高裁への係属

キムは、連邦地裁の判決が彼女を採用するよう矯正局に命じなかったことを、特に苦にしていなかった。「物事が動くのに時間がかかることは分かっていました。重大な事だと、いっそう時間がかかるものです。私を支援してくれる人がいるなら、何とか頑張っていけると思っていました」と、彼女は説明してくれた。「だから、そうしたのです。自分はとても幸運だと感じていました」。地裁判決が出たとき、キムは、モントゴメリーのすぐ郊外のマウントメイグスにある青少年サービス省の少年矯正施設で、数か月にわたり、補助員として働いていた。この仕事は、パム・ホロビッツが同省の知り合いを通じて紹介してくれたもので、キムは、ようやく自分の心理学の学位を活用する機会を得ることができて喜んでいた。まったく別の新しい場所で一からやり直すのは、避けたいと思っていたのだ。

そこに、地裁での勝利からほんの数か月で、その勝訴判決が覆されるかもしれないという、新しい展開があった。アラバマ州が、連邦最高裁に裁量上告の申立てを行ったのだ。アラバマ州は、なぜか（SPLCの側では結局、誰にも理由はわからなかった）矯正局の決定についてだけ、上告して連邦最高裁の判断を求めていた。したがって、公安局に対するブレンダの勝訴判決は、そのまま確定となった。

キムの訴訟には、第7編だけではなく憲法上の請求も含まれていたので、当時の連邦法によれば、アラバマ州は控訴裁を省略して直接に連邦最高裁の審査を求めることができた。ホロビッツの記憶によれば、州が行った上告の申立ては、何週間もワシントンで「動かずに止まったまま」になっていた。ホロビッツは、他のいくつかの事件で忙しくしていたが、「あるとき電話が鳴ったので取ってみると、ウォール・ストリート・ジャーナル紙の記者でした。あの事件で連邦最高裁が上告を受理し、判断が下されることになったことへのコメントをいただきたい、と言うのです。私は、それで初めて知りました。そして、私のコメントは…」と言うと、彼女は大きな声を上げた。「ああーー！」

フロンティエロ事件での経験

ＳＰＬＣにとって、担当する事件が連邦最高裁にまで上がるのは、５年の歴史の中で２度目だった。１度目は１９７３年で、そのときも、シャロン・フロンティエロという名の、ステレオタイプに挑戦する女性が依頼人だった。彼女は空軍中尉だったが、扶養家族に関する軍の規則はおかしいと主張して争った。規則によれば、結婚した女性軍人が「被扶養」配偶者のための様々な給付（住宅費の補助や健康保険の適用など）を受けようとする場合、夫が本当に経済的に彼女に依存していることを証明しなければならないとされていた。ところが、男性軍人が扶養する妻のための給付を受ける場合には、そのような証明は一切求められていなかった。妻は最初から「扶養されている」とみなされていたのだ。このフロンティエロ事件（フロンティエロ対リチャードソン）[*70]で、連邦最高裁は軍の規則を憲法違反と判断し、女性の権利にとって歴史的な勝利となった。判決は、男性が一家の稼ぎ手となり、女性が扶養される配偶者となるのが、現在も多くの家庭の姿であるかもしれないが、それを法律上の基本枠組みとすることは許されない、と述べている。[*71]

ＳＰＬＣの共同創設者の１人で、フロンティエロ事件の主任弁護士だったジョー・レビンは、連邦最高裁での自分の経験に照らし、裁量上告の申立てが受理された場合には、弁護士間の縄張り争いが勃発するかもしれないと危惧していた。連邦最高裁の判決は、ひとたび出されると影響が重大でかつ長く残るため、不利な結果になっては困ると考える弁護士が、全米のあちこちから助言の申し出をしてくる。その事案が、従来あまり議論されていなかった法律の領域を扱うときには、特に熾烈な駆け引きが展開される。

１９７０年代の初頭、それまで１世紀以上にわたって女性を2級市民の地位に押しとどめてきた法律や判例を切り崩していくという、途方もなく大変な仕事を引き受ける弁護士は、数えるほどしかいなかった。そのような少数の人々の中で最も名声を博していたのは、アメリカ自由人権協会(ACLU)の、女性の権利プロジェクト(WRP)であった。このACLU-WRPの共同創設者の1人でリーダーだったのが、ルース・ベーダー・ギンズバーグ、現在の連邦最高裁判事である。その数年前、連邦最高裁が初めて性差別が合衆国憲法の平等保護条項に違反すると判断した1971年の事件で、ギンズバーグは原告側の代理人の1人として準備書面作成の主任となり、勝利を勝ち取った*72(この事件は、遺産管理者の指名について男性を自動的に優先させるアイダホ州の法律が問題となったものである。サリー・リードというシングルマザーの女性が、10代の息子が自殺した後、離婚した夫が遺産管理者に指名されたことに対し、その法律は不当と主張して争った。自殺は父親の監護下での出来事であった)。

SPLCは、現在では公民権に関して全米でも一流の団体と認められているが、フロンティエロ事件の当時は創設からまだ2年で、わずか3人の弁護士でやりくりしていた。レビンと彼の同僚たちは、当初、連邦最高裁の事件を自分たちだけで担うことに不安を感じ、ACLU-WRPに援助を求めた。しかし、すぐに両者の間で、支配権をめぐる争いが生じた。ACLU-WRPの側は、SPLCの法的アプローチは保守的すぎると懸念していた。ギンズバーグらは、合衆国憲法の下で、性差別を人種差別と同列に扱って厳格な審査基準を適用するよう、最高裁に迫りたいと考えていたのだ。他方、レビンとSPLCは、依頼主であるフロンティエロに勝利をもたらすには、現行の基準を前提とするほうが現実的だと思っていた。その基準の下で、軍隊における男女間の区別が「合理的な根拠」を欠いていることを証明すればよいではないか、と。また、もう1つ、誰が最高裁で口頭弁論を行うかをめぐっても、激しい論争があった。ギンズバーグらは、演壇に女性が立つことが、象徴的な意味からも重要だと考えていた。

最終的にSPLCは、準備書面の作成についても口頭弁論についても、主導的な役割を保つことができた。A

ＣＬＵ－ＷＲＰはアミカス意見書を提出し、また、レビンが口頭弁論の時間のうち最後の10分をギンズバーグに譲ることで、決着が付いた。*73

ホロビッツの準備

フロンティエロ事件では最終的に勝利判決が得られたことで関係が修復された面はあるものの、あの対立の記憶は、レビンの心に刻まれていた。そんな時に、パム・ホロビッツが事務所に駆け込んで来て、キムの事件がワシントンの連邦最高裁で審理されることになった、というニュースを伝えたのだ（この事件で州警察に関する部分は上告されなかったが、事件の呼び名は、ドサード対ローリンソンと、ドサード大佐の名前が残っていた）。ホロビッツ、レビン、ディーズの3人は、ＳＰＬＣがそのまま事件をやり抜くべきだという点で意見が一致し、ホロビッツが準備書面や口頭弁論を担当することに決まった。ＡＣＬＵ－ＷＲＰとの間では、フロンティエロ事件のときと同様に、かつ、あの事件の時よりもずっとスムーズに、話がまとまった。ＡＣＬＵ－ＷＲＰの専門的知見については、ギンズバーグとその同僚たちがアミカス意見書を作成し、最高裁に提出することとされた。*74

ホロビッツは、ロースクールを卒業してからまだ4年も経っておらず、連邦最高裁で口頭弁論を行うことを考えると、胸がわくわくして興奮すると同時に、ひどく恐ろしくも感じた。その時のことを、彼女はユーモアのセンスを見せながら、「自分がヘアサロン経由で連邦最高裁に行ったと思うと、いつも可笑しくなるのです」と語って、くすくすと笑った。

以後、5か月にわたって、ホロビッツは練習を積まなければならなかった。いちばんよく知っていて信頼できるＳＰＬＣの先輩弁護士たち――レビン、ディーズ、ジョン・キャロル――はもちろんのこと、公民権に関して名高いモントゴメリーの弁護士、ハワード・マンデルにも、いろいろ助言をしてもらった。彼女は、事実関係と法的先例を隅から隅まで頭にたたき込み、「この事件の博士」になることに集中した。ホロビッツの言葉によれば、「私は、口頭弁論の出だしの部分を、短く用意しました。後は、次々に質問が飛んできて、自分で話を進める必要がなくなればいいな、と思って」

彼女はまた、自分の知人で連邦最高裁で口頭弁論を行ったことや見たことがある人がいれば、誰にでもアドバイスを求めた。ホロビッツが驚いたのは、彼女が何を着ていくのかについて、人々が極めて大きな関心を持っていることだった。ここでもホロビッツは、苦笑いをしながら、「私は服装の選択について、決して保守的というわけではなかったものですから」と言うと、声を立てて笑った。「いや、まあ、私がブラジャーをするかどうかというのが大きな問題だったのです!」　彼女の友人たちが、服装は慎重にしたほうがよいと言ってくれたのは、おそらく正しいことだった。連邦最高裁に現れる女性弁護士は、いつも仔細に精査するような視線にさらされる。ハリー・ブラックマン判事は、4年前のある事件の口頭弁論のときに取ったメモの中で、1人の弁護士について、次のように記していた。「白いドレス、まだ若い、素敵な子」。[*75] また、彼は同じ頃、ルース・ベーダー・ギンズバーグの服とアクセサリーについて、「今日は赤い服で赤いリボン」[*76] と書きとめていた。1990年代の終わりになっても、連邦政府の女性弁護士が茶色のスカートをはいていると、連邦最高裁のレーンキスト長官から、黒でなければ、と個人的に指摘された。[*77] 傍聴席や報道席の人々も、濃いピンクのセーターを着用した場合から、ビジネスライクな服装でまとめていないという場合まで、様々な理由で非難を受けている。[*78]

ホロビッツは、結局、無難なドレスとブレザーを選ぶことにした。そして、ブラジャーはなしで。

口頭弁論における州の主張

キムの事件、ドサード対ローリンソンの口頭弁論は、1977年4月19日に行われた。ホロビッツには、モリス・ディーズとジョン・キャロルが同行し、さらに数人の友人も一緒だった。彼女は被上告人の代理人なので──下級審で勝った側の当事者は、負けた側が行う上告を受ける立場となるため、「被上告人」と呼ばれる──相手方の弁論が終わった後に、2人目の弁護士として登壇することになる。その朝、最初に登壇するのは、アラバマ州の法務長官補を務めるダニー・エバンスである。ホロビッツも新米だったが、エバンスは、ロースクールを出てからまだ2年しか経っておらず、両耳の後ろには汗が噴き出していた。

判事たちが、厚いベルベットのカーテンの後ろから姿を現し、それぞれの席に着いた。ウォーレン・バーガー長官が真ん中で、彼の左側のいちばん端には、新たに任命されたジョン・ポール・スティーブンス判事が座っている。エバンスが立ち上がり、弁論を開始した。

彼は、アラバマ流のゆっくりとした口調で、州の主張の主要なポイントを述べていった。まず、刑務所看守の身長・体重要件については、それが差別的インパクトをもたらすという地裁の判断には致命的な欠陥がある。なぜなら、地裁は、実際に何人の女性がこの要件によって排除されてしまったのかを認定せず、代わりに全米の女性の平均身長・体重のデータを用いて、一般的な議論をしているからである。これにより、本件の身長・体重要件によって不利益を受ける女性の数が人為的に増幅されてしまったと、エバンスは主張した。そう明言はしなかったが、結局、彼が言いたかったのは、刑務所看守の仕事に応募してくる女性の数は極めて少ないので、身長・体重要件による影響は取るに足らないものであり、差別の主張の根拠とはそもそもなりえない、ということだ。[*79]

次にエバンスは、規則２０４号のほうに話を転じた。「ＢＦＯＱという概念が、単なる空想ではなく何らかの意味を持つのであれば、まさに本件の事実関係がそれに当たるでしょう」。その事実関係にはアラバマ州の刑務所に特有な「特別の性質」も含まれる、と彼は婉曲な表現を用いながら主張した。州刑務所の状況があまりにひどく、違憲状態にあるとして連邦裁判所から是正を命じられている事実には触れないまま、エバンスは、連邦最高裁の判事たちの脳裏に恐怖のイメージを刻み込むことに注力した。仕切りのない共同寝室、裸体に看守の視線をまともに受ける(逆に看守たちも見られている)共同シャワーやトイレ、いくつもの前科を持つ囚人たち(その約20%は性犯罪者である)、「長期にわたって収監されている累犯者が女性の存在に対して示す生来的な誘引反応」といった具合である。さらにエバンスは、地裁で提出された、専門家のロバート・サーバーとレイ・ネルソンの意見についても、彼らは結局、アラバマ州の刑務所のような「特殊な事情」のない施設における経験しかなく、本件には不適切であるとして、否定した。[*80]

原告側の弁論

時間が来て、今度はホロビッツの番となった。彼女が望んだ通り、最初の数行の文章を口にしただけで、次々と質問が飛んできた。判事たちは、統計に関するエバンスの主張について、彼女の反論を求めていた。「なぜ〔身長・体重要件が現実の志願者に及ぼした影響を示す証拠が〕提出されていないのですか?」と、バーガー長官は尋ねた。「確かに、どこかにその証拠は存在するのだと思います」と答えるホロビッツの声は、事前に何度も練習を重ねただけあって、確固たる自信に満ちていた(かつ、彼女の抑揚のない母音は、ミネソタ育ちであることを感じさせなかった)。彼女は、次のように述べて、この点に関する質問にけりをつけた。

しかし、実際にそれを入手するのは容易ではなく、第7編の下で、立証責任の一部として原告に提出が命じられるべきではないと、私は考えます。身長・体重の要件は、それだけで自明な基準だからです…。それが生み出す差別の害悪は、応募したけれども基準に達しないために不合格となった人たちにだけ発生するわけではありません。最低基準のことを知り、自分がそれをみたさないので応募をしなかったという人々も、みんな差別の被害者なのです。[*81]

すると、マーシャル判事が、議論を新たな方向へと進めた。もしも5フィート2インチ(約157・4センチ)、120ポンド(約54・4キロ)という基準がいけないなら、志願者に対してどこで線を引けばいいのか、ホロビッツの考えを聞きたいと言うのだ。「何らかの形で、身長と体重の要件を定めることは、許されると思いませんか?400ポンド(約181・4キロ)を超えるような人は、雇わないとか…。あるいは、年齢が55歳を超える人は雇わないというのは可能でしょうか」とマーシャル判事が尋ねると、バーガー長官も議論に加わった。「100ポンド(約45・4キロ)、4フィート8インチ(約142・2センチ)と定めたらどうでしょう。それならきっと大丈夫ですよね?」けれども、ホロビッツは、このような形で問い詰められることを拒否した。本件は、すべての刑務所看守がみたすべき身体の大きさの絶対的な基準を定めようとするものではない。グリッグス事件の枠組みによれば、真の法的争点は、使用者が実際に取った選抜方法を、職務との関連性ありという証拠を示して正当化できるか否かである。そして、アラバマ州はそれができなかった、と彼女は答えた。[*82]

規則204号に関しても、ホロビッツの言いたいことは同じだった。「私たちは、アラバマ州が刑務所に安全かつ効率的な職員を配置したいと考えることが許されない、と言っているわけではありません」と、彼女は強調した。「問題は、その目的の実現のために、規則204号が果たして必要なのかという点です。…州のほうに、女性はそのような刑務所の環境では職務を遂行することができないことを示す、事実にもとづく客観的なデータを提出する責任があります。そして、本件の記録を見ると…そのような証拠は一切出されていないのです」。彼女は、外部の専門家が「他州ではこの職務を女性も十分にこなしている」と証言していることを思い出すよう、判事たちに求めた。さらに、連邦地裁はBFOQに当たるというアラバマ州の主張を退けたが、3人の裁判官の中にジョンソン判事も入っていたことは重要だ、と指摘した。ジョンソン判事は、その前に出された劣悪な刑務所環境を争う訴訟の判断を担当し、「アラバマ州の刑務所の状況について特段に精通しておられる方」である。その彼が、このような環境下でも女性が職務を遂行できると考えたのであるから、連邦最高裁も、州ではなく同判事の判断を尊重すべきだ、とホロビッツは主張した。[*83]

連邦最高裁の判決

1977年6月27日、キムに電話がかかって来た。相手はパム・ホロビッツとジョン・キャロルで、良いニュースと悪いニュースがあると言う。

良いニュースのほうは、刑務所看守の身長・体重の最低要件について、連邦最高裁が連邦地裁の判断を支持しムは、矯正局が管理する刑務所看守の職に就く資格がある、という判断が下された。

しかし、資格があると言っても、「どの」職に関しての話だろうか。これが、悪いニュースの部分だった。判決は、ポッター・スチュワート判事が書いたものだが、身長・体重と体力が相関するというのは憶測に過ぎないとしてアラバマ州を非難する一方で、女性の看守は囚人から襲われやすいというアラバマ州のもう1つの憶測については、それを受け入れ、規則204号を許容する立場を取った。

女性が女性であるがゆえに囚人による襲撃の対象となる可能性が大きいことは、その襲撃の被害者だけではなく、刑務所の基本的な管理と、囚人および他の保安職員の保護に対しても、現実の危険を生じさせる。したがって、本人が女性であるという事実そのものが、安全の提供という矯正カウンセラーの本質というべき責務の遂行を妨げるのである。[*87]

たということだった。判決によれば、グリッグス事件の言う「形式的には平等であるが、その機能において差別的である」という基準は、人種差別だけではなく性差別の事案にも適用されるところ、本件でアラバマ州は、身長・体重要件の根拠について「いかなる証拠もまったく」提出しておらず、ましてや、それが「業務上の必要性」に該当するという証拠は皆無である。[*84] 実際の応募者のうち何人が、この身長・体重要件によって不可とされたのかをSPLCが示すことができなかった点も、連邦最高裁は問題としなかった。「応募のプロセス自体が、現実の潜在的な志願者の総体を正しく反映しない可能性がある。…潜在的な志願者は、自分の身長・体重を容易に確認することができ、その結果、応募しても無駄だと諦めてしまうからである」[*85]と述べて、SPLCの意見に賛成した。アラバマ州が主張するように、身体的な強さを示すことのできる矯正カウンセラーを採用したい、と州が考えること自体は合理的といえるが、それにより女性が不均等に排除されてしまうのを正当化するためには、もっと正確な尺度を用いなければならない。[*86] かくして、キ

マーシャル判事の反対意見

サーグッド・マーシャル判事は、判決のこの部分を激しく批判する反対意見を書き、ウィリアム・ブレナン判事もそれに加わった。マーシャル判事は、多数意見の分析について、「嘆かわしいことに、2つの『悪』を掛け合わせることによって『正』となる、と言っているように聞こえる」と非難し[*88]、「刑務所のシステムが合衆国憲法第8修正に明らかに違反するような状態で運営されているという事実」が、「長年の差別を是正する目的で制定された法律の違反となるはずの行為」を正当化する根拠となるべきではない、と述べている[*89]。フィリップス事件のときと同様に、マーシャル判事は、男であることがBFOQに当たる、と正当化するための根拠として性的ステレオタイプが用いられることに、強い不満を表明したのである。彼は、多数意見がかくも安易に「女性に関する古い神話の1つで最もたちの悪いもの」、すなわち、「女性は、意識的であれ無意識的であれ、魅力的な性的対象物である」という考え方を受け入れたことを、厳しく糾弾した[*90]。マーシャル判事によれば、女性看守に対する性的欲望にもとづく襲撃は、看守に対する囚人の襲撃という男女に共通する大きな問題の、ごく小さな一部にすぎない。このリスクは男女を問わず存在するのであり、女性を職場から排除してしまう根拠とはなりえない。「女性看守にも男性看守にも不可避的に生じる襲撃への正しい対応は、違反行為を行った囚人に迅速かつ確実に罰を与えることであって、地域社会に貢献したいと考える善良な女性市民の雇用機会を制限することではない[*91]」

ホロビッツとキャロルも、規則204号に関する多数意見の判断には、マーシャル判事と同様に憤慨していた。ただ、救いを感じたのは、多数意見も、この判断は当時のアラバマ州刑務所の異常な野蛮状態を前提とするものであり、刑務所看守という仕事（あるいは、他の危険業務）から一般的に女性を排除することを許容したと理解されるべきではない、第7編に関する今後のすべての事件において、BFOQの例外は狭く解釈されなければならない、と強調していたことである。「通常の事案では、ある仕事が女性には危険すぎるという議論に対しては、第7編の目的は、女性がその選択を自分で行うことができるようにすることにある、という反論で十分である」と、判決は述べている。[*92]

この連邦最高裁判決によって、キムは、アラバマ州の軽警備施設で矯正カウンセラーとして働くことができることとなった。また、1974年の秋、矯正局によって応募を拒否された時点から現在までの期間について、賃金を支払われる権利があることも確定した。

規則204号が有効とされたのは残念だったが、キムにとって、その部分はいつも二次的なものだった。彼女は、身長・体重の最低基準を打ち破ることができたことに、大きな興奮を感じていた。「それこそが、私のしたかったことなのです」と、彼女は語っている。自分のためだけではなく、「あちこちにいる、すべての小柄な女性のために」

矯正施設での勤務

キムが矯正施設で働いたのは、結局のところ、5年間だけだった。彼女が望んだわけではないが、いろいろな成り行きで、そうなってしまったのだ。最初は、フランク・リー青少年センターという州の少年拘置施設で、矯正カウンセラーとして勤務した。キムの身体は小さかったが、怖いと感じることはなかった。周囲を見れば、「信じられないくらいの年寄りや、ヨボヨボや太っちょの」看守も、けっこういたのだから、と彼女は笑いながら語った。また、収容されている若者たちの反応も、彼女に自信を与えてくれた。「女性がいることを喜んでいるのが、よく分かりました。より普通な環境になるからです」。「みんな私のところにやって来て、いろんな打ち明け話をしてくれました。もう、しょっちゅうのことです。私はまったく不安を感じませんでした」

彼女の存在をあまり有り難く思っていなかったのは、他の看守たちだった。全員が男性で、軍隊や警察にいた人々であり、女性と一緒に働いた経験はなかった。彼らはキムの裁判のことを知っており、彼女が来るのを喜んでいなかった。たとえば、矯正カウンセラーの長は、キムの勤務スケジュールを、ある日は午前6時から午後2時まで、翌日は午後2時から午後10時まで、その翌日は午後10時から午前6時までというふうに、ひどい形に組んでしまうのだ。

約2年後、キムは、モントゴメリーにあるキルビー刑務所に異動となった。そこは重警備の刑務所なので、キムは「接触業務」に就くことはできず、代わりに分類官の業務を担当した。これは、フランク・ジョンソン判事が１９７６年に発した、州は特に凶暴な囚人をそれ以外の囚人と区別して管理せよ、という命令を実行するための仕事である。キムは、精神分析医と協力しながら、囚人と面接して評価を行い、どこに位置づけるかや、どのような支援措置が必要かを決定した。大学生のときに心理学に目覚めて引き込まれたキムにとって、まさに完璧な仕事だった。「私は本当に、あの仕事が大好きでした。いろいろな話を聞くことができて」と語っている。彼女は、昼間はキルビー刑務所で働きながら、夜は奨学金をもらってオーバーン大学で勉強し、刑事司法の修士号を取ることができた。

その後の人生

キムは、この学位を活用して、さらに重要な職務に就きたいと夢見ていた。しかし、１９８０年の初頭、彼女の人生は暗転する。矯正局は、理由はついに説明してくれなかったが(後に弁護士を雇ってみたが成功しなかった)、キムを調査の対象とすることを決めた。調査の結果、何かで告発されるということは一切なかったにもかかわらず、彼女のキャリアはそこで止まってしまった。昇進させてもらえず、昇給もなく、他の職務への異動も認められなかった。あれだけ苦労をしてたどり着いた後だけに、矯正施設の仕事を去るのは心が破れるような思いであったが、彼女は辞職して、同僚の看守と結婚した。その後、がんの告知、薬物の濫用、離婚、再婚、再度の離婚と、さらに苦しい年月が続いた。ただ、仕事に関しては、メアリー・ケイの化粧品販売から、会社の事務室の長まで、やってみたものすべてで優れた成果を上げた(メアリー・ケイでは、有名なピンクのキャデラックをもらったほどだ)。けれども、キムは、自分がいちばん望んでいた法執行のキャリアを進むことができなかったことを、ずっと残念に思い続けていた。

１９９８年、キムは故郷のモントゴメリーに帰ってきた。信仰心を回復したことで、酒や薬を絶つことができ、生活はかなり平穏なものとなった。そして、教会の活動を通じて、彼女は自分の訴訟がもたらしたインパクトを目の当たりにすることができた。1975年のあの日、彼女がパム・ホロビッツの髪を洗いながら自分の体験を話したのが、すべての発端だったのだ。

キムと教会の仲間たちは、何年にもわたり、定期的にアラバマ州の刑務所を訪問して囚人たちと話をする活動を行っていたが、毎回、刑務所に行くたびに、女性の看守が多くなっていた。中には、キムよりも小柄な女性もいた。彼女の勝利が身体の小さな女性にも門戸を開いたのであるが、1985年にアラバマ州が規則204号を廃止したことにより、女性の機会はさらに拡大した。男性囚人のみを収容する重警備刑務所でも、女性職員の割合は21%にまで達しており、それらの中には、女性で刑務所長に任命された例さえ含まれている。[*93]「女性看守を見ると、すごくワクワクします。本当に、みんなにとって良い結果になったと思います」と、キムは言う。

女性看守に会うたびに、キムは話しかけて会話を始める。「いつも、この仕事をしたいと思っていたの?」と質問するのは、なぜ彼女がそんな仕事をしたがるのか、自分の家族が決して理解してくれなかったからだ。「ほとんどの人が、はいと答えます。私にとっては素晴らしい驚きです」と言って、キムは大きな声で笑った。「つまり、クレージーな女性は、私だけではなかったということです!」

第3章

(より)長生きして幸せに

マンハート事件　1978年

City of Los Angeles Department of Water and Power v. Manhart (1978)

労働組合のオルグ

1973年の初め、ルース・ブランコという女性の労働組合オルガナイザーが、ロサンゼルス市の水道電力局（DWP）に狙いを定めていた。1万2000人の労働者を抱えるDWPは、市内で最も大きな使用者の1つであり、暑くて乾燥したロサンゼルスの約300万人の住民に、水と電気の供給を行っていた。

最近の州法の改正により、市の公務員であるDWPの労働者は、初めて労働組合を通じて団体交渉をすることが許されるようになった。そこで、全米から大小様々な組合が、餌に群がるように押し寄せて来た。DWPの本部はロサンゼルス中心部のバンカーヒルにあり、鋼鉄とコンクリートによる17階建てのビルは、現代建築のランドマークとなっている。そのDWPで、労働者の支持を得ようとして、組合同士がしのぎを削り始めた。選挙で労働者の過半数の支持を得て排他的交渉代表に選ばれなければ、団体交渉はできないからである。

法改正の前から、DWPのエンジニアと技術労働者たちは、過去1世紀近くにわたり、国際電気工友愛組合（IBEW）の第18支部に加入していた。IBEWは、今度は職種の枠を超えて新たな支持者をぜひとも集めたいと考え、ルースを送り込んで来た。DWPで事務や管理の仕事を行っている、ほとんどが女性の約2000人の労働者に、アピールしようというのである。

彼女の最大のライバルは、全米州郡市職員組合（AFSCME）だった。AFSCMEは、教員、看護師、司書、人事専門職、管理スタッフなどが多く加入し、女性が支配的な組合である。それを相手に、名前に「ブラザーフッド」（友愛組合）という言葉が入ったIBEWが、DWPの女性労働者たちから支持を勝ち得るのは、容易なことではない。ルースは、強い関心を引くための取っ掛かりが必要だと認識していた。IBEW第18支部の顧問弁護士であったロバート・ドーマンの言葉を用いれば、何か「派手な騒ぎ」が。

退職年金制度への不満

ルースは、DWPの5人の理事の秘書をしているメアリー・ボーンと知り合いになった。ボーンの話によれば、DWPの年金制度が、長年にわたり、女性労働者たちをひどく苦しめていた。この制度は、DWPの退職者に、生涯にわたって毎月一定額の年金を支給するものであり、支給額は、各人の在職中の平均給与額に一定の率を乗じて計算される。支給の原資は、DWPと労働者自身が支払う掛け金である。制度への加入は義務的であり、労働者の掛け金は、毎回の給与から天引きする形で集められていた。

しかし、1970年代前半の多くの年金制度がそうであったように、DWPの制度は、女性を2級市民の地位にとどめるものであった。すなわち、死亡率表によれば、女性は男性よりも平均で5歳、長生きする。そこで、DWPは女性の労働者に対し、男性よりも高い額を──正確に言えば15%も余分に──掛け金として年金基金に支払わせていたのである。このように高い掛け金を支払ったからと言って、受給する年金額が多くなるわけではない。女性の退職者は、毎月、同じ条件にある男性と同額を支払われるにすぎない。けれども、集団として見れば、女性のほうがより長期にわたって年金を受給する。そこで、女性という集団に属する労働者は、在職中に給与から、その差額分を埋め合わせるための拠出をすることを求められる、という説明がなされていた。

ルースは、第18支部がDWPにそのような制度の継続を許してきた(しかも、あれほど長期にわたって)ことに、ぞっとする思いがした。巨大なロサンゼルス市の部局の中で、こんな年金制度を取っているところは、他になかった。男女格差の是正は、なされべき公正な措置であるだけでなく、IBEWが選挙で女性労働者の支持を獲得するための、格好の宣伝手段となる。このような戦術を頭に描きながら、ルースは、何年も前からIBEWの顧問を務めているドーマン弁護士に電話をした。「彼女は大声で私を怒鳴りつけ、ののしりました。こんな不快な女性は世界中のどこにもいない、と思いました」と、ドーマンは笑いながら回想した。彼は、しかし、それまで年金掛け金の男女差について考えてみたことがなかったことを、認めざるを得なかった。特徴的な切れの良い早口でたたみ掛けるルースの話を聞いて、ドーマンは、すぐに事の重大さに気づいた。「みんな頭に来ていました」と、DWPの女性労働者たちについて、彼は言った。「無理もないことだと思います。給与を受け取るたびに、損害と侮辱を目の当たりにするのですから」

DWPの制度では、個々の労働者の寿命に影響を与える他の要素(たとえば、喫煙、飲酒、体重、既往症など)は、すべて全体でプールされ、そのリスクは全員が平等に負担していた。人種についても同様である。アフリカ系アメリカ人のほうが白人よりも平均寿命が短くても、全体で平均されていた。[*1] そのような中で、性別という要素だけを括り出し、差を設けていたのである。DWPの労働者は、各人がそれぞれ他の要素にもとづきどれだけ長生きするかに関わらず、毎週の給料日に、女性は隣で働く男性よりも必ず少ない金額しか家に持ち帰ることができなかった。そのことは、ローンの返済や、食料品やその他の支出に使えるお金が、より少ないことを意味する。キャリアを通算すれば、差額は何万ドルにも達しうる。何とかしなければならないと、ドーマンも同意した。

「気づいたときには、私はもう手続の中に取り込まれていました」と、彼は感嘆しながら語った。

アリスの経験

DWPの制度の改革を訴える「手続」は、すでにかなり前から始まっていた。メアリー・ボーンが、賛同する女性労働者を募って、「女性の年金給付を守る会」を立ち上げていたのである。

この「守る会」の対外的な代表者の1人に、アリス・ミュラーが選ばれていた。アリスは数年前、女性として初めてDWPの事務部長の地位に昇進した人である。今は51歳で、職業人生のほとんどをDWPで過ごしてきた。ドーマンの言葉によれば、彼女は「大変な努力家」だった。カリフォルニア大学ロサンゼルス校で会計学の学位を取った後、公立図書館での数年間の勤務を経て、1942年、営業部の事務員としてDWPに採用された。以後6か月も経たないうちに、アリスはシニア事務員に昇格した。1940年代末以降の毎年、彼女は会計部の主任事務員に昇進するための試験を受け、いつも筆記試験でトップの成績を収めた。そして毎年、面接試験に回してもらえなかった。彼女は、自分よりも成績の低い男性が昇進するのを、見ていなければならなかった。「当時、ほとんどの女性は、手続があったとしても、苦情を申し立てるなんて考えもしなかったでしょう」と、アリスは後に述べている。「私たちよりも能力の劣る男性が先に昇進しても、仕事に関する男女の二重基準は、当然のこととして受け入れられていたからです」[*2]

アリスは１９５８年に、ようやく主任事務員に任命された。ＤＷＰで女性がその地位に就いたのは、これが初めてだった。その10年後、今度は事務部長への昇進を勝ち取った。[*3] そのときまでに、彼女は電力関係の設計・建設を行う部門に所属し、市域とともに拡大するばかりのＤＷＰの担当地域の全体で、建設工事の資材調達や物流調整に当たっていた。「私は長い間、電力関係の建設工事の仕事をすることを夢見て来ました。そのような仕事に自分が任命されるのは、およそ可能性の範囲外のことのように思われました」と、彼女は昇進当時に書いている。アリスは、ＤＷＰ退職年金制度の運営委員会の労働者側委員に選ばれていたが(それも女性として初めてのことであった)、昇進のため、やむなくそちらは辞任した。[*4]

数々の不平等

運営委員会での経験は、アリスに、年金制度の表から裏まで、格別に深い知識を与えてくれた。「ビクトリア時代のような」というのが、ＤＷＰの制度について、後日、彼女が用いた言葉である。[*5] 懸案となっていた女性の掛け金の問題は、彼女がそれまでに手がけてきた様々な闘いの１つ(その直近のもの)にすぎなかった。

たとえば、長い間、女性退職者が死亡した場合に遺族に支払われる給付は、男性退職者の遺族に支払われるものよりも少なかった。その基礎にあったのは、男性は一家の稼ぎ手なので、亡くなった配偶者(妻)の年金給付を必要としないのに対し、女性は必ずそれを必要とする、というステレオタイプである。同様に、何十年もの間、女性は55歳で早期退職を選択することが認められていたのに対し、男性には60歳まで早期退職をすることができなかった。また、強制的な退職年齢（定年）も、女性は60歳で、男性の65歳よりも5歳低く定められていた。

ＤＷＰは、これらは「善意の」措置だと説明していた。女性はみんな、本当は働くことを望んでおらず、多分、夫がいるので働く必要もない、という一般的な想定がなされていたのである。しかし、現実には、女性労働者の中で、早期退職を利用する余裕のある者はほとんどなく、60歳で退職を強制されて嬉しく思う者もいなかった。毎月もらう年金の額は、働き続けていればもらえたはずの給与を考えると、わずかなものである。にもかかわらずＤＷＰは、長年にわたり、女性に対する早期退職の「恩恵」の資金とするために、女性労働者に同僚の男性労働者より50％近くも高い掛け金を払わせていた。これらの規則が最終的に廃止されたときにも、過去に女性が払った過大な掛け金（あるいは、男性が払った過小な掛け金）についての是正はまったく行われていない。

「守る会」の活動

アリスは、退職年金制度の運営委員会を辞めた後も、「守る会」で活発な活動を続けた。１９７３年初頭までに、彼女はすでに総計1万８０００ドル近くを年金制度に拠出していた。男性であれば、1万２５００ドルしか払わなくてよかったところである。１９７３年5月、アリスはルース・ブランコと初めて会ったが、その翌日、彼女に次のように手紙を書いている。「あなたと会い、短い時間ながら、あなたの不屈の情熱を共有することができて、たいへん嬉しく思いました。羨ましいくらいです。すべての面で、多くの幸運と成功と成果を祈ります」。また、ルースに、年金に関する紛争に適用されるＤＷＰの様々な規則に注意するよう促すとともに、年金制度の理事会と運営委員会のスケジュールを教えた。「これらの委員会のことを、ＩＢＥＷが出しているタブロイド新聞の気軽なコラムに書けば、多分、興味を持って、いろいろ情報を発してくれる人が出てくるでしょう」と、アリスは提案した。「うわさ話は止めようもなく広がるけれど、そこに本当の事実をいくつか提供して考えを深めてもらえれば、とても有益だと思うので」[*6]

アリスは、ＤＷＰから受けた扱いに失望し、[*7]——「私は男性の同僚とまったく同じように、自分の頭と心とエネルギーのすべてをＤＷＰに捧げてきました」と、当時、彼女は書いている[*8]――改革に情熱を燃やしていた。しかし、そうではあっても、「守る会」の活動に当たっては、不適切に見えることが絶対にないように細心の注意を払い、ＤＷＰの活動とはきちんと区別すべきだと考えていた。会の通信を行うために、自分で費用を出して郵便局に私書箱を借り、また、会の印刷物を作る場合も、ＤＷＰの業務用のコピー機を使うのではなく、外部の業者に金を払って行うようメンバーに徹底した。最初の７５０部のチラシを印刷するとき、アリスは仲間たちに、次のように書き送っている。「私たちは、これを女性らしい薄いピンクの紙に印刷するの？　それとも醜い男女共用の色？」　メモの末尾には、「愛を込め、成功（＄＄）を祈って。アリス」とサインされていた。[*9]

「守る会」が最初に用いた戦術の1つが、ＤＷＰの理事会メンバーに手紙を書こうという運動だった。長い人では勤続30年にもなる女性たちが、怒りを表明する手紙を書いた。彼女たちは、男性の同僚よりもはるかに多額の掛け金を払わされてきたが、自分が長生きしてその分を取り戻せるという保証はなかった。のみならず、退職した受給者が死亡したときには遺族年金が支払われるので、すべてを計算すれば、男性の同僚に対して年金基金から支払われる給付の総額は、通常、決して低くはない。実際、１９７４年末の段階で、男性退職者の死亡により遺族年金を受給する寡婦が約４００人いたのに対し、女性退職者の遺族年金を受給する寡夫は、わずか3人であった。[*10]「確かに、私たちはより長生きします」と、マーガレット・デービスは手紙に書いている。「でも、それほどまでに長生きするわけではありません。しかも、男性には妻がいて、彼より長生きして遺族年金を受給し続けるかもしれないのです。さて、いったい誰が得をしているのでしょう？」[*11]

キャロル・ラストルの手紙には、「私はウーマン・リブの支持者ではありません」と書かれていた。「でも、私たち女性労働者は、本当に差別されていると感じます。女性のほうが長生きだからといって、掛け金を高くすべきではありません。男性労働者には通常、配偶者がおり、私たちと同じ寿命を持っているのですから」[12]

訴訟への道

1972年の秋から1973年の初頭にかけて、「守る会」は、DWP理事会に対しても直接に、制度の全面的な見直しを要求する文書をたびたび提出した。これらの行動の結果、何度か会合が開かれたが、結局はそれだけで、DWPの女性たちの訴えはほとんど黙殺された。

そのような頃に、ルースが現れてドーマン弁護士を巻き込み、IBEWとして「守る会」の運動を支援することになったのである。その際、最も重要な手段となったのは、第7編である。1972年の法改正で、DWPのような政府機関である使用者にも適用範囲が拡大され、性差別が禁止されるようになっていた。1973年6月、ドーマンはEEOCに、差別の申立てを行った。

IBEW第18支部の執行委員であるウォルター・レッド・リッシーは、この申立てについて、記者会見を行った。リッシーは、ルースが進めている組合の組織化活動のことを考慮して、IBEWがこの申立てを行ったのは、決して組合員だけのためではないことを強調した。「第18支部に属するすべての女性組合員のために、DWPの差別の申立てを行いました。さらに、DWPで働くすべての女性労働者のための申立ても、そこに含まれています」。数か月後、EEOCは、訴権付与状を発した。EEOCとしては訴訟を提起しないので、自分で連邦裁判所に訴えたければ、そうすることが可能だ、という通知である。

原告の選定と訴訟提起

ドーマンは、訴状の作成に取りかかった。もう1人、キャサリン・ストール・バーンズも、これに協力した。彼女は、メアリー・ボーンに頼まれて、「守る会」への助言やDWPに対するアピールの取りまとめを行っていた弁護士である。バーンズは1937年にミシガン大学のロースクールを卒業したが、女性の弁護士は、まだ極めて少なかった時代である。実際、彼女を採用してくれる事務所はなかなか見つからず、結局、個人で開業して、人身傷害や労災補償の事件を手がけてきた。しかし、バーンズは女性の権利にも情熱を持っており、ＤＷＰに対する「守る会」の行動に、最初はボーンと、続いてルースと協力しながら、携わっていた。

バーンズとドーマンは、ルースの助言を受けながら、ＤＷＰの女性労働者のうち、誰を訴訟の「指名原告」にするのが適切かを検討した。この訴訟は、現在ＤＷＰで働いている女性労働者と、過去にＤＷＰで働いて退職した女性の年金受給者、総計２５００人のために提起するクラスアクション(集合代表訴訟)であり、それらの人々を代表する形で、何人かの名前が、原告として裁判の書類に記載されることになる。バーンズとドーマンは、そのような原告となる女性たちを、人種、所属部署、地位、ＤＷＰでの勤務年数、年金制度の加入期間、家庭状況等から見て、できるだけ多様で幅広くなるように選びたいと考えていた。また、ＤＷＰから報復を受ける恐れもあるため、その経済的ダメージが小さくなるように、ほとんどを退職者あるいは退職間近の者から選ぼうとも思っていた。ドーマンが語ったように、「労働者を立ち上がらせ、認識されて脚光を浴びる立場に置くのは、本当に危険なこと」であり、使用者のネガティブな反応を受けた場合に、誰がそれを最も良くしのぐことができるかを、常に考えなければならない。この点については、主としてルースの判断に委ねられた。ＤＷＰの女性たちのことを、いちばんよく分かっていたからだ。

訴状に名を連ねる原告にアリス・ミュラーが入ることは、当然の前提とされていた。アリスは、この問題に深く関わってきたのみならず、電力関係の設計・建設部門で上層部に昇進し、ＤＷＰでの勤務も30年に達していた。彼女は白人であり、また未婚で、自分が死んだときには、高い掛け金から給付を受ける者は他に誰もいない、という状況にあった。エセル・レーマンは、アフリカ系アメリカ人で、会計部門で働いていた。彼女も、アリスと同様、退職の時期が迫っており、過去29年にわたって年金基金に掛け金を払い続けてきた。キャロリン・メイシヤックも、アフリカ系アメリカ人で、営業部門で働いており、勤続17年であった。彼女は2人の子を持つシングルマザーで、指名原告の中でも、給与の額は最低に近く、女性労働者の手取り収入が減ることによる経済的困窮を如実に示していた。マージェリー・ストゥープは、人事部門で働く白人で、1938年からDWPに勤務しており、指名原告の中で、最も勤続年数が長かった。彼女は、DWPの同僚と結婚していたが、彼女と夫はDWPに同じくらいの年数にわたって勤務し、彼女のほうが給与はかなり少なかったにもかかわらず、これまでに彼女のほうが、年金基金に多くの掛け金を払っていた。マリー・マンハートは、やはり白人だったが、指名原告の中で唯一の退職者であった。在職中は、25年近くにわたって年金基金に掛け金を払っていたが、退職までに、彼女は同じ条件にある男性よりも6000ドルも多く拠出したことになる。*13

1973年9月26日、バーンズとドーマンは、カリフォルニア州の中部地区を管轄する連邦地裁に、「マンハート事件」と呼ばれる本件訴訟を提起した。訴状では、DWPの不平等な年金掛け金の制度が違法であることを確認し、現在または過去にDWPで雇用されていた女性の労働者および退職者に対して、1972年3月24日(第7編がDWPに適用されるようになった日)以降に支払った過大な掛け金の分を払い戻すよう命じる判決を求めていた。

退職給付制度の状況

マンハート事件の訴訟がこうして始まった頃、退職給付制度における男女の取扱いの違いは、ほとんどが「そういうものだ」という形で普通に存在していた。実際、EEOCが1966年に発行した、第7編の施行活動に関する最初の年次報告書によれば、女性が行った差別の申立てのうち実に30%が、労働者に対する給付の不均衡を訴えるものであった。*14

退職給付制度における男女の不平等は、長年にわたり、男女の賃金格差をさらに増悪させてきた。たとえば、DWPが採用していたような、定年による強制退職の制度は、女性労働者を同僚の男性労働者よりも低い年齢で職場から排除していた(女性のほうが平均余命が長いにもかかわらず)。また、女性労働者が死亡した場合に遺族に支給される給付の額は、男性労働者の死亡の場合よりも少なかった。*15 さらに、年金制度は通常、出産年代の女性が不利益を受けるような基準を定めていた。たとえば、合計で相当な時間数の勤務をしなければ制度加入を認めないと定めた上で、妊娠・出産のため休業した場合には勤務時間数に算入しない（その一方で、他の病気等による休業のときは算入する）、という具合である。

とはいえ、1973年までに、退職をめぐる状況を平等化するような進展も生じていた。1968年に連邦議会の財政合同委員会が開いた、性差に関する総括公聴会を受けて、EEOCは性差別に関するガイドラインを改訂し、男女で異なる定年年齢を定めることは違法と定めた（1967年に制定された「雇用における年齢差別禁止法」〔ADEA〕は、1986年の改正までは、定年による強制退職を全面的に禁止してはいなかった）。また、1972年にEEOCは、ガイドラインを補足するものとして、はるかに広範な指令を発し、その中には「使用者が、性別にもとづいて給付に差を設けるような…年金や退職の制度を持つことは、違法な差別行為に当たる」と書かれていた。[*16] 特に注目すべきは、EEOCが、「第7編の下で、給付に関する性差別の主張がなされたときに、一方の性のほうが他方の性よりも当該給付についてコストがかかることは、抗弁として認められない」と述べたことである。

けれども、裁判所では、使用者が年金制度の設計にあたって女性のほうが平均寿命が長いという事実を考慮することが第7編に違反するか否かについて、判断を下した事例はまだなかった。男女の年金格差は、それぞれの制度により、退職方程式のどちら側に組み込むか（つまり、労働者がまだ働いている拠出段階か、より後の退職後の段階か）が異なっていた。

一部の使用者は、DWPがそうしたように、女性労働者が働いている間に男性よりも高い掛け金を支払わせておき、退職後に受給する年金は男女で同額としていた。このような同額給付の制度は、通常、その労働者の給与の平均額に一定率を乗じる形で、年金給付の額が計算される。しかし、より多く見られたのは、同額拠出の制度だった。こちらは、労働者の在職中、年金基金が男女に同額の掛け金を支払わせ（加えて使用者も掛け金を支払う。使用者のみが掛け金を支払う場合もある）、退職後は、女性に対し、平均寿命がより長いことを理由に、男性よりも低い額の年金を毎月支給するものである。

連邦地裁での手続

DWPの女性たちは、訴訟を担当する裁判官について、これ以上ないほどの幸運に恵まれた。ハリー・プレガーソン判事である。彼は、ジョンソン大統領により連邦地裁の判事に任命されたが、父親はウクライナから南カリフォルニアにやってきた移民で、郵便局に務めていた。マンハート事件の訴訟が提起される少し前、プレガーソン判事は、ロサンゼルスからノーウォークまで南東に伸びる17マイル(約27キロ)のセンチュリー高速道路の建設計画を、環境破壊の危険と低所得地域住民への悪影響を理由に差し止めたことで、大きなニュースとなった。「土砂を運び、コンクリートを流し込むことを計画するならば、それによって生活に影響を受ける人々のための計画も立てるべきだ」と、彼は述べている。[*17] その後、プレガーソン判事の仲介によって当事者間に和解が成立し、工事の仕事に女性やマイノリティーを訓練して労働者として雇用することや、手頃な価格の住宅を建設することを義務づけた上で、建設計画は進められることとなった(その数年後、プレガーソンは第9巡回区連邦控訴裁の判事に指名され、連邦議会上院の同意を得て任命されたが、その際の上院司法委員会の公聴会で、自分の良心と法との間にジレンマが生じた場合、どう解決するのか、という質問を受けた。彼は、「私の良心は、モーゼの十戒と、憲法の権利章典と、ボーイスカウトの宣誓と、海兵隊讃歌により作られました。もしも良心か法かを選ばなければならない場合には、私は自分の良心に従います」と答えた[*18])。

以後、翌年にかけて、DWPの側は様々な理由にもとづき訴えの却下を求める申立てを行ったが、プレガーソン判事は積極的に手続を進めていった。ある協議の際、彼はドーマンに対して直截に、原告らの請求のうち一部——DWPの各理事に個人として責任を負わせようとした部分——は、本筋である第7編から外れた余分な議論であり、取り下げるべきだ、と言った。バーンズとドーマンは、すぐにそのように訴状を変更し、他の点でも彼の示唆に従って細かな修正を加えた。

ＥＥＯＣの新決定

　こうして新しい主張書面を提出しようと準備しているとき、１９７４年の夏の日だったが、ドーマンに異例な電話がかかって来た。プレガーソン判事のオフィスの事務員からで、判事の目に止まった記事があり、ドーマンにも読んでほしいので、ラスベガス・サン紙の論説欄を見るように、と言う。その記事は、最近出されたＥＥＯＣの決定に関するものだった。ある市で働いていた女性が、男女別の保険数理にもとづく年金制度により、退職後、男性の同僚よりも少ない年金しか受給できないのは性差別に当たる、と主張して申立てを行ったところ、ＥＥＯＣがそれを認めたと書かれている。

　記事の調子はおどけたもので、「年金給付を求める女性の怒り、地獄の業火より強く」[19]と書かれていたが、ドーマンとバーンズにとっては、まさに神の助けのようだった。それまで、ＥＥＯＣのガイドライン以外には、頼ることのできる法的根拠はほとんどなかった。第７編はそれほどに新しかったのだ。「私たちは、これまで誰も真剣に考えたことがなかったような議論を組み立てなければなりませんでした」と、ドーマンは説明する。「女性は男性よりも長生きする。これに何と答えればいいのでしょう？　統計的真実なのですから」

　記事に出ていた、ＥＥＯＣの決定74－１１８号は、退職後の給付が不平等な事案であったが、その論理は、マンハート事件で問題となった退職前における掛け金の不平等にも、まったく同様に当てはまった。女性のほうが全体として長生きであるからといって、年金制度の条件をそれにもとづき定めることは許されない。「このような論理は、差別を根拠づけるために、よく用いられる。特定の性や人種、あるいは第７編で保護される他の属性の、平均的な特徴を持ち出して来るのである」と、ＥＥＯＣは述べている。[20]

　数か月後、バーンズとドーマンは、ＥＥＯＣの決定74－１１８号を用いて、プレガーソン判事に、ＤＷＰに対する仮処分命令を発するよう求める申立てを行った。仮処分命令は、その名が示唆するように、当該事案についてすべての証拠が提出され、完全な判断が可能となるよりも前の段階で、早期の救済を与えるものである。これにより相手方は、訴訟が進行している間、あることを行うこと（事案によっては、あることを行わないこと）を強制される。仮処分命令は容易には認められないが、その可否については、裁判官が、これを求める当事者が最終的に勝ちそうだと考えるか否かによる部分が大きい。また、最終判決までに「回復不能な損害」が発生する恐れがあるか否かも、重要な要素となる。本件でバーンズとドーマンは、プレガーソン判事に対し、ＤＷＰが女性労働者の毎月の給与から、掛け金として男性よりも高い金額を控除するのを直ちに止めるよう命じることを求めた。その分の収入を失うことにより、ＤＷＰで働く多数の女性労働者とその家族に、後で回復することのできない経済的損失が生じる、という主張である。

使用者側の主張

ＤＷＰの側は、性別により拠出額を異ならせるＤＷＰの制度は、第7編の下で完全に適法だと反論した。女性はより長く生きるのだから、不利に扱われているわけではまったくないと言う。プレガーソン判事が後に最終判決の中で要約したように、「女性は多くもらうために多く払うべきだ」というのが、ＤＷＰの立場であった。[*21]

また、ＤＷＰは、第7編の中の「ベネット修正条項」と呼ばれる規定（１９６４年の第7編の立法の際に、この規定を追加することを提案した上院議員の名前にちなんだ呼び名である）を、根拠として持ち出した。この修正は、第7編の前年に制定された１９６３年同一賃金法（ＥＰＡ）との調整をはかるものであり、ＥＰＡの規定を参照している。ＥＰＡは、同じ仕事をする男女間の賃金の差違を禁止しているが、賃金のみが対象となり、かつ、同じ仕事という限定がある点で、第7編よりも射程が狭い（第7編では、そのような仕事の同等性の要件はない）。また、賃金の差違が、先任権、能力、成績、出来高など、一定の性中立的な要素にもとづく場合には、違法とはならないと定めている。そして、そのような要素のリストの最後に、「その他、性以外の何らかの要素」という包括的な言葉が置かれている。

ベネット修正条項は、この違法とならない要素のリストを、第7編にも組み込んだものである。その結果、賃金について第7編違反の性差別の訴訟を起こされた使用者は、その賃金の差違は「その他、性以外の何らかの要素」にもとづくものだ、と抗弁することが可能となる。DWPは、平均寿命はまさにこれに当たる、中立的な要素なので、それにより掛け金の額を異ならせても第7編の下で適法である、と主張していた。さらにDWPは、立法時に連邦議会上院で行われた、ジェニングス・ランドルフ議員(ウェストバージニア州選出)と、公民権法案審議の議事進行責任者、ヒューバート・ハンフリー議員(ミネソタ州選出)との間の、ベネット修正条項に関するやり取りも、根拠として援用した。これは第7編が成立した後の質疑であるが、ランドルフ議員が、「使用者が退職給付制度について男女で異なる取扱いを定めることは、第7編によっても妨げられないと理解してよいでしょうか?　たとえば寡夫への給付を(寡婦よりも)少なくしたり、女性について低い退職年齢を定めたりする場合です」と確認を求めたのに対し、ハンフリー議員は「はい」と答えている。ベネット修正条項は、そのことを「誤解の余地なく明確にした」と、BWPは主張した。[*22]

EEOCの決定74−118号についても、DWPは、そのような解釈を取れば、男性のほうが平均寿命が短いため、在職中の拠出に見合うだけの給付を退職後に受けることができなくなり(他方で女性は平均で5歳、より長生きして給付を受けることができる)、男性に対する差別が発生する、と述べて否定した。また、EEOCの意見は裁判所を拘束するものではなく、参考にすぎないとも主張した(これは正しい指摘である)。最後に、当時、EPAの施行を担当していた連邦労働省が、年金制度における男女の違いをいくつか許容している、という主張も行った。このように、機関によって意見が分かれている以上、その点に関してEEOCの見解が最終的なものとなるべきでない、とDWPは力説した。

連邦地裁の差止め命令

1975年の年明け早々、プレガーソン判事は、仮処分を認める決定を下した。すべての証拠が出揃ったときに原告らの主張が認められる可能性が高いので、今から救済を与え始める必要がある、という判断である。EE

ＯＣの決定74－118号が、その中心的な根拠とされていた（連邦労働省がＥＥＯＣとは異なる見解を取っていた点については、第7編の法執行の責任を負う機関はＥＥＯＣなのであるから、そちらが優先すべきだとされた）。この決定74－118号は「給付」に差違がある事案であり、「掛け金」の差違ではなかったが、プレガーソン判事は、「どちらの場合も、男女間での異なる取扱いの理由は、女性のほうが平均寿命が長いという保険数理上の事実である。それは実際上、あるグループの人々に当てはまる特徴を、個人としてはそうでないかもしれないのに、そのグループの全員に適用してしまうことを意味する」と述べている。[23]

　プレガーソン判事の意見によれば、このようにグループの集団的特性を個人の特質よりも優先させることは、違法である。「連邦議会は、第7編を制定するにあたり、各人が、その属する人種、宗教、性別などに当てはまると一般に（しばしば誤って）考えられている性質ではなく、個人として扱われなければならないとの原則を確立した」と、同判事は述べている。「ことに性差別の事案に関しては、連邦議会は、性的なステレオタイプから生じる男女間の取扱いの差違を、端から端まで幅広く禁止することを意図していた」[24]

　また、ベネット修正条項によってＤＷＰの制度は保護されるという議論についても、プレガーソン判事は納得せず、女性のほうが平均寿命が長いという事実が「性以外の何らかの要素」とみなされうるとは考えがたい、と冷笑的に指摘した。[25] ランドルフ議員とハンフリー議員との修正条項をめぐるやり取りについては、言及すらされなかった。

　その上で同判事は、仮処分命令を発するために必要な他の要件を、簡潔に確認した。原告らは、男性よりも多額の掛け金を払い続けさせられることにより、金銭的な損失だけではなく、「公民権の侵害から生じる人間的尊厳の喪失」という面においても、「回復不能な損害」をこうむる。[26] これらの要素に加え、非常に多くの女性がＤＷＰの制度により影響を受けることを考えれば、その差止めを命じることは、公共の利益――仮処分命令を認めるための最後の考慮要素――に合致する。

地裁の最終判決と選挙の勝利

　しかし、プレガーソン判事の決定がＤＷＰの女性たちとＩＢＥＷにとって文句のない勝利であったとしても、少なくとも当面は、シンボル的な意味しか持たなかった。その何週間か前に、ＤＷＰが年金制度を見直して、女性の高い掛け金を廃止する決議を行ったからである。これは、カリフォルニア州の議会が、大都市においては年金制度に性中立的な保険数理を用いることを義務づける法律を制定したために取られた、遵守のための措置であった。その結果、１９７５年1月1日以降、ＤＷＰの女性たちは、男性の同僚と同じ額を、掛け金として給与から控除されるようになった。これにより生じる拠出額の不足分を補うために、今後はＤＷＰ自身が、毎年、約15万５０００ドルを支払うこととされた。

　このように、ＤＷＰはすでに制度を変更していたとはいえ、プレガーソン判事の決定は、やはりＤＷＰにとって不本意な展開であった。それが、原告の女性たちに対し、過去分の賠償(すなわち、それまで過大に支払わされてきた掛け金の返還)を請求するための扉を開いたからである。

　そして、6か月後、プレガーソン判事は、まさにその開いた扉を通った。先の「仮」処分命令の判断を最終的な判決とした上で、救済としてＤＷＰに対し、すべての女性たちの過大な掛け金の支払い分を、7％の利息を付けて返還するよう命じたのである。もっとも、第7編が政府機関に適用されるようになったのは１９７２年の初頭であり、１９７４年12月31日に前記の制度改正が行われたため、対象となる掛け金の差額は比較的小さかった(約33か月分)。

　ルースは、組合のタブロイド紙の中で、この勝利を、ＤＷＰの女性たちに向けて高らかに報告した。「ほとんどの皆さんにとって、プレガーソン判事が返還を命じてくれたお金は、相当な額になるでしょう。これは皆さん全員にとって、素晴らしい道義的な勝利です。そして、もちろん、皆さんがＤＷＰで働き続ける限り、毎月、より多くの金額が手元に残ることを意味します。これこそが『本当の』積極的是正措置です！」[*27]

　ルースとＩＢＥＷにとって、嬉しいニュースはこれだけではなかった。その数か月前に、DWPの交渉代表組合を選ぶ選挙がついに実施され、IBEWの第18支部は、AFSCMEを含む他のすべての組合を圧倒的な大差で破り、勝利を収めたのだ。これはルースの戦略の正しさを見事に証明するものだった。彼女たちは、前年からずっと、DWPの労働者に対し、マンハート事件の訴訟に対するIBEWの支援の状況を、ひんぱんに情報を更新しながら伝えてきた。女性の平等のために闘うことは、組合への支持を確立する上で、極めて有効な手段となったのである。

ルースは、DWPでの仕事が終わったため、次のIBEWの組織化キャンペーンの場へと去って行き、ボブ・ドーマンとの連絡は途絶えた。彼はその後、風の便りに、彼女が労働組合で組合員と使用者との間の紛争を調停する役職に就き、豊かな説得能力を使って活躍していると いう話を聞いた。ルースは2009年に亡くなった。

控訴裁判所の判断

地裁判決が命じたDWPの女性たちに対する差額分の償還は、金額としてはさほど大きくなかったが、DWPに争い続けることを決意させるには十分だった。1975年7月、DWPは、カリフォルニア州を管轄する第9巡回区の連邦控訴裁に、控訴を提起した。あわせてDWPは、プレガーソン判事の命令の執行停止を求める申立てを行った。控訴裁の判断が出されるまでの間、命令に従うのを免除してほしいということである。控訴裁はこれを認めた。DWPの女性たちは地裁で勝訴したが、その証拠を銀行口座に見ることができるのは、かなり先の話ということになった。

その頃までに、マンハート事件は、全米でかなりの注目を集めるようになっていた。もし他の裁判所もプレガーソン判事と同じ立場を取ることになると、無数の使用者の年金制度が違法となるだけではなく、生命保険、自動車保険、健康保険など、他の様々な領域においても、男女による区分の適法性に疑問が生じる可能性があった。双方の当事者が控訴裁に主張書面を提出したが、その際、DWPの女性たちは、たいへん心強い援護者を獲得していた。EEOCと連邦労働省がそれぞれアミカス意見書を提出し、DWPの制度はベネット修正条項のいう「その他、性以外の何らかの要素」には該当せず、第7編に違反する、と断言してくれたのだ。

1976年11月、第9巡回区の連邦控訴裁は、3人の判事による合議で、地裁の判断を支持する判決を下した。この判決は、ほとんどプレガーソン判事の理由づけを踏襲した上で、「退職年金の掛け金を、性のみにもとづき異なる額に定めるのは、各労働者を個人として扱わず、もっぱら一方の性のメンバーとして扱うもの」であり、違法と結論づけていた。[*28] また、ベネット修正条項によって制度は適法というDWPの主張に関しても、「完全に性により区別された保険数理を『その他、性以外の何らかの要素』にもとづくと認めることは、合理的とは思われない。そこで準拠されているのは、まさしく性である」[*29]と指摘して、簡単に退けた。

さらに、控訴裁は、女性労働者に対して過去の過払い分を返還するようDWPに命じた点についても、プレガーソン判事の判断を支持した。これによって、差別の被害者に「損失を回復させる」という第7編の意図が実現されることになる、と判決は述べている。そして、この返還は、年金制度に不当な負担をかけることなく実行することができる。DWPは、たとえば、すべての加入者の掛け金を引き上げてもよいし、使用者の負担する拠出分だけを引き上げてもよいし、差額分を一括して一時金で払い込むことも可能である。[*30]

判断見直しの拒否と上告申立て

ロサンゼルス・タイムズ紙の記事によれば、DWPの代理人となったロサンゼルス市の弁護士の1人、デービッド・オリファントは、本件について、「DWPをはるかに超えて多大な影響を及ぼす、比類のない事件であり、上告することになるだろう」と語っていた。[*31] しかし、その点の決定がなされる前に、連邦最高裁が両当事者に変化球を投げてきた。マンハート事件の控訴裁判決から2週間のところで、連邦最高裁は、今では悪名高い、ギルバート事件（ゼネラル・エレクトリック社対ギルバート）の判決を下したのだ。[*32]

これは、ゼネラル・エレクトリック社（GE社）が提供する、傷病等による短期労働不能のための保険制度で、病気やけがによる休業については賃金額の一定割合の給付がなされるのに対し、女性が出産のために休業した場合には給付がなされなかった、という事案である。連邦最高裁は、GE社の制度によれば、出産以外の男女に共通する健康上の問題(がんや脚の骨折など)については、女性も平等に給付を受けるのであるから、この除外は「性を理由とする」差別にあたらない、と判断した。つまり、出産を対象外としたのは、悪意のない、コスト削減のための手段にすぎないと考えたのである。

DWPの制度は妊娠・出産とは何の関係もなかったが、市の弁護士たちは、このギルバート事件とマンハート事件との間に類似性を見いだした。使用者が、女性の出産休業のコストに対して金銭を補助することを拒否できるのであれば、女性のより長い退職年金のコストについても金銭補助を拒否できるはずではないか? ギルバート事件の判決が出された翌日、DWPは声明を出し、第9巡回区の連邦控訴裁に対して、マンハート事件の判決を13人の判事全員による大法廷で見直すよう求めることを明らかにした。市の副主任弁護士のデービット・オリファントは、ギルバート事件の判決が出た以上、控訴裁は、3人の判事による判断を大法廷で再検討することを認めるだろうという「楽観的な予想」を表明した。[*33]

しかし、第9巡回区の控訴裁は、マンハート事件を再び取り上げることを拒否した。ただ、今回は、全員一致の判断ではなかった。1名の判事は、たしかにギルバート事件判決により状況に変化が生じたので、マンハート事件をもう一度、検討してみる必要がある、と考えた。しかし、他の2人の判事は納得しなかった。GE社の制度が出産をカバーしないのは、「一部の」女性に不利益を与えるにすぎないのに対し、DWPの制度が高い掛け金を払わせることは、「すべての」女性に不利益を与えるからである。

DWPに残された途は、連邦最高裁への上告だけとなった。1977年の夏、DWPは裁量上告の申立てを行い、同年10月に上告が受理された。ある都市の1部局で、労働組合の組織化キャンペーンに弾みをつけるための「派手な騒ぎ」として始まったことが、こうして国の司法の最高機関へと到達した。

原告側弁護士への申し出

連邦最高裁がＤＷＰの上告を認めてから間もない頃、ボブ・ドーマンに、アメリカ自由人権協会・女性の権利プロジェクト(ＡＣＬＵ－ＷＲＰ)から電話がかかって来た。彼の記憶によれば、相手はドーマンとバーンズがこれまで行ってきたマンハート事件での仕事ぶりを賞賛した上で、連邦最高裁での主張や弁論については、ＡＣＬＵ－ＷＲＰが代わって担当することを申し出た。

少し前のドサード事件(第2章)でもそうだったが、連邦最高裁で出される判決の影響は非常に大きいため、ＡＣＬＵ－ＷＲＰがそう熱望するのも(かつ、その背後にあるであろう懸念も)理解できることであった。マンハート事件は、女性の平等賃金の権利にとって、極めて重要な問題を扱うものである。ＤＷＰ勝訴の判断が示された場合には、全米の使用者に、給付制度におけるあらゆる種類の男女の差違が維持可能というメッセージを送ることになるだろう。のみならず、すでに男女共通の保険数理に変更された年金制度を、コストを理由に元の男女別に戻すことを促す可能性さえある。ドーマンの事務所は連邦最高裁の事件を扱ったことがないわけではないが、ＡＣＬＵ－ＷＲＰほどの経験と権威はなく、またドーマン自身、これまで連邦最高裁で弁論を行ったことはなかった。

ドーマンは、ＡＣＬＵ－ＷＲＰの「重量級の強打者たち」を怒らせたくなかったが、ここで自分の事件を手放すなんて、ありえないことだった。「我々の返事は、ありがとうございます、アミカス意見書を出していただければ感謝します、でも、これは私たちの事件で、依頼人も私たちが引き続き担当することを期待しており、私たちもそうしたいと考えています、というものでした」と、彼は述べている。会話は友好的に終わり、ドーマンは、ほっとした。

様々な意見書

ＡＣＬＵ－ＷＲＰは、たしかにアミカス意見書を提出し[*34]、他にも様々な関係団体からアミカス意見書が提出された。ドーマンによれば、原告の側を支持する意見書が「群れをなすように」届いたという。たとえば、ＥＥＯＣは、控訴裁の時と同様に、集団としての特性を個人の権利よりも優先させることは第7編違反にあたる、という意見を述べた。[35] 全米自動車労組（ＵＡＷ）と、その上部団体であるアメリカ労働総同盟・産業別組合会議（ＡＦＬ－ＣＩＯ）は、今日の年金制度は、既にほとんどが、女性により高い掛け金を払わせるのをやめており、かつ、退職後に女性に支給される年金額をより低くしてもおらず、それで問題なく運営されている、という意見書を提出した。今でも男女で異なる制度を取っているのは、主に教育施設と政府機関であるという。[36] 女性平等行動連盟（ＷＥＡＬ）と、女性の統計学者、エンジニア、会計士などの団体である女性数学協会（ＡＷＭ）が共同で提出した意見書は、ＤＷＰが用いた保険数理は女性の平均寿命の長さを過大に考慮している、と指摘した。[37] この意見書によれば、実際には、65歳を超えて生きる男女のうち84％が同じ年齢で死亡している。にもかかわらず、ＤＷＰで働く女性労働者の全員が、より高い掛け金を支払わされており、その分の恩恵を受けるまで長生きするのは、わずか16％にすぎない。[38]

アミカス意見書の中のいくつかは、原告たちの勝訴判決によって、より直接的な利益が得られる立場の者から出されたものであった。全米大学教授協会（ＡＡＵＰ）は、ＡＣＬＵ－ＷＲＰのアミカス意見書に賛同して加わったが、そのメンバーの多くは、教職員保険年金協会・大学退職株式基金（ＴＩＡＡ－ＣＲＥＦ）が運営する年金制度に加入していた。ＴＩＡＡ－ＣＲＥＦは、全米の私立大学の85％と公立学校の45％で、年金や生命保険等の給付制度を提供していたが、その年金、生命保険のいずれにおいても、男女別の死亡率表が用いられていた。使用者は、制度に加入する男女のために同じ額の拠出を行っていたが、ＴＩＡＡ－ＣＲＥＦが支払う毎月の年金の額は、平均寿命が長いとの理由から、女性のほうが低く定められていた。右のアミカス意見書を提出したとき、ＡＣＬＵ－ＷＲＰは、そのような制度は違法と主張してＴＩＡＡ－ＣＲＥＦを相手に訴訟を行っているところだった。[39] また、別のアミカス意見書を提出した米国看護師協会

（ANA）も、TIAA－CREFに対するクラスアクションが進行中であった。[*40]

驚くには当たらないが、TIAA－CREF自身もアミカス意見書を提出し、DWPを支持する議論を行った。[*41] TIAA－CREFは、現在、自分たちは6件の訴訟を抱えており、第7編の下で男女共通の保険数理表が必須との判断が出されれば、その数は飛躍的に増えると予想される、と指摘した上で、それが年金業界にもたらす破局的な結果について、警鐘を鳴らした。制度が基金不足に陥るか（女性の掛け金を男性と同じに引き下げることが強制された場合）、使用者のコストが増大するか（基金の不足分を自分の財源から追加拠出する場合）、あるいは、全加入者が高い掛け金を払わなければならなくなる、というのである。米国生命保険評議会（ACLI）が提出した意見書も、同じく警鐘的であり、「連邦最高裁の判決がアメリカ生命保険業界の基本構造に与えるインパクト」は、アメリカの産業全体に「毎年、何十億ドルもの」損失をもたらし、男性の年金掛け金が上昇するばかりでなく、女性の生命保険の料率も上がるであろう（現在は、平均寿命が長いので男性よりも低くなっている）、と警告した。[*42] そのほか、オレゴン州、ニューヨーク市、ニューヨーク州教員退職基金など、様々な政府や公的機関が意見書を提出したが、いずれも、自らが男女別の形で運営してきた退職年金制度の将来について、懸念を示すものであった。[*43]

口頭弁論での使用者側の主張

マンハート事件の連邦最高裁の口頭弁論は、1978年1月18日、首都ワシントンで行われた。寒くて快晴の朝だった。ボブ・ドーマン弁護士は、妻と何人かの友人と一緒に、2日連続で連邦最高裁へと向かった。当初、口頭弁論は1月17日に予定されていたが、前の事件の弁論が長引いたため、マンハート事件は翌日に延期となったのだ。ドーマンは、別に構わないし、準備は整っている、と感じていた。彼は、ワシントンの弁護士事務所で開かれた模擬法廷に参加し、雇用法の専門家たちの前で徹底的に議論を行っていた。だから、今は余裕を持って、国の最高の法的議論の場を2日連続で直に見ることができることの贅沢さを、味わうことができた。

ついに、ドーマンの勝負のときが来た。連邦最高裁の判事たちが、列をなして入廷した。中央にいるのはウォーレン・バーガー長官だ。判事の顔ぶれは、前年のドサード事件の時と同じであるが、1つだけ違っていたのは、バーガー長官のすぐ右隣の席が空席だったことである。理由はついに説明されなかったが、ウィリアム・ブレナン判事は、姿を見せなかった。

デービッド・オリファントが最初に演壇に上がり、DWPのための弁論を行った。ドーマンは、ロサンゼルス市当局が、市の副主任弁護士という低い地位にあるオリファントを出してきたことに、驚きを感じた。連邦最高裁の厳しい吟味にさらされる者として、なかなか考えにくい選択である。

オリファントは、主に2つの点を主張した。第1は、もうずっと、プレガーソン判事のところからDWPが繰り返してきた議論で、ベネット修正条項によって、平均寿命を「性以外の何らかの要素」として考慮することが許されるので、DWPの制度は差別に当たらない、というものである。オリファントによれば、連邦最高裁の最近のギルバート事件判決は、長寿のコストを負担させることが、年金掛け金に差を設けるための、有効かつ非差別的な理由となることを示すものである。第2は新たな主張で、連邦最高裁の判事たちに、判決がもたらす実際上の影響の大きさを考えさせようとするものだった。「本件判決の影響は、男性労働者とその配偶者、さらには全米の非常に多数の退職給付制度に及びます。ここに提出された多くのアミカス意見書に書かれている通りです」と、オリファントは主張した。より後のほうで、彼は次のようにも述べている。「本件は、この法廷が直面すべき、［アレキサンダー大王が一刀両断にしたという］ゴルディアスの結び目の1つであるように思われます。その一方には男性が、他方には女性がいるのです*44」

判事たちは、次々に質問を重ねながら、死亡率に影響を与える他の様々な要素は全体でプールされるのに、なぜ性別による平均寿命の違いだけが切り出されるのか、という点を解き明かそうとした。人種によっても平均寿命は異なるのではないか？　ベネット修正条項があるので、性別については人種と異なる扱いが許される、とオリファントは答えた。男性の中でもあまり長生きしない人は、長生きする人に金銭を補助することになるのではないか？　それはそうだが、年金制度に加入した時点では、両者の平均余命は同じである、他方、男女の場合には、そのように言うことはできない、とオリファントは述べた。喫煙者は非喫煙者に金銭を補助することにならないか？　たしかにその通りだと、オリファントは認めた。しかし、喫煙するか否かは個人の支配領域にあるため、保険者として必ずしも知ることのできない要素である。これに対して、加入者の性別は明らかである。[*45]

原告側の弁論

次に、ボブ・ドーマンが演壇に向かった。模擬法廷の際にもらった1つのアドバイスが、彼の心に残っていた。EEOCに勤務する百戦錬磨の女性弁護士の、「1枚の漫画を描いてあげなさい！」という言葉だった。「彼らは、こちらが思っているほど頭が良いわけではないのだから」。

そこでドーマンは、主張をシンプルなものにとどめた。これは、男性と女性のどちらに不利益を課するかという話ではなく、男性と女性を「個人としてではなく、統計データとして」扱ってよいか、ということである。グループとして見た場合、女性のほうが男性よりも寿命が長いことは否定できない。それは死亡率表に示された事実である。しかし、その表を「寿命の違いにもとづく唯一のコストとして、一方の性に適用するために用いる」のは問題である。「性別は、各人の寿命に対してある程度の関係しか持たず、完全にそれと相関するわけではない」。ドーマンはまた、DWPの制度が、性別が平均寿命に与える影響を過大に評価していることを指摘した。実際には、WEALとAWMが提出したアミカス意見書に書かれているように、大多数の男女は同じ年齢まで生きるのである。より適切で公正なやり方は、関連性のあるすべての要素を考慮に入れて、平均寿命を計算することである。性別以外に、たとえば、喫煙、飲酒、体重などを、とドーマンは主張した。[*46]

ここで、ウィリアム・レーンキスト判事が、質問を挟んだ。これらの様々な要素を調べるには、年金制度の加入者に「たくさんの質問票を用意して」回答してもらわなければならならず、また、正直な回答が得られるかどうかもわからない。男性か女性かだけを区別し、あとは問題としないほうが、簡単ではないか、と。ドーマンは唖然とした。女性の平等賃金よりも、運営上の便宜のほうを優先させるとは、信じられないほど無神経な発想のように思われた。「性別が確認しやすいのは確かですが、なぜそれを取り出して確認し、女性であるがゆえの不利益を与えるために用いるのでしょうか?」と、傍目にも熱くなりながら答えた。「女性は給料日に、男性よりも15%も低い額しか受け取ることができません。家賃は同じで、医療費も同じで、スーパーで買い物するときの代金も同じなのに。だったら、全部のリスクをプールすべきではないでしょうか、レーンキスト判事。現在も、DWPの制度でも全米の大多数の制度でも、性別以外のリスクはすべてプールされています。なぜ、すべてのリスクをプールしないのでしょうか?　なぜ、性別なのでしょうか?」

バーガー長官がそこで口を挟み、「それは選択の問題ですね」と答えた。

「おっしゃる通りです」と、ドーマンは言った。「そして我々は…、その選択は違法だと主張しているのです」[*47]

判事たちは、ベネット修正条項についてもドーマンの意見を求めた。平均寿命は、なぜ中立的な「性以外の何らかの要素」に当たらないのか?　それは「性別にもとづく」平均寿命の違いだけが問題とされているからだ、とドーマンは答えた。それは明らかに、第7編の下で連邦議会が許容しようとした、中立的な賃金格差の要因ではない。意図されていたのは、能力・成績、重量物を持ち上げるなどの仕事の負荷、先任権制度などである、とドーマンは説明した。[*48]

ドーマンの残りの時間は、年金給付の問題に関するEEOCの立場の変遷についての議論に費やされた。その後、オリファントから短い反駁の弁論が行われ(その間、判事たちは、主として年金制度の仕組みについて彼に質問をしていた)[*49]、口頭弁論は終わった。判事たちはこちらの側に傾いている、と慎重ながらも楽観的な印象を抱きながら、ドーマンは妻と一緒に、ロサンゼルスへと戻る飛行機に乗り込んだ。

連邦最高裁の判決

3か月後、連邦最高裁の判決が出された。「2000人の労働者に対し、女性であることを理由に、他の1万人の労働者よりも高い掛け金を基金に支払うことを求める雇用上の制度は、第7編の文言にも政策にも真っ向から反する」と、ジョン・ポール・スティーブンス判事は述べた。6対2の多数による法廷意見であった[*50]（ブレナン判事が口頭弁論を欠席したため、全部で8名の判事しか合議に加わっていない）。

スティーブンス判事によれば、「第7編の基本理念は、我々は種類ではなく個人に対する公正さに焦点を当てなければならない、というものである」[*51]。グループとして見た場合、女性のほうが男性よりも長生きするのは確かであるが、他方で、このような類型化に当てはまらない男女が多数いることも、また事実である。「保険上のリスクがプールされる場合には、常にリスクの低い方から高い方へと金銭的な補助がなされることになる。…太った人とスマートな人を同じリスクのように扱うことのほうが、男性と女性を同じに扱うよりも、より普通なのかもしれない。しかし、片方の『金銭補助』が良くて、他方が良くないという理由は、単なる習慣以外にはないのである」[*52]

ベネット修正条項に関するDWPの主張についても、多数意見は賛成しなかった。控訴裁判決の、「そこで準拠されているのは、まさしく性である」という言葉を引用しながら、年金制度における男女の明白な違いを、EPAが合法化したと考えることはできない、と判断している[*53]。

また、多数意見は、連邦最高裁のギルバート事件判決がDWPの制度を許容すべき根拠となる、という市の主張も否定した。あの判決は、GE社の制度は男性と女性ではなく、妊娠した人とそうでない人との間で区別を設けた、という理解を前提としていた。これに対して、本件のDWPの制度は、明白に男性と女性とで区別をしているからである[*54]。

この点、バーガー長官が執筆し、レーンキスト判事が賛同した反対意見は、第7編を制定したとき、連邦議会は、「年金制度に対して、それほど革命的かつ差別的——今度は男性の犠牲によって女性を利する——な影響をもたらすこと」を決して意図していなかった、と述べている。口頭弁論におけるレーンキスト判事とドーマンとの間のやり取りを反映する形で、バーガー長官は、個人のすべての変数を反映するような年金制度を設計することが困難であるからといって、男女の死亡率の差という「信頼できる統計」を考慮することが妨げられるべきではない、と主張した。[*55]

しかし、多数意見の、過去の過払い分の返還に関する部分を読んだとき、ドーマンの心は沈んだ。連邦最高裁は、控訴裁の判断を7対1の多数によって破棄し(マーシャル判事だけが反対した)、DWPの女性たちは過去分の返還を求めることはできない、と判断したのである。基金の会計的健全性が揺らいでしまう危険と、年金を現に受給している多数の退職者の期待があまりに大きいため、DWPにそれを命じるのは不適当とされている。明言はしていないが、今後、他の使用者の制度が本判決にもとづき第7編の違反と判断された場合にも、同様の扱いがなされることになろう。「遡及的な責任を認めることは、年金基金に対して壊滅的な効果をもたらす可能性がある」と、多数意見は説明した。「退職制度の管理者は、第7編の義務づけに、徐々に対応する時間を与えられるべきである」

判決の影響

マンハート事件の最高裁判決から5年以内に、24の州が、州職員の年金制度(同額給付、同額拠出のどちらもあった)を、性中立的な保険数理表を用いる形に変更して対応した。1978年以前からそのような制度を取っていたところも13州あり、そこにこれらの州が加わったことになる。[*56]

さらに連邦最高裁は、1983年のノリス事件(アリゾナ州退職年金委員会対ノリス)[*57]で、マンハート事件によってほぼ必然となっていた判断を下した。平均寿命がより長いことを理由に、女性の退職後の年金給付額を男性より低くする制度を、違法としたのである。ナタリー・ノリスは、アリゾナ州の経済安定省で働く53歳の女性職員だったが、男性の同僚と同じ額の掛け金を支払ってきたのに、退職後に年金として男性よりも月34ドル少ない額しか受給できないことを知り、この訴訟を提起した。「たとえその種類の人々に本当に当てはまる一般的特性であっても、種類にもとづく取扱いを正当化できるわけではない」と、サーグッド・マーシャル判事による法廷意見は述べている。「性別にもとづく労働者の分類は、年金を支給する段階においても、その前の掛け金を拠出させる段階と同様に、許されない」[*58]。アリゾナ州では、年金給付の提供を民間の保険会社に委託しており、ノリスはその会社に雇用されているわけではなかったが、この点は無関係であると、連邦最高裁は判断した。彼女の使用者であるアリゾナ州が、第三者たる保険会社を通じてとはいえ、性により区分された年金制度を採用したことが、違法な差別に当たるとされた。

ただ、マンハート事件と同様に、問題の制度によって女性がそれまでに受けた損失を補填せよという下級審の命令部分は、連邦最高裁により破棄された。判決の効力は、制度の将来の運営に対してのみ及ぶとされたのである。

マンハート事件とノリス事件の判決は、使用者が提供する年金制度や生命保険を平等化する上で、まさに画期的なものであった。しかし、第7編が適用されない一般の民間保険の市場には、影響を及ぼさなかった。その領域についても男女の不平等を是正する連邦の法律を制定しようという努力が、再三にわたってなされたが、保険業界の抵抗により、失敗に終わっている。ある研究者の説明によれば、「1980年代の中頃から1990年代にかけて、女性の権利のための諸団体は、目標を、連邦レベルで保険の差別禁止を定めた法律を作ることから、州のほうへと移した。主要な州を中心に、立法活動や訴訟を通じて、少しずつ成果をあげていこうというのだ」[*59]。その1つのアプローチは、州憲法の男女平等条項を利用するものであり、もう1つは、保険に特化した州の法律を作るものである[*60]。

その後のアリス

マンハート事件の、やや微妙な結末にもかかわらず、アリスは、ボブ・ドーマンとの間に生じた特別の親密な関係を、1995年に彼女が亡くなるまで、ずっと維持した。まだ事件が裁判所で争われている間に、アリスはカリフォルニア州立大学のノースリッジ校に入学し、ジャーナリズムの学位を目指して勉強を始めた。「法とマスメディア」の授業で『ギデオンのトランペット』を読んだ後、彼女はドーマンに、たくさんの書き込みのある自分の本を送り、読むことを勧めた。同封されていた手紙のサインの上には、「いつも、成功を祈って」と書かれていた。

第4章

敵対的な環境

ビンソン事件　1986年
Meritor Savings Bank, FSB v. Vinson（1986）

泣き始めた相談者

首都ワシントン北西部のジョージタウン。交通量の多い交差点にある金物屋の上階に、小さな法律事務所があった。そこを訪れた、ジュディス・ルドウィック弁護士の新しい顧客は、泣くのを止めることができなかった。

時は1978年9月。ルドウィックがミシェル・ビンソンに会うのは、それが2回目だった。ミシェルは20代前半の小柄なアフリカ系アメリカ人の女性で、離婚を望んでいた。2人が最初に会ったのは、事務所が新聞広告で約束した15分間の無料相談のときだった。事務所の名は「ラパポート・アンド・アソシエーツ」で、安価な離婚や遺言の事件を専門にしていた（「アソシエーツ」と複数形になっているのは格好をつけただけで、アソシエート弁護士はルドウィックしかいなかった）。今回、ミシェルが事務所を再訪したのは、委任契約に署名し、ルドウィックの定額報酬である275ドルを支払うためだった。ルドウィックが領収書に事務所のスタンプを押していると、突然、ミシェルの目から涙があふれ出した。自分は職場で惨めな状況にあり、「もうこれ以上、我慢できない」と言う。ルドウィックは当惑し、「何を？」と尋ねた。

「すると、彼女は話し始めました」と、ルドウィックは回想する。「本当にひどく恐ろしい話で、開いた口がふさがりませんでした」[*1]

ミシェルの体験

後にミシェルが証言したところによれば、彼女は、勤務しているキャピタル・シティ連邦貯蓄銀行（以下、「銀行」または「キャピタル・シティ」という）で、3年以上にわたり、上司のシドニー・テイラーから性的虐待を受けていた。彼はミシェルに性交やオーラルセックスを強制し、それ以外でも、彼女の胸や尻をなで回したり、彼女の後を追ってトイレに入り、勃起したペニスを見せたりした。また、「俺の物をしゃぶらせる」等の卑猥な言葉を発したり、彼女を部屋の隅に追い詰めて「今夜、お前とファックするんだ」と言ったりもした。[*2]

これらはすべて、１９７４年の秋、ミシェルが銀行に採用されて間もない頃に始まった。当時、彼女は19歳だった。彼女はワシントンの北東部で育ったが、近所にキャピタル・シティのロードアイランド通り支店があり、そこに預金口座を作っていた。この銀行はとても小さく、ミシェルは、窓口係の２人の行員や、マネジャーであるテイラーと親しくなった。彼女は15歳で高校を中退し、低賃金のパートタイムの仕事をいくつか経験したが、もっと専門的な環境で働きたいと思っていた。ある日、駐車場でテイラーに会ったときに、銀行で求人はないのかと尋ねると、[*3] 翌日、彼はミシェルを窓口係員の見習いにしてくれた。以後の４年間、ミシェルはたいへん優秀な仕事ぶりだった。最高の評価を受け、何度も昇給を認められ、ついにはアシスタント・マネジャーに昇進した。

ミシェルが初めて支店で働き始めた当時、テイラーは彼女に「父親のような」態度で接した。彼は既婚で７人の子がおり、通っている教会では牧師の補佐役を務めていて、その役割にぴったりのように思われた。また、テイラーは、銀行の清掃員から頑張ってマネジャーにまで上り詰めた人物で、地域の黒人社会における成功物語のような存在であった。テイラーは、ミシェルの良き助言者かつ指導役という顔をして、仕事のことでも私的なことでも、何でも自分に相談するように、と彼女に勧めた。銀行業に関する本を貸し与えたり、熱心な仕事ぶりへのご褒美だと言って、実際にはしていない残業の手当を払ったりした。ミシェルが、夫と別れることになったが、新しいアパートの敷金が１２０ドル足りない、と言うと、テイラーはその金を彼女に渡してくれた。「彼は、あなたのことを気にかけている、というふうに見せようとしました。私が助けてあげます、という感じで」と、後年、ミシェルは記者に語っている。[*4]

ミシェルには、その助けが必要だった。彼女は、清掃作業員をしていた父親との関係がうまく行かず、成長の過程で何度も家出をした。それがあまりにも頻繁なため、見かねた母親が、彼女を里親に託そうとしたほどだ。この困難な家庭から逃れるために、ミシェルは15歳で、家族の友人である年上の男からの求めに応じて結婚した。本来の婚姻年齢よりも若かったため、まず妊娠し、それによって法的に結婚することが可能となった。その後、彼女は、夫と喧嘩をしたときに、流産してしまった。[*5]

恐怖と屈辱の日々

キャピタル・シティで働き始めてから半年が経った頃、ミシェルはテイラーと一緒に、夕食のため中華レストランに行った。前にも何度かそのような機会はあったが、ミシェルによれば、その日初めて、テイラーは性的な誘いをかけて来た。ミシェルは断ったが、彼が彼女にしてくれた親切のすべてに深く感謝している、と伝えた。「欲しいのは感謝ではない」と、テイラーは答えた。「一緒に寝たいんだ…。お前を採用してやったのと同じように、首にすることもできる。お前を取り立ててやったのと同じように、潰すこともできる。言うことを聞かないのなら、殺してやるしかない」[*6]

そのレストランはモーテルに併設されたもので、テイラーは部屋を取っていた。「私はどうして良いのかわかりませんでした」と、ミシェルは後日、記者に語っている。「私は彼を信頼し切っていました…。その彼が、もう大人なのだから、断るとひどいことになるぞ、服を脱げ、と言い続けるのです。私は立っているだけで、何をすることもできませんでした。板のように身を固くして、死んだようになっていました。涙が流れ落ちるばかりでした。彼は何も言わず、自分のしたいことをしました。私の服を脱がせ、私の身体を寝かせ、あとはもう言うまでもありません」[*7]

ミシェルは、テイラーが望むものを手に入れて満足し、後は放っておいてくれるのではないかと期待した。しかし、彼の行動は、逆にエスカレートした(驚くに値しないが、ミシェルはその年、23日もの病気休暇を取ったと記録されている)。[*8]彼女の証言によれば、彼らはその後、40回から50回にわたって性交を行った。最初のときを除けば、すべてが銀行の中である。地下室や、金庫の中でということもあった。[*9]ミシェルは、自分が無力で逃げられないと感じていた。彼女には、その仕事が必要だった。何とか食べていくための手段は、それ以外にはなかったのだ。のみならず、彼女は身体的な安全について恐怖を感じていた。モーテルでの最初の夜からずっと、テイラーは、すべて言う通りにしなければ殺すぞ、とミシェルを脅し続けていた。襲ってきたのに抵抗すると、テイラーは、さらに激しい暴力を用いて彼女をレイプした。その結果、性器に裂傷を負って、病院で治療を受けたことさえあった。[*10]

ミシェルが後に語ったように、「私は目隠し革を付けられた馬のようでした。視野が狭まり、抜け出す出口が見えないのです。助けてくれる団体があるとは知らず、自分が経験していることを話せる人もいませんでした。だから、あんなに長く、そのままの状態になってしまいました。恐怖からです」[*11]。また、無理もないことだが、人生で何年にもわたって次から次に男から虐待を受けてきたため、ミシェルは、もうそれ以外の生き方はありえないのではないかと思うようになっていた。「自分に起こっていることを、次第に受け入れるようになってしまいました。それは間違っていると、心の底ではわかっているのに」と、彼女は回想する。[*12]ミシェルの身体は、極度のストレスがかかっていることを、たしかに告げていた。髪の毛が抜け落ち、食べることができず、慢性的な不眠に苦しんだ。[*13]

ルドウィック弁護士の指示

ルドウィックは、ミシェルが本当のことを言っていると確信した。まだ弁護士になって1年も経っていないが、彼女はもう29歳で、ミシェルと同様、15歳の頃から、ほとんど自分の力で生きてきた。働きながら高校に通った後、デトロイトにあるウェイン州立大学に入学し、卒業後、さらにデトロイト・マーシー大学のロースクールで法律を学んだ。その間の年月、ベビーシッター、ウェイトレス、小売店の販売員、派遣の事務員、問題児の指導員など、様々な仕事をする中で、彼女は数多くの不適切な性的言動を目にし、また自らも何度となく経験してきた。

しかし、ルドウィックの場合、それらから身を守る経験を重ねたことで、人間の性質に対して厳しい目を向けるようになったのに対し、ミシェルは違っていた。ルドウィックによれば、彼女は「強くて、抜け目のない」人物ではなく、むしろ「無邪気さ」[*14]を感じさせた。他人と接する時に、その人の最善の性質を見いだそうとするのである。「すべてが奇怪だったけれど、彼女は非常に信用できる人物でした」と、ルドウィックは語っている。「それはもう明らかでした。これは作り話ではない、本当の人生なのだ、と」

ルドウィックは、自分にはミシェルの事件を扱うだけの経験がなく、別の弁護士に頼まなければならないと分かっていた。とりあえず、彼女にはこう言った。「もう職場には戻ってはいけない。私たちが何とかします」

セクシュアル・ハラスメントの由来

ルドウィックは、「セクシュアル・ハラスメント」という言葉を聞いたことはなかったが、ミシェルが述べたような性的虐待行為が第7編に違反することは確実だと考えた。彼女は自分の理想主義的な思考を回想し、笑いながら言った。「あの法律がこんな行為から守ってくれないなんて、とても思えなかったのです」

私たちが今日、セクシュアル・ハラスメントと呼んでいる行為は、女性が家の外で働くようになって以来、長年にわたって存在してきたものである。しかし、1970年代の終わり頃、その言葉が法律の世界で用いられ、一般の人々の用語の中にも入り込んだ。フレッド・ストレベイが、包括的な法の歴史研究である著書『イコール―女性によるアメリカ法の変革』で述べているように、「セクシュアル・ハラスメント」という言葉は、1975年の初頭、コーネル大学の人間問題プログラムの3名の教授によって初めて作られた。

このプログラムには社会正義に関する教育課程があり、その一部として、リン・ファーレーが「女性と仕事」という科目を担当していた。ある日、ファーレーのところに、大学の物理実験室の秘書だったカルミタ・ウッドが助けを求めてやって来た。彼女は、上司である実験室長から、3年にわたって、じろじろ見られたり、身体を触られたり、その他の性的なちょっかいや誘いを受けたりし、耐えられずに辞職した。その後、ウッドが失業給付の申請をすると、支給不可とされてしまった。担当官が、彼女は「やむを得ないとはいえない、個人的な理由」によって辞職した、と判断したからである。[*15]

ファーレーと、彼女の2人の同僚、スーザン・マイヤー、カレン・ソービンは、ウッドを助けたいと思った。彼女たちは、ウッドが経験した苦しみが、決して珍しいものではないことを知っていた。女子学生から様々な恐ろしい話を聞かされていたし、自分たちも、以前の職場で同様の被害を経験していたからである。とはいえ、これに関して何ができるのかは、考えてもよくわからなかった。

3人は、全米の約100人の法律家にアピール文を送り、ウッドの事例で法的請求を行うための法律構成と、同様の被害に苦しむ女性を支援する運動について、助言を求めた。しかし、ウッドの経験した問題を短く表現するための言葉が見つからず、苦しんだ。セクシュアル・コアーション（性的威圧）、セクシュアル・インティミデーション（性的威嚇）、セクシュアル・ブラックメール（性的脅迫）など、様々な言葉を考えては没にする作業を繰り返した末に、ようやくしっくり来る表現が見つかった。それが、セクシュアル・ハラスメント（性的嫌がらせ）である。[*16]

認識の広まり

3人がウッドのために行った努力は、期待どおりの効果を発揮した。当時、ニューヨーク市の人権委員会の会長であったエレノア・ホームズ・ノートンは、1975年4月、職場における女性の権利に関する公聴会を開催し、そこでファーレーが、セクシュアル・ハラスメントについて証言を行った。「ほとんどの男性幹部が、それを冗談のように扱います。『深刻な話ではないよ』と言われるのが関の山です」と、彼女は述べた。「さらに恐ろしいことに、自分を苦しめる者に対して声を上げた女性は、突然、周囲から、クレージー、変人などと見られる危険があります。ふしだらな女と言われることさえあるのです[*17]」

その1か月後、コーネル大学の人間問題プログラムが、キャンパスのあるニューヨーク州イサカで、セクシュアル・ハラスメントについて「スピーク・アウト」という催しを開いた。約20人の女性が、小規模な聴衆の前で、自分の体験を詳しく語るものだ。このスピーク・アウトが契機となって、「働く女性連合」（WWU）という新しい団体が結成された（後に「働く女性協会」と改名し、ニューヨーク市に移転）。

これら2つのイベントが、ニューヨーク・タイムズ紙の記者、イーニッド・ニーミーの目を引いた。こうして生まれたのが、彼女が1975年8月に書いた、「女性たちは職場のセクシュアル・ハラスメントに対して声を上げ始めている」という記事である。全国的な出版物に「セクシュアル・ハラスメント」という言葉が現れたのは、これが最初だと言われる。[*18] もっとも、すべての女性が、この新しい軽蔑的な呼び名を歓迎したわけではない。ハーパーズ誌は、同誌の女性コピーエディターによる、皮肉な調子の応答記事を掲載した。「ハラスメントは、人によっては、戯れの誘惑と呼ばれるものである。女性としては、朝の口紅の色や、午後4時半に化粧室で交わすお喋りの話題に、注意する必要があるだろう」[*19]

その後、しばらくすると、ウォール・ストリート・ジャーナル紙に、初めてこの問題に関する記事が登場した。[*20] 同じ月、女性雑誌「レッドブック」は、読者を対象とした調査を企画し、セクシュアル・ハラスメントに遭遇した経験を投稿するよう呼びかけた。[*21] その結果は1976年11月号に掲載されたが、セクシュアル・ハラスメントは「広域的な感染爆発」の状況にあり、「会社の重役室から、速記タイピストの部屋、…工場の組立てラインまで」あらゆる職場に蔓延している、と宣言するものであった。[*22] 9000通を超える回答のうち90％以上が、1つまたは複数の態様によるハラスメント行為を経験したことがある、と答えていた。[*23]

「男性も女性も、人生で身につけた心理的な重荷を背負いながら、職場にやって来る。小さい頃から教え込まれた、何が男性的で何が女性的かという意識や、男女がそれぞれ他方の性に対してどのような態度を取るかを規律する、文化的神話と社会的反応である」と、その記事は述べている。「私たちは、その荷を解く作業を始めたばかりである。中身を確認し、すり切れて時代遅れになったガラクタは、廃棄する必要がある」[*24]

初期の裁判例

一部の女性たちは、訴訟を通じて「荷を解く」作業を行おうとしたが、その結果は、あまり芳しいものではなかった。人種にもとづくハラスメントは、１９７１年の段階から違法な人種差別の1類型と認められていたのに対し、セクシュアル・ハラスメントは、なかなか裁判所で認知してもらえなかった。裁判官たちは、いささか思慮の足りない異性誘惑にすぎない(と自分たちには見える)ものに対して「性差別」というレッテルを貼ることに、気が進まなかったのだ。その結果、１９７０年代を通じ、上司による性的な問題行動に対して訴訟が提起されても、ほとんどの裁判所は、肩をすくめ、「男がアタックしてみたからといって非難することはできないよ」と言うような対応であった。

これら初期の裁判例は、ほとんどがワンパターンである。男性上司が部下の女性に誘いをかけ、女性がそれを断ると、彼女を首にする、というものだ。ポーレット・バーンズの事案も、そのような一例である。彼女はワシントンの環境保護庁で秘書として働いていたが、上司の誘いを断ったところ、その職務が廃止されてしまった。裁判官は、第7編にもとづく彼女の訴訟を退けた。本件は「個人的な関係のもつれの機微から生じた紛争」にすぎない、という判断である。[*25] 国の反対側にあるアリゾナ州では、ジェーン・コーンとジュニーバ・ドゥベインが、アイケア用光学製品の巨大メーカー、ボシュロムで事務職員として働いていたが、上司による執拗な言語的・身体的ハラスメントに耐えられず、辞職せざるをえなかった。ここでも裁判官は、当該上司の問題行為は「個人的な嗜好、特性、奇癖にすぎないように思われる」と述べて、２人の差別訴訟を退けた。[*26]

カリフォルニア州では、マーガレット・ミラーが提起した第7編にもとづく訴えが、裁判所で退けられた。彼女は、上司の性的要求に対して「協力的な」態度を取るのを拒否したため解雇されたのであるが、裁判官は、そのような要求が「性を理由とする」差別に当たるはずはないと判断した。それは世の中にあまりに広く存在しており、規制するのは不可能だ、というのが理由である。「男性が女性に、女性が男性に引きつけられるのは、ごく自然な性的現象である。この引きつける力が、ほとんどの人的関係で少なくとも微妙な作用を及ぼしていると思われる」と、判決は述べている。[*27] また、ニュージャージー州では、同じように上司の誘いを拒否して解雇されたエイドリアン・トムキンズが起こした、第7編にもとづく訴訟が、やはり退けられた。裁判官によれば、性的欲求にもとづく身体的な襲撃が行われたとしても、それは州法の問題であり、「たまたま路地裏ではなく会社の廊下で発生したからといって、第7編が連邦法上の救済を与えることを意図してはいない」とされた。[*28]

これらの判決が示すように、男性が女性を性的対象として扱う（かつ、相手が嫌がる場合には処分してしまう）ことは、第7編の射程を超えると理解されていた。他の差別の場合は、明らかに特定のグループの人々に対する嫌悪が根底にあるのに対し、セクシュアル・ハラスメントは、相手に引きつけられるがゆえの行為である、侮蔑ではなく賞賛である、と多くの人が考えていたのである。さらに、上司による性的なアプローチを、職務上の権限に含まれない、純粋に「個人的な」行為とみなすことにより、彼の使用者は、これに関する責任を免れる結果となってしまった。

マッキノンの著書と変化の兆し

フェミニスト法学者のキャサリン・マッキノンが、1979年に出版した画期的著書、『働く女性とセクシュアル・ハラスメント』[*29] の中で詳しく叙述したように、セクシュアル・ハラスメントに関する初期の判例は、ハラスメント行為者とその被害者が、真空の中に存在するかのように見ていた。人種によるハラスメントの場合とは異なって、法は、セクシュアル・ハラスメントがより大きな社会的枠組みの中で発生することを、理解しようとしなかった。その枠組みとは、集団としての男性が今でも世界を動かし、集団としての女性が今でも2級市民の地位におかれる、というものである。マッキノンは、次のように説明している。

ある女性とある男性との性的関係が個人的なものと感じられるとしても、それが職場における、さらには社会全体における、女性の従属的な地位を永続化させる方向に働くことに変わりはない。…その「個人的な」性格が、階級的な社会のパターンに適合していることを理解すれば、もはや、個人に特有な問題である、個人を超えた意味合いはない、と言ってすますわけにはいかない。それは人種の場合と同様である。[*30]

マッキノンによれば、セクシュアル・ハラスメントに関する法の現状を変えるには、裁判所が2つの点を認識することが必要である。第1に、ハラスメント行為は、特定の男性が特定の女性に引きつけられるというだけの話ではない。被害者は、女性であるがゆえにハラスメントの対象とされるのであり、まさしく「性を理由とする」ものである。第2に、雇用の場における、自らが望まない性的な行為は、単なる個人的問題ではない。それは、女性の「雇用の条件や権利」に直接に(かつ、不利な形で)影響を与えるものである。そして、男性が同じような経験をすることはほとんどない。[*31]

潮目が変わり始めたのは1976年である。この年、ある連邦地裁が初めて、セクシュアル・ハラスメントを性差別と認める判決を下した。セクシュアル・ハラスメントは「一方の性に対し、他方の性にはない、雇用への人為的な障壁を作り出す」と評価されたのである。[*32] その後の数年間に、同じように原告に有利な判決が、いくつか見られるようになった。[*33] さらに原告側を勇気づけたのは、先に述べた、ポーレット・バーンズ、ジェーン・コーンとジュニーバ・ドゥベイン、マーガレット・ミラー、エイドリアン・トムキンズが、いずれも連邦控訴裁で勝訴し、地裁判決が破棄されたことである。[*34]

これらの成功例に共通するのは、訴訟を提起した女性が、いずれも上司の性的要求を拒否した点である。したがって、上司の言い寄りが歓迎されないものであったことは明らかであり、かつ、それらの女性は「貞節」を保ったまま裁判所に現れることとなった。のみならず、彼女たちは誰もが、道徳的な正しさのために罰を受けていた。解雇されたり辞職に追い込まれたりして、現実に経済的な損失をこうむったのである。[*35] マッキノンは、この種のセクシュアル・ハラスメントに「クイド・プロ・クオ」という名称を与えた。「これに対してあれ」という意味のラテン語である。この、いわゆる対価型のハラスメントにおいて、性的要求は、提案される取引の一部をなす。言うことを聞け、そうすれば、お前は自分の職を守ることができる、というわけだ。[*36]

しかし、マッキノンは、もう1つ、別の種類のセクシュアル・ハラスメントがあることを指摘した。「労働条件(環境)」ハラスメントである。近年は「敵対的環境」という言葉が用いられることが多いが、この、いわゆる環境型のハラスメントのほうが、当時も今も、実はずっと広く蔓延しているのである。マッキノンは、この類型における行動のパターンについて、次のように述べている。

> 望まないのに受ける性的働きかけは、女性の身体を持っているがために生じ、それが女性の日々の職業生活の一部となってしまう。職場において、いつものように触られたり、つねられたり、想像の中で服を脱がされたり、見つめられたり、密かにキスをされたり、一人になるように仕向けられたり、つけ込まれたりする。しかし、決して彼女の仕事と明確な関係はないのである。…労働条件(環境)としてのセクシュアル・ハラスメントでは、その後の関係を左右する、決定的な「イエス」も「ノー」もないことが多い。クイド・プロ・クオの場合には明示的になされる、職を失うことになるぞという脅しが、こちらでは、暗黙のうちにしか存在しない。けれども、その抑圧的な力がより小さいわけではない。…女性のほうは「調子を合わせる」ことを要求される。常に警戒しながら、上手にご機嫌を取らなければならない。その関係に性的な要素や可能性があることを見通しながら、拒否を明示する「どういうことですか?」という態度を避ける能力が必要とされる。[*37]

ビンソン事件の特殊性

ミシェルの経験は、これら2つの類型のどちらにもぴったりと当てはまらなかった。ミシェルは、シドニー・テイラーが性的要求を解雇の脅しと結びつけた、と述べている。これは対価型ハラスメントの重要な特徴である。しかし、対価型ハラスメントの訴訟でこれまでに成功した女性たちの上司とは異なって、テイラーは脅しを現実に実行してはいない。ミシェルがあきらめて応じたため、彼はそうする必要がなかったのだ。また、それらの女性たちと異なって、ミシェルは具体的な経済的損失をこうむっていない。反対に、彼女は最高の評価を受け、成績による昇給を認められ、昇進することもできた(彼女がそれに値する働きをしていたことは、後の訴訟で、銀行の側もずっと認めている)。

ミシェルが語ったテイラーの強制的な性的行為(たとえば、身体を触る、いやらしい目で見る、性器を露出するなど)は、いろいろな意味で、環境型ハラスメントの特徴を備えていた。テイラーは、勤務時間中に近所のゴーゴーバーに行き、戻ってくると、買ってきたポルノ雑誌をミシェルや他の女性行員の前でこれ見よがしに読んだりもした。*[38] ミシェルがレイプされたり触られたり見られたりしていない時間さえも、彼女の職場環境は「性化」されていた。

どの裁判所も、これほどまでに猥雑な事実を集めたような事案を扱ったことはなかった。実際、ルドウィック弁護士がミシェルの事案をどう扱うかについて思い悩んでいた頃、マッキノンの本は、まだ刊行されていなかったのである。

弁護士への委任と訴訟提起

ルドウィックは、雇用差別の事件について経験豊富なワシントンの弁護士、ジョン・マーシャル・メイスバーグを知っており、ミシェルと一緒に会って話を聞いてほしいと依頼した。ミシェルは2時間にわたって、時にルドウィックから優しく励まされながら、自分の苦しい経験を語った。「私はあの日のことを決して忘れないでしょう。彼女は本当に心を動かすような説得力のある人でした」と、メイスバーグは語っている。「彼女は非常に明晰で、非常に美しく、非常に知的でした」。メイスバーグによれば、「彼女の話は、私がこれまで耳にしたことがないほど最悪の、とんでもないものでした。*[39] これがセクシュアル・ハラスメントでないなら、セクシュアル・ハラスメントに当たるものなど皆無でしょう」

けれども、いくらミシェルの話が信用できるものであっても、勝訴の可能性を高めるには、「言った、言わない」の水掛け論にならないような証拠があったほうが良いことを、メイスバーグは知っていた。「私は彼女に、『1つ、取引をしよう』と言いました」と、彼は後年、回想している。「同じ銀行に勤める他の2人の女性から、このようなことが確かに起きていたという宣誓供述書を出してもらうことができたら、連邦裁判所に訴訟を提起してあげます」

ミシェルはメイスバーグに、銀行でテイラーからハラスメントを受けていた女性は他にもいる、と話した。1人はクリスティーン・マローンで、彼女はミシェルが1974年に採用されたとき、同じ窓口係の仕事をしていた。支店で働き始めてからしばらくすると、ミシェルは、テイラーがマローンの身体に不適切に触るところを何度か目にしており、オフィスの中で彼女を追いかけ回すことさえあった。別の時には、彼女とミシェルが一緒に洗面所にいたところにテイラーが突然入って来て、彼女に向かって自分の股のあたりを振るわせながら、性的な脅しの言葉を発した。[*40] ミシェルは当時、これらのことについて、マローンに質問したりはしなかった。2人の間にあった大人の関係がこじれてしまったのだろうと想像し、自分が口を挟むべきではないと思ったのだ。[*41] その後、マローンは解雇されてしまった。後にミシェルがマローンから聞いたところによれば、彼女はテイラーから性的関係をしつこく求められ、平手打ちをされたこともあったという。[*42]

また、もう1人、やはり前に窓口係として働いていたメアリー・レバリティも、ハラスメントを受けたことを語ってくれた。彼女は、採用されたその日から、テイラーに「恩を返せ」、「好意を示せ」と言われ、その後も勤務していた間はずっと、同じような要求を繰り返し受けていた。また、テイラーが彼女の身体をなで回したり、ドレスの中を上から覗き込もうとしたりしたこともあった。結局、レバリティも解雇されてしまったが、彼女は、自分がテイラーと性的関係を持つことを拒否したからに違いない、と話していた。[*43]

ミシェルは、マローンとレバリティの2人から、テイラーの行為について証言する宣誓供述書にサインするとの同意を取り付け、その旨をメイスバーグに報告した。

彼女の側の約束が果たされたので、今度はメイスバーグの番だ。1978年9月22日、彼はコロンビア特別区を管轄する連邦地裁に訴状を提出した。その3週間後、キャピタル・シティはミシェルを解雇した。病気休暇の取り過ぎという理由だった。[*44]

バリー弁護士への交代

1979年の夏、メイスバーグは、EEOCのマイアミ支局の職に請われて就任することとなり、ミシェルの事件を、別の弁護士の手にゆだねる必要が生じた。この事件は、もう冬までに審理が始まる段階に来ており、メイスバーグは、事件そのものにもミシェルに対しても、特別の思い入れを感じていた。

テイラーに対する証言録取の手続は、もう済んでいた。メイスバーグが質問を行ったのだが、テイラーは明るく快活な態度で、ミシェルとの間には厳格に職業的な関係以外には何もなかった、と否定するばかりであり、わずか30分で終わってしまった。メイスバーグによれば、この証言録取で何より印象的だったのは、テイラーの「粋な」風采だった。背が高くてスマートでハンサムで、白いスーツを着て白い靴を履いていた。「まるで映画スターのようでした」と、メイスバーグは語っている。

メイスバーグは、この訴訟はぜひ信頼できる人に引き継ぎたいと思い、パトリシア・バリーに当たってみた。彼女は個人開業の弁護士だったが、連邦政府職員の雇用差別事件を担当し、高い評判を得ていた。メイスバーグがミシェルの事件について詳しく説明すると、バリーは、「負けっこない」事案であり、喜んで引き受けたい、と答えた。後に彼女が新聞記者に話したところによれば、ミシェルの話は、映画「カラーパープル」の世界が、現在のワシントンの真ん中で繰り広げられているように思われた。[*45] バリーはそれまで、セクシュアル・ハラスメントの事件を扱ったことはなかったが、テイラーが行ったとされる性的虐待の恐るべき悪質さ、ミシェルの態度や表情の信頼性の高さ、メイスバーグが証人とすることを決めた2人の女性行員の証言等を考えれば、もう大丈夫と思われた。さらにバリーには、出版されたばかりのマッキノンの著書、『働く女性とセクシュアル・ハラスメント』という武器もあった。バリーはその本を「私のバイブル」と表現した。そこに記された「労働条件（環境）」ハラスメント、別の名でいえば敵対的環境、いわゆる環境型ハラスメントの理論が、ミシェルの事件の審理で、バリーの戦略を支えてくれるはずだった。もっとも、当時はまだ、この理論を採用した裁判所の判決はなかったのであるが。

審理の日が近づく中で、バリーは準備を進めた。彼女はまず、クリスティーン・マローンとメアリー・レバリティの2人を証人として立て、ミシェルに対するテイラーの行為が、より広いパターンあるいは慣行としてのハラスメントの一部であったことを示そうと考えた[*46]。さらに、もう1人の証人として、大学生のパートタイムとして働いていたワンダ・ブラウンも呼ぶことにした。彼女は、身体の成長についてテイラーからいやらしいコメント（「おやまあ、立派なお尻になっている」）をされ、また、彼がオフィスでポルノ雑誌を読んでいるのを見たと話していた[*47]。これら他の女性たちの証言が、ミシェルの事件を、単なる当事者間の「言った、言わない」の水掛け論から、「彼はああ言い、彼女はこう言い、別の彼女も、さらに別の彼女も——こう言う」という話に変換してくれることになる。

連邦地裁の審理

ミシェルの事件（ビンソン対テイラー）の審理は、１９８０年1月22日に、ジョン・ギャレット・ペン判事の下で開始された。ペン判事は、その前年、カーター大統領によって連邦地裁に任命された人物である。彼がロースクールに入学したのは、歴史的なブラウン事件（ブラウン対トピーカ市教育委員会）[*48]が出された１９５４年であり、自分が法律家としてのキャリアを歩むにあたって公民権運動に大きな刺激を受けた、と述べていた（彼はアフリカ系アメリカ人である）[*49]。しかし、彼の経歴を見ても、差別の被害者に対して特段の共感を示したような形跡はなかった。彼は10年近くにわたり、コロンビア特別区の初審裁判所の判事をしていたが、担当したのは刑事事件がほとんどであり、その前も、司法省の租税部と一般訴訟部で仕事をしていたにすぎない。

その後の11日間の審理で、バリーの戦略は完全に瓦解した。彼女は、「混乱」、「悪夢」、「災厄」など、様々な言葉でそれを表現している。他の女性たちが、テイラーが自分にどんなハラスメントを行ったかを証言しようとするたびに、ペン判事は、何度も繰り返しストップをかけた。銀行側の弁護士が、「テイラー氏が本証人に対して行ったことは、彼がビンソン氏に対して行ったことと何の関係もありません」と主張して多数の異議申立てを行い、ペン判事がそれを認めたのだ。また、あるときにマローンが、テイラーが自分に対して「暴力的」だった時のことについて証言しようとすると、ペン判事はそれを許さなかった。「たとえ彼が〔女性に対して〕暴力的にふるまったとしても、だからそれが性差別に当たると言えるのか、私には疑問が残ります」と、ペン判事は言った。[*50] 彼はまた、1976年5月にテイラーがミシェルをとりわけ激しくレイプし、彼女が性器の裂傷で医師の治療を受けたことについて証言する証人をバリーが呼ぼうとした際も、認めようとしなかった。結局、バリーに残されたのは、テイラーの性的非行に関するミシェルの証言だけだった。何のことはない、「言った、言わない」の水掛け論の事件となってしまったのである。

次に、銀行の側が証人を立てる番となると、シドニー・テイラーが最初に証言台に上がり、ミシェルの主張をすべて否定する証言を行った。実際、ミシェルのほうが彼に誘いをかけて来た、とテイラーは述べたが、そのような行為について具体的な例を示すことはなかった。[*51] ただ、彼は、ミシェルの服装が非常に露出的で、帰って服を着替えるよう指示せざるを得ないことも何度かあった、と証言した。[*52] また、彼の見るところ、ミシェルの本件訴訟は、彼女が出勤しなくなる少し前、新しい窓口主任を選ぶときに、テイラーが彼女の意見を退けたことへの仕返しである、という証言も行った。[*53]

さらに銀行側は、2人の女性行員を証人として立てて来た。その1人は、窓口係のドロシア・マカラムである。ミシェルの側が裁判所に提出した書類には、マカラムは友だちで、彼女もテイラーから絶えずハラスメントを受けて苦しんでいると打ち明けてくれた、と書かれていた。[*54] しかし、証言台でのマカラムは、自分はまったく問題なかったと主張した。それどころか、彼女は毒々しいほど詳細に、ミシェルは「自分は魔術の力を持っていると自慢し、銀行の同僚たちに、セックスとバイオレンスの空想の話をしていました。その中には、亡くなった祖父と性的関係を持った、というものもありました」という話をした。[*55] 2人目は、窓口係のイベット・ピーターソンであり、ミシェルは、彼女がテイラーといちゃついているのを見た、と述べていた。[*56] ピーターソンも、ミシェルは「自分の性生活のあれこれや性的活動について、上手に話す才能がありました。男とベッドにいるときに自分がしたいことや、男にしてほしいことというのも、その1つです」と主張した。[*57]

マカラムとピーターソンは、ミシェルの服装についても多くの証言をした。マカラムによれば、彼女のドレスは「とても露出的」だった。「たいていの日、乳房の3分の1から半分ほども見えるような格好をしていました。スカートをはくときは、必ずスリット入りのものでした。そのスリットがまた、高く切れ込んでいるのです」。[*58] ピーターソンは、ミシェルのパンツが非常にぴっちりで、1970年代末の基準に照らしてもそうだった、と補足した。[*59]

バリーは、これらの証言のすべてに激しく異議を申し立てた。しかし、ペン判事は、テイラーについてはミシェルとの関係に直接に関連しない証拠をすべて排斥したにもかかわらず、ミシェルの服装や、行為、言動等については、これらの様々な証言をすべて許容した。いずれの話も、テイラーがいる前でなされたわけではなく、また、彼女がしたという性的空想の話もテイラーと関係はないのに、証拠として採用されたのである(民事事件の証拠規則は1994年に改正され、性犯罪被害者の性経歴や性行動に関する証言は制限されるようになった。これは、刑事事件における、いわゆるレイプ被害者保護法と同様の扱いを定めるものであるが、ミシェルの事件の審理が行われた当時は、そのような規則はまだ存在していなかった[*60])。

バリーは、ペン判事がこのような形で審理を進めたのは、ミシェルのことを「ふしだらな女」と考えたからに違いない、と思った。銀行側の証人となった女性たちが、ミシェルについて煽情的な証言をしているのに、彼の態度は、「結局、セックスをしたことを自分でも認めているわけだ。いったい、私に何をしてくれと言うのか?」というものだった。バリーは、抗議の意味を込め、依頼人への連帯を示すために、最終弁論を行うときに着る新しいスーツを買った。スカートには、もちろんスリットが入ったものだ。

ペン判事による地裁判決

1か月あまり後、ペン判事は判決を下した。審理のときの状況を考えれば、結果に驚きはなかった。「本裁判所は、両当事者から提出された証拠を慎重に検討した結果、原告がセクシュアル・ハラスメントまたは性差別の被害者であったとは認められないとの結論に達した」と、判決は述べている。[*61] その根拠として、多くの「認定した事実」が記されており、その中には、ミシェルは「テイラーまたは他のキャピタル・シティ関係者に、彼女の雇用の条件として、あるいは昇進をさせてもらうために、性的な好意をはかることを要求されてはいなかった」との認定や、ミシェルが「もし仮に、キャピタル・シティに雇用されている間に、テイラーとの間に親密ないし性的な関係を持ったとしても、その関係は原告にとって任意的であり、キャピタル・シティにおける彼女の雇用の継続や昇進昇格とは何の関係もなかった」との認定も含まれていた。[*62]

したがって、ペン判事は、ミシェルに対して二重に否定的な態度を取ったことになる。すなわち、第1に、「もし仮に」関係を持ったとしても、と述べて、そもそも性的関係の有無に関してミシェルが真実を語っているかどうかに疑問を示し、第2に、もし本当に性的関係があったとしても、それが任意的ではなかったと主張する点で、ミシェルは嘘をついていると言うのである。女性が上司の行為に抵抗できず、意思に反してやむなく従う可能性があることは、彼の理解の範囲外であった(また、それぞれの当事者の信憑性を検討することも、彼の思い及ばないことのようである。シドニー・テイラーは、ミシェルとの間にいかなる性的関係もなかったと主張していた。ペン判事の第2点の、もしかしたら両者の間に関係があったかもしれないという判示は、もしかしたらテイラーは偽証したかもしれないことを意味するが、この点の事実について、判決は何の認定も行っていない)。

しかし、ペン判事は、たとえミシェルとテイラーとの間の性的関係が任意的ではなかったと信じたとしても、さらにもう1つ、ミシェルの請求を認めるためにはハードルがあることを指摘していた。それは、ミシェルがハラスメントのことを、銀行の誰にも知らせていなかったという点である。テイラーが支店のマネジャーの地位にあるからといって、彼の行為がすべてキャピタル・シティの責任になってしまうわけではない。銀行は、テイラーのそのような行為を助長したり容認したりしたわけではまったくない。実際、銀行には雇用機会の平等を定めた規則があり、性差別を禁止していたのだ(セクシュアル・ハラスメントについて、特に言及してはいなかったが)。

ペン判事の意味するところは明らかだった。本件は、例の「個人的な嗜好、特性、奇癖」にもとづく「人間関係のもつれ」であり、「たまたま路地裏ではなく会社の廊下で発生した」、「ごく自然な性的現象」にすぎない、というのである。

控訴とEEOCガイドライン

バリーは憤慨し、すぐに控訴の準備を始めた。彼女は、ニューヨーク市にある「働く女性協会」に支援を仰ぎ、そこからの紹介で、サンフランシスコの「平等権の擁護者連合」と、シカゴを拠点とする「女性雇用の会」が関心を示してくれた。これらの団体はいずれも、バリーの控訴趣意書を支持するアミカス意見書を提出し、さらに弁護士のロン・シェクターが口頭弁論で意見を述べるよう手配をした。*63

もう1つの思いがけない幸運が、1980年3月に訪れた。EEOCが「性差別に関するガイドライン」を改訂し、その中で初めて、セクシュアル・ハラスメントが第7編の違反に当たることが明記されたのだ。この改訂が、エレノア・ホームズ・ノートンがEEOCの委員長をしているときに行われたのは、偶然ではない。彼女は、1970年代にニューヨーク市人権委員会の会長として、コーネル大学のリン・ファーレーに、セクシュアル・ハラスメントについて初めて公開の場で話をする(それが何かを示した上で批判する)機会を与えた人物だった。

新しいＥＥＯＣのガイドラインは、ミシェルの事件にとって、いくつもの面で大きな助けとなった。１つには、被害者がハラスメントに抗しきれずに要求に応じたとしても、主張が認められなくなるわけではない、とされたことだ。また、ハラスメントの行為者が監督権限を有する上司である場合には、被害者がそれを通報したか否かに関わらず、使用者は自動的に責任を負う、という記述もなされていた。[*64] さらに、どのような行為が違法かという定義の問題に関し、「敵対的環境」を作り出すようなハラスメントも含むとの広い立場が取られていた。

本人が望まない性的な誘い、性的な好意の求め、その他、性的な性質の言動は、次のいずれかの場合、セクシュアル・ハラスメントを構成する。⑴そのような行為に従うことが、明示的または黙示的に、その者の雇用の条件とされる場合、⑵そのような行為に従うこと、またはそれを拒絶することが、その者に影響する雇用上の決定の根拠として用いられる場合、⑶そのような行為が、その者の職務遂行に不合理な悪影響を与えること、または、威嚇的、敵対的、もしくは不快な労働環境を作り出すことを、意図または効果として有する場合。[*65]〔傍線は引用者〕

１９８１年の初頭、さらに良いニュースがあった。コロンビア特別区の連邦控訴裁——ミシェルの事件の控訴審となる、まさにその裁判所だ——が、連邦裁判所として初めて、敵対的環境を第7編違反の性差別と認めたのだ。このバンディ事件（バンディ対ジャクソン）[*66]の判決は、長期にわたるハラスメントは、それ自体で「雇用の条件や権利」に関する差別に当たる、と判断した。その根拠として、判決は、ＥＥＯＣの新しいガイドラインと、マッキノンの『働く女性とセクシュアル・ハラスメント』に加えて、既に重要な法理となっていた、人種、宗教、出身国にもとづく敵対的環境の差別の裁判例を引用していた。

人種的な中傷発言は、個人に対する意図的な攻撃ではあっても言葉による侮辱にとどまるが、やはり第7

編違反の責任を発生させる可能性がある。ならば、セクシュアル・ハラスメントは違法ではないということが、どうしてありえようか？　セクシュアル・ハラスメントは、職場環境そのものに最も屈辱的な性的ステレオタイプを流し込み、常に個人の最も内的なプライバシーに対する意図的な侵害となるのである。[*67]

控訴裁の3人の裁判官

バンディ事件の判決は、コロンビア特別区の連邦控訴裁が得ていた、「今日の性差別の法解釈に関する全米のリーダー」という評判を、決定的なものとした。[*68]とはいえ、その先進的な裁判所の中でも、ミシェル・ビンソンの控訴事件を担当する3人の判事のパネルは、ドリームチームというべき素晴らしい顔ぶれだった。特に3人のうち2人は公民権問題の伝説的人物であり、セクシュアル・ハラスメントの問題を深く理解していた。

1人目は、スポッツウッド・W・ロビンソン判事である。判事に任命される前にも様々な業績があるが、中でも特筆すべきは、連邦最高裁の1954年のブラウン事件で、統合された4つの事件のうち1つの原告側代理人として、最高裁で口頭弁論を行ったことである。[*69]判事に就任後、彼はコロンビア特別区連邦控訴裁の裁判官として前記ポーレット・バーンズの事件を担当し、地裁判決を覆して、対価型のセクシュアル・ハラスメントが「性を理由とする」差別に当たると判断した。[*70]

もう1人の公民権問題の巨人は、J・スケリー・ライト判事である。彼は、1962年にコロンビア特別区の連邦控訴裁に昇格される前、生まれ故郷のルイジアナ州で連邦地裁の判事をしていた。その任期中、彼は人種隔離の撤廃を命じる判決を極めて多く発し、裏切り者の「ユダ・ライト」というあだ名を付けられた。[*71]自宅の庭の芝生では十字架が燃やされ、彼や家族の命を狙うという脅迫が数え切れないほど来たため、連邦保安官が24時間体制で警護に当たった[*72]（彼の家族が、そのような憎悪の下で暮らすことに、いかに慣れっこになっていたかを示すエピソードを、連邦最高裁のルース・ベーダー・ギンズバーグ判事が、あるとき語っている。ライト判事が妻と一緒に外出した夜、13歳の息子が、かかってきた電話を取った。相手は名前を名乗らずに、「あの黒ん坊好きの汚らしい共産主義者を出せ」と要求した。息子は答えた。「彼はいま留守にしています。伝言があれば伝えておきましょうか？」）。[*73] しかし、ミシェルにとって最も重要なのは、ライト判事が、あのバンディ事件の判決を書いた人だということだった。

連邦控訴裁の判決

これらの有望な展開にもかかわらず、1982年2月にミシェルの事件の口頭弁論が開かれた後、長い間、控訴裁から何の連絡もなかった。バリーは、ロビンソン判事が病気らしいという噂を聞いた（後日、それは事実だったことが判明した。彼は1982年春に結腸がんと診断され、長期にわたる治療を開始した）。[*74] 彼女は密かに、この遅延は本件に対する裁判所の嫌悪を示すもので、棚上げ案件にされてしまったのではないか、と懸念していた。「レイプされたとか、セックスをせざるを得なかったという話ですから、あまりに不穏当だったのかもしれないと思いました」と、バリーは回想した。

何が理由であったにせよ、控訴裁で3年近くも手続が遅延したことは、バリーにもミシェルにも大きな困難をもたらした。バリーは、ほとんど破産状態にあった。1979年にこの事件を手がけて以来、膨大な時間を費やしたのに、まだ弁護士報酬はまったくもらえていないのだ。1982年の秋、彼女はカリフォルニアに戻り、そちらで新たに開業してやってみることに決めた。ミシェルのほうは、1978年にキャピタル・シティを解雇されて以降、他の銀行の仕事を見つけようとしたが、うまく行かず、昔のように不安定な職を転々とするしかなかった。園芸店のアルバイトや、新聞・雑誌を売るような仕事だ。[*75] 一度、新たな挑戦として看護師養成学校に入学してみたが、学資が続かず、退学せざるを得なかった。結局、ミシェルは両親の家に戻った。[*76]

1985年1月、ついに控訴裁の判決が出された。内容は、ペン判事の判断を完全に覆すものだった。ロビンソン判事が書いた全員一致の判決は、バンディ事件の判決とEEOCが出した改訂版のガイドラインに照らし、本件の審理をもう一度やり直す必要がある、と述べている。新しい判決やガイドラインは、ペン判事の、ミシェルのキャリアに不利益は生じていないので彼女に対する違法なハラスメントがあったとは言えない、という立場を、否定するものだったからである。控訴裁の判決によれば、本件で重要なのは、シドニー・テイラーが「相当に差別的な労働『環境』を作出したり容認したりしたか」否かという点であり、その際に「差別によって原告が雇用上の有形の不利益を受けたか否かは無関係」である。[*77]また、労働環境が焦点となる以上、クリスティーン・マローン、メアリー・レバリティ、ワンダ・ブラウンの3人の証言を排除したのも誤りだったことになる。[*78]

控訴裁は、ペン判事が、ミシェルがセックスに応じたとしても、それは「任意的」だったと判断した点（「もしも」性的関係があったと仮定して、ということになるが）に、特に軽蔑的であった。この種の違法な差別に対して被害者がやむなく「任意的」に従ったとしても、それは何の影響ももたらさない、真に問われるべきは、テイラーが、ミシェルがセクシュアル・ハラスメントを甘受することを彼女の雇用条件としたか否かである、と述べている。[*79]また、ペン判事が、ミシェルの服装や（同僚が聞いたという）性的空想を考慮に入れたことに対しても、判決は、やはり厳しい非難を浴びせた。「女性は、服装のいかんや風変わりな性癖のゆえに、第7編の権利を放棄することにはならない。……あの証言は、本件訴訟において、いかなる考慮の余地もない」[*80]

最後に、控訴裁は、テイラーの不当な行為に関する銀行の責任の問題を取りあげ、ミシェルはテイラーよりも上層の管理者に通報を行っていないのは確かだが、銀行はテイラーを現場の管理者と定め、採用、解雇を含む、キャピタル・シティの従業員の日々の生活をコントロールする権限を与えていた、と指摘する。この権限には「強制、威嚇、嫌がらせをする力が付随的に伴う」ものであり、「そのため、使用者は、監督権限を有する上司が部下に対して行ったいかなるセクシュアル・ハラスメントに対しても、責任を負わなければならない」と、判決は結論づけた。[*81]

見直し申立ての棄却と反対意見

キャピタル・シティは、コロンビア特別区の連邦控訴裁に、全判事による大法廷で事件の再検討を行うよう求める申立てを行ったが、当初の判決から4か月後、これを退ける決定が下された。ただ、今回は、3人の判事による反対意見が付されていた。3人はいずれもレーガン大統領に任命された保守派で、その後、しばらくすると、それぞれニュースで大きく取りあげられ、お茶の間でも名前が知られるようになった。

反対意見を執筆したのはロバート・ボーク判事であり、これに賛成して加わったのが、アントニン・スカリア判事と、ケネス・スター判事である。スカリアは、翌年、連邦最高裁の判事に任命された。その翌年、今度はボークが連邦最高裁の判事に指名されたが、よく知られているように、連邦議会上院で同意が得られずに否決された。ボークの任命に対しては、多くの女性団体が猛烈な反対の声をあげたが、彼の不適格性の根拠として指摘された様々な判決・決定には、本件におけるこの反対意見も含まれていた。[*82]スターは、その後、ブッシュ(父)政権の下で連邦の訟務長官を務め、さらに、ビル・クリントン大統領とモニカ・ルインスキーとの不倫問題の調査を行う特別検察官として、悪名をはせた。[*83]

3人の反対意見が最も強く懸念したのは、監督者がセクシュアル・ハラスメントの告発を受けた場合に、自分を守ることが非常に困難になってしまうのではないか、という点だった。ボーク判事は、3名のパネルによる判決に対し、「告発を受けた者から、いかなる抗弁の途をも奪うものである。男女の性的関係は、労働者がいかに任意的に開始したとしても、後であれはハラスメントだったと言い出せば、そうなってしまう」と批判した。[*84]また、それと並ぶもう1つの懸念は、使用者は知らなかったにもかかわらず、監督者のハラスメント行為の責任を、あまりにも容易に負わされてしまう、という点だった。「使用者としては、性的関係の発生を防ぐ手段がないのに、いざそれが生じ、かつ、ハラスメントだという主張がなされれば、もはや防御の方法はなく、支払いをさせられてしまう」[*85]

バリーは、このような反対意見が付されたことで、銀行側が、連邦最高裁に上告して頑張ってみようという気になるのではないか、と懸念していた(実際、ボーク判事の反対意見は、「第7編の下における使用者の代位責任について、連邦最高裁がこれまで判断を下したことはない」と、ことさらに指摘していた）。[*86] 1985年10月、バリーの懸念は現実のものとなった。連邦最高裁は、銀行側の裁量上告の申立てを受理することを決定し、口頭弁論の期日は1986年3月に定められた。

時代の変化と事件への注目

連邦最高裁がミシェル・ビンソンの事件の上告を受理したときには、リン・ファーレー、スーザン・マイヤー、カレン・ソービンの3人が「セクシュアル・ハラスメント」という言葉を作ってから、10年以上が過ぎていた。その頃までに、セクシュアル・ハラスメントという言葉も、その概念も、広く知られるようになっていた。EEOCには、1991年より前に申し立てられたセクシュアル・ハラスメントの件数について、信頼できる統計数字が残っていないが、1986年にフィラデルフィア・インクワイアラー紙に掲載された記事には、その前年、EEOCには6500件近くのセクシュアル・ハラスメントの申立てがなされたと記されている。[*87]

EEOCが行った「性差別に関するガイドライン」の改訂や、原告の訴えを認める裁判例の増加により、ようやく、労使当事者に対する教育的効果が現れ始めていた。たとえば、ニューヨーク・タイムズ紙によれば、1980年にEEOCが新しいガイドラインの暫定バージョンを発表してからわずか6か月の段階で、ベル・テレフォン、IBM、タイムの3社が、どのような行為がもはや違法で許されないかを詳細に記載した方針宣言を発表し、ハラスメントの防止と通報の方法について、労働者に対する教育訓練を行っていた。[*88] 大衆文化も、セクシュアル・ハラスメントに関する人々の意識を高めるのに貢献した。1980年の映画「9時から5時まで」は、女性のエンパワーメントとひどい上司への復讐をテーマにした大ヒット作で（コメディとして歴代最高水準の興行成績を上げた）、すでに古典となっている。[*89] この作品は、ボストンにある、働く女性の団体「ナイン・トゥー・ファイブ」のメンバーの実際の体験談に一部はもとづいており、多くの女性観客の心に響くものがあった。[*90]「性差別主義者で、うぬぼれが強く、嘘つきで、偽善的な偏屈者」である上司が、女性秘書の身体をなで回したり、自分と彼女の間に関係があるという噂を流したり、わざと鉛筆を床に落として彼女にかがんで拾わせたりする。観客の女性たちにとって、すべてが非常に身近で、覚えのあることだったはずだ。

そのような社会の認識の高まりと共に、ミシェルの事件は人々の強い関心を引くようになっていた(ちなみに、キャピタル・シティは、より大きな銀行に吸収されたため、本件の正式名称は「メリター貯蓄銀行対ビンソン」となった)。そして、ある新聞記事によれば、「原告を支援する人々も、銀行の側に肩入れする人々も、様々な重要論点に関する判断が本件で下されようとしていることに、落ち着きの悪さを感じていた。法律の専門家たちは、本件の事実関係を、『不十分な』、『ねじ曲がっている』、『明確でない』、『うーむ、特異な』といった言葉で表現していたのである」。[*91] 特に、労働「環境」が訴訟の対象とされうるという考え方に、多くの人々が逡巡を感じていた。「ビンソン事件は、…批判者たちが、セクシュアル・ハラスメントは裁判所で訴訟として取りあげるべき問題ではない、と主張する時に、まさに頭に描くような事案である」と、ワシントン・ポスト紙は書いている。「彼らは、ビンソン事件のような訴訟が、何百件、何千件と提起される状況を想像している。相手に振られた恋人たち、失望した愛人たち、復讐心に燃える管理職の候補者たち。報復と償いを求めるピンク・カラーのマキャベリスト軍団が、原告となるのである」[*92]

EEOCの豹変

連邦最高裁がビンソン事件で判断を下すことを歓迎しない団体の1つに、EEOCがあった。EEOCの1980年ガイドラインが、本件で控訴裁がミシェルを勝訴させる上での重要な根拠となったのであるが、その後、レーガン政権によって、EEOCの幹部に新しい顔ぶれが送り込まれた。新委員長のクラレンス・トーマス(後の連邦最高裁判事)は、ガイドラインが「敵対的環境」にもとづく訴訟を承認し、監督者のセクシュアル・ハラスメントについて使用者の責任を自動的に認めたことに、とりわけ強く反対していた。[93]

ビンソン事件で連邦最高裁にアミカス意見書を提出するか否かを決定するにあたり、トーマス以下、ＥＥＯＣの５人の委員の多数は、銀行の側を支持したいと考えていた。[94]しかし、自らが出したガイドラインを完全に否定するようなアミカス意見書を出せば、いかにも政治的ご都合主義であり、第７編の解釈を行う機関としての権威を傷つける恐れがあった。そこでＥＥＯＣは、巧妙な解決策を取った。アミカス意見書の中で、控訴裁が敵対的環境は違法と判断した点には賛同する一方で、本件でミシェルにそのような環境が生じたという結論は不当と攻撃したのである。

フレッド・ストレベイの著書によれば、ＥＥＯＣの内部には、このような方針に強く反対し、ガイドラインとミシェル・ビンソンを正面から支持すべきだと主張する職員もいた。その１人が、クラレンス・トーマスのトップ・アシスタントを務めていた若き法律家、アニタ・ヒルであった。[95]その６年後、彼女はトーマスの連邦最高裁判事任命をめぐる上院の公聴会で、全米の人々が唖然として見守る中、上司により作り出された敵対的環境がどのようなものであるか、自分は経験にもとづき知っている、と証言したのである。

バリー弁護士へのプレッシャー

ビンソン事件におけるバリーの口頭弁論では、ドラマの大部分は、彼女が法廷に足を踏み入れる前に起こった。バリーは、全米の極めて著名な進歩派の法律家たちから、最高裁での弁論を誰か別の人に行わせよ、という強い圧力を受けた。

まずは、ハーバード・ロースクールの教授で、アメリカ憲法学の巨人の１人である、ローレンス・トライブ。彼は、連邦最高裁が裁量上告の受理を決定すると、すぐにバリーに電話をかけて来て、自分が代わりに弁論を行うことを申し出た。彼女は謝絶したが、キャサリン・マッキノンに、準備書面を書いてほしいと依頼することにした（マッキノンはこれを受諾した）。その後、口頭弁論期日の３週間前に、準備のための模擬法廷が開かれた。そこでのバリーの出来は、自分でも認める通り、「爆死」だった。

バリーの模擬法廷には、錚々たる専門家たちが集まった。その中には、女性で初めて連邦労働省の訟務官を務め、後にウィスコンシン大学ロースクール教授となったカリン・クラウス、雇用・労働法の分野で全米屈指の法律事務所の共同創設者であるマーシャ・バーゾン、ジョージタウン・ロースクールの教授でジェンダー法の第一人者であるウェンディ・ウィリアムズ、ジョージタウン・ロースクールの性差別法クリニックの副所長であるサリー・バーンズ（彼女は原告側アミカス意見書の連絡窓口の役割も担っていた）、さらに、キャサリン・マッキノンなどが含まれていた。

バリーは、この会合に、まったく準備不足の状態で出席した。彼女の言によれば、自分は模擬法廷の目的を誤解し、「議論をどのような方向で組み立てたら良いかを、全員が話し合いながら練っていく」ブレインストーミングのための会合だと思っていた、とのことである。[*96] ところが、集まった人々は「全員が私に襲いかかってきました」と、バリーは回想する。次から次に発せられる質問に、彼女は筋の通った回答をすることができず、失敗を重ねた。「みんな、おお、何とまあ、これでは負けてしまう、と言いました」。この悲惨な結果を見て、バリーは口頭弁論をクラウスかバーゾンに譲るべきだ、という意見が強く出された。[*97] また、彼女の記憶によれば、マッキノンはトライブを推していた。

厳しい批判は胸にこたえたが、バリーはどうしても連邦最高裁で演壇に上がりたいと思っていた。「本当に何としても弁論を行いたかったのです。自分にはその資格があると感じていました」と、彼女は語っている。「私はこの事件で、血と汗と涙を流して頑張ってきたのですから」。また、バリーはその５年前、連邦政府職員の年齢差別をめぐる訴訟で、すでに連邦最高裁での弁論を経験していた。「あのときに私が大失敗をやらかしたという人は、どこにもいません！」と、彼女は力説した（その事件は結局、５対４の僅差で、相手方の勝ちとなった）。[*98] バリーは友人の法律家に頼み込み、２度目の模擬法廷を開催してもらうことにした。外で夕食を取ってから戻ると、その模擬法廷が開催され、集まった法律家たちが彼女に厳しい質問を浴びせた。今回は、彼女は準備ができていた。

最高裁の口頭弁論

１９８６年３月25日の朝、口頭弁論の開始時刻まであと数分という時に、バリーは母親と一緒に、タクシーの中にいた。ワシントンの渋滞の中を、車は這うような速度で進んでいた。「何ということでしょう。本当に死にそうな気分でした」と、バリーは語る。「私たちは運転手に、『どうか、お願い！　絶対に遅れるわけには行かない。私は連邦最高裁で弁論を行うのです』と懇願していました」。何とか間に合ったのは、驚くべき幸運だった。「ギリギリのところで、辛うじて駆け込むことができました」

バリーと並んで、キャサリン・マッキノンとサリー・バーンズが、被上告人側の弁護士席に座った。満員の傍聴人席には、ミシェル・ビンソンや、ジョン・メイスバーグの姿もあった。メイスバーグは、フロリダから飛行機に乗って駆けつけたのだ。午前10時に、判事たちが一列になって入廷した。今期限りで引退するウォーレン・バーガー長官が、中央の席に着いた。特筆すべきは、セクシュアル・ハラスメントについて初めて判断を下す連邦最高裁に、女性が含まれていたことである。その人、サンドラ・デイ・オコナーは、最も新任の判事だった。

銀行側の主張

銀行側の弁護士であるロバート・トロールが、最初に演壇に立った。彼の最初の一文が、すべてを物語っていた。ボーク、スカリア、スターの3判事による反対意見に沿う形で、事情を知らなかった使用者がセクシュアル・ハラスメントの責任を負わされるべきではない、という抗弁を主張したのだ。「本件で最も重要な問題は、監督者が部下に対して性的誘いかけを行った場合に、法人である使用者が、第7編の下で自動的に責任を負わされるのかどうかという点です。使用者としては、そのような行為があったことを知らず、それを止めさせる機会がなかったにもかかわらず、ということになります」[*99]

これに対しては、リベラル派の2人の判事と、最も新任の判事から、懐疑的な反応が示された。マーシャル判事は、被害を受けた労働者はどのような形で使用者に通知すべきなのかを質問した。書面で？　それとも口頭で？　トロールは、方法は問題ではない、それを是正する権限を持っている者にとにかく知らせる必要がある、と答えた。しかし、スティーブンス判事とオコナー判事は、なぜそのような通知がそもそも必要なのかという点に疑問を投げかけた。対価型ハラスメントの場合には通知が不要なら、敵対的環境ではどこが異なるのか、と。トロールは、対価型の場合には、監督者が自分の権限を用いて労働者の解雇などの報復を行うからである、と答えた。けれども、スティーブンス判事は満足せず、監督者が自分の権限を用いて労働者の労働環境をひどいものにする場合も、同じことではないか、と疑問を述べた。オコナー判事も、「監督者は、労働者の労働環境を守る役割を負っています。それは彼の職務の一部です」と付け加えた。[*100]

オコナー判事は、ミシェルが新たな審理を求める権利についても、トロールを追及した。今ではEEOCも、コロンビア特別区を管轄する連邦控訴裁も、敵対的な労働環境が違法な差別となりうることを承認しているのであるから、彼女はその線に沿った立証を行う機会を与えられるべきではないか？　オコナー判事は、さらに、なぜセクシュアル・ハラスメントを訴える原告は、耐えがたい環境から生じる「苦しみ」だけではなく、何らかの有形的な損害が生じたことを証明しなければならないのか、という点について、トロールを問い詰めた。人種にもとづくハラスメントの場合と同じ基準が、セクシュアル・ハラスメントにも適用されるべきではないのか？　トロールは反論を試みたが、効果はなかった。オコナー判事は、さらに2度、同じ質問を繰り返し（彼女の声は穏やかながら確固としており、語気が強まることはなかった）、トロールは諦めた。その通り、2つの基準は同じであるべきである、数量化できる経済的損失が生じたことは、セクシュアル・ハラスメントを裁判で争うための要件ではない、と認めた。[*101]

トロールは、30分の持ち時間がほとんど終わりとなったので、最初の論点に戻り、もし仮にシドニー・テイラーがミシェルに対して敵対的な労働環境を作り出したとしても、銀行はその責任を負わされるべきではない、と主張した。

上司からハラスメントを受けていると感じた場合、それをはっきり伝えることを労働者に求めるのは、まったく正当なことです。彼女が第7編による救済を求めるためには、いずれにしても、どこかの段階で、誰かにその申立てをしなければならないのですから。他方、使用者としては認識がなく、知っていれば自ら是正していたはずの問題について、善意の使用者を裁判所に引き出すのは極めて不当であると、私たちは考えます。[*102]

原告側の主張

次はパット・バリーの番だ。彼女の弁論の最初の部分は、オコナー判事がトロールに対して行った質問と重なるものだった。この事件は新しい「敵対的環境」の枠組みの下で審理を受けていない、差し戻して再審理を行わせるべきだ、という主張である。その後、ペン判事が採用した、議論の分かれる結論、すなわち、ミシェル・ビンソンが何らかの性的関係を持ったとしても、それは「任意的な」ものだった、という点について、何人かの判事から質問が出された。バリーは、「任意的」という概念は、被害者が仕方なく従ったにすぎない場合(強迫があったかもしれない)を考慮しておらず、不適当である、それに代えて、その行為が「歓迎されない」ものであったか否かという基準が用いられるべきだ、と説明した。[*103]

レーンキスト判事が、ここで初めて口を開いた。性的な誘いかけが「歓迎されない」ものであるか否かの判断にあたり、労働者の服装や態度は無関係であると、なぜ言えるのか？　疑念の響きを強めながら、レーンキスト判事は追及を続けた。「つまり、あなたの意見では、その行為が歓迎されないものであったか否かという問題に関し、被害を訴えた労働者の職場での服装や自由意思にもとづく行動は、証拠として採用できない、ということですか？」　バリーの言葉が少しもつれると、レーンキスト判事は割り込んで、「あなたはそう考えるのですか、それとも違うのですか？」と迫った。バリーは、反論として、レイプの場合を例にあげた。そこでは、被害者の行動は、明確に加害者に向けられたものでない限り、無関係とされている。そして、本件の場合、ミシェルがテイラーに対して何らかの示唆をしたとか、（あったとされる）性的空想をテイラーに話したとかいう証拠は、まったくないのである。[*104]

バリーが特に強力に主張したのは、なぜ本件で、オコナー判事が示唆したように、ペン判事に事実調べをやり直させることが必要不可欠であるか、という点である。彼女は、ペン判事が考慮対象から排除した証拠を、1つ1つ数え上げた。それらはいずれも、「性的なほのめかし、侮辱、望まない攻撃的行動により汚染された、不快で有害な環境」があったか否かについて、彼が関心を払わなかったがために、排除されてしまったのである。[*105]

最後にバリーは、声を高めて、使用者の責任に関する銀行側の主張に反論した。部下に対する管理権限を監督者に与えたのは「使用者」であり、被害を受けた労働者ではなく、その使用者こそが「監督者の行動をコントロールする最善の立場にある」と、熱を込めて主張した。

「そして、キャピタル・シティの…あの支店では、雇用関係の形成に関し、テイラー氏が銀行そのものだったのです」

そこで演壇の赤いランプが点灯し、彼女の時間は終わりとなった。こうしてパット・バリーは、過去7年にわたって手がけてきた事件の弁論を完了した。そして、失敗はしなかった。彼女の模擬法廷での悲惨な姿を見ていた人々の1人は、「マイ・フェア・レディ」のイライザ・ドゥリートルのような、素晴らしい変身だった、と述べている。[*106]

連邦最高裁の判決

1986年6月19日、連邦最高裁の判決が下された。レーンキスト判事による法廷意見に、基本的に全員が同意する形であった。「監督者が部下に対し、その者の性のゆえにセクシュアル・ハラスメントを行った場合、当然ながら、監督者は性にもとづく『差別』を行ったことになる」。[*107] そして、ハラスメントが純粋に感情的・精神的な損害しかもたらさない場合も、有形の経済的損失をもたらすハラスメントとまったく同様に違法である、と判決は述べている。さらに、口頭弁論におけるオコナー判事の質問を受ける形で、レーンキスト判事は、人種にもとづくハラスメントとの類比を展開した。

一方の性の人々にとって敵対的あるいは不快な環境を作り出すセクシュアル・ハラスメントは、両性の平等に対する不合理な障壁である。それは、人種によるハラスメントが人種の平等に対する不合理な障壁であるのと、何ら異なるところはない。男性にせよ女性にせよ、働いて生計を立てることができることへの代償として、性的な虐待という試練に耐えなければならない、という要求をすれば、明らかに、人種的な侮辱の最悪のものと同じくらい、その者の品位と心を傷つけることになる。[*108]

次に、具体的にどのような種類のハラスメントが違法レベルに達するのかという点について、レーンキスト判事は、新たな基準を明示した。すなわち、性的な誘いかけやその他の性的行動が、「被害者の雇用条件を変更して虐待的な労働環境を作り出すに十分なほどに苛烈または蔓延している」ことが必要と述べている。[*109]

本件でミシェル・ビンソンが主張する事実は、「明らかにこの基準をみたすに十分である」ので、[*110]連邦最高裁は、ペン判事に事件を差し戻して新しい審理を行わせるべきだという控訴裁の判断を支持した。また、ペン判事が、ミシェルの行為が「任意的」であったか否かを検討したのは誤りであり、テイラーの行為が「歓迎されない」ものであったか否かを検討すべきだという点でも、控訴裁に同意した。[*111]

しかし、この判決には2つの留保も付されていた。第1に、口頭弁論におけるレーンキスト判事の攻撃的なスタンスから予見されていたように、判決は、ミシェルの「挑発的な服装や性的空想の公言」は、テイラーの行為が「歓迎されない」ものであったか否かの判断にあたって「明らかに関連性を有する」と判断した。[*112]第2に、使用者の責任に関し、判事たちの多数は、テイラーが監督者であったことのみを理由に、彼の非行について銀行に責任を負わせることを、否定した(この点に関してはリベラル派の判事たちが反対し、監督者のハラスメントについて使用者は自動的に責任を負うべきだとする少数意見を書いた)。けれども、多数意見は他方で、労働者が監督者のハラスメントについて正式に苦情を申し立てない限り、後に訴訟を提起する権利を失う、という銀行側の主張も採用せず、これを退けた。

結局、使用者の責任について、レーンキスト、バーガー、ホワイト、パウエル、スティーブンス、オコナーという6名の判事による多数意見は、長年の知恵にもとづく解決策、つまり、当面は棚上げという方法を取った。「我々は…使用者の責任に関して決定的なルールを示すよう求める両当事者の招請に、応じないこととする」。[*113] その代わり、使用者の責任は、当該事件における様々な事情、たとえば、ハラスメントを行った監督者が労働者の日々の職場生活にどの程度の支配権を持っていたのか、苦情を申し立てるための実効的なメカニズムが用意されていたのか等によって左右されることになる、という判断だけが示された(なお、キャピタル・シティが定めていた差別禁止規則は、そのような苦情メカニズムの基準をみたさないと、連邦最高裁は指摘している。同規則はハラスメントについて言及しておらず、また、テイラー以外の誰に苦情を申し立てることができるのかを、支店職員に示していなかったからである)。[*114]

以上のような判断によって、連邦最高裁は、本件を地裁のペン判事に差し戻し、審理をやり直すよう指示した。8年も前にミシェルがジュディス・ルドウィックの事務所を訪問したところから始まった本訴を、きちんと処理して完了させよ、ということである。

判決への反響

以上のように、いくつか不満な部分もあったものの、連邦最高裁の判決は、女性の権利を推進する人々から歓喜をもって受け入れられた。ある新聞記事によれば、本判決は「多くの人々から、勝利として賞賛された。情欲、強欲、権力などの名によってなされる性的な誘い、ちょっかい、その他の蛮行を経験したことのある誰もが、その恩恵を受けることになる」とされている。[*115] 働く女性協会のカレン・ソービンは、彼女と2人の同僚がその名前を与えて以来、セクシュアル・ハラスメントの法理がどれだけ発展したかを考えると、驚嘆に値する、と述べた。彼女は特に、連邦最高裁がこのような画期的判断を、ハラスメントに対して「少なくとも一定期間は、不本意ながらも従った」女性の事案で下したことに、大きな印象を受けた。「このような事実関係である本件で勝訴できたことは、とても意義深いことです。いちばん共感を引きにくいタイプの原告なのですから」[*116]。他方、シドニー・テイラーは、非を認めない態度を変えなかった。彼は判決のすぐ後、新聞記者に、「今でも私は、ビンソン氏が男性なのか女性なのかも知りません。私は彼女とセックスをしたことはなく、そうするつもりもありません」と述べている[*117]。

ミシェルは、この判決に「驚きと興奮」を感じた[*118]。近所に住む彼女の知らない人たちまで、お祝いの言葉をかけてくれた。「たくさんの女性たちが私に近寄って来て、自分もハラスメントを受けたけれど、声を上げて闘う勇気がなかった、という話をしてくれました」と、ワシントン・ポスト紙に語っている。「ある20歳の女性も、駆け寄ってキスをしてくれました。彼女も性的被害を受けたけれど、どうしていいのかわからなかった、と言っていました」[*119]

アニタ・ヒル証言のインパクト

とはいえ、ビンソン事件の最高裁判決によって、法の大変革がもたらされたかもしれないが、カルチャーの大変革には至らなかった。判決が出されてから5年後、連邦議会の上院は、新たに連邦最高裁判事に指名されたクラレンス・トーマスに関し、彼からセクシュアル・ハラスメントを受けたというアニタ・ヒルの訴え(しかも、その行為が行われたとされるのは、トーマスが第7編の施行の責任者であるEEOC委員長だった頃――ビンソン判決の前後――であり、激しい議論を呼ぶことは必定であった)があったのに、調査すらしないまま、任命同意の採決を行おうとした。これに抗議して120人の女性の法学教授が連名で上院司法委員会のメンバー全員に個別に手紙を送り、かつ、7人の女性下院議員が連邦議会議事堂の階段で、報道陣のカメラを前に示威行進をして採決の延期を要求したことにより、初めてヒルの主張に関する公聴会が開かれたのである。１２０人の法学教授の１人であるジュディス・レズニックは、次のように述べている。「アニタ・ヒルの情報に対する当初の上院の無関心さは、つい最近まで、あらゆる種類の女性の権利について無関心が常態であったことを、まざまざと思い起こさせるものであった[*120]」

このように、セクシュアル・ハラスメントについて人々の意識に衝撃を与え、国民的な議論を全面的に展開させるためには、ミシェルに続く、もう1人のアフリカ系アメリカ人の女性が必要であった。彼女もまた、権力を持つアフリカ系アメリカ人の男から性的な虐待行為を受けたと公表し、名乗り出たのである。後にキャサリン・マッキノンは、次のように書いている。

トーマスの公聴会におけるヒルの証言で起きたのは、何よりも、セクシュアル・ハラスメントが初めて一般の人々の世界でリアルなものとなったということである。私の１９７９年の本（法的請求の枠組みを示し、後に実際に採用されることとなった）は、それをもたらさなかった。ＥＥＯＣの１９８０年のガイドラインも、それをもたらさなかった。ミシェル・ビンソンの事件における１９８６年の連邦最高裁での勝利も、それをもたらさなかった。もちろん、これらはすべて、そのための道を用意するのに役立ったのであるが、実際にそれを成し遂げたのは、アニタ・ヒルであった。彼女の冷静かつ十分な現実感のある、あくまでも明解な証言。彼女の美しい顔の前に突き出された、あの醜いマイク。至近距離から瞬きもせずに見とれるように、彼女を映し出すカメラ[*121]。

ビンソン事件のその後

連邦最高裁で勝利した他の多くの事案と同様に、ビンソン事件のその後の経過は、拍子抜けのものとなった。地裁のペン判事に差し戻された後、本件は5年もの間、証拠開示をめぐる対立や手続的な事項に足を取られ、進展が見られなかった。パット・バリーはカリフォルニアに移っていたので、ミシェルの代理人を辞め、ワシントン法律家公民権委員会という評価の高い非営利法律団体が、後を引き継いだ。そのような間に、シドニー・テイラーは、銀行の顧客である老人から預かった金を横領したとして有罪判決を受け、連邦の刑務所で服役した。[*122]

1991年になると、新しい審理が行われる機会がないまま、銀行とミシェルの間に和解が成立した。内容は秘密とされている。ミシェルは30代の前半になっていたが、この和解で得た資金によって、看護学校を卒業することができた。彼女は、その資格を使い、虐待被害者の支援という新しいキャリアを進んだ。[*123]

2005年には、雑誌「グラマー」が、「これらの女性たちが、あなたの人生を変えた」という特集の中で、ミシェルを取り上げて賞賛した。記事の中で、彼女は、自分の勝利が具体的な変化の「始まり」となった、と表現したが、同時に、次のように注意を促した。「私たちには、まだなすべきことがたくさんあります。息子たちに、女性を尊重するようにと教えることや、娘たちに」――ここで、彼女は19歳当時の自分自身に語りかけているように思われたが――「自分にそんな扱いをすることを、誰にも許してはならない、と教えることです[*124]」

第5章

「床」であって「天井」ではない

カルフェド事件　1987年

California Federal Savings & Loan Association v. Guerra（1987）

思いがけない失職

リリアン・ガーランドは、職場に戻る準備ができていた。新しい娘、ケケアの出産のために3か月近く休暇を取っていたのだが、閉じ込められた囚人みたいで、少し頭が変になったような気分だった。彼女はカリフォルニア連邦貯蓄貸付銀行、略称「カルフェド」で、商業貸付部門の受付係をしており、自分の仕事が懐かしく、早く戻りたいと思っていた。その仕事は女優志望のリリアンにぴったりで、際だった美貌と陽気な人柄が、金遣いの荒い裕福な顧客からも、企業の役員たちからも愛されていた。銀行のお偉方ともファーストネームで呼び合う間柄で、奥様から電話があったのですから早くかけ直さなくちゃ、とからかう調子で話したりしていた。

そこで、1982年4月20日、リリアンは、いつもの制服であるビジネススーツとハイヒールという出で立ちで、自宅を出た。復帰予定日より1日早かったが、もう待てなくなったのだ。彼女はロサンゼルスのボールドウィン・ヒルズ近くのアパートに住んでおり、そこからバスに乗って、ウィルシャー大通りにあるカルフェドの本社へと向かった。

到着すると、まず人事部に顔を出した。職場に戻る前に、書類の記入等の形式的な手続を行う必要があるだろうと考えたのだ。ところが、その代わりに法務部に行くようにと言われ、訳が分からなくなった。「何と、あなたの職はもうなくなりました、と言うのです」と、リリアンは当時を思い出しながら話した。「代わりに、あなたが訓練してくれたあの若い女性を正式に採用しましたので、と言われました。そこで、私はここで4年以上も忠実な従業員として働いてきました、これから一体どうしろとおっしゃるのですか、と言いました」。銀行側の答えは、もしどこかの職に空きができたら連絡するが、まずは新しい仕事を探すべきだ、というものだった。

「私は気絶しそうな気分で、身体中が冷たくなりました。まったくのひどいショックです」と、リリアンは語っている。[*1] 彼女は休暇に入る前に、上司と相談して、休暇の開始日と終了日を決めていた。だから、休暇が終わったら仕事に復帰できることに、何の疑問も持っていなかった。彼女は銀行の仕事にあまりに一生懸命で、休暇を取ること自体、上司が叱ってそうさせなければならなかったくらいだ。いよいよ出産が近づいて休暇に入るとき、みんながお金を出し合ってベビーベッドを買い、オフィスでベビーシャワーのお祝いをしてくれた。それが彼女のお別れパーティを兼ねていたなんて、本当に思いもしなかった。

闘いの始まり

リリアンは、ケケアの父親であるボーイフレンドのライト・ガーナーに、仕事を失ったという話をするのを恐れていた。しかし、意外にも、彼は優しく協力的で、彼女のために怒ってくれた。「彼は、それは間違ったことだ、と言いました」と、彼女は回想する。彼はリリアンに、州の公正雇用・住宅省(DFEH)に相談に行くべきだと促し、彼女はすぐにそうした。

リリアンは、そこで、ブライアン・ヘンバッカーという名の弁護士と会って話をした。彼女が事情を詳しく説明した後、何かできることはあるだろうかと尋ねると、ヘンバッカーの答えはイエスだった。彼の説明によれば、カリフォルニア州では1979年に、出産休暇法が制定されていた。これにより使用者は、女性労働者が妊娠して出産した場合、最長4か月の無給休暇を与えなければならず、また、休暇が終了した時点で、仕事に復帰させなければならない(本人が復帰できる状態になったときに元の仕事に戻すことができない場合には、他の同等の仕事に就かせなければならない)。

ただ、カルフェドを相手に訴訟で争うのは大変な闘いになるだろうと、ヘンバッカーは警告した。「あなたはやっていけると思いますか?」と聞かれたが、リリアンは、大丈夫だと確信していた。その時点までに、彼女は舞台俳優として10年近くのキャリアを積んでおり、人々の注目を集めることには慣れていた。しかし、彼女は後日、「あれほど大変な話になるなんて、夢にも思っていませんでした」と告白している。

リリアンの子ども時代

リリアンは、1950年代から60年代にかけて、ペンシルバニア州ピッツバーグの、人種隔離された公営住宅で育った。しかし、彼女は子ども時代のほとんどを、ダウンタウンから15マイル（約24キロ）ほど南のフィンレービルにある曽祖母の農場で過ごした。彼女がリリアンという名前をもらった、この「おばあちゃん」は、ジーグフェルドのレビューで踊り子として舞台に立ったこともある白人で、黒人の男性と結婚していた。彼女はリリアンに、自分がなりたいと思うなら何にでもなれる、人から「ニガー」と呼ばれたからといって気にしてはならない、と言い聞かせた。「ニガー」なんて言葉にすぎない、それは「あなたがそれに与えるだけの力しかないのだから、何の力も与えてはダメよ！」と言うのだ。[*2]

このメッセージは、リリアンが母親から聞かされるものとは異なっていた。彼女もアフリカ系アメリカ人で、サウスカロライナ州で家族と一緒に綿摘みをして育ったのだが、幼稚園までしか学校に通っておらず、読み書きができなかった。リリアンが、大きくなったら精神分析医になりたいと話すと、母親は、そんな夢を抱いてはいけない、と言った。「第1に、あんたは黒人で、第2に、あんたは女の子。なれるわけがない」

リリアンの父親は、肌の色がとても薄く（おばあちゃんが白人だったためだ）、ハンサムだった。リリアンの表現によれば、「日焼けしたクラーク・ゲーブル」のようであり、フランス語も上手に話すことができたため、多くの女性が魅了された。彼は第2次世界大戦で陸軍に入って戦ったが、その時に「砲撃ショック」を受けたに違いないと、リリアンは思っている。その心的後遺症のため、彼女や母親に対して、暴力的な激怒を繰り返すようになったのだ。

リリアンのピッツバーグでの暮らしは貧しいもので、施し物や生活保護の給付に頼るしかなく、食べる物にも不自由する状態だった。彼女は6人の子どもの最年長であり、「私は大きかったので、ミルクを飲むことができませんでした。小さな子だけが、ミルクやチーズやバターをもらえるのです」と語っている。自分も欲しい、良くしてもらいたい、と思うときには、おばあちゃんの家に逃げて行くのが常だった。

カルフェドへの就職

20代の前半までに、リリアンは結婚し、2人の小さな子の母親となった。フィリップスという男の子と、ピラーという女の子である。また、リリアンは、演技に情熱を燃やしていた。彼女は、ピッツバーグの実験劇場に定期的に出演し(この新興劇団への参加が認められた、初めての黒人女性であった)、ぜひともロサンゼルスに行って、テレビや映画の出演を目指して頑張ってみたいと思っていた。1975年、ABCが新たに企画していたテレビ番組「チャーリーズ・エンジェル」のオーディションの声がかかり、この件では不成功に終わったものの、リリアンは勇気を得て、家族と一緒にロサンゼルスに引っ越した。昼間は様々な仕事をしながら、夜、演技のレッスンを受けたり、小さな劇場で出演したりするようになった(ウーピー・ゴールドバーグやロビン・ウィリアムズも出ていたコメディ劇場「L・A・コネクション」も、その1つである)。

1979年、リリアンは、登録した職業あっせん機関の紹介で、カルフェドの受付係の仕事の面接を受け、採用された。これ以上は望み得ないような最善のタイミングだった。彼女は夫の虐待に耐えかね、子どもたちを置いて逃げ出したところだった(以後、2人の子とは絶縁状態にあったが、後に関係を修復し、現在では親しく付き合っている)。カルフェドの仕事は、月850ドルの給与と諸給付を与えてくれた。ようやく経済的な基盤が安定し、生活を立て直すことができた。

人生の暗転

リリアンが行った法違反の申立てを受けて、DFEHでは、以後、数か月にわたって調査が行われた。この間、リリアンの人生には、いくつかの悲劇的な展開があった。ボーイフレンドであるガーナーとの関係が悪化し、しばらくすると、彼は出て行ってしまった。家賃が月550ドルかかる上に、新生児も育てなければならないので、彼女は必死になって仕事を探した。ガーナーは、ケケアの食べ物とおむつを買い、また、週末にケケアの世話をしたこともあったが、それ以外は、ほとんど何もしてくれなかった。[*3]「私にはお金がなく、仕事もなく、車もありませんでした」と、リリアンは語っている。[*4] 彼女はお腹をすかし、時にはベビーフードを食べてしのいだ。[*5] 仕事探しにはバスを使い、腕にはケケアを抱いていた[*6](幸運にも面接にまでこぎ着けた際には、親切な秘書に、終わるまで預かってもらった)。リリアンは市内のあらゆる場所に応募書類を出したが、仕事を見つけることはできなかった。カルフェドからは、たしかに何度か、仕事のオファーの連絡があった。けれども、彼女が持っていない秘書の技能が必要な職務であったり(無理にやってみても、成績不良による解雇の口実を銀行に与える恐れがあった)、オフィスが公共交通機関では通えないような遠い所にあったりして、断らざるを得なかった。

リリアンは、やむなく何人かの友人をアパートに同居させ、家賃の支払いを手伝ってもらった。しかし、それでも家賃の支払いが滞り、１９８２年の秋、退去させられてしまった。カルフェドに勤めている友人が、自分の家のソファーで寝てよいと言ってくれたが、ケケアの場所まではなかった。ちょうどその頃、以前の相手のガーナーが、自分の母親からもらった金で家を買ったため、彼にケケアの監護を委ねることにした。リリアンによれば、これは彼女の生活が落ち着くまでの暫定的な措置のはずだった。ところが数か月後、ガーナーから、自分がケケアの単独監護者となりたいという旨の書類が届いた。彼女には弁護士費用を払う余裕はなく、子どもを育てていけると裁判所に信じてもらえるとも思えなかった。リリアンは、悲しみに打ちひしがれながら、監護権を与えることに同意した。[*7] 彼女は子どもを産んだために仕事を失い、今度はその子どもも失ってしまったのだ。

復職後のつらい日々

１９８２年11月末、リリアンが職場に復帰しようとした日から数えて7か月後に、カルフェドはようやく、彼女に適した仕事のオファーをして来た。今度は会計部門だが、また受付係として働くことができ、給与も前と同じだった。けれども、銀行でのリリアンの生活は決して前と同じではないことが、すぐに明らかになった。ＤＦ

ＥＨは、まだ彼女の事案で訴訟を提起していなかったが、カルフェドは、州の機関が調査を行っていることを知っていた。そして、使用者が差別を行ったと主張する労働者が、その使用者の下で働き続ける場合によくあるように、リリアンは、自分が邪魔者だと感じさせられた。

ある友人は、みんな彼女をこっそり監視するよう命じられているので気をつけたほうがいい、と警告してくれた。誰かが彼女の椅子に針を刺し、ふくらはぎが触れたらストッキングに引っかかって破れるようにしていたこともあった。彼女に割り当てられるのは、ファイリングのような単純労働か、タイピングのように得意でない仕事ばかりだった。しまいには、古い倉庫室の掃除や、机の下をはい回って行うコンピューター機器の目録作りのような、嫌な雑務をさせられるようになった。彼女はもはや、落ち着いたスーツ姿のプロフェッショナルではなく、作業着やジーンズで職場に来るようになった。がまんの限界を超えたのは、段ボール箱を運んで腰を痛めたときだった。この時から「私は不動産業の免許を取るための勉強を始めました」と、リリアンは述べている。[*8]

使用者による訴訟の提起

リリアンがカルフェドに戻ってから約6か月後、ＤＦＥＨがカルフェドに対して正式に訴訟を提起した。彼女をすぐに復職させなかったことは州の出産休暇法に違反するとして、州裁判所に、是正を命じるよう求めたものである。その弁論の期日が、１９８３年の夏の終わりに予定されていた。

しかし、カルフェドは、ＤＦＥＨの訴えを受け入れる代わりに、自分の側から、連邦の裁判所に別の訴訟を提起した。この訴訟には、２つの事業者団体（商業・製造業協会、カリフォルニア商工会議所）も共同原告として加わり、カリフォルニア州の法律は、連邦法である第7編に反しているので無効である、と主張した。この数年前、第7編は、妊娠差別禁止法（ＰＤＡ）による改正を受けた。そのＰＤＡは、使用者は「妊娠の影響を受ける女性に…雇用上のすべての目的に関し…妊娠以外の理由によって同様の労働能力ないし不能力の状態にある者と同じ」取扱いをしなければならない、と定めていた。[*9]

カルフェドの側の主張は、リリアンに対しては「同様の労働能力ないし不能力の状態にある者」と「同じ」取扱いを現に行った、というものである。カルフェドの規則によれば、一時的な労働不能の場合、労働者は期間不特定の「合理的な休暇」を取ることができる。そして、休暇の終了時には、元の職場（あるいはそれと同等の職場）に戻る権利は保障されていないものの、使用者はそれが実現するよう努力する旨が定められている。リリアンについては、すぐに提供できる職場がなかっただけで、不運だったにすぎない、一時的労働不能で職場を離れた労働者のうち90%は、すぐに職場に復帰することができている、とカルフェドは主張した。

さらにカルフェドは、カリフォルニア州の法律は、妊娠した労働者を「同様の労働能力ないし不能力の状態にある者」よりも有利に扱うことを命じる点で、第7編に違反する、と主張した。つまり、この法律は、妊娠した女性労働者の職だけを保護することを義務づけるものであり、これによって使用者は、他の一時的な労働不能で休暇を取る男性労働者に対して性差別を行うことになる、というのである。

連邦地裁の判断

カルフェドの訴訟は、カリフォルニア州の中部地区を管轄する連邦地裁で、マーシャル・リアル判事が担当することとなった。リリアンとＤＦＥＨの弁護士たちに、運命の女神はほほえんでくれなかったようだ。

リアル判事は、かつては公民権訴訟の原告に好意的な立場を取っていたかもしれないが（彼はリンドン・ジョンソン大統領に任命され、パサデナの学校区の人種隔離撤廃を命じた初期の判決によって、高く評価された）[*10]、弁護士たちの間では、「横柄」[*11]、「気分屋」[*12]、「弱い者いじめ」[*13]といった評判が流れていた。法廷に現れた人々を前にして、彼が好んで引用する格言の1つは、「ここはバーガーキングではありません。自分のやり方でできると思ったら大間違いです」というものだった[*14]。リアル判事は、ポップカルチャーにおいても悪名を轟かせつつあった。彼は、リリアンの事件の口頭弁論が行われる数か月前、雑誌「ハスラー」の出版者であるラリー・フリントに対し、罵倒語を用いて自分をなじったという理由で、法廷侮辱罪による収監を命じた。しかも、最初は6か月だったのが、

12か月、15か月と、フリントの言葉がエスカレートするに従って(「そのくらいしかできないのか、このろくでなし野郎[マザーファッカー]!」)[*15]、次々に刑期が長くなり、最後には、フリントが手続の中で発言することを禁じてしまった。[*16]法廷侮辱罪による収監命令は控訴審で取り消されたが、[*17]右の場面は、後に1996年の映画「ラリー・フリント」の中でも取り上げられている。[*18]

リアル判事は、1983年3月19日に行われた口頭弁論のわずか2日後、判決を下した。彼は「先占」と呼ばれる法理を援用しながら、カルフェドを勝訴させた。[*19]この法理は、連邦法の規定は、同じ事項について州法が相反する内容を定めていた場合、原則としてそれを打ち負かすという、連邦法優先のルールである。判決によれば、カリフォルニア州法による妊娠した労働者の「優遇」は、第7編が定める性差別の禁止に反するものであり、「無効・無効・無効」である。[*20]リアル判事は、DFEHがこの法律を執行することを止めるよう命じ、さらに「リリアン・ガーランドが行った申立てに関して」DFEHがこれ以上に手続を進めることを特定的に禁止した。[*21]

リリアンの弁護士探し

判決後の記者会見で、DFEHのブライアン・ヘンバッカーは、これは「深刻な逆行判決」であり、カリフォルニア州の女性たちは「子どもを持つか、職を保つか」の選択を迫られてしまう、とコメントした。[*22]このリアル判事の判決によって、DFEHが受理して手続を進めていた200件以上の申立ても、宙に浮く形となった。[*23]

DFEHは、以前からたいへん進歩的な組織であり、所属する弁護士たちは、当然、控訴して争うものと考えていた。しかし、新たにカリフォルニア州知事に就任したジョージ・デュークメジアンは、前任者のジェリー・ブラウンと違って、極めて保守的な人物であった。新知事が、他の人権関係機関の幹部に右寄りの人々を任命したことから、DFEHの内部では、リリアンの事件についても訴訟を継続することが許されなくなるのではないか、という懸念が広がった(ヘンバッカーが後にリリアンに語ったところによれば、デュークメジアン知事は、ヘンバッカーが記者会見で行った、リアル判事の判決は女性たちに「子どもを持つか、職を保つか」の選択を迫ることになるとの発言に「激怒した」という）。
ヘンバッカーの強い勧めにより、リリアンは自分の弁護士を雇うことにした。彼の助けを借りながら探し始めたところ、しばらくすると、適切な人が見つかった。リンダ・クリーガーである。

クリーガーとモンタナ州の事件

１９８３年当時、クリーガーは、ロースクールの卒業から5年目で、サンフランシスコにある法律扶助協会・雇用法センター（ＬＡＳ－ＥＬＣ）のスタッフ弁護士として働いていた。このセンターは、カリフォルニア州で低所得者のための法律支援活動に携わる、最も著名な団体の1つだった。暖かくて控えめな人柄のクリーガーは、すぐにリリアンとの間に固いきずなを形成した。「私たちはすごく馬が合いました」と、リリアンは回想している。「彼女はまるで姉のような感じで、完全に信頼することができました」

リリアンの事件を引き受けることで、クリーガーは、「フェミニスト法律家の間でくり広げられていた、女性にとって平等が何を意味するかをめぐる重大な論争、あるいは、危機と言ってもよいでしょう」（彼女の言葉）に、さらに深く身を乗り出すこととなった。[24] 彼女はちょうど、本件によく似たモンタナ州の事件を終えたところであり、すでにこの論争に、首まで浸かっているような状態だった。

そのモンタナ州の事件は、タマラ・ブーリーという女性をめぐるものであった。彼女は１９７９年末に、ミラー・ウォール社の経営する女性衣料品店のチェーンに採用された。当時、彼女は妊娠していたが、グレートフォールズにある「スリー・シスターズ」の店で、最低賃金を支払われる販売員として働き始めた。彼女は重いつわりのため、最初の2週間に数回の欠勤をした。そこで、会社に2週間の休暇を申請した。医者によれば、それだけあれば、ひどい吐き気はおさまって大丈夫とのことだった。ところが、ミラー・ウォール社は、彼女を解雇した。会社の規則では、勤続1年未満の従業員は病気休暇を取ることができない、というのである。[25]

モンタナ州の公正雇用担当機関は、ブーリーに代わり、会社に対して訴訟を提起した。同州の法律は、妊娠した女性が必要とする場合、「合理的な長さの休暇」を与えることを使用者に義務づけており、その違反に当たるからである。[*26] これに対してミラー・ウォール社は、連邦裁判所に訴訟を提起した。数年後にカルフェドが行ったのと同様に、モンタナ州の法律は、妊娠した女性の優遇を命じる点で第7編に違反する、と主張したのである。

平等志向フェミニストの主張

モンタナ州の担当者は、この法律を守るために力を借りようと、いくつかの名高い女性権利団体――アメリカ自由人権協会・女性の権利プロジェクト（ACLU－WPA）、全米女性機構（NOW）、全国女性法律センター（NWLC）、女性法律支援基金（WLDF）など――に接触してみた。ところが、驚いたことに、いずれの団体も、ミラー・ウォール社の側に賛成という立場を示した。実際、これらの団体は、会社側を支持するアミカス意見書を裁判所に提出しようとしていたのだ。

1978年にPDAが制定されたとき、その草案を作り、議会通過に向けて熱心にロビー活動を行ったのは、まさにこれらの団体の人々だった。彼女たちにとっては、PDAが、妊娠した労働者を「同様の労働能力ないし不能力の状態にある」者と「同じ」に扱うよう命じたことが、法の下における女性の位置づけの中心となるべきであった。このような「平等取扱い」派のフェミニストの人々から見れば、モンタナ州のような法律は、女性を労働者よりもまず母親として扱った前世紀の女性保護立法と、ほとんど隔たりのないものであった。これらの人々は、歴史に学ぶものがあるとすれば、「特別取扱い」モデルは職場における女性の地位を害するだけだという事実である、と考えていた。実際、妊娠・出産を括り出して特別の保護を命じることは、女性雇用のコストを高め、使用者が女性の採用そのものを回避することを促す可能性もあった。

ジョージタウン・ロースクール教授のウェンディ・ウイリアムズは、「平等取扱い」派の第一人者であり、PDAの立案の際にも主要な役割を果たした。彼女は、法律雑誌に、ミラー・ウォール事件で提起された問題に関する論文を発表し、広く引用された。[*27] それによれば、モンタナ州の立法者が善意にもとづいてこの法律を制定したことは疑問の余地がなく、この法律が存在しなければ、タマラ・ブーリーのような女性たちが苦難をこうむることも確かである。しかし、これに対する解決は、妊娠を特別に優遇することではない。そのような優遇は、実際には烙印(スティグマ)であり、男性の基準とは異なるという「差異」の烙印を押すことになってしまう。

ウィリアムズによれば、より望ましい方法は、使用者が(そして法律も)、男性であれ女性であれ、労働生活の中で病気やけが等により働くことができない期間が皆無という人はほとんどいない、という事実を承認することである。妊娠も、そのような、労働者が一時的休暇を取る必要のある場合の1つにすぎないことを理解すれば、「差異」が相対化されることになる。

> 私たちの目標は、病気等の労働不能についての一般ルールを見直し、働く人々が職場で直面するすべての種類の労働不能に適切に対応できるように、再調整をすることである。妊娠は、決して「特別の」ニーズを生じさせるわけではない。むしろ、典型的な基本ニーズを例示するものである。…正しい解決方法は、妊娠した労働者のために特別の制度を作るのではなく、その基礎にある、不十分な付加給付制度という一般的問題を解決することである。[*28]

州法を支持する西海岸のフェミニスト

モンタナ州の担当者が、クリーガーに、ブーリーの事件を引き受けてくれないかと声をかけて来たとき、彼女は承諾した(彼女は後日、ACLU-WRPをはじめとするフェミニストのAチームが断った後に、自分がBチームで出場することを、特に嫌だとは思わなかった、と冗談を飛ばしている)。彼女は、モンタナ州の法律が女性にもたらす恩恵は、その不利益を上回ると考えていた。1984年12月放映のドキュメンタリー番組「60ミニッツ」が、ミラー・ウォール事件を取り上げた際、クリーガーはモンタナ州のアプローチを擁護する発言を行った。「平等は、女性と男性をまったく同じに扱うよう命じることによって達成されるわけではありません。その理由は、女性だけが妊娠し、男性はしないという単純な事実です」と、彼女は説明した。[29]

この単純な事実のため、女性のほうが、職を保障された休暇の必要性が大きくなる。クリーガーによれば、働く女性の約8割が出産可能な年齢層にあり、これらの女性のほぼ全員が、労働生活の間に1人以上の子どもを出産する。[30] つまり、女性労働者の大部分が、出産から回復するまでの一時的な休暇(平均で6週間以内)を、少なくとも1回は必要とするのである。[31] 労働者がその他の理由による一時的労働不能で休暇が必要となる可能性があるといっても、頻度や長さの点で、出産とはとても比較にならない。したがって、職を失う危険も、出産のほうが桁違いに大きい。連邦の法律では、家族や医療上の必要のための休暇が保障されていないため、妊娠した女性が出産するときに職が守られるかどうかは、使用者の一存によることになる。

サンフランシスコの平等権支援会という女性団体と、ロサンゼルスに拠点をおくカリフォルニア女性法律センターが、モンタナ州のアプローチに賛同し、ブーリーのためにアミカス意見書を裁判所に提出してくれた。これらは、「平等取扱い」の立場に立つ諸団体が提出したアミカス意見書と対立する形となった。「平等取扱い」の団体は、いずれも東海岸に拠点があった。クリーガーの見るところ、このような東海岸と西海岸のフェミニストの分断は、主として構成員の違いから生じたものである。

東西の違いの要因

東海岸のフェミニストの「顧客」は、ある意味で、女性運動それ自体だった。これらの組織は「大義」のために闘う弁護士の集まりであり、目的のために最も適した顧客や事件を、戦略的に選んでいた。また、学者の世界とも緊密に連携し、それをいわば実験室のように利用していた。フェミニストの研究者が判例を調べてその中に穴を発見し、次にどこを攻めるかを実務家の弁護士が決める際にアドバイスをする、という具合である。これらの「大義」弁護士たちは、是正が必要な法的問題をまず選んだ上で、その問題点を鮮明に示す最適な事件となるように、原告となる顧客を探し出した。また、場合によっては、裁判ではなく、立法を通じて法律そのものを変革しようともした（もっとも、立法のプロセスは遅く、氷河のような速度でしか動かなかったが）。

1970年代にルース・ベーダー・ギンズバーグがACLU－WRPを率いていた頃は、このような組織的・戦略的訴訟のお手本のような成功例となった。1件、また1件と訴訟を積み重ねながら、雇用、教育、公的給付、財産、さらには刑罰まで、様々な領域における女性への2級市民的な扱いを、次々に解体していった。[*32]

これに対して、クリーガーやLAS－ELCの同僚たち、さらにタマラ・ブーリーを支援する立場を取った他の西海岸フェミニストの団体は、クリーガーの言葉によれば、「労働者階級のピンクカラーの顧客層」を対象としていた。その多くは有色人種の女性で、シングルマザーだった。これらの人々は、クリーガーが言うところの「2級労働市場」を構成しており、同じような女性ばかりが集まって、「労働組合も、雇用保障も、付加給付もない」仕事に就いていた。[*33]彼女たちの経済状態は極めて不安定で、法的問題は緊急を要した。このような女性たちにとって、休暇制度がないことは「解雇と同義」であり、[*34]重大な経済的帰結をもたらす。彼女たちは、「平等取扱い」の論者が提唱する、一時的労働不能休暇の問題に対する普遍的な解決を待つだけの余裕はなかった。そして、彼女たちはそれまで待たされるべきではない、というのが、クリーガーや彼女の同僚たちの意見であった。

女性保護立法をめぐる対立

妊娠に関する雇用法のアプローチについて、フェミニストの論者の間の対立があれほど熾烈なものとなったのは、それが極めて重要な影響をもたらすからである。ある学者の言葉によれば、「女性は妊娠する可能性があり、かつ実際に妊娠するという事実は、何世紀にもわたって女性に不利益を与えてきた無数の法律や慣行を正当化するための、最も重要な要因として用いられてきた」。[*35]そして、この問題は、ほぼ1世紀も前から、女性の権利を推進する人々の対立点となってきた。

19世紀末以降に多くの州で制定された女性「保護」立

法は、ほとんどが、女性の権利の推進者から支援を受けていた。これらの人々は、工場の組立てラインやその他の工業的な職場で劣悪な労働条件に耐えながら働くすべての労働者のために、そのような保護立法が歯止めとして必要だと考えていた。しかし、連邦最高裁は、女性は別だが、男性に関しては劣悪な労働条件の存続を許容する、という態度を示した。その代表例が、パン工場の労働者(男性を含む)の最長労働時間を定めるニューヨーク州の法律を違憲無効と判断した、1905年の判決である。他方で、その数年後、洗濯業で働く女性について最長労働時間を定めたオレゴン州の法律を、連邦最高裁は合憲と判断した(ミュラー対オレゴン事件[*36])。そこで、社会正義の実現を求める人々は、女性のみを対象とする保護立法も、何もないよりはましだと考えた。

このアプローチを最も声高に主張した1人が、エスター・ピーターソンである。彼女は1961年、ケネディ政権の下で、連邦労働省の女性局長に任命されたが、彼女のものの見方は、以前、労働組合のオルグとして働いた年月の間に形成された。ジャーナリストのゲイル・コリンズによれば、ピーターソンは、そこで、「仕事の負荷のために身体を壊したり、上司からセクシュアル・ハラスメントを受けたり、良き母親となる時間を奪われて子どもが栄養不足になったりして、絶望的な状況にある女性たち」を間近に見る体験をした[*37]。

他の活動家たち、特に全米女性党(NWP)の人々は、女性保護立法は副作用として、女性は虚弱で壊れやすく、最高の賃金が支払われる仕事には不適という烙印を押すことになる、と主張した。NWPは、1916年に女性参政権を求める運動の中で結成され、後には合衆国憲法に男女平等を定める修正条項(ERA)の追加を目ざして尽力した。そこでは、男女間の法的区別を消し去ることが目標となった。

ピーターソンは、これらの人々は「古い時代」の「エリートの恵まれた老婦人たち」だとして退けた。彼女たちには、労働者階級の現実が見えていないと言うのである。ピーターソンは、心の中で問いかけていた。「女性は、括り出されて保護されるほうが幸せなのだろうか。それとも、女性と男性の間の法的区別をすべてなくしてしまうほうが良いのであろうか。レタスの収穫を行う人々や、カフェテリアで働く人々なら知っているように、それは自分がどの地位にあるかによる」[38]

第7編の立法時に、ハワード・スミス下院議員に働きかけて「性」を追加する法案修正を提案させたのは、まさにこれらの「エリートの恵まれた老婦人たち」だった。実際、その提案が最初になされたとき、ピーターソンは、州の女性保護規定が奪われてしまう危険があると考えて（それは正確な予測だった）、強硬に反対した。彼女から見れば、それらの州法は、全米の工場や組立てラインで、文字通り女性の命をつないでくれているものだった。[39]

妊娠をめぐる初期EEOCの態度

「性を理由とする」差別に対する第7編の極めて簡素な禁止規定は、「平等からの問いかけ」（ウェンディ・ウィリアムズが用いた的確な言葉[40]）に、回答を与えてくれなかった。女性のみが妊娠しうるときに、男女の「平等」とはいったい何を意味するのか、ということである。女性たちが、たとえばドサード事件（第2章）の最高裁判決や他の類似事件の下級審判決[41]により、伝統的な「男の職場」への進出を果たすことによって、保護立法の汚辱を拭い去り始めてから長い時間が経った後も、男女の生物学的な違いは、使用者にとっても裁判官にとっても難問であり続けた。

ＥＥＯＣも、第7編の制定から初期の頃は、この問題の解決の役に立たなかった。当時のＥＥＯＣは、明白に性にもとづく区別（たとえば、男女別の求人広告や、スチュワーデスを高級なカクテルバーのウェイトレスのように扱う航空会社の慣行）に対してさえ取り組みが遅く、ましてや、妊娠をどう扱うかについては、明らかに困惑して動きが取れない状況にあった。

実際、妊娠に関する初期のＥＥＯＣの発表文書は、一貫せず的外れなものが多かった。[42]１９６６年にＥＥＯＣは、妊娠・出産を有給休暇制度の対象外とすることは第7編違反かという使用者の質問への回答として、違反ではないという勧告的意見を発した。「なぜなら、妊娠・出産は女性だけに特有の一時的労働不能であり、ほとんどの女性労働者が、多かれ少なかれ、労働生活の中でそれが生じることを予期しているからである」[*43]。その数週間後、EEOCは、使用者の健康保険制度において妊娠・出産を給付対象から除外することも、違法ではないとの見解を示した[*44]。さらに、EEOCの初期の意見では、女性労働者の妊娠を知って直ちに解雇すれば違法となる可能性が高いとされたが、妊娠した女性が出産のため働くことのできない期間を先任権の計算対象に含めないこと(それ以外の負傷や病気で休む場合には計算に入れられるにもかかわらず)については、曖昧であった[*45]。

1972年になってようやく、EEOCは、第7編の下で妊娠がどのように扱われるべきかに関し、公式のガイドラインを発表した。これが実現したのは、EEOCが初めて採用した女性弁護士であるソニア・プレスマン・フエンテスと、彼女のすぐ後に採用されたもう1人の女性弁護士、スーザン・デラー・ロスが、粘り強く訴え続けたからである[*46]。このガイドラインの中に、女性が妊娠・出産したことを理由として解雇や採用拒否をしてはならず、また、他の一時的労働不能で休む労働者に与えられるすべての給付(有給休暇、健康保険、先任権の期間への算入など)が、妊娠した労働者にも与えられなければならない、と明確に規定された[*47]。

連邦最高裁の混迷

連邦最高裁も、妊娠をめぐって、同じように一貫しない態度を示した。第7編に関しても、合衆国憲法に関しても、そうであった(1972年に第7編が改正されて公共部門の労働者も適用対象に含められる以前、それらの労働者が雇用上の差別を争うには、憲法の第14修正を用いるしかなかった)。

一方では、1974年の判決で、連邦最高裁は、オハイオ州の学校区が定めた、教員が妊娠した場合には出産予定日の5か月前から休暇を取らせるという方針を、違憲と判断した。その間は労働不能となると勝手に推断することにより、労働者のデュー・プロセスの権利を侵害する、という判断である[*48]。その翌年、出産予定日の前12週間と出産後6週間は失業手当の受給ができないとするユタ州の法律についても、連邦最高裁は違憲判決を下した。そこでもやはり、法律の基礎にある「労働能力がなく雇用には不適という推定」が、不当として退けられたのである。[*49] さらに1977年にも、連邦最高裁は、他の事由による休暇のときには先任権を維持させるのに、出産休暇の場合には積み上げた先任権が消去されるという使用者の制度は、第7編の違反になると判断した。[*50]

しかし、格言にあるように、一方の手で与えたものを他方の手で奪い去るような行為が行われた。連邦最高裁は、妊娠した女性を、明らかに妊娠したことのみを理由に不利益に取り扱う制度は不可としたが、その一方で、妊娠を無視することによって、より分かりにくい形で不利益を与える制度は、是認したのである。[*51] たとえば、前述の、教員の強制的な出産休暇を定めるオハイオ州の法律を不可とした判決のすぐ後に出された別の判決で、連邦最高裁は、短期労働不能に対する給付制度の対象から妊娠した女性を排除するカリフォルニア州の法律を、何と支持した(ウェンディ・ウィリアムズは、この法律を争う側の主席弁護士だった)。つまり、出産のために休暇を取った女性労働者は、脚の骨折やがんの治療のために休暇を取った同僚には認められる手当の支給を、受けられないこととなってしまった。[*52] さらに、その数年後、1976年のギルバート事件(ゼネラル・エレクトリック社対ギルバート)[*53]で、連邦最高裁は、ゼネラル・エレクトリック社(GE社)が、同様の一時的労働不能給付制度の対象から妊娠した女性を排除したことについても、第7編に違反しないと判断した。

これらの判決の理屈は、いずれも同じで、当該制度は「性を理由として」女性に不利益を与えるわけではない、というものであった。妊娠した女性は、彼女たちに特有の健康状態を経験しているにすぎない。妊娠以外の場面では、女性はすべて男性と同じ給付の適用を受けており、男性に支給が認められる健康状態であって女性は受給できないものはない。そして、女性に特有のある健康状態を支給対象から除外する決定は、コストという性中立的な考慮にもとづいて行われたものである。忘れがたい連邦最高裁判決の言葉によれば、問題の制度は、女性と男性という区別ではなく、妊娠した女性と「妊娠していない人」という区別を行ったものである。

妊娠差別禁止法（PDA）の成立

連邦最高裁がGE社の制度を是認したギルバート事件判決は、第7編の解釈にもとづき出されたものである。そこで、第7編を改正してその解釈を覆そうという積極的な運動が、判決が出されてから文字どおり数時間のうちに開始された。その中心となったのが、200を超えるフェミニスト団体や公民権団体や労働組合が集まって結成された、「妊娠労働者に対する差別撤廃キャンペーン」という組織である。[*55] 共同委員長の1人となった前述のスーザン・デラー・ロスは、EEOCの1972年のガイドラインが平等取扱いアプローチを採用した際に、先頭に立って尽力した人物であった。[*54] ウェンディ・ウィリアムズやその他の東海岸のフェミニスト団体の人々も、この組織にリーダーとして参加し、同じ問題意識を持つ連邦議会の議員スタッフと密接に協力しながら、ギルバート事件判決を否定する改正法案を作り上げた。

この運動は1978年に、PDAが連邦議会で可決されるという形で結実した。PDAは、第7編を改正し、「妊娠を理由とする」差別が「性を理由とする」差別に該当することを明記した。[*56] また、特にギルバート事件判決を否定するために、PDAは、使用者が妊娠した女性を、他の理由で同様の労働能力（あるいは不能力）状態にある者と同じに扱うことを義務づけた。[*57]

PDAは、女性にとって記念碑というべき大きな成果であり、同時に、政府権力間における「抑制と均衡」が機能した教科書的な事例であった。けれども、そこには重大なギャップも残されていた。連邦最高裁のルース・ベーダー・ギンズバーグ判事が最近語ったところによれば、「PDAは、妊娠を理由とする露骨な差別を禁止したものの、それは必要な措置にとどまっており、十分な措置とは言いがたい」。[*58] たとえば、PDAは、使用者が他の労働者に対してすでに与えているもの以外は、妊娠した労働者に与えることを何ら義務づけていない。したがって、出産休暇（有給であれ無給であれ）を与えることは、他の理由で一時的に労働不能となった労働者に対して同様の休暇の付与が行われていない限り、必要ではない。女性が赤ちゃんを産むときに、後で戻って来ることができるように仕事を維持しておくことも、病気等で休みを取った他の労働者にも同様の保護が与えられない限り、要求されない。妊娠に伴う身体症状がある場合(たとえば、重いつわりや、医師の指示によるベッドでの安静)にも、当該女性に病休を与えることは、他の労働者も同様の間欠的な病休を取ることができない限り、必要とされない。有名な保守派の裁判官であるリチャード・ポズナー判事がかつて述べたように、「使用者は、妊娠した女性を、妊娠していないが同様の状況にある他の労働者と同じだけ、悪く扱うことができる」のである。[*59]

カリフォルニア州法の制定

カリフォルニア州の議会が、リリアンの訴訟の根拠となった出産休暇法を制定したのは1978年10月で、連邦議会がPDAの成立に向けて動いていた時期だった。州の政策決定者たちは、連邦法として可決されそうな法案に前記のようなギャップがあるのを見て、もう少し何とかしたいと考えたのだ。主唱者の1人の弁によれば、「PDAは十分な内容とはならなかったけれど、私たちカリフォルニア州ではもっと良くすることができるはずで、実際、そうすることができました」[*60]

このような経緯は、女性運動家の2つの立場を「衝突コース」へと導いた。ミラー・ウォール事件で問題となったモンタナ州の法律は、その最初の小さな戦闘であった。1984年初頭に出されたモンタナ州最高裁の判決は、結局、タマラ・ブーリーの勝訴となった。州の休暇法は第7編に違反するものではなく有効と判断され、使用者はブーリーに対して、逸失賃金として7000ドル近くを支払うよう命じられた。[*61]

それから何週間もたたないうちに、今度はリリアン・ガーランドの事件で、リアル判事がカリフォルニア州の出産休暇法を無効と判断し、州の訴訟を棄却した。これにより、「フェミニスト法律家グループの危機」は、当分の間は解消されずに続くことが確実となった。

控訴裁判所の逆転判決

リリアンの事件の次の一歩は、リアル判事が下した地裁判決を、第9巡回区の連邦控訴裁に控訴することだった。州の弁護士たちは、この事件から手を引くよう命じられるかもしれないと心配していたが、何とか訴訟を継続することができた。しかし、リリアンの代理人として加わったクリーガーが、州と協力して訴訟を進めるようになり、カリフォルニア州法は適法で有効だと主張する準備書面も、彼女が中心となって作成し、裁判所に提出した。控訴裁の口頭弁論については、州の法務長官局の公民権部に所属する弁護士、マリアン・ジョンストンが担当することとなり、１９８５年２月にその期日が設けられた。

リリアンにとって、地裁でリアル判事に当たってしまったのは非常に不運だったが、控訴裁の３人の担当判事の顔ぶれは、明るい希望を与えてくれるものだった。３人の中には、ハリー・プレガーソン判事とウォーレン・ファーガソン判事が含まれていたのだ。プレガーソン判事は、マンハート事件[*62]（第３章）で男女不平等な年金制度を違法と判断した人物であり、ファーガソン判事については、後に同僚が、「彼は人々のことを考え、個人の権利を大切にする。司法制度の中で人々が不公正に扱われるのを見ると、彼は義憤を感じるようだ」と語っている[*63]。

３人目のアール・ジリアム判事は、カリフォルニア州中部地区の連邦地裁判事にアフリカ系アメリカ人として初めて就任した人であり、カーター大統領によって、連邦控訴裁の判事に任命されていた[*64]。

１９８５年４月16日、第９巡回区連邦控訴裁は、リアル判事の判決を破棄する判断を下した。「我々は、〔カリフォルニア州の出産休暇法が〕妊娠を理由とする男性差別に当たるとした地裁判決は、常識に反し、判例を誤解し、第７編とＰＤＡを愚弄するものだと考える[*65]」。この判決は、連邦法である第７編が「先占」によりカリフォルニア州法の規制を排除するかという点について、リアル判事の分析を批判した。控訴裁によれば、第７編は、どのような州法の規制が先占され、どのような規制が先占されないかについて、明確な規定を設けている。つまり、先占により排除されるのは、連邦法の保護に「抵触する」ような雇用上の行為を要求する州法のみである。この規定の目的は、多くの州で定められていた、女性の機会を「制限する」法律を無効とすることであり、女性の機会を「増大する」法律を無効とすることは意図されていない。

このような観点から言えば、カリフォルニア州の出産休暇法は、第7編(PDAによる修正を受けた後のもの)の目的を「補完する」ものであって、それに抵触するものではない、と判決は述べている。控訴裁によれば、PDAは、妊娠した女性とそれ以外の同僚労働者との間で、まったく同一の扱いをすることだけを求め、それ以外は認めない、というわけでは決してない。連邦法は、「妊娠した女性への扱いが、これより下に落ちてはならないという『床』であって、これを上回ってはいけないという『天井』ではない」のである。*66

しかし、カルフェドの側は、戦いをあきらめなかった。約1年後の1986年1月、会社の裁量上告の申立てが認められ、連邦最高裁が自ら判断を下すこととなった。

最高裁係属中の状況

1986年10月、カルフェド事件*67の口頭弁論が連邦最高裁で開かれたが、その頃までに、リリアンは、カルフェドでの苦難の日々にもう終止符を打っていた。彼女は不動産業の免許を取り、銀行を辞めて、不動産のフランチャイズ店の権利を買い、新しい夫と一緒に経営を始めた。また、ケケアのところにも定期的に通うようになった。もっとも、彼女の監護権は元の夫が握ったままだったが。

さらにリリアンは、ある意味で有名人になっていた。テレビでは「60ミニッツ」への出演のほか、シカゴに飛んで「オプラ・ウィンフリー・ショー」に出演し、ピーター・ジェニングスの「ワールド・ニュース・トゥナイト」でもインタビューを受けた。新聞や雑誌でも、「USニューズ&ワールド・リポート」から「ピープル」まで、数え切れないほどの記事で取り上げられた。グロリア・スタイネム、ベティ・フリーダンなど、輝けるフェミニズムのスターたちとも会った(リリアンが初めて飛行機に乗ったのは、スタイネムと一緒のときだった。隣の席のスタイネムに勧められ、リリアンは初めてブラディ・マリーを味わった。スタイネムは飛行機に乗るとき、いつもそれを愛飲しているのだろうと考えて、リリアンは、自分もその習慣を取り入れることにした)。リリアンの雄弁な語りと、迫力ある人生ドラマと、凛とした美貌は、彼女を理想的なスポークスウーマンにした。リンダ・クリーガーの言葉によれば、リリアンは、「重要な法律問題を争う場合の対外的な顔という意味で、弁護士が依頼者に対して望みうる、すべてのものを備えていました。彼女は、本当にもう素晴らしいの一言です」

他方、「平等取扱い」の立場の人々は、カルフェド事件が連邦最高裁の9人の判事の下に持ち込まれる間、守りの立場にとどまっていたわけではない。1984年にリアル判事の判決によってカリフォルニア州法が違法とされてから間もない頃、同法制定の中心人物の1人であったハワード・バーマン(カリフォルニア州議会の元議員で、当時は連邦の下院議員になっていた)は、WLDFのドナ・レンホフに、協力を求めて声をかけた。カリフォルニア州の法律と同じ内容の連邦法を作るため、議会に法案を提出したいというのである。[68] しかし、レンホフは、スーザン・デラー・ロスやウェンディ・ウィリアムズと並ぶ、筋金入りの平等取扱い信奉者であり、性中立的な法案を連邦議会に提出しようと、既に準備を始めていた。彼女は、ロスとウィリアムズと一緒になってバーマンを説得し、提出する法案が妊娠した女性以外にも保護を与えるように、適用範囲を拡大することを了承させた。[69] その2年後、連邦最高裁でカルフェド事件の口頭弁論が行われる頃には、後に「家族・医療休暇法」(FMLA)と呼ばれることになる法律の案が、様々な法案を統合する形で、2度にわたって連邦議会の下院に提出されていた。しかし、まだ可決に至ってはいなかった。

最高裁の口頭弁論

連邦最高裁の口頭弁論の日、リリアンは、映画「オズの魔法使い」のジュディ・ガーランドのような気分だった。[70] 彼女は、LAS－ELCのパトリシア・シウ弁護士と一緒に壮麗な法廷に入ると、グロリア・スタイネムとベティ・フリーダンの間の席に着いた。「私はそこに座り、自分がとても小さく感じたのを覚えています」と、リリアンは語っている。また、判事が白粉とかつらを着けていないのを見て驚いたことを、笑いながら思い出していた。

判事たちが列をなして入廷したとき、新しい顔が1名、含まれていた。傍聴席から見ていちばん右側の席に座った、アントニン・スカリア判事である。彼は最近、コロンビア特別区の連邦控訴裁判事から、連邦最高裁の判事に昇任した。法廷の中央に座る連邦最高裁の長官も、新しくなっていた。17年間、長官の職にあったウォーレン・バーガー判事が引退し、その後任に、ウィリアム・レーンキスト判事が任命された。スカリア判事もレーンキスト長官も、それぞれの職に就いてから、まだ3日目であった。

カルフェド側の弁論を行う弁護士は、テッド・オルソンだった。彼は以前、レーガン政権下で連邦司法省の訟務官を務め、今は会社側の法律事務所であるギブソン・ダンのパートナーだった。オルソンは後に、連邦最高裁で最も多くの口頭弁論を行った弁護士の1人となるのであるが(60を超える事件で登場)、カルフェド事件は、まだ3回目にすぎなかった。また、オルソンは、後にブッシュ(子)政権で、連邦政府の訟務長官に任命された。そのは、ジョージ・W・ブッシュが大統領になることができたのは、2000年の大統領選挙をめぐる連邦最高裁のブッシュ対ゴア事件で、オルソンが彼のために弁論を行って成功したからである。

なお、オルソンは近年、保守派の人々と袂を分かっており、連邦最高裁の2015年の事件(ホリングスワース対ペリー)[*71]では、同性婚を禁止したカリフォルニア州の「提案8号」の効力を否定するために尽力し、勝利を収めた。この事件に関する決定版というべき書物、『スピーク・ナウ』の中で、法学教授である著者のケンジ・ヨシノは、オルソンのことを次のように述べている。「どのような政治的立場の人であっても、オルソンを嫌うことはほとんど不可能である。…彼と議論するのは、天才的な知能を持ったゴールデン・レトリーバーと議論するようなものだ[*72]」

他方、カリフォルニア州を代表して弁論を行うのは、州の法務長官局で公民権法令の施行を担当する部局の上級弁護士、マリアン・ジョンストンである。彼女は、農業労働者の保護部門を皮切りに、ずっとカリフォルニア州政府の中でキャリアを積んできた。

使用者側の主張

最初に演壇に上がったのは、オルソンである。彼は、自分の持ち時間の多くを使って、「平等取扱い」派のフェミニストたちが示した提案（すなわち、カリフォルニア州は法律を改正し、職の保障を伴う休暇をすべての一時的労働不能者に与えるようにしたらよいではないか、という提案）の矛先をかわすような議論を行った。オルソンは判事たちに、カリフォルニア州議会はまさにそのような法律の制定を検討している――連邦議会が、将来のＦＭＬＡを作ろうとしているのと同様に――が、それは本件の争点を回避するものにすぎない、と指摘した。

彼が強調したところによれば、本件での真の争点は、カリフォルニア州が妊娠・出産だけに休暇という優遇措置を設けることを、果たしてＰＤＡが許容しているか、という点である。これに関してオルソンは、ＰＤＡ制定時の連邦議会の討論の中で、何人かの議員が、出産に特化した休暇の付与を使用者に義務づけるべきかどうかを議論したものの、最終的な法律では、そのような規定は採用されなかったという事実に、注意を促した。[*73]

ここで、オコナー判事が口を挟み、ＰＤＡは、使用者がそのような休暇を与えることを「禁止する」規定も設けていないのではないか、と質問した。「ＰＤＡの文言からは、禁止の範囲が明確になっているとは言えないと思うのです」と、彼女は述べた。これに対してオルソンは、ＰＤＡを制定したときの連邦議会の意図を再び持ち出し、今度はＰＤＡが、かつての「保護立法」が暗黙の前提にしていた、妊娠女性に対する否定的なステレオタイプを取り除くことを目的としていたことを、判事たちに思い出させようとした。カリフォルニア州の法律は、そのような過去の遺憾な歴史を復活させるものである、なぜなら、それは――ここで彼は、ＡＣＬＵ－ＷＲＰの意見書を引用するのだが――「妊娠は、女性の労働者としての信頼性を低め、生産性を低下させ、欠勤を増加させ、コストを高める、つまり、女性は根本的に異質でハンディを負っている」という観念を強化するからである、とオルソンは主張した。[*74]

州の弁護士の主張

マリアン・ジョンストンが、次に演壇に上がった。彼女はまず、統計数字を用いながら、働く女性にとって、妊娠は頻繁に生じることであり、職の保障を伴う休暇のニーズがほとんど例外なく存在することを指摘した。そのニーズを無視するのは差別に等しく、まさにＰＤＡが禁止するところである、とジョンストンは主張した。

「カルフェドの論理の欠陥は、妊娠差別を、他の理由による労働不能者の差別と同視したことにあると思います」。彼女によれば、後者に関しては、連邦議会がまだ禁止規定を設けていないので、両者を同視するのは不当である（その４年後の１９９０年に、連邦議会は「障害を持つアメリカ人法」〔ＡＤＡ〕によって、後者についても差別を禁止した）。ＰＤＡが行ったのは、妊娠差別を「性差別と同視すること」であり、性差別については、既に第７編で違法とされていたのである。[*75]

パウエル判事は納得せず、１つの仮想事例を提起した。

ある使用者の下で、すべて同じ労働に従事する男性と女性がいたとしましょう。２人がほぼ同じ日に、労働不能のため仕事を離れたけれど、女性のほうは、妊娠あるいはそれに関連する手術等だった。３か月後の同じ日に、２人は働けるようになって戻って来たけれど、女性は元の仕事に戻れたのに、男性のほうは戻れない。悪いけど…君の仕事には別の労働者を雇い、それでうまく行っているので、どこか別の勤め先を探してくれ、と言われてしまった。あなたの準備書面には、それはまったく公正だと書いていますが、本日も、その立場は変わらないということですか？

「いえ、私は、それがまったく公正だとは思いません」と、ジョンストンは答えた。「ただ、それは違法とはいえず、そこに違いがある、と申し上げているのです」[*76]

ジョンストンの主張によれば、妊娠・出産を、他の身体的な不調と同じに扱うのは間違っている。理由は簡単で、それが女性だけに影響を与えるからである。男性の労働者も女性の労働者も、同じように子どもが欲しいと思うかもしれないが、その決定の身体的な負荷を担うのは女性だけである。「男性の労働者は、自分の子どもが生まれたときに職を失うことはありません。彼の労働生活に、中断は生じないからです」と、彼女は説明した。「したがって、このような観点から見れば、カリフォルニア州の法律は、優遇でも不利益取扱いでもありません。むしろ…平等のための手段にすぎないのです」[*77]

さらにジョンストンは、オコナー判事がオルソンに行った一連の質問を再び取り上げる形で、PDAの立法過程に言及し、その当時、既に2つの州(コネチカット州とモンタナ州)で、職の保護を伴う出産休暇法が作られていたことを、判事たちに指摘した。記録によれば、立法者たちはこれらの法律の存在を認識し、かつ、それらを否定していなかったのである。

ジョンストンは最後に、次のようなメッセージで弁論を締めくくった。「妊娠した労働者の職が守られるようにすることは、第7編の目的と矛盾しないのみならず、完全に両立可能で整合的であると、私たちは信じています。その目的とは、女性だけが妊娠するという事実にかかわらず、男性と女性との間で平等を実現することです」[*78]

連邦最高裁の判決

その3か月後、朝の7時半にリリアンがシャワーを浴びているときに、電話が鳴った。石けんとシャンプーまみれで飛び出し、あわてて受話器をつかむと、相手は新聞記者で、連邦最高裁で勝訴してどんな気分かを聞きたいと言う。「私は思わず、キャーと叫んでしまいました。それから、素晴らしい、神に感謝します、とっくの昔にこうなるべきだったけれど、と言いました」と、リリアンは語っている。[*79]

最高裁の判決は6対3で、マーシャル判事が書いた意見に、ブレナン、ブラックマン、スティーブンス、オコナーの4判事が加わり、さらにスカリア判事が支持に回って(彼は、結論に賛成しつつ、別に同意意見を書いた)、いつになくイデオロギー的に幅の広い多数意見となった。「連邦議会がPDAにより定めたのは、妊娠時の労働不能に対する給付がこれより下に落ちてはならないという『床』であって、これを上回ってはいけないという『天井』ではない、という〔控訴裁の〕結論に、我々も賛成する」[*80]と、マーシャル判事の意見は述べている。「カリフォルニア州の出産休暇法は、『妊娠を考慮に入れる』ことによって、女性が男性と同様に、職を失うことなく子どもを持つことができるようにしたものである」[*81]

多数意見は、最後の部分に、「平等取扱い」論者にも少し安心感を与えるような言葉を置いていた。マーシャル判事は、本件のカリフォルニア州法のように、妊娠した女性の雇用機会を拡大する法律と、それを縮小することを意図した法律を、鋭く区別したのである。

この法律では、妊娠、出産、または、これらに関連する健康状態のため「現実に身体的な労働不能の状態にある」期間だけを対象とするように、狭く絞った規定が設けられている。したがって、今世紀の初頭に多く作られた女性保護の労働立法とは異なって、妊娠・出産や妊娠した労働者に対する時代遅れのステレオタイプ的な考え方を反映するものではない。そのようなステレオタイプの想定にもとづく法律が、平等な雇用機会を保障するという第7編の目的に反することは、当然である。[*82]

このようなマーシャル判事の言葉は、彼が望んだ効果を発揮した。NOWの議長、エレノア・スミールは、この判決は「確かな勝利」であり、女性の機会を制限する法律への「滑りやすい坂道」を下ることにはならないと確信している、と述べた。[*83]また、コロラド州選出のパット・シュローダー下院議員は、当時、連邦議会で審議されていた、後にFMLAとなる法案の主要な提案者の1人であったが、「この判決は、私たちに素晴らしい勢いを与えてくれるだろう」と語った。[*84]他方、それほど喜べなかったのは、全米商工会議所のポーラ・コナリーである。「この判決に失望と驚きを感じている」と述べ、[*85]他州が同様の法律を制定することに対して連邦最高裁が青信号を出したことに、不満の意を表明した。「判決の文言を見ると、州が…優遇という意味で、どこまで行って良いのかについて、限定を設けていないように思われる」と、コナリーは述べている。[*86]

家族・医療休暇法（FMLA）の制定

判決から6年後の1993年2月5日、2週間前に就任したばかりのビル・クリントン大統領は、ホワイトハウスのローズガーデンで、連邦議会で可決された法案に署名する式典を行った。季節外れの暖かい陽光の中で、クリントンは、彼の政権で初となる法律、FMLAに署名をした。[*87] 議員や法案の支援者が周囲を取り囲み、両脇には、副大統領のアル・ゴアと、がんを患っていた娘を世話するために休みを取ったところ職を失った、アトランタ在住の女性、ビッキー・ヤンドルが立っていた。[*88] 集まった人々を前に、クリントンは、「家族や医療のための休暇は、純粋に常識の問題であり、社会の良識の問題です」と述べた。[*89]

この法律は、男女いずれの労働者にも、一定の場合に職の保障のある休暇の権利を与えるものである。労働者は、重大な病気になった家族の世話をするために、新生児や新たに縁組みをした養子との絆を形成するために、あるいは、自分自身の重大な健康状態のために（妊娠や出産からの回復もこれに含まれる）、そのような休暇を取ることができる。[*90]

この法律の成立までには、長い時間がかかっていた。1984年にカリフォルニア州選出のハワード・バーマン上院議員と「平等取扱い」派フェミニストの指導者たちが協力し始めて以降、ほぼ10年にわたって、毎年、何らかの形のFMLA法案が連邦議会に提出された。連邦議会では2度、上下両院で法案が可決されたが、どちらもジョージ・ブッシュ（父）大統領が、企業のコスト増を理由に拒否権を行使したため、不成功に終わった。[*91]

クリントンが署名した法案には、妥協による摩耗や傷跡があちこちに見られた。与えられる休暇の長さは、わずか12週であり（カリフォルニア州の法律は16週以上だった）、しかも休暇中は無給だった。法律の適用を受けるのは、労働者数が50人以上の大規模な使用者に限られる（カリフォルニア州の法律は5人以上の使用者に適用）。また、労働者が休暇の取得資格を得るためには、そのような使用者に、直前のまる1年にわたって雇用され、1250時間以上働いたことが要件とされている（カリフォルニア州の法律にはそのような限定はない）。そのため多くのパートタイム労働者が除外されてしまうが、その中には、女性が不均等に高い比率で含まれている。

以上のような理由のため、クリントンが次のように宣言したのは、かなり過剰に楽観的だったといわざるを得ない。「このＦＭＬＡは、アメリカの人々に、最も必要としているものを与えるでしょう。それは心の平穏です。今後、親たちは決して、自分の家族のために職を失うことを恐れる必要はありません」[*92]。ある女性運動の支援者が語ったように、「これは、家族を守るための最初の一歩です。この法律が最終的な解答だとは言いません。将来のための土台を作ったにすぎないのです」と言うほうが、より正確だったであろう[*93]。

その後のリリアン

リリアンは、現在、幼なじみの恋人と結婚し、ワシントン郊外のバージニア州に住んでいる。仕事からはほぼ引退し、自分の演劇での経験を活かして、市民のイベントで南北戦争の再現劇に参加したり、時には、子どものパーティで道化師を演じたりしている。

連邦最高裁の判決の後、リリアンの事件は、カリフォルニアの連邦地裁へと戻された。州法が適法と判断された以上、リリアンが出産休暇の後に職場復帰を認められるべきであったことは、疑問の余地がない。そこで、カルフェドは、彼女が失った賃金の額を話し合いにより定めて支払うことに合意した。カルフェドの仕事を失ったことで彼女がこうむった破滅的な結果――さらに、最終的な勝訴に至るまで、どれだけ彼女が待たなければならなかったか――を考えれば、最終的に得られた和解金額があまりに小さいことに、リリアンはがっかりした（詳しい合意内容は秘密とされている）。

リリアンは、仕事に戻ろうとした１９８２年４月のあの日から、連邦最高裁での勝利を知らされた１９８７年１月のはるかに喜ばしい日までの間、自分が余儀なくされた人生の回り道のことを回想し、「地獄のような5年」と呼んだ。しかし、そうではあっても、彼女は必ずこう付け加える。「たとえ12年かかったとしても、私は、またそうするつもりです[*94]」

第6章

女性パートナーへの道

プライス・ウォーターハウス事件　1989年

Price Waterhouse v. Hopkins（1989）

PW社への入社

1978年に、アン・ホプキンスは、世界8大会計事務所の1つであるプライス・ウォーターハウス社(以下、PW社という)の職のオファーを受け、同社の北バージニア・オフィスで勤務を始めた。政府サービス部(OSG)のコンサルタントとして、政府機関である顧客から受注する大規模な技術プロジェクトを管理する仕事だ。アンは数学の修士号を持ち、IBM社で米国航空宇宙局(NASA)のためにコンピューター・システムを構築する仕事に携わった経験もある。その後、やはり8大会計事務所の1つであるトウシュ・ロス社で、4年近く勤務した。男性が支配するこの業界の環境をよく知る、ベテランの女性だった。

しかし、アンは、自分が女性という少数派の地位にあることを、特に気にかけたことはなかった。テキサス生まれの、転勤の多い軍人家庭っ子(自称)であり、小さい頃から、知らない場所で新参者となったときでも、すぐに打ち解けてうまくやって行くコツを身につけていた。「私には、学校で子どもがいじめられて登校できなくなるといった心配は無用でした。『やあ君たち、次は何だい?』という感じで受け止めていました」[*1]と、彼女は語っている。女子大に4年間通ったことも、人格形成上の重要な経験だった。アンの言葉によれば、「私は、自分自身で問題に取り組み、それに対する解答や解決の妥当性を検討することを学びました。男性に頼ったり、男性の考えに遠慮したりすることを教えられる前に、そうなっていました」[*2]。もっとも、だからと言って、盛り上がり始めていたフェミニスト運動に、彼女が親近感を抱いていたわけではまったくない。「私は女性運動について考えてみたことはありませんでした。何と言うか、出会いがなかったのです」[*3]と、後に述べている。

アンは、白い手袋をして社交界デビューのダンスに行くような育てられ方をしたが[*4]、本人の言葉によれば、「洗ってそのまま着られるシャツ」のような、気さくなタイプだった[*5]。彼女はオートバイに乗るのも大好きで、19

74年にトウシュ・ロス社で初めての採用面接を受けるときも、スーツを着てフェラガモのパンプスを履きながら、ヤマハの175ccに乗って行ったほどだ。*6

パートナーへの挑戦

PW社に入社してから5年の間に、アンは、パートナーへの昇格に目標を定めて進み始めた(この間、彼女は3人目の子どもを帝王切開により出産したが、前の2人のときと同様に——2人も、やはり帝王切開だったが——産後、何週間もしないうちに職場に復帰した。「私には休養が必要で、家にいるより職場にいるほうが、休養の機会が多かったのです」と、アンは説明した)。*7 コンサルタントからシニア・マネジャーに昇進し、連邦の国務省と農務省から約4000万ドルの契約を獲得するなど、めざましい業績をあげた。OSGの幹部は、後日、彼女の仕事は「ほとんどパートナーの水準だった」と述べている。1982年の夏、OSGがアンをパートナーへの昇格候補者に推薦したとき、彼女は、他の87名の候補者(その全員が男性だった)の誰よりも、会社に多くのビジネスを生み出し、収入をもたらしていた。

OGSのパートナーたちは、アンを推薦するに当たり、次のように書いている。

会社での5年の勤務の間に、彼女は、自分が会社の成長と収益に重要な貢献をなしうる能力と手腕を持つことを、決定的に証明した。彼女の強い人格と独立心と誠実さは、顧客からも同僚からも広く認められている。ホプキンス氏は、口頭および書面による卓越したコミュニケーション能力を有している。彼女には、優れたビジネス感覚と、どんなに複雑な問題でも迅速に把握して対処する能力と、強力なリーダーとしての資質が備わっている。*8

PW社におけるパートナーへの応募の過程は、長く(約9か月)、入念なものだった。全社で40あるオフィスがそれぞれ候補者の名簿を提出すると、それらに対してパートナー全員が、個別の評価を示すことができた。この評価は、各パートナーがその候補者との間にどの程度の個人的接触があったかにより、「長い様式」か「短い様式」のどちらかで行われる。[*9] これらの評価は、次に「資格選考委員会」に提出される。この委員会が、寄せられたコメントを検討し、最終決定を行う「政策委員会」への勧告をまとめる。アンが候補者になったとき、同社の662人のパートナーのうち、女性はわずかに7人と、辛うじて1％を超える程度であり、資格選考委員会にも政策委員会にも、女性はまったく入っていなかった。

このような性的多様性の欠如は、PW社に限ったことではなかった。8大会計事務所はいずれも、女性をなかなか経営トップに入れないことで、悪名が高かった。[*10] 1980年代末、業界の専門家は、ニューヨーク・タイムズ紙に、「それらの会計事務所は、ようやく今ごろになって、女性も男性と同じくらい有能だという結論に到達しようとしている。彼らは女性に対して、男性を見るのと同様の開かれた眼を向けて来なかった、と言うほかない」と語っている。1988年の時点で、女性の昇進について数字が最良であったデロイト・ハスキンズ・アンド・セルズ社でさえ、850人のパートナーのうち女性は48人で、6％にも満たなかった。アーサー・アンダーセン社では、女性のパートナーの比率はわずか3％だったが、8社の中で最も比率が低いのは、PW社だった。1980年代の後半、アンが候補者となってから5年後までに、PW社のパートナーの女性比率はほんの少し上がったものの、2％に過ぎなかった。[*11]

「保留」通知とコメント

1983年4月、OGSのシニア・パートナーであるルー・クラルウィックは、ワシントンの中心街にある彼のオフィスにアンを呼び出し、そのニュースを伝えた。推薦された候補者の半数以上がパートナーへの昇格を認められたが、アンは、その中に入っていなかった。資格選考委員会は、彼女の昇格について「保留」を勧告し、政策委員会もそれに同意したのだ。保留は、まったく不可というわけではないが、アンは翌年まで待って、また最初から手続を始めなければならなかった。OGSの推薦をもらった上で、全社的な評価を受けるという手続が、再度、繰り返されることになる（その点は、やはり「保留」

とされた他の19人の男性候補者も同じである)。

クラルウィックは、彼女のどこが悪かったのかについて、あまり答えを持っていなかった。ただ、ＯＧＳにおける彼女のメンターであるトム・バイヤーが、アンは「いつも会社のシニア・パートナーを苛立たせていた」と言ったようだ。[*12] バイヤーはケイマン諸島で休暇中だったが、戻って来たところでアンが聞いても、それ以上の話はしてくれなかった。[*13] 数日後、アンは飛行機でニューヨークに行き、シニア・パートナーであるジョー・コナーと会って、詳しい説明を求めた。

「彼は快活だったけど、温かみは全然ありませんでした」と、アンは回想する。[*14] 彼女の応募を否定あるいは保留とすべきだという意見を述べた評価者のコメントをコナーが読み上げるのを、アンは、「身の毛がよだつ思いをしながら聞いて」いた。それらは、彼女が生み出したビジネスや担当した顧客とは関係のないものばかりだった。問題とされたのは、唯一、アンの対人関係上のスキルである。彼女は「チャームスクールに通って勉強する」必要がある、「あまりにも攻撃的で、不当に厳しく、一緒に仕事をするのが大変で、スタッフに対しても短気」である、「女性であることを過剰に埋め合わせようとしている」、などと評されていた。

アンを支持するような人々でさえ、このような手厳しい評価を裏付けるようなコメントをしていた。ある者は、彼女は「口が荒くてかなり男性的で鼻っ柱の強いマネジャーから、威厳と並外れた能力を有する、しかし非常に魅力的な女性パートナーの候補者へと成熟した」と書いていた。別の者は、「アンは明らかに特異な人格である」と認めつつ、「しかし、男性のパートナーには、アンよりひどい者はたくさんいる(言葉やきつい人柄という点で)」と述べていた。この人物は、彼女が批判されるのは言葉の乱暴さが主な原因であろう、なぜなら「女性が汚い言葉を使うのだから」、と推測している。さらに別の者は、アンが最初は「マッチョ」という印象を与えたことを認めたが、「人格うんぬんの話を別にすれば、彼女の力はリストの中のトップクラスであり、平均をはるかに上回る」と述べていた。[*15]

トム・バイヤーの助言

アンは、コナーのオフィスから退出したが、数か月後に新しい昇格者決定の過程がまた始まる際に、自分がどうすればパートナーになれるのか、ほとんど見当がつかなかった。ワシントンに戻ると、OGSの主席パートナーで、彼女の主要な推薦者でもあったトム・バイヤーに、面談の時間を設けてもらい、昇格のためにはどのようにするのが最善かを相談した。彼のアドバイスは?「もっと女性らしく歩き、もっと女性らしく話し、もっと女性らしい服装をし、メイクをし、ヘアスタイルを整え、ジュエリーを身につけることだな」というものだった。[*16]

この時のことについて、アンは後に、「私は、惨めさと、落ち込みと、怒りと、絶望と、悲しみを、サイクルのように繰り返しながら感じていました」と語っている。[*17]「いつも揺るぎなかった自信が破壊され、自分の部下や友人や同僚にいったい何と言えばよいのか分かりませんでした。5年にわたる懸命の労働も、素晴らしい成果も、下水に流されてしまったのです」。けれども、彼女は屈辱を飲み込んで、新しいパートナーを祝賀する、オフィス全体のパーティーに出席した。「平然を装い、ありったけの尊厳をかき集めて」。彼女の夫は、より戦闘的な方向を推奨した。「奴らを訴えてやれ」というのが、彼のアドバイスだった。[*18] しかし、アンは、まだ宣戦布告をする覚悟はできていなかった。2回目の選考でどのような結果になるかを、見ておきたいと思ったのだ。

彼女はそれほど長く待つ必要はなかった。4か月後、アンは、前に自分を推してくれたOGSのパートナーのうちの2人が、意見を変えたことを知った。彼女は自分の部から推薦を受けることすらできず、2回目の選考そのものがなくなったのである。[*19]

その一方で、アンと一緒に「保留」とされた男たちは、はるかに順調だった。19人のうち15人が、翌年、パートナーへの昇格を果たした。[*20]

弁護士との相談

アンは、有名法律事務所であるアーノルド・ポーターのパートナー弁護士と知り合いだった。彼に連絡したところ、弁護士のリストを渡してくれた。最初の人は出張中だったので、アンは、２番目に載っていた弁護士、ダグ・ヒューロンと会って相談をした。[*21] ヒューロンは、ロースクールを出てからまだ10年余りだったが、連邦政府の機関で働いて、すでに堂々たる経歴を積み上げていた。彼が最初に勤めたのは連邦司法省の公民権局で、そこにいた当時、南部貧困法律センター（ＳＰＬＣ）と共に、アラバマ州警察の人種隔離政策を廃止するために力を尽くした。続いて、カーター政権の下で、ホワイトハウスの大統領法律顧問オフィスに勤務した。ホワイトハウスを辞めた後、彼は、もう１人のパートナー、アイリーン・スタインと一緒に法律事務所を開業し、ワシントン市内の慎ましやかな民家にオフィスを構えていた。

ヒューロンは、ＰＷ社におけるアンのキャリアの基本的な情報と、パートナー昇格の否定へと至る一連の事実関係の話を聞いた後、会社の全体的な環境について、さらに詳しく知りたいと言った。アンは、それが女性に敵対的であるかどうか、ほとんど考えたこともなかったことに気づいた。「私は間抜けなお人好しだったのか、あるいは、注意を払っていなかったのでしょう」と、彼女は後に回想している。[*22] ヒューロンは、会社で性差別的なコメントを聞いたことはないか、また、パートナーの性別構成はどうなっているのか、と聞いた。前者について、アンは、「私の記憶の限りでは、そんなことはなかったと思います。ただ、性差別的発言があったとしても、私は気づかないことが多かったでしょう」と答え、後者については、「人口統計的に言えば、パートナーの大部分が男性で、大部分が白人だと思いますが、それ以上に何か役立つような情報は持ち合わせていません」と答えた。[*23]

これらの空白はいずれ埋めなければならないが、ヒューロンは、いま聞いた話だけでも十分に、アンが差別を受けたと結論づけることが可能と考えていた。４０００万ドルものビジネスをもたらし、顧客から高い評価を獲得し、自分の部から全員一致の推薦を得ていた候補者が、彼女のことをほとんど知らない８人の男により、人柄が気に入らないとの理由で拒絶されるというのは、何かがおかしいと言わざるを得ない。

他方、アンとしては、自分の状況に「差別」という言葉が当てはまると考えることに、まだなじめずにいた。

彼女のパートナー昇格を会社が拒否したのは「まずい経営判断」にすぎない、と思っていた。[*24]「私にとって、差別や公民権と言えば、学生時代にアラバマ州のガズデン、セルマ、バーミングハムなどで起きた、公民権運動の闘いのイメージしかありませんでした」と、彼女は告白する。「1964年公民権法が自分にも適用されるかもしれない、という事実を自覚的に意識するようになったのは、ごく最近のことでした[*25]」

EEOCへの申立てと退職、提訴

1983年春の段階では、第7編がパートナーへの昇格拒否にも適用されるかどうか、必ずしも明らかではなかった。第7編は、使用者による差別から労働者を保護するために作られたものであるが、PW社のパートナーは、通常の会社のマネジャーとは異なって、パートナー全員が会社の集団的意思決定に参加しており、誰が仲間のパートナーに加わるかの決定についてもそうだった。

当時、アトランタの法律事務所がある女性をパートナーに昇格させるのを拒否したというヒション事件(ヒション対キング・アンド・スポルディング)が、連邦最高裁に係属中であった。ヒューロンは、この事件の判決が出るまでは、両方の可能性に備えておくべきだと考えた。彼は、ワシントンを管轄する連邦地裁に、性差別を禁止するコロンビア特別区の法律にもとづく訴訟を提起するとともに、後で第7編にもとづき連邦地裁に訴訟を提起する権利を保全するために、EEOCに第7編の差別の申立ても行った。

この間、アンはPW社を辞めたくて仕方がなかったが、ヒューロンは、そのまま留まるよう指示した。もし自分から辞めると、それが「みなし解雇」に当たるという主張に成功しない限り、以後の賃金の損失を回復することはできなくなるからである。みなし解雇の証明は、非常に困難であった。広く受け入れられている法理によれば、原告は、自分の労働条件があまりに「耐えがたい」ものとなったため、本当に辞めるしかなかった、ということを証明しなければならない。その段階に達して初めて、自分で辞めても法的には解雇されたのと同じに扱われ、仕事を失ったことによる全損害を回復することが可能となる。アンは、会社でのキャリアが反転して急降下し、惨めな気持ちだったかもしれないが、それだけでは、彼女の仕事が「耐えがたい」と言うには不十分だった。どこまで行けば十分なのか、たしかに境界線は不明確である。アンは、ヒューロンが、その線を越えたと言ってくれるまで、待つことにした。[*26]

その時が来るまで、たった4か月しかかからなかった。アンがヒューロン弁護士に相談してからしばらくすると、メンターであるトム・バイヤーから、あなたには3つの選択肢がある、という話をされた。第1は、別の会社で仕事を見つけること、第2は、PW社の別の部に異動すること、第3は、これが彼のいちばんのお薦めであるが、パートナーになるのは諦めて、PW社で「生涯マネジャー」として二流の地位に留まるのを受け入れることである。[*27]その後、状況はいっそう悪化した。過去に担当した仕事の「品質管理レビュー」の結果を受け取ってみると、アンは、入社以来初めて、低い評価をつけられていた。するると、OGSのパートナーのうち、彼女のパートナー再挑戦への支持を撤回した2人のうちの1人が、アンが国務省との間で進めていた新規プロジェクトに介入するようになり、細かな点まで目くじらを立てるような監査を繰り返し行った。さらに、アンが外国出張から戻ってみると、彼女の物が箱に入れられており、新しいオフィスに運ぶと言われたが、それがどこになるのか誰も知らなかった。1983年12月までに、アンは、「指の爪の先で辛うじてぶら下がっているような心理状態」に陥っていた。その時点で、ヒューロンもようやく、もう大丈夫だと認めてくれた。彼の判断によれば、「耐えがたい」という要件がみたされたので、アンは、みなし解雇の主張をすることができる。かくして、アンは、クリスマスの4日前に辞職した。[*28]

その数か月後、ヒション事件の連邦最高裁判決が出され、全員一致で、パートナーへの昇格拒否についても第7編が適用されるとの判断が下された。ヒューロンは、EEOCから訴権付与状が届くと、連邦裁判所に訴訟を提起した。このホプキンス事件(ホプキンス対プライス・ウォーターハウス)は、1984年9月に、コロンビア特別区を管轄する連邦地裁に提起された。原告の側は、逸失賃金と弁護士費用の償還に加えて、アンをＰＷ社のパートナーに昇格させよと命じることを裁判所に求めた。

証拠開示による発見

アンは、ＰＷ社のトップ・パートナーであるジョー・コナーから伝えられた、彼女に関する否定的なコメントを、思い出せる限りでヒューロンに話していた。しかし、証拠開示の手続を通じて、ヒューロンは、長短いずれの様式についても全部のコメントのコピーを入手し、一言一句、自分の目で見ることができた。また、男性の候補者に関して提出されたコメントも入手し、彼らの資質や長所・短所に関するパートナーたちの評価を、アンのものと比較してみた。その際、アンが昇格の候補者となった年だけではなく、それ以前の数年についても、ＰＷ社に資料を提出させるようにした。アン以前に挑戦した他の女性パートナー候補者が、どんな評価を受けたのかを知るためである。

「私は、証拠開示によりＰＷ社から送られてきた書類を見て、驚いたことを覚えています」と、ヒューロンは言った。「当時、私がステレオタイプという言葉を知っていたかどうかは定かではありませんが、何か妙なことが起こっていることは明白でした」。アンと同じように、過去にパートナーを目ざした女性たちは、明らかに一方の性に特化した言葉により、手厳しい記述をされていた。たとえば、2人の失敗した女性は、無愛想だとの理由で、さらし者のような扱いを受けた。1人は「男になろうとしている」として切り捨てられ、もう1人は「マー・ベーカー」〔悪名高い犯罪一家の母親の名前〕という呼び名をつけられた。[*29] 3人目の女性（彼女は後に昇格に成功したのだが）は、「ウーマン・リブの活動家」と批判された。ある男性パートナーは、「私は、およそ女性をパートナーの候補者として真剣に考慮することはできない。女性はシニア・マネジャーの仕事さえ務まらないと信じている」と、頭ごなしの発言をしていた。[*30] また、ヒューロンは、男性の候補者については、無作法、傲慢、ぶっきらぼう等のコメントがなされていても、ＰＷ社がパートナーへの昇格を認めた例がいくつもあることを発見した。

証拠開示の手続の中で用いられるもう1つの手段が、

宣誓供述書の作成である。弁護士が、互いに相手方にいる証人に対し、宣誓をさせた上で質問に答えさせる。ヒューロンは、トム・バイヤーの宣誓供述を求めたが、その際、彼がアンに与えた、もっと女性らしい歩き方、話し方、服装、おしゃれをすべきだというアドバイスについて質問をした。ヒューロンには、バイヤーはアンを気に入っており、彼女にパートナーになってほしいと本当に考えていたように感じられた。しかし、会社への忠誠心から、そのような発言はしていない、と否定するに違いないと思っていた。ところが、驚いたことに、バイヤーはあっさりそれを認めてしまった。ヒューロンは、「畜生、何てことだ。この事件は勝てるかもしれないぞ、と思いました」と語っている。

評価におけるステレオタイプ

ヒューロンの見るところ、アンがあれほど多くの男性パートナーの神経を逆なでしたのは、明らかに、彼女の性別が理由であった。しかし、決定的な証拠はなかった。誰も明示的に、「ホプキンス氏は女性だから昇格させるべきではない」と言ってはいない。コメント全体から浮かび上がるメッセージは、次のように言ったほうが正確といえる。「ホプキンス氏は、良くないタイプの女性だから昇格させるべきではない」。事態を複雑にするのは、トム・バイヤーをはじめとするアンの支持者たちも、このような感情の変形のような発言をしていたという事実だった。彼らは、昇格への賛否を決定するにあたり、アンが女性であることを不利に考慮はしなかったが、アンを「女性の」候補者として扱っていたことは疑いのないところであった。

ヒューロンは、人種差別の事件で、いくつかの裁判所が、人種隔離が様々な形でアフリカ系アメリカ人に烙印を押して心を傷つけることを明らかにした社会科学の文献を引用したことを知っていた。そこで、彼は「性についても同じことが言えるのではないか」と考え、友人だった、女性法律支援基金（ＷＬＤＦ）——現在の女性・家庭のための全国連合——のドナ・レンホフに電話をかけて、相談をした。レンホフは、ワシントンの女性権利運動家の間で有名な弁護士であるサリー・バーンズが、最近、和解で解決したある雇用差別の事件で、社会心理学の専門家の証言を利用したことを思い出し、ヒューロンを彼女に紹介した。

その専門家は、カーネギー・メロン大学で教える若い心理学の教授、スーザン・フィスクだった。ヒューロンはフィスクに電話をかけ、アンの状況を説明した。さらに、証拠開示で入手した、長短両方の様式による様々なコメントやその他の資料も、フィスクに送った。フィスクの評価は、アンは、ステレオタイプに従わないために制裁を受けた、というものだった。フィスクによれば、男性に対しては、自己主張や競争心が強く、時には人を押しのけることが期待されるのに対し、女性に対しては、温和で優しいことが期待される。アンは「男のように」行動すると見られたため、より厳しい批判を受けることとなった。「私がこの事件で証言を引き受けたのは、一見して明らかに、これは不正義だと考えたからです」とフィスクは述べている。「このような研究をしている以上、いわば前線に出て行って塹壕の中に入ることも、引き受けなければならない、と思いました」

もっとも、審理の前にアンと会って話をすることには、フィスクは同意しなかった。問題の核心は、「フィスクが」アンをどう考えたかではなく、「パートナーたちが」アンをどう考えたのか、そして、そこにステレオタイプがあったと認められるか、である。事前にアンと会って彼女自身の印象を形成することは、事態を混乱させるだけであった。

性的ステレオタイプに関する社会科学の文献は、その10年以上も前から存在していた。しかし、ヒューロンが知る限り、雇用差別訴訟の審理でこの問題に関する専門家が証言を行った例は、これまでなかった。フィスクの証言が、そもそも証拠として提出可能と認められるのかどうかさえ、ヒューロンには確信がなかった。彼としては、とにかくフィスクが適切に証言できるように十全な準備を重ねた上で、裁判官がその証言を証拠として採用してくれることを願うしかなかった。

連邦地裁の判事

ホプキンス対ＰＷ社の事件の審理は、１９８５年３月

25日、連邦地裁のゲルハード・ゲゼル判事の下で始まった。ゲゼル判事は、ジョンソン大統領により任命された人物で、「コロンビア特別区を管轄する連邦地裁の中で、最も鋭く強靱な頭脳を持つ」と広く認められていた。[*31] ゲゼル判事の法廷に出る経験をした弁護士の1人は、「彼は髪の毛が真っ白で、まるで神様のように見えました」と語っている。[*32]

ゲゼル判事は、リベラルな判断を示すことで知られていた。たとえば、1960年代の末には、全米で最も早い時期に、人工妊娠中絶を禁止する法律を無効とする判決を下し、1970年代に、政府がワシントン・ポスト紙による機密文書(ペンタゴン・ペーパーズ)の記事掲載の差止めを求めた事件でも、請求を退けた。また、ウォーターゲート事件では、きっかけとなった民主党本部の建物侵入犯の一部や、ニクソン政権の高官数名の刑事裁判の審理を担当し、その過程で、ニクソン大統領自身を法廷侮辱罪に問うぞ、と警告する一幕もあった。[*33] アンにとって特に幸運だったのは、ゲゼル判事の父、アーノルド・ゲゼルが、イエール大学の児童発達クリニックを創設した、著名な児童心理学者であったことだ。[*34] スーザン・フィスクは、心理学の教義に覚えのある判事の前で、証言を行うことになるのである。

アンの事件が審理に入る頃までに、ヒューロンは、PW社を相手にするこの訴訟を、もはや単独で担当する必要はなくなっていた。彼の事務所の共同パートナーが前年に引退したため、ヒューロンはカンター・スコット・ヘラー法律事務所に入り、そこのジム・ヘラーが、共同代理人として事件に加わったのだ。ヘラーは2001年に亡くなったが、ワシントンの進歩派のベテラン弁護士として活躍していた。彼は、若い頃、ジョンソン政権の「貧困との戦い」に弁護士として参加し、その後、アメリカ自由人権協会(ACLU)の地方支部長として、1971年のワシントン「メーデー・デモ」で逮捕されたベトナム反戦運動の参加者たちのために尽力し、無罪を勝ち取った。[*35]

「ジムと私は、本件で、絶妙な関係にありました。共同管理という概念に、あれほど近づいたことはありません」と、ヒューロンは回想する。「私たちの間には、意見の対立がまったくなかったのです」

審理の模様

審理は5日にわたって行われた。ヒューロンとヘラーの議論の眼目は単純だった。アンが女性でなかったとしたら、楽勝でパートナーになっていたはずだ、というものである。獲得したビジネスの金額で言えば、「他の男性の候補者たちは、アンとはおよそ比べものになりませんでした」と、ヒューロンは言う。彼女は「ぶっちぎりの断トツだったのです」

この点の情報を、ヒュートンとヘラーは、アン本人への質問から引き出しただけではなく、彼女と仕事をした経験のある国務省の2人の高官を証人として呼び、証言してもらった。そのうちの1人は、次のように語った。「アンは、極めて有能かつ聡明で、たいへん仕事のできる人だと思います。強くて率直で、非常に生産的で、精力的で、創造的です」[*36]。もう1人も、彼女の「知的明晰さ」を賞賛し、自分のところで働かないかと声をかけて、説得しようとしたこともある、と述べた[*37]。最後に、ヒューロンとヘラーは、トム・バイヤーを証言台に呼んだ。彼は、アンがPW社での5年にわたる勤務の間に素晴らしい業績評価を受けていたことを確認し、さらに、もっと女性らしくふるまい、髪型や化粧やアクセサリーを変えるべきだと自分が彼女にアドバイスしたことを、ここでも認めた。

PW社の弁護士が質問する番になると、予想どおり、アンの人柄に関する否定的なコメントに焦点が当てられた。パートナーが書いた書面によるコメントは、その半分にすぎなかった。次から次へとパートナーが実際に証言台に立ち、アンとの間で生じた不愉快な衝突を詳しく語ったのである。そこでやり玉に挙げられたのは、アンと顧客との関係ではなく、PW社のパートナーやスタッフとの関係であった。「あの人たちは、私が使ったののしり言葉や、私がきつく叱った人々や、私がチェックして批判した業務について証言しました。それも、考えられる限りのネガティブな解釈を加えて」と、アンは回想する[*38]。自分についてパートナーたちが歯に衣を着せない言葉で語るのを聞くのは、「生物学の実験室で解剖されている、病気のカエルのような」気分だったという。[*39]

ヒューロンとヘラーは、アンが二重基準の犠牲者だったことを証明しようとした。彼らは、たとえば、ある男性の候補者が「成熟の欠如、生意気、苛立たしくて、うぬぼれ」等のコメントを受けながら昇格を認められたことについて、確認を得た。[*40]また、あるシニア・パートナーに、「口汚くののしる」男性でパートナーに昇格した者がいるかどうか尋ねたところ、彼は「そりゃ、もちろん」と認めた。[*41]

フィスク博士の証言

原告側の反駁に当たっての最重要証人は、フィスク博士だった。彼女はゲゼル判事に、会社側から出されたすべての否定的コメントについて、別の読み方を提示した。すなわち、それらが否定的となったのは、アンが十分に「女性らしく」ふるまわない女性だったからにほかならない、という理解である。したがって、アンのパートナー昇格を認めないという決定に当たり、性的なステレオタイプが「重要かつ決定的な役割を果たした」というのが、専門家としてのフィスクの意見であった。[*42]

フィスクは、PW社の昇格手続には、ステレオタイプがはびこることを許してしまう、様々な欠陥があったことを指摘した。たとえば、89人の候補者の中で他に女性はいなかったため、アンの性別が、彼女の最も目立つ特徴となってしまった。また、評価の基準として、どれだけの金額の契約を獲得したかといった数値的な特性よりも、「素晴らしい評判」や「卓越した性格」などの、見る人によって判断が異なる要素に、あまりに重きを置きすぎていた。フィスクによれば、基準が主観的であればあるほど、評価者の頭が、女性には何がふさわしく何がふさわしくないかという、ステレオタイプの思考に近づく可能性が大きくなる。さらに、アンとほとんど接触したことのなかったパートナーのコメントを尊重しすぎていた点にも、フィスクは批判を加えた。ある人について、ほんの何回か会った経験にもとづいて意見を述べる場合、性的ステレオタイプが入り込みやすくなるからである。最後にフィスクは、PW社が、偏見による決定を防止する「チェック」の仕組みを特に設けていなかったことを指摘した。同社では、差別禁止の方針を定めた文書はなく、候補者の評価に当たりステレオタイプを防ぐ方策についてパートナーの訓練も行われず、女性への敵意を示すコメントを提出したパートナーが訓戒されることもなかった。[*43]

次に、PW社の側の弁護士、スティーブ・タレントが立ち上がり、反対尋問を行った。彼はフィスクに、自分が一度も会ったことのない人々の意思を、どうしてこうだと言えるのか、と質問した。ステレオタイプは見れば明らかだというのが、彼女の回答だった。タレントは、具体的にどのコメントがステレオタイプにもとづいていると考えるのか、明示することを求めた。そこでフィスクが、リストの上から下まで、順番に取り上げて理由を説明すると、タレントはいっそう嫌味で辛辣になった。「女性の中には、本当に苛立たしい人もいるのではないですか?」と、彼は挑むように言った。無礼な人は? 傲慢な人は? フィスクは、もちろん女性も男性と同じように、これらの資質を有することがあると認めた。[*44]

とはいえ、タレントが、証拠のコメントに関するフィスクの解釈にどれほど疑念を抱いたとしても、彼女の専門家としての資格や、科学分野としての社会心理学の正統性を争うことはなかった。5日間の審理の終結に当たり、ゲゼル判事は、フィスクの証言を証拠として採用した。

フィスクが証言台から降りた後、アンは、法廷の外で彼女に歩み寄り、手を握って感謝の言葉を述べた。「私はようやく、自分に何が起こったのかを理解することができました」

地裁による差別の認定

ゲゼル判事がスーザン・フィスクに対してどのような印象を持つかについて、ヒューロンの予想は当たった。6か月後に出された彼の判決は、フィスクの示した結論を、その中心にすえるものであった。

「本法廷は、政策委員会が行った、原告をパートナーに昇格させない旨の決定は、差別的な評価により汚されていたと判断する。それは、同委員会が、パートナーの評価の中に明らかに含まれていた性的ステレオタイプの問題に対処することを怠ったことの、直接的な帰結であった」[*45]。これらのステレオタイプは、コメントを行った個々のパートナーにとって無意識のものだったかもしれないが、ＰＷ社は、ステレオタイプが結果を決めることを許容するような評価システムを「意識的に」採用したのである、と判決は説明する。昇格手続の欠陥を指摘したフィスクの証言は、このような結論の端的な根拠とされていた。

パートナーによる共同経営の会社であれ、他の形態のものであれ、いかなる使用者も、本件におけるＰＷ社ほど、評価制度が性的バイアスの影響を受けていることの徴候に対して無関心であり続けることは不可能である。ＰＷ社は、判断が偏見によって歪む可能性についてパートナーに警告し、ステレオタイプを防ぐことを促し、出されたコメントを調査して、二重基準を示すものがあれば必要に応じ削除する、といった措置を取っていない。これは、本件において第7編の違反を構成する[*46]。

動機の競合の問題

ところが、この先で、話はより複雑になる。ゲゼル判事は、パートナーたちの批判に性的バイアスが作用していたことに同意する一方で、アンの対人関係のスキルに関する苦情の中には、そのようなバイアスが原因とはいえない」ものも多く含まれていたことを認めた。

コメントへの反論の場面で、彼女のために証言してくれた人々さえも、彼女の管理スタイルを「論争的な」という言葉で表現し、彼女と一緒に働くには「外交的手腕と我慢強さと勇気」が必要だったと述べていた。他の証拠でも、彼女はＰＷ社に勤めている間に、「他人に対して過度に批判的」で「部下にいらいらした態度を取る」として、忠告を受けていたこと、そして彼女は、それらの批判に異議を唱えなかったことが示された。つまり、ゲゼル判事によれば、「原告の行為は、政策委員会の決定の基礎となった苦情に、十分な理由を与えるものであった」[*47]

かくしてゲゼル判事は、第7編の新たな領域である「動機の競合」の問題に足を踏み入れた。使用者の決定が、一部は偏見にもとづき、一部は職務に関連する正当な理由にもとづく場合、違法と適法の境目はどこにあるのだろうか。差別的意図が少しでもあれば、それがなければ正当だったはずの決定が、自動的に汚れたものとなってしまうのだろうか。また、原告の側が、偏見が決定に差異をもたらしたことを証明する責任を負うのだろうか。それとも、使用者の側が、たとえ差別がなかったとしても、同じ決定を行っていたことを証明する責任を負うのだろうか。

ゲゼル判事は、証明責任をPW社に課した。判決によれば、労働者が、雇用上の決定に当たって差別が「役割を果たした」ことを示した以上、違法責任を免れるための負担は、使用者の側に移行する。そして、この段階で使用者が責任を免れるための唯一の方法は、差別がなくても同じ結果となっていたことを「明確かつ説得的な証拠」によって証明することである。差別撤廃という第7編の目的は極めて重要であるので、不確実さが生じたときには、労働者ではなく使用者の不利に解釈されなければならない。

本件の場合、PW社は「明確かつ説得的な」という基準をみたしていないと判断された。ステレオタイプの証拠があまりにも強いため、偏見にもとづくコメントがなかったとしても、アンはパートナーへの昇格を認められなかったはずだ、と結論づけることは、とうてい不可能とされたのである。[48]

みなし解雇に関する判断

ただし、この判決は、すべてがアンの勝利というわけではなかった。彼女の辞職が「みなし解雇」と認められるための法的基準を満たしていたことにつき、証明が不十分だとされたのである。ゲゼル判事は、この基準をみたすために必要とされる様々な要素——「彼女に辞職を強いるほどに強い、一連の差別、屈辱、あるいは、その他の悪化要素の積み重ね」——を指摘し、本件ではそれらが欠けていたと判断した。アンが辞職に至るまでの数か月間に受けた不当に厳しい監査に関しても、それが「彼女を辞職に追い込むための不当な企て」の一部であったという証明を彼女は行っていない、と述べている。[49]

したがって、アンが法的に回復することができる損害の額は、辞職の日までの分に限られる、というのが、ゲゼル判事の結論であった。アンがパートナーとしてPW社に戻ることができるか否かという問題については、検討すらされなかった。その代わり、アンは、彼女が失ったパートナー相当の給与との差額を、辞職の日である1983年12月までの期間について、支払われる権利があるとされた。アンの概算によると、その金額は1万5000ドル程度であった。

控訴裁判所の判決

ゲゼル判事の地裁判決に対しては、原告・被告の両方が直ちに、それぞれの敗訴部分について控訴を提起した。PW社は、性差別に関する判断を争い、アンは、みなし解雇に関する判断を争った。

コロンビア特別区の連邦控訴裁は、翌年の秋、1987年10月に、本件控訴について口頭弁論を実施した。アンの立場から言えば、担当する3名の判事の顔ぶれは、希望を抱かせるものだった。ハリー・エドワーズ判事は、カーター大統領に任命された人物であり、ジョイス・ヘンズ・グリーン判事も、同じくカーター大統領による任命だった(グリーン判事は連邦地裁の判事だったが、連邦控訴裁の職務を「指名により」担当していた。このような指名は、スケジュールの都合から時に行われる)。この2人はリベラル派として知られており、ダグ・ヒューロンとジム・ヘラーは、特にグリーン判事が、女性として、アンの主張に理解を示してくれるのではないかと期待した。最後の3人目、スティーブン・ウィリアムズ判事は、疑問符だった。彼は、数か月前に、レーガン大統領に任命されたばかりである。しかし、ある意味で、ウィリアムズ判事が反対の立場を取ったとしても問題はなかった。ヒューロンの言葉を用いれば、「2対1の勝利でも十分」だったのだ。

1987年8月、連邦控訴裁は――ヒューロンが予想した通り、2対1の判決だったが――アンに全面的な勝利を与えた。グリーン判事の執筆による多数意見は、ゲゼル判事の地裁判決のうち、性差別に関する判断を支持し、みなし解雇の部分を破棄した。

この判決は、アンや他の女性候補者に関するパートナーたちのコメントは、違法なステレオタイプを示している、という判断に賛成した。アンを支持する人々も、彼女を「褒める」に当たって同様にステレオタイプ的な言葉を用いていたという事実は、この結論を変更するものではない。「ステレオタイプにもとづく態度は、時には女性に有利に働くこともある。たとえば、母親のほうが父親よりも親として本来的に優れているとの想定が、かつては疑問視されることなく維持され、その結果、離婚訴訟で、子どもの監護権はほとんど常に母親に与えられた。このような女性にとって有利な偏向も、不利な偏向と同様に、時代遅れの思考の産物である」。さらに判決は、PW社が、アンに対するステレオタイプ的な評価がなかったとしても、パートナーへの昇格は認められなかったことを「明確かつ説得的な証拠」により証明していないという点についても、地裁の判断に同意した。この点の証明責任を労働者の側に課することは、ほとんどの原告にとって越えることのできないハードルとなってしまう、と判決は述べている。[*50]

みなし解雇に関しては、控訴裁は、アンの労働条件を耐えがたいものにして辞職に追いやることをPW社が「意図して」いたことの証明を彼女に求めた点で、地裁の判決は間違っていたと判断した。正しい基準は、「合理的な人間」であれば、もう辞職するしかないと感じる状況にあったか否か、というものである。アンについては、この基準がみたされていたと認められた。「彼女にパートナーの地位を認めないというPW社の決定に、…OSGが彼女の再推薦をしなかったという事実が加わり、彼女の地位にある合理的なシニア・マネジャーであれば誰もが、自分のキャリアは終わったと感じたはずである」。[*51]判決は、この点に関するゲゼル判事の判断を覆し、事件を差し戻して、アンに対する適切な救済を検討するよう指示した。アンとしては、ゲゼル判事が、彼女をパートナーに昇格させよという命令を今度は発してくれるだろう、と期待を保つことができた。

最高裁の手続の開始

「私にとって最悪の日の1つは、連邦最高裁が〔私の事件の〕上告を受理したときでした」[*52]と、アンはニューヨーク・タイムズ紙に語っている。5年にわたって訴訟が継続し、自分の人柄に関する手厳しいコメントをうんざりするほど聞かされてきたので、アンは、控訴裁の判決で、ようやく終わりが見えたと考えたいと思っていた。

彼女は、自分の生活に戻ることを切望していた。そちらのほうで、対処しなければならない新たなストレスが生じていた。最近、彼女は夫と離婚し、3人の子どもの主たる監護者となったのだ。しかし、PW社の側は、控訴裁が性差別の成立を認めた部分について裁量上告の申立てを行い、連邦最高裁は1988年、これを認めて自ら判断を行うことにした。ヒューロンにはついに理由がわからなかったが、なぜかPW社は、みなし解雇の部分については上告の対象に含めず、連邦最高裁の判断を求めなかった。

アンは、ヒューロンとヘラーに、私生活における傷心や、連邦最高裁の上告受理のニュースを聞いたときの落胆について、知らせてはいなかった。彼女はいつもと変わらぬ「泰然とした」態度だったと、ヒューロンは述べている（その後、アンが離婚のことをヒューロンに打ち明けると、彼のほうも、悲しい秘密を彼女に隠していたことがわかった。彼は、本件の審理が行われている間に、妻と離婚していたのだ。ヒューロンはひどく心が落ち込んで、最終弁論をヘラーに譲った。以後、本件ではこれがパターンとなって、ヘラーが口頭弁論を担当し、ヒューロンは準備書面の主たる作成者となった）。

準備書面と意見書

ヒューロンの重要な懸念の1つは、いかにして連邦最高裁に、フィスク博士および彼女の結論の信憑性を納得してもらうか、という点だった。控訴裁のウィリアムズ判事は、反対意見の中で、フィスクを嘲笑する言葉を並べてしていたのだ。「性的ステレオタイプを論じるに当たり、連邦地裁は、スーザン・フィスク博士の証言を非常に重視している。彼女は、この分野の専門家と称する証人である」。実際、ウィリアムズ判事は、フィスクを、安雑貨屋のブースに座っている怪しげな心霊師に毛の生えた程度にしか、評価していないようだ。彼は、ゲゼル判事が「ＰＷ社の空気中にはステレオタイプが漂っているという主張と、それを感知するフィスク博士の驚くべき直感力」を信用したことを、散々にこき下ろした。[*53]

驚くには当たらないが、ＰＷ社は、連邦最高裁に提出する準備書面の中で、このウィリアムズ判事の反対意見を大々的に引用した。彼の言葉を直接に引用していない箇所でも、フィスクの結論を「直感による山勘」と呼んだり、「性的ステレオタイプ」という言葉に、それがフィスクが勝手に作り出した特異な概念であるかのように、必ず引用符を付したりするなど、彼の皮肉な嘲笑が響き渡っているようだった。[*54]

ヒューロンとヘラーは、フィスクの結論に重みを加えるために、アメリカ心理学会（ＡＰＡ）に依頼し、アミカス意見書を提出してもらう約束を取り付けた。ＡＰＡは、ウィリアムズ判事やＰＷ社が、フィスクの意見は疑似科学によるものにすぎないと示唆したのに対する反駁として、ステレオタイプに関する（専門家の査読審査を経た）研究論文を大量に引用した意見書を書いた。その中で強調されていたのは、ステレオタイプがすべての女性に対して及ぼす束縛的作用である。

性的ステレオタイプは、女性たちを「二重拘束」のジレンマに追い込む。彼女たちが「女性として」見られる場合には、しばしば、権力ある高い地位へのアクセスが否定される。女性はこうだと推定される属性のため、必要な能力を欠いているように見えたり、達成した実績が能力以外の何かのおかげと考えられたりするからである。…他方で、彼女たちが、その仕事に不可欠な「男性的」行動を取っていると感じられる場合には、粗雑で人当たりが悪い、適応性に問題がある等の評価がなされる。したがって、実績を上げようとする女性は、多くの場合、苦境に陥る。どのような行動を取っても、キャリアに有害に作用してしまうのである。[*55]

アンを支持する立場で出されたアミカス意見書は、他に3通あったが、その中には、19の女性権利団体が連名で作成したものが含まれていた。この意見書によれば、アンの事件は、女性を不利益に扱う「制度」ではなく、女性に対する偏った「態度」が争われた点で、「性を理由とする」差別に関する「第2世代」の幕開けを告げるものであるが、そのような態度も有害さにおいて何ら変わりはない。この点を示すために、それらの団体は、レーガン大統領の下でアメリカの国連大使を務めたジーン・カークパトリックほどの著名な成功者も、同じ苦しみを語っていることを指摘した。「私がアメリカ合衆国に対する批判に反論すると（それは私の仕事の重要な部分ですが）、しばしば『対決的だ』と言われました。……しばらくして気づいたのは、男性の同僚たちが、私よりももっと『対決的な』演説を行っても、『対決的だ』というレッテルを貼られた者は誰もいないという事実でした[*56]」

双方が口頭弁論の準備を進めている間、アンは少なくとも、事件が注目を集め続けていることに、いくらかの喜びを感じることができた。「会社の上告申立てが最高裁の手続を進んで行くに連れ、メディアは、ランドマーク的（画期的）な事件だと言い始めました」と、彼女は後に述べている。アンはその頃、ベッツィー・ヒションと会って話をする機会があった。法律事務所のパートナーへの昇格拒否を争った、あのヒション事件の原告である。彼女が連邦最高裁で勝訴したことで、アンが第7編にもとづき訴訟を提起することが可能になったのだが、この事件もやはり「ランドマーク的」と評されていた。「私たちは、にっこり笑い、ジントニックで乾杯をしながら、お互いに『ランドマーク1号』、『ランドマーク2号』と呼び合いました[*57]」

口頭弁論における会社側の主張

連邦最高裁は、アンの事件（プライス・ウォーターハウス対ホプキンス）の口頭弁論を、1988年10月31日に開催した。アンは、大勢の支援者たちと並んで法廷に入った。彼女の弟と妹、友人たち、さらに、テラ（12歳）、ギルバート（10歳）、ピーター（8歳）という3人の子も一緒だった。

アンの側は、控訴裁のときと同様、ジム・ヘラーが弁論を行うが、PW社は、新しい弁護士を用意していた。同社を代理して連邦最高裁で弁論を行うのは、エリート法律事務所であるメイヤー・ブラウンのパートナーで、以前には訟務副長官を務めたこともある、ケイ・オバーリーだった。

控訴裁判決に対して上告した側であるPW社のほうが、先に弁論を行うことになる。オバーリーが演壇に上がった。彼女はまず、本件はそもそも「動機の競合」と呼ばれるべき事案ではなかった、と主張した。アンに対する偏見があったという証拠は、実はフィスク博士からしか出されておらず、その中身は非常に微弱であって、およそ「動機」の立証とは認められない、と言うのである。

オバーリーも、アンに関して「性にもとづくコメントがいくつかあり、それらは適切ではありませんでした」と認めた。しかし、「それらが、競合する動機の存在を示すわけでは、まったくありません」と言い、逆に、ゲゼル判事が認定したように、アンのパートナー昇格を認めるべきではないという旨の「偏見のない」コメントも数多くあったことを指摘した。[*58]

オバーリーによれば、アンの側は、「フットボールで、50ヤード(約45・7メートル)ラインを越えて敵陣内にボールを持ち込む」だけの偏見の証拠を示していない。したがって、PW社のほうに、偏見あるコメントが仮に混入していなかったとしても同じ結果となったことを証明する責任が課されたのは、誤りである。[*59]

オバーリーは、また、アンのパートナー昇格否定につき最も直接に性的バイアスを示す証拠である、トム・バイヤーの「もっと女性らしく歩き、もっと女性らしく話し」等々の発言についても、責任を否認した。この発言は、会社の正式な指示と理解されるべきではなく、友人同士の間の私的なアドバイスにすぎない、と主張した。[*60]

原告側の主張

オバーリーは、特に活発な質問を受けることなく弁論を終えたが、ヘラーの番になると、さらに質問は少なかった。彼はまず、ゲゼル判事が認めたステレオタイプの証拠の重みについて、オバーリーの評価に異を唱えた。「残念ながら、オバーリー氏は、[ゲゼル判事の]認定が持つ意味を、相当に軽視していると思います」と、ヘラーは反撃した。彼は、ゲゼル判事が結論として、アンは「時代遅れの考え方にもとづく評価が…決め手となる制度の犠牲となったように思われる」と述べた部分を引用し、強調のために一呼吸置いた上で、『決め手となる』。これ以上に決定的な言葉は、なかなかないでしょう」と述べた。[*61]

次に、ヘラーは、動機の競合の事案における原告の証明責任について、オバーリーの用いた比喩に反論した。「よろしいですか。これは、50ヤードラインの問題ではありません。作用した可能性のある2つの動機があり、そのときに原告が何を証明すべきか、という問題です」と、述べた上で、原告としては、偏見が「動機づける要因、実質的な要因」であったことを示せばよい、と説明した。[*62]

ヘラーは、また、トム・バイヤーのアドバイスは会社と関係のないものであった、と性格付けようとしたオバーリーの試みを拒絶した。バイヤーは「パートナーの選考を行う政策委員会の使者」だったのである。事実、ヘラーは、別のパートナーが審理において証言した、次の言葉を引用した。「トム・バイヤーが…彼女に何を言うべきか、どこに問題があると言うべきかを完全に理解していたことに、私はまったく疑問を持っていません」[*63]

連邦最高裁の口頭弁論では、ほとんどの弁護士が、大抵の場合、判事から数多くの質問を受けて時間を取られるため、持ち時間の30分の間に用意した意見を最後まで述べるのは至難の業である。ところがヘラーは、持ち時間がなくなる前に終わってしまった。「他にご質問がないようでしたら、これで着席させていただきます」[*64]

アンにとって、口頭弁論は「期待はずれの体験」だった。弁論の間、小さいほうの2人の子が交互に身体をよじらせたり、喋ったり、居眠りをしたりして、警備の守衛の注目を集めてしまった。アンは、法廷にいた1時間の大部分を、子どもたちが眠らず、おとなしく、静かにしているようにさせるために使ったのだ。「ひどい音響とうるさい守衛のおかげで、私は、ほとんど弁論を聞くことができませんでした」と、彼女は書いている。しかし、もっと見やすい位置にいた友人たちは、オバーリーが「説得力がなかった」のに対し、ヘラーが「冷静で、落ち着きがあり、雄弁で、明晰だった」と保証してくれた。アンは、子どもたちを連れて、最高裁の建物の外にいた報道関係者の人混みをかき分けながら進み、待っていたタクシーに乗り込んだ。それから帰宅すると、盛大なパーティーを開いた。*65

連邦最高裁の判決

「カレンダーさえも、このプライス・ウォーターハウス対ホプキンスが、並大抵の事件ではないことを知っていた」と、ダグ・ヒューロンは語っている。本件は、ハロウィーンの日に口頭言論が行われ、メーデーの1989年5月1日に判決が出された。その日、ヒューロンが裁判所に向かうためにタクシーに乗り込もうとしていたときに、ジム・ヘラーが彼の横にやってきて、「たった今、連邦最高裁がホプキンス事件の判決を下した」と言った。「我々は勝ったようだ」

ヘラーから電話を受けて、アンは、彼らの法律事務所のオフィスに駆けつけた。判決は6対3でアンの側の勝利だったが、その6人の判断には、3つの異なる意見が含まれていた。ヘラーが判決書の束をめくって読み進み、内容を理解しようとしている間に、アンは自分の分の判決書を持って車で帰宅し、近所に住むロースクールの学生に用語の解読をしてもらいながら、読んでみた。

6名の判事(ブレナン、ブラックマン、マーシャル、オコナー、スティーブンス、ホワイト)は、性的ステレオタイプは性差別に当たると判断した。「使用者が、積極的であることが必要な地位に就いた女性がそのような性格を示すと、積極的であり過ぎると異議を唱えることは、女性たちを、耐えがたく許しがたい、二律背反の状況に置くことになる。積極的にふるまえば仕事を失い、そのようにふるまわなくても仕事を失うのである。第7編は、このような苦しい束縛から女性たちを救い出す」と、ブレナン判事の意見は述べている。

この相対多数意見によれば、本件では、パートナーたちが性的ステレオタイプを抱き、そのステレオタイプが動機となってアンのパートナー昇格を否定したことが、十分な証拠により示された。実際、パートナーたちの性的に偏向した言葉は極めて露骨であり、フィスク博士の証言は「ケーキの上の砂糖飾り」にすぎない。

積極的な女性労働者について「チャームスクールに通って勉強する必要がある」と述べることに性的ステレオタイプが含まれていることは、特別の訓練を受けていなくても、容易に感知することができる。また、トマス・バイヤーの忘れがたいアドバイスに関しても、労働者の「対人関係上のスキル」の欠陥が、柔らかな色合いのスーツや、新しい色の口紅によって是正されうるのであれば、その批判を招いた原因は、おそらく彼女の対人関係上のスキルではなく性別である、ということを理解するのに、心理学の専門知識は必要ではない。

同じ6名の判事が、被告である使用者に「動機の競合」があったことを示す証拠が存在する場合でも、原告が勝訴することが可能であることを認めた。この判断によって、将来、労働者が差別事件で勝訴することが、相当に容易になるものと思われる。[*66]

しかし、連邦最高裁は、ある1点において、PW社の側に勝利を与えた。地裁のゲゼル判事も控訴裁も、同社が敗訴を免れるためには、仮にステレオタイプのコメントがなかったとしてもアンのパートナー昇格が否定されていたことを、「明確かつ説得的な証拠」により示さなければならない、としていた。けれども、連邦最高裁は、この基準はあまりに高度過ぎる、PW社は、右の点の証明を「証拠の優越」の基準によって行えば十分である、と判断した。大雑把に言えば、PW社は、いずれにしても同じ決定を下したであろうことを、「どちらかと言えばそうだ」という程度に示せばよいことになる。PW社は、地裁の審理で、間違った証明基準によって判断された。そこで連邦最高裁は、事件をゲゼル判事に差し戻し、同社が、本来の、より厳しくない基準を満たしたと言えるか否かについて、判断を行わせることとした。

アンは、いくつもの意見が示されたことで混乱し、また地裁に戻ることに不安を感じた。「私は負けるかもしれない」と、彼女は地元の記者たちに飾らぬ気持ちを語り、後でジム・ヘラーから、公式の場では一切、疑念を表明してはならない、とたしなめられた。[*67]

連邦最高裁の判決から1週間後、アンの離婚手続が完了した。彼女の人生の1つの章が終わり、次の章へと進む準備が始まった。ゲゼル判事の下での新たな審理は、1989年11月に行われることが決まった。今度は、PW社に対して、新しい、より厳格でない基準が適用されることになる。適切な救済の問題——アンをパートナーに昇格させるよう命令すべきかどうかを含む——に関する審理は、翌年2月の予定であった。

差戻し後の地裁判決と控訴の棄却

「さて、どうも、あなたはパートナーになりそうだ」と、ジム・ヘラーが電話でアンに言った。「おお、クソっすごい！」というのが、驚いた彼女の反応だった。[*68]

それは1990年3月14日のことで、ゲゼル判事が、アンに完全な勝利をもたらす判決を下したのだ。同判事は、最初の審理の際に提出された証拠を再検討した結果、PW社が、偏見で汚された評価がなかったとしても、アンのパートナー昇格を否定していたことを、「証拠の優越」により示すことができなかった（前回、「明白かつ説得的な証拠」により示すことができなかったのと同様に）、と結論づけた。

その結果、残るは救済の問題となった。ゲゼル判事には不可解だったようだが、アンは、今でもPW社のパートナーになることを希望していた。ニューヨーク・タイムズ紙が伝えるところによれば、「彼女は、自分が望まれていないことが記録により明らかな会社でパートナーとなるのは、別に気にならない、と話した。経営管理コンサルタントとしての能力に自信があり、それを一流の企業で活用する機会を得たいと思っていたからだ」[*69]

PW社に、アンのパートナー昇格の選考手続を最初からやり直させるという可能性に対しては、ゲゼル判事は「無益かつ不公正」であると述べて、拒否の態度を取った。彼の説明によれば、「その場は、彼女の不利な方向に傾きが設けられている。PW社は明らかに彼女を望んでおらず、自主的に受け入れるつもりもない」。そのため、「当然与えるべき救済は、単なる新たな票決ではなく、パートナーの地位そのものである」[*70]

この点もまた、PW社に対するアンの訴訟で示された、歴史的な転換の1つであった。差別のため不当に職を否定された者が裁判で勝訴した場合、救済として、本人をその職に就けよという命令が出されることは、珍しくなかった。しかし、パートナーは、全員が共同で決定を行って利益を分け合う、特別な組織の構成員であり、仲間からの招待がなければ加入できない。ゲゼル判事の決定は、連邦裁判所が、差別事件の救済として被害者にパートナーたる地位を与えた、初めての事例であった。

数週間後、ゲゼル判事は、アンを１９９０年7月1日付けでパートナーとして受け入れるようＰＷ社に命じる最終命令を発した。あわせて、彼女が１９８３年7月1日にパートナーに昇格していれば得られたはずのパートナー株を与えることと、その間に失った報酬分として40万ドル近くを利息付きで支払うこと、さらに彼女の弁護士費用を支払うことが、ＰＷ社に対して命じられた。また、ゲゼル判事はＰＷ社に、アンが訴訟を起こして争ったことに対して、いかなる報復も行ってはならない旨も命じた。

しかし、本件はそこで終わらなかった。ＰＷ社は、もう1度の試みとして、コロンビア特別区の連邦控訴裁に控訴し、差別の認定と、アンをパートナーにせよという救済の両方について、ゲゼル判事の判断を争った。当時、アンは新聞記者に悲しげに語っている。「私の子どもたちは、いつも尋ねます。これが終わりになるまでに、いったい何度、勝なければならないの、って」[*71]

１９９０年12月4日、控訴裁は全員一致で、ゲゼル判事の命令を支持する判決を下した。後日、アンが安堵しながら書いたように、「私はもうこれ以上、負ける心配はなくなったわけです」[*72]

和解の成立

裁判所での闘いに関しては、アンの言葉は正しかった。しかし、ＰＷ社は、彼女を会社から排除しておこうという努力を止めはしなかった。会社の弁護士は、ヘラーとヒューロンに、彼女が戻らないことに同意するならば、最高で１００万ドルを支払う、という話を持ちかけた。これに対してアンは、これほど長く闘ってきた後で諦めるには、この金額では足りないし、通常の和解条件に入っている、今後、会社のことを悪く言うことはしない等の条項に同意するわけにもいかない、と回答した。[*73] ダグ・ヒューロンによれば、この段階で、PW社はようやく「敗北を率直に認め」、「アンが他のパートナーと同様に扱われることが確保されるよう建設的に行動する」ことにした。

1991年、最初にPW社のパートナーになろうと挑戦した時から10年近くが経った後、アンは同社に復帰した。彼女は47歳になっていた。「会社に戻ることについて、私は緊張して不安を感じました」と、彼女は認めた。「私は8年分の経験を失ったのですから」。[*74] 以前にいたときに後輩だった人々が、今ではパートナーに昇格してから6年から7年になっていた。もっとも、PW社のパートナーの女性比率は、1984年にアンが去って以降、高まっていた。1984年当時は1％未満だったのが、戻ったときは3％であった。[*75] さらに、アンが――PW社がクーパーズ&ライブランド社と合併してPwC（プライスウォーターハウス・クーパーズ）社となった後の――2001年に退職したとき、パートナーの地位にある女性は、約12％になっていた。[*76]

パートナーとしての日々

アンは、いくつか不快な対応を受けたものの（たとえば、新パートナーの研修の席で、同僚の1人が彼女と握手をするのを拒否し、他の1人は意地悪な調子で、彼女の訴訟の年月を「サバティカル休暇」と呼んだ）、全体的に見れば、むき出しの敵意を感じる経験はあまりなかった。後に彼女は、ある新聞記者に語っている。「私のことが嫌いだった人々は、やはり私を嫌っていました。私のことが好きだった人々は、やはり私を好きでいてくれました」[*77]

アンは、また、ある新しい役割を楽しんだ。最初にPW社で働いていた頃には、とても考えられなかったものだ。当時の彼女は、女性の地位の問題など、意識することもなかった。それが今度は、ダイバーシティの積極的な唱道者となったのだ。アンは今でも、彼女が個人的に指導してパートナーにまで導いた、様々なジュニア・スタッフの全員の名前を、明らかなプライドを持って、数え上げることができる。さらに彼女は、制度的な性的バイアスに立ち向かって勝利した女性として広く注目を集めたため、会社で不当な扱いを受けたと考える者にとって、頼るべきパートナーとなった。もっとも、彼女が常に反撃して闘うことを勧めたわけではない。「闘うに値するかどうか、本当に考えた上で決断しなければなりません」と彼女は言った。「そして、残念ながら、それに値しないことがあまりにも多いのです」

しかし、アン自身にとっては、あれは十分に価値のある闘いだった。実際、それに勝利したおかげで、ＰＷ社のパートナーとしての10年間、彼女は、ありのままの自分でいられるという贅沢を享受することができた。彼女が思い出すのは、ある会議の席で、採用担当のパートナーが、会社の多様性が足りないのではないかという質問に対し、使える人材が見つからないから、と答えたときのことだ。「湖の中で鮫を見つけることはできません」と、彼は説明した。

アンは納得しなかった。「私は言いました。なぜ、もっと良い水域を探さないのですか、と」

彼女は、自分を排除しようとして９年間も争った会社なのに、どうしてもそこのパートナーになると最後まで頑張ったことについて、男性のパートナーたちがどんな会話をしていたかを想像し、笑った。「彼女をどう扱えばいいのか分からないが、とにかく仲間に入れておいたほうがいいだろうな。妙な真似はせずに！」

第7章

妊娠する可能性のある方は

ジョンソン・コントロールズ事件　1991年
International Union, United Auto Workers of America
v. Johnson Controls, Inc.（1991）

バッテリー製造会社の新方針

1982年8月、自動車用バッテリーを製造するジョンソン・コントロールズ社（以下、JC社という）は、同社の「グローブ」ブランドのバッテリーを製造する工場で働くすべての従業員に、新しい方針を通知した。それはまさに爆弾宣言だった。「現に妊娠中または子どもを産む能力がある女性は、今後、鉛への曝露を伴う業務や、職に関する権利の行使（応募・押しのけ・配転・昇進）によって鉛に曝露することとなる可能性がある業務には、配置しない」[*1]

当時、全米に16か所あるJC社の工場で、約275人の女性が働いていた（全労働者の10％未満）[*2]。新方針によれば、女性は、妊娠不能であることの医学的証明を提出しない限り、70歳までは「子どもを産む能力がある」とみなされる。そのため、275人のほとんどが、その適用を受けることになる。そして、鉛はバッテリーの主要な材料であり、それらの工場における熟練職種のほとんどが、「鉛への曝露を伴う業務」に該当する。つまり、女性が妊娠していない（かつ、子どもを持つ予定もない）場合であっても、会社で最も賃金の高い職務群から排除されてしまうのである。

影響を受ける女性たち

全国のJC社の工場で、女性労働者たちが、迫り来る降格に反発し、信じられないという気持ちと怒りをぶつけていた。「馬鹿げた話で侮辱的」と、エルシー・ネイスンは言った。彼女はバーモント州ベニントンの工場で働く溶接工であり、同工場の約300人の労働者のうち、女性は12人にすぎなかった[*3]。新方針が発表されたとき、彼女は50歳で、離婚してから9年だった。3人の子を育てるシングルマザーで、夫と別れた頃に、JC社の仕事に就いたのだ。工場が彼女に支払う賃金は、時間当たり最高20ドル[*4]。他に彼女が就いた唯一の仕事であるウェイトレスよりも、はるかに高かった。それが今度は、床を拭く仕事に配転されることになる。そこでは奨励給や時間外手当は支払われず、昇進の可能性もないという。それを聞いて、エルシーは、不妊手術を受けたいと医者に相談した。しかし、医者が手術の危険性を説明したため、不本意ながら諦めて、配転を受け入れることにした。

「会社が私を仕事から外したのはまったく愚かなことで、はらわたが煮えかえりますが、さらに、男たちが話す、汚い冗談を聞かねばならないのです。私のようなオバサンにまだ生理があるのなら、死ぬまであるな、って」と、エルシーは語った。[*5]

そこから1000マイル(約1600キロ)離れた、JC社のウィスコンシン州ミルウォーキー工場で働くグロイス・クォールズは、違う選択をした。JC社が新方針の通知を行ったとき、彼女は4人の子を持つ男性と婚約し、新しい車を買って、新しいアパートに引っ越したばかりだった。彼女は、バッテリーの中に鉛の端子を溶接する仕事をしており、その賃金は、もし配転された場合に稼ぐことのできる賃金の2倍以上だった。数週間のうちに、グロイスは不妊手術を受けた。彼女は34歳だった。

「私はパニックになりました」と、グロイスは語った。「夫は、『自分の人生をどうするかを仕事に決めさせるな』と言いました。けれども、私の頭の中にあったのは、『あれではお金が足りず、暮らして行けない』という思いだけでした」と、彼女は説明した。「今ならば、自分の人生をどうするかを他人に決めさせてはならないと、確信を持って言えます。もう少し時間があったら、あんなことはしなかったでしょう」

注目に値するのは、会社は、女性労働者が新方針に従うために不妊手術を受けることに反対しなかった一方で、男性労働者については別の話だ、という態度を取ったことである。同じミルウォーキー工場で、夫と一緒に働いていたドリス・ストーンが、人事部のマネジャーに、自分の夫が「処置をした」ら職務を継続できるだろうかと尋ねたところ、不可という回答だった。「彼は、あまり多くを語りませんでしたが、夫がパイプカットをしても、私が妊娠する可能性はなくならない、と言ったのです」と、彼女は述べる。つまり、会社のほうは、彼女の妊娠可能性だけではなく、彼女の「貞節さ」もリスク要因だと考えていたことが、示唆されたのである。[*6]

国の反対側、カリフォルニア州フラートンにあるJC社の工場では、28歳のクイーン・エリザベス・フォスターが、新規募集の仕事に応募した。その仕事は、バッテリーの金属プレートを束ねるチームの一員として作業を行うもので、今までやって来た銀行の窓口業務の倍の賃金が支払われる。しかし、採用手続の一部として、彼女は健康診断を受ける必要があり、そこで会社の医者から、新しい方針のことを聞かされた。[*7] 現に雇われている労働者については、少なくとも、鉛への曝露のない（しかし、熟練度が低くて賃金の安い）業務への配転の提案がなされる。けれども、新規の採用に関しては、JC社は、妊娠不能の証明がない限り、いかなる女性も絶対に雇わないという。エリザベスは、子どもを産むつもりはなかったが、不妊手術を受けたいとも思わなかったので、その仕事に就くことはできなかった。[*8]

鉛に関する基準と以前の対応

1982年の新しい方針は、母親になる可能性のある労働者の鉛曝露の問題について、JC社の対応の根本的な変更を意味していた。1977年以来、同社は女性の労働者に対して、鉛が胎児にもたらす潜在的な危険を（喫煙になぞらえながら）告知していたが、その危険にどう対応するかについては、各人の判断にゆだねていた。女性労働者が妊娠することを希望する場合には、鉛曝露のない仕事への配置転換という選択肢が与えられた。ただ、子どもを産んだ後に、元の仕事に戻ることができるという保証はなかった。

1978年、連邦の労働安全衛生局（OSHA）は、鉛を含む、様々な職場の有害物質について、新しい基準案を発表した。その後、11週間にわたる公聴会を経て、「職場の鉛曝露に関する最終基準」が制定された。[*9] この基準は、長期にわたって鼻や口から鉛を吸入・摂取することが、中枢神経系や、血液の酸素取り込み、腎臓、尿路に深刻な危険を及ぼすことを確認した上で、[*10] そのような悪影響を防ぐために、①職場環境における鉛の濃度が、1立方メートルの空気中で50マイクログラムを超えないこと、②1日8時間の労働の間、労働者の血液中の鉛の濃度が、100グラムあたり40マイクログラムを超えないこと、を勧告した。[*11]

鉛が男女の生殖機能に及ぼす影響に関しては、ＯＳＨＡは、「鉛産業における女性の問題ほど〔公聴会の間に〕深く、かつ多角的に議論された事項はない」と述べていた。鉛産業の団体の人々は、ＯＳＨＡに、胎児の安全を確保するためには女性を職場から完全に排除してしまうしかない、と認めるよう強く求めた。しかし、ＯＳＨＡはこの提案を拒否した。「鉛への曝露は、男性・女性の両方の生殖機能に悪影響を与える。…資料のデータに鑑みれば、ＯＳＨＡとしては、胎児あるいは妊娠・出産の過程を守るために、出産可能年齢の女性を職場から排除すべきだという主張には、まったく根拠がないと考える」[*12]

ＯＳＨＡは、代わりに、男女を問わず、子どもを持ちたいと考える労働者が安全にそうするためには、血液中の鉛濃度を１００グラム中30マイクログラム以下に抑える必要がある、と結論づけた。その上で、男女すべての労働者の健康を守るのはもちろん、それと一体となって「胎児および新生児に対するいかなるリスクも効果的に最小化する」ための、様々な保護措置を勧告した。[*13]たとえば、適切な換気、保護衣やマスクの着用、終業時の個人健康管理、職場の床や壁面に鉛が残らないようにする「清掃」措置、空気および血中の鉛濃度の頻繁なチェックなどである。[*14]

ＪＣ社によれば、生殖機能の保護について、当初の自己選択という方針が採用されて以降の4年半の間に、8人の女性労働者が妊娠し、血液中の鉛濃度が、いずれかの時点で１００グラム中30マイクログラムを超えた。[*15]しかし、生まれた子どもの健康に悪影響が生じた例はなかった(1人については行動上の問題が見られたが、母親の鉛曝露との関係が確実に認められるものではなかった)。[*16]

にもかかわらず、ＪＣ社は、このような展開に加えて、社内の医学助言者の意見も勘案した結果、女性のみを対象とする新たな胎児保護方針を採用することにした、と述べている。親になる可能性のある労働者の職場での安全についてＯＳＨＡがどのような結論を出していても、また、家族計画について労働者がどのような決定を行っていても、ＪＣ社は取り合わず、自分たちのほうが物事がよくわかっている、と主張したのである。たとえ女性から賃金を奪う結果となったとしても、それは彼女たち自身のためである、と。

女性排除方針の広がり

生まれて来るかもしれない子どもを悪影響から保護するという名目で、女性を有害な職場から排除する企業は、決してJC社だけではなかった。実際、JC社が1982年に新方針を採用した時点で、既に、アライド・ケミカル、BFグッドリッチ、モンサント、ダウ・ケミカル、デュポン、イーストマン・コダック、サン・オイル、ガルフ・オイル、ユニオン・カーバイド、ゼネラル・モーターズといった会社が、様々な有害物質への曝露を防ぐための胎児保護方針を、何らかの形で採用していた。[*17] 1979年当時、そのような措置は、控えめに見積もっても約10万人の女性労働者に影響を与えていた(この数字は、その仕事を経ないために排除されてしまうことになる、昇進ラインの上位の職務を含んでいない)。[*18]

これらの方針は、善意にもとづく措置と喧伝されていたが、真実はより複雑であった。何よりも、ますます多くの女性が有毒物質に接する仕事に進出するようになるに連れ、企業はそのことの損益を懸念するようになった。職場を安全にするには、金がかかるのである。たとえば、親になる可能性のある労働者に関するOSHAの規則は、特別のモニタリングを義務づけていた(血液中の鉛濃度が100グラム中30マイクログラムを超えないことを確認するため)。実際、JC社は、OSHAが鉛に関する最終基準を設定した際の公聴会で、空気中の鉛濃度について、OSHAが最終的に採択した1立方メートル中50マイクログラムではなく200マイクログラムとすべきだと最も声高に主張した、産業界の代表者の1つであった。[*19] さらに、ウォール・ストリート・ジャーナル紙が1979年に報じたように、「これらの会社とその保険会社は、職場の有害物質への曝露によって胎児に障害が生じたと認められた場合、賠償責任を負わされる可能性があることに、少なからぬ懸念を抱いていた」[*20]

しかし、このような訴訟が提起された実例はなく、訴訟の懸念は仮定上のものにすぎなかった。他方、女性を低賃金の仕事(あるいは失業者の列)に格下げすることによる弊害は、まさしく現実のものだった。ある論者が述べたように、「妊娠する可能性のある女性を危険な職務から遠ざけることは、女性たちを、ある1つの健康リスクから保護するかもしれないが、同じくらい深刻な、他の様々なリスクにさらす結果となる」のである。[*21] 劣悪な住居や、栄養不良や、健康保険の欠如は、いずれも女性とその子どもたちの健康と幸福に、明らかな悪影響を与える。そのような状況で妊娠した女性は、乳児死亡の2大原因である、低体重児や未熟児を出産する可能性が高くなる。[*22]

女性の職場進出との関係

胎児保護方針を採用した企業が、伝統的に女性を排除してきた高賃金かつ労働組合の強い産業で最も多く見られたのは、決して偶然ではない。事実、女性たちは、そのような職場の汚くて時に過酷な労働に、肉体的に不適と考えられたからこそ、排除されたのである。

それらの産業は、1970年代になると、雇用差別禁止法を遵守せよという連邦政府の圧力を受けて、しぶしぶ女性にも門戸を開き始めた。この時期、連邦労働省の連邦契約遵守局（OFCCP）は、連邦政府と契約を結ぶ業者（自動車、航空機、電気製品などの製造業者など）に男女平等な採用を行うことを義務づけた1967年の大統領命令を、ようやく真剣に実行させるようになった。また、1972年には第7編が改正され、EEOCが政府機関として、性差別を行った使用者を相手に訴訟を提起する権限が与えられた。「1970年代になっても、産業界は、仕事に適合的ではない者に対しては自由に採用を拒否することができる、という想定の下に行動していました」と、アライド・ケミカル社の労働安全担当の取締役だった人物が、1979年にこぼしている。「ところが今や、法律が入ってきて、現場の作業に女性を雇え、障害者や他の人々もだ、と命令するので、…次々に大変な問題が生じたわけです」[*23]

女性がもともと少なかった職場では、女性を排除しても業務運営に格別の支障をもたらさなかったが、主として女性労働に依存していた職場は、話が別である。そこでは、胎児保護方針の不存在が、顕著な特徴となっていた。その理由は、それらの職場が組み立てラインの労働よりも安全だったからではまったくない。二硫化炭素とベンゼンは、ドライクリーニングやランドリーの業務で日常的に用いられていたが[24]、流産、早産、新生児の障害、低体重との関連があるとされてきた[25]。エチレングリコールは、電子機器の工場（製造業では数少ない、女性が支配的な職場の1つである）で溶剤として使われるが、新生児の障害や流産の原因となることが知られている[26]。病院の労働者や歯科医院のスタッフは、日常的に放射線や水銀への曝露を経験するが、これらは、流産から、発育障害、小児がんまで、多様な害悪との関連が指摘されている[27]。マニキュア液やヘアケア用品の化学物質を吸い込む美容院の労働者や、コンピューターの画面を凝視する事務員も、職場の発がん因子によって同様に深刻な生殖機能への危険にさらされる[28]。

実際、1980年代の中頃までに、政府は、職場において生殖機能に害を及ぼす可能性のある有害物質のすべてを考慮した場合、問題となる労働者の職は1500万から2000万にものぼると推計していた[29]。しかし、女性労働者が支配的な職種においては、胎児保護方針を取ることは実質的に労働力の崩壊をもたらし、ビジネス的に意味をなさない。このような現実が、労働者が将来妊娠した場合に生じるかもしれない仮定的な害悪よりも、優先されたということであろう。

性別による職場の再分離?

このような歴史を見ると、胎児保護方針は、労働者のことを第一に考えた人道的な措置というよりも、性別による職場の再分離を密かに進めるための策略のように感じられる。JC社に関して言えば、同社の工場の仕事で女性が採用されたのは、1972年が初めてであった。その後、工場で女性がさらに雇われるようになっても、JC社は、彼女らが歓迎されていると感じるようにする努力を、ほとんど行っていない。

ベニントン工場で初めて採用された女性であるジーン・ジョーンズは、次のように述べている。「男たちは、意地が悪くて卑劣でした。多くの女性たちが辞めて行きました。仕事は問題なくできたのですが、ひどい批評やうわさ話が耐えられなかったのです」[30]。ジーンによれば、彼女が最悪の虐待を免れることができたのは、夫も同じ工場で働いていたからにすぎなかった[31]。ベニントン工場で、やはり女性として早い時期に採用されたエルシー・ネイスンも、男性の同僚労働者から、容赦のない嫌がらせを受けた。彼らは、エルシーが、養うべき家族のいる男から職を奪っている、と非難したのである（彼女も3人の子どもを単独で養っていたのだが、その点は考慮されないようだ）。

これらの男たちは、10年後、会社が工場の生産ラインからまた女性を排除し始めたのを見て、ほくそ笑んだ。ジーンは険しい顔で、当時のことを語った。「その方針が発表されたとき、彼らは大笑いしてこう言ったのです。『おやおや、あんたらお姉さん方は、ブラジャーを燃やしてみたけれど、結果はこの通りだ。ほうきで掃除をしたり、防塵マスクを洗ったり。家事と同じじゃないか』[32]」

男性への影響の放置

どの製造会社も、労働者の将来の子どもたちのことを心配しているのだと主張した。もし男性労働者に関しても生殖機能への危険から保護する努力をしていたならば、少しは真摯に響いたことであろう。実際には、これらの会社は、発育中の胎児に対する被害の可能性（催奇形性）のみに焦点を当てることにより、「変異誘発性」――すなわち、男性（および女性）の生殖細胞に対する遺伝子レベルの損傷――に関して産業上の有害物質が果たす、証明済みの役割を、無視したのである[33]。

ＯＳＨＡが実施した、胎児保護方針に関するある調査によれば、それらの方針の対象となった26の化学物質のうち21は、不妊や精子損傷の原因ともなるものであった[34]。男性の身体における精子の形成は、長く継続するプロセスであるため（女性の卵子形成が、本人の出生前にもう終わっているのとは、対照的である）、男性が有害物質に長く曝されれば曝されるほど、時間とともに、実際にそのような損傷が発生する可能性が「より高く」なる。１９８１年のニューヨーク・タイムズ紙の記事が引用した、ある医者の鮮烈な言葉を用いれば、男性の生殖器官は「ゴミ処理システム」であり、「鉛やカドミウムのような物質は、後で排出しようと集めてしまう」という。[35]

鉛に関して言えば、OSHAは、1978年の公聴会の中で、それが男性の生殖機能に与える危険について、詳細な認定を行った。以後になされた研究も、その結論を支持するものばかりである。実際、鉛で汚染された職場で女性が働き始めるずっと前から、男性労働者を通じて鉛が子どもに悪影響を及ぼすことの証拠が、様々な文献に残されていた。流産、死産、精子内の突然変異による先天性疾患は、いずれもそのような関連が証明されており、無精子症、乏精子症、無力精子症についても同様である。[36]さらに、JC社では、血液中の鉛濃度が基準を超えた8人の女性労働者が出産したのと同じ時期に、約60人の男性労働者が、様々な鉛の作用による症状のために労災申請を行っていた。

このような鉛への過剰曝露は、最低限でも、生殖機能への損傷の「危険」を示すものである。けれども、もしもJC社が、鉛への曝露のあるすべての仕事から、生殖能力のある「男性」を排除することにより対処したなら、工場の生産が停止してしまったであろう。これに対して、もともと数の少ない女性労働者を切り捨てるのは、はるかに容易だったのである。

かくして、JC社の男性労働者は、妊娠可能な女性がすべて排除された、鉛に曝される職場で働き続けた。そして、生殖機能への危険を避けようとした者は、露骨な敵意を経験することとなった。1984年の春、デラウエア州ミドルタウン工場の鉛濃度の高い生産現場の労働者だったドナルド・ペニーは、人事マネジャーと面談をした。彼と妻のアン・メイ——彼女も同じ工場で働いていたが、鉛への曝露はない仕事だった——は、子どもを作りたいと思っていた。血液中の鉛の濃度は、鉛への曝露がない間は下降する。彼は3か月の休暇を申請した。その間に鉛濃度が下がり、安全に妻が妊娠できるようにしたいと考えたのだ。人事マネジャーのドン・フライは、敵意をむき出しにして、ペニーに会社を辞めるよう強く求めた。面談が終わるとき、ペニーは辞職した。[37]

訴訟に立ち上がる労働組合

全米自動車労組(UAW)の本部は、ミシガン州デトロイトの「ソリダリティー・ハウス」(連帯会館)と呼ばれるビルにある。そこに勤める弁護士、マーレー・ワイスは、JC社の新しい方針について、現場の組合代表者から話を聞かされるようになっていた。UAWの組合員があちこちの工場で、この方針はおかしいと苦情を申し立てたが、会社の側は、にべもない対応だった。

ワイスは、UAWが労働者を代表している他のいくつかの会社でも、胎児保護方針を見たことがあったが、それらはいずれも、影響を受けるのは少数の女性に限られていた。「これが問題となった使用者のほとんどは、ごく小さな限られた場所で、鉛やカドミウムへの曝露が生じるものでした」と、彼女は、機関銃のような口調で説明してくれた。「ある工場の中で、これら6つの仕事は〔女性には〕不可だ、といった感じです」。ところが、JC社が行ったのは、「全面的な女性の排除でした。彼らの工場は、要するに、全部が鉛に曝される工場です。その中に、ほんの一握りだけ、鉛への曝露が『ない』仕事があったわけで、その逆ではありません」

UAWでは、不文律として、訴訟という武器の使用は控えめにする方針を取っていた。使用者との関係が悪化し、労働協約の交渉や苦情の解決といった以後のやりとりが、対決的となる恐れがあるからである。しかし、ワイスが、今回のJC社の方針は、訴訟という手段に最もふさわしい、と主張すると、UAWの幹部たちも異議なく賛同した。その方針は、同社の全14か所の工場のすべての部課に適用され、かつ、対象となる「妊娠する能力のある」女性を極めて広く定義しているため、JC社の女性労働者をほとんど一掃してしまう危険があった。さらに、訴訟を起こせば、新たに組合に加入する女性が増えるかもしれない、という予測も、UAWの指導層にとって魅力的だった。

原告となる者の選定

ワイスは、各地の組合代表者に依頼して、JC社の方針により不利益を受けた女性で、訴訟の原告となる意思のある者を、リストアップしてもらった。彼女としては、代表その方針がもたらした弊害の大きさを示すために、代表例となるような労働者を、様々な立場から広く選びたいと考えていた。たとえば、より年配で、(閉経期までは行かなくても)少なくとも出産はもう終わりだという女性や、より若くて妊娠可能であるが、子どもを望まない女性や、より若くて妊娠可能で、実際に子どもを持ちたいと考えている女性などである。

また、ワイスとUAWの仲間たちは、第7編にもとづく性差別の訴訟で、原告に男性を入れることとの重要性も理解していた。これは、1970年代、ルース・ベーダー・ギンズバーグがアメリカ自由人権協会の女性の権利プロジェクト(ACLU−WRP)で活動していたときに、先駆的に用いた戦術であり、女性に対する差別的なステレオタイプによる法の歪みを、性的ステレオタイプに従わない「男性」もいることを示すことによって攻撃するものである。*38 JC社の事案では、問題の方針の前提として、女性は、子どもを懐胎する能力のために、鉛の危険に対して特別の脆弱性を有する、という観念があった。しかし、科学的知見は、男性も同じように脆弱性を有することを示していた。にもかかわらず、男性をまったく保護方針の対象にしないのは、女性に対して、母親の役割が第1で労働者としては第2だという烙印を押すと同時に、男性が父親になることの責任を軽視するものでもある。

最終的に、ワイスは8人の労働者を選び、第7編にもとづく差別の申立てをEEOCに行った。その後の訴訟でも原告となる、これらの8人は、次のような人々であった。エルシー・ネイスンは、離婚した50歳のシングルマザーである。彼女には3人の子がおり、さらに子どもを産む予定はなかったけれども、新方針のため、清掃業務に配転されてしまった。ドナルド・ペニーは、妻との子作りのために休暇を申請したものの、認めてもらえなかった男性である。アンナ・メイ・ペニーは、そのドナルドの妻である。彼女は鉛の濃度の低い職場で働いていたが、重くて不快な保護マスクの装着を(男性の同僚には要求されていないにもかかわらず)義務づけられていた。メアリー・クレイグは、会社に14年以上勤めており、仕事を失うよりはと思って、不妊手術を受けた。残る4人のうち、リンダ・バーディックとメアリー・シュミットは、その仕事は鉛に曝露される区域になるからといって昇格を否定され、ロイス・スウィートマンとシャーリー・マッキーは、鉛に曝露される職場から低賃金の業務へと配転された。*39

これらの8人を原告として署名させるに当たり、ワイスは、自分の使用者を訴えることが内包するリスクを、残酷なほど率直に告げた。「知っておいていただきたいのですが、相手は皆さんに宣誓供述を求めるかもしれません。いろいろな形でいじめられ、非常に不快な思いをするのではないかと思います」と、ワイスは言った。「他所で仕事を見つけようとしても…他の使用者も、これを皆さんの不利に利用する可能性があります。そんなことは違法かもしれないけれど、だからといって、起きないわけではありません」。ワイスは後に、次のように説明している。「あらかじめ知らせておくのがフェアだと思いました。法律上、これらの人々は、報復から保護されることになっていますが、現実には、必ずしもそうはならないのです」

8人のうちの誰1人、ワイスに拒否の返事をしなかった。全員が手続に加わったのである。

胎児保護方針に対抗する連帯

UAWがJC社を相手に訴訟を提起する数年前、女性運動に携わる人々は、当時、増加しつつあった胎児保護方針とどう戦うかについて、綿密な戦略の検討を行っていた。1979年には、それらの人々が結集して「労働者の生殖に関する権利のための連合」(CRROW)が作られた。女性運動の活動家や労働組合の指導者など約50人がこれに参加し、マーレー・ワイスもその1人だった。CRROWの参加者の多くは、以前、1978年の妊娠差別禁止法(PDA)の成立を目指して協力し、成功へとつながった経験を有していた。また、これらの人々は、連邦政府の内部にも話を聞いてもらえる友人や知人を持っており、OSHAやEEOCや連邦労働省の弁護士たちは、いずれもCRROWの目的に好意的であった。

このCRROWの人々は、胎児保護方針を、職場の男女平等の前に立ちはだかるように現れた、新たな難題と考えていた。それは、かつて何世代にもわたって女性たちを低位で低賃金な仕事という小さな世界に閉じ込めた「保護」労働立法に通じるものがあった。それらの保護立法は、女性の生殖機能は仕事の厳しさに支障をもたらし、またその逆も真である、という前提にもとづいていた。胎児保護方針が増加するようになった当時は、まだ、連邦最高裁が、母親であることと仕事が両立するか(1971年のフィリップス事件〔第1章〕)、あるいは、女性が重警備刑務所の看守に身体的に適しているか(1977年のドサード事件〔第2章〕)について、あいまいな態度を取ってから、あまり時間が経っていなかったのだ。

1978年に成立したPDAは、第7編が妊娠差別を禁じていることを再確認するとともに、妊娠した労働者は、妊娠以外の理由によって「同様の労働能力ないし不能力の状態にある者」と「同じ」に扱われなければならない、と定めた。しかし、胎児保護方針の適法性に関しては、PDAに明確な規定はなかった。

実際、胎児保護方針に反対する運動を率先した人々の多くは、このような方針の中に、「特別取扱い」モデルへの傾斜を感じ取っていた。これらの人々は、モンタナ州のミラー・ウォール事件で(また、後にカルフェド事件〔第5章〕でも)問題となった州の法律が、出産休暇を取った女性労働者にだけ職の保護を与え、他の理由により休んだ労働者には与えないことにも同じような傾斜を感じ、激しく反対していた。

また、JC社が採用したような胎児保護方針は、恵まれた女性が有する、母親になる可能性という価値を、女性が自分の中で重視する他の様々な役割のどれよりも優先させてしまう点においても、退歩であると考えられた。そのような方針は、いつ子どもを産むか、あるいは、そもそも子どもを産むのか、という点に関する各自の計画にかかわらず、すべての女性を一律に「妊娠する可能性がある」と扱うものである。「私は、初めてこの事件の話を読んだとき、衝撃を受けました」と、多数の新聞社に配信されるコラムの執筆者であるエレン・グッドマンは語っている。「この会社の方針は、すべての女性を、妊娠という事態の発生を待っている物体のように考えていたからです。この方針の対象期間は、受胎から始まるわけではありません。月経で開始し、閉経または不妊手術で終わるのです[*40]」

さらにもう1つ、女性運動の人々は、これらの胎児保護方針の中に、急速に盛り上がりつつあった妊娠中絶反対運動と同じ主義や信条があると感じていた。憲法上の妊娠中絶の権利を認めた、連邦最高裁の１９７３年のロー対ウェイド事件判決[*41]にもかかわらず、妊娠中絶反対派は、様々な戦術を用いて反対運動を継続した。たとえば、１９７４年には、合衆国憲法を改正して妊娠中絶を禁止しようという試みがなされ（これは失敗に終わった）、１９７６年には、連邦の医療扶助制度であるメディケイドで、妊娠中絶への金銭支出を禁止することを求める運動が行われた（これは成功した）。このような反対運動は、１９８０年代になっても激しさを増すばかりであり、様々な州の議会で規制を強める法律を制定させたり、過激な活動をする「オペレーション・レスキュー」などの団体を生み出したりした。そこでは、胎児（あるいは、その前の胚胎）の利益のほうが、女性の利益よりも優先されていた。

胎児保護方針について産業界が示した美辞麗句は、妊娠中絶反対運動のそれと、まさに同じ感情のスイッチを押した。それは女性たちを、自分の身体について無責任で、生まれて来るかもしれない子どものことを考えない人々とみなすものであった。しかも、胎児保護方針の場合は、女性に代わって生殖に関する決定を行うのが、国ではなく、彼女を雇用する使用者なのである。

アメリカン・サイアナミッド社の事案

ＣＲＲＯＷ結成の直接の契機となったのは、ウェストバージニア州のオハイオ川流域の産業衰退地域で起きた、ある出来事だった。アメリカン・サイアナミッド社（ＡＣ社）は、家庭用洗剤からビタミン剤、シャンプー、化学肥料まで、あらゆる物を製造する総合化学会社であり、その巨大な製造施設が、ウェストバージニア州ウィローアイランドにあった。

スーザン・ファルディが著書『バックラッシュ―アメリカの女性たちに対する宣戦布告なき戦争』で記したように、１９７３年に連邦の調査官がＡＣ社を訪問したとき、女性の労働者がまったくいなかったため、同社は２年間の集中的な採用計画を開始した。[*42]ところが、ほんの数年後、今度は胎児保護方針を初めて打ち出した。これにより、労働者が鉛に曝露される顔料部門では、50歳未満の女性は、生殖能力がないことを証明しない限り、働くことを禁止された。会社のマネジャーたちは、この方針がさらに拡大され、工場の生産施設で働く女性労働者全員（その数は、わずか17名だったが）に適用されるようになるだろう、と示唆した。[*43]

結局、顔料部門の7人の女性労働者のうち5人が、生産ラインの職にとどまるために、不妊手術を受けた（5人が手術の後に職場に戻ると、男性の同僚たちが、彼女らは「卵巣除去」されたと言って嘲笑した）。[*44]手術を拒否した2人は、清掃部門に配転となった。そこでは週あたり50ドルも賃金が少なく、残業手当やその他の特別手当の支払いを受ける機会もなかった。[*45]

これらの女性を組織する石油・化学・原子力労組（OCAW）からの圧力を受けて、OSHAは調査を開始し、当該方針は連邦の労働安全衛生法に違反すると結論づけた。同法は、職場に「認識される危険要因」が存在しないことを求めており、女性を不妊手術に追い込むことは、その違反に当たる、という判断である。[*46]しかし、AC社は、このOSHAの判断を裁判所で争い、最終的に、それを覆す判決を得た。1984年にコロンビア特別区を担当する連邦控訴裁が下した判決は、ロバート・ボーク判事が執筆したものであるが（後に連邦最高裁判事となるアントニン・スカリア判事も賛成）、AC社の方針は、労働安全衛生法のいう「危険要因」の定義を満たしていない、なぜなら、現実の危害（すなわち不妊化）は、仕事の中ではなく外で起きたのだから、と判断した。[*47]

このようなOSHAの訴訟が裁判所で争われている間に、ACLU－WRPは、それと対をなす訴訟を提起した。OSHAの訴訟が、AC社が女性労働者の職場の安全に関する権利を侵害したと主張するものであったのに対し、ACLU－WRPの訴訟は、同社が女性労働者の平等な雇用機会の権利を侵害したと主張した。女性が有する妊娠能力を雇用拒否の理由として用いた点で、第7編に違反する、という論理である。[*48]

数年にわたる裁判所での熾烈な戦い——ACLU－WRPの弁護士をしていたジョーン・バーティンによれば、会社は「私たちの何倍もの資金」を持っていた——の末に、本件は1984年に和解に至った。会社側は、胎児保護方針を廃止することに合意し、また、女性労働者には総計20万ドルが支払われ、自分たちで分配することとなった。バーティンは、5人の女性とその仲間たちが経験した極度の苦痛とストレスを考えれば、これは、犠牲が大き過ぎて引き合わない「ピュロスの勝利」にすぎない、と悲しげに述べた。事実、OSHAが、会社の胎児保護方針とその結果として生じた不妊手術を労働安全衛生法違反として摘発してから間もなく、AC社は顔料部門を閉鎖してしまった。不妊手術を受けた女性たちは、妊娠能力をまったくむだに犠牲にしたのである。

AC社の訴訟が残したもの

ただ、この訴訟そのものは、胎児保護方針が第7編違反となるか否かに関して裁判所の判断が示される段階まで進まなかったものの、それとは別の点で、先例としての意義を生み出した。AC社の事件の訴訟は、バーティンの言葉を用いれば、ACLU－WRPが胎児保護方針を法的に争ったすべての訴訟の「ひな型」を作り出したのである。

バーティンと彼女の同僚たちは、同じ意見を持つ医者や科学の専門家のグループを集めていたが、これらの人々が緩やかな団体となって活動を続け、アドバイザーや、専門家証人や、アミカス意見書の執筆者などの役割を担った。これらの専門家は、弁護士に対し、鉛が人体に与える影響の科学的な知識を教えたり、長くて難しい化学物質の名前の発音の仕方を手伝ったりした。また、子宮内で鉛に触れた場合、胎児への危険が母体への危険よりも小さくないことは確かであるが、どの段階でそれが「より大きく」なるのかは厳密に証明されていない、という事実を確認したりもした。

このような科学者と女性運動家との新たな協力関係ができたのは、極めて重要な展開であった。1980年の選挙でロナルド・レーガンが大統領に選ばれたことは、1970年代に女性団体と労働組合と政府機関が合同する形で作られた多面的な権利擁護の運動において、今後は連邦政府が活発な連携主体ではなくなることを意味した。連邦政府の上層幹部の顔ぶれが変わっただけではなく、規制の方針も、労働者の権利よりも産業界の利益を重視する立場へと顕著な傾きを示した。[*49] 実際、去りゆくカーター政権のOFCCPやEEOCの幹部の人々は、起草中であった胎児保護方針に関するガイドラインの案を、すべて廃棄してしまった。それがレーガン政権に渡ると、内容を改悪して成立させてしまう危険があったからである。[*50]

連邦の公民権法および労働安全衛生法のいずれについても、政府による強力な法施行が期待できない以上、胎児保護方針の増加の流れを食い止める役割——男性の支配する分野で女性が獲得した、わずかながらの地歩を守る役割とまでは言わないが——は、個人が提起する第7編違反の訴訟にかかっていた。右に述べた訴訟のひな型は、それぞれの事案に応じ、方針に応じ、会社に応じ、適切な形で活用されることになる。このような組織的裁判闘争の結果として、裁判所の判断は、一致の方向に至るかもしれないし、バラバラで不統一なものとなるかもしれない。そして、後者の場合には、法解釈の統一のために、連邦最高裁にまで訴訟が進むことを促す要因となる可能性があった。

連邦地裁の判決

JC社に対するUAWの訴訟は、1984年4月6日に、ウィスコンシン州ミルウォーキーにある連邦地裁に提起された。[*51] その訴状提出から数か月後、裁判所は、本訴をクラスアクション(集合代表訴訟)として承認した。つまり、この訴訟は、指名原告となった8人だけではなく、UAWが交渉代表となっているJC社の9つの工場において「生産・保守業務に従事する過去、現在および将来のすべての労働者」で、「1982年に適用された会社の胎児保護方針により影響を受け、かつ受け続けている」者全員のために、追行されるのである。

本訴の担当裁判官は、ロバート・ウォーレン判事となった。ニクソン大統領が、1974年に辞任する少し前に、地裁の判事に任命した人物である。[*52] 証拠開示の手続は、双方が有する科学的証拠と、対立する専門家の宣誓供述書をめぐって、大規模に行われた。それが終わると、JC社の側は、事実審理をするまでもないとして、即決裁判による訴えの棄却の申立てを行った。ミルウォーキーにおけるUAWの主任弁護士であるミリアム・ホーウィッツは、楽観していなかった。彼女は、同じ法律事務所のシニア・パートナーの弁護士で、ウォーレン判事の裁判を経験したことのある者に、勝訴の見込みはどのくらいあるだろうか、と相談したことを覚えている。そのパートナーは、「期待してはいけない。彼はこの事件を好まないだろう」と答えた。

まさにその通りだった。1988年1月21日、ウォーレン判事は、JC社を支持する判決を下した。JC社の側は、問題の胎児保護方針は、男性であれ女性であれ、同社のすべての労働者について、将来生まれてくる子どもを守るための措置であり、実は性中立的である、と主張した。それがたまたま女性に大きな負荷をかける結果となったにすぎず、これは、ドサード事件で、アラバマ州の州警察官や矯正職員について設けられた身長・体重要件が、たまたま多くの女性を欠格させたのと同じことである、と言うのである。この議論は、既に3つの巡回区の連邦控訴裁で承認されていたが、ウォーレン判事にも有効に機能した。

さらに同判事は、JC社の胎児保護方針は「業務上の必要性」によって正当化されると判断した。その際、会社側の専門家の証言を信用し、UAW側の専門家の証言を疑問視する形で、鉛が男性の生殖機能に与える悪影響は推測にとどまるのに対し、胎児に対する悪影響は現実のものだ、と述べている。「社会は、胎児の安全を守ることに利害関係を有している」と、ウォーレン判事は判決に書いた。「鉛は、胎児に対する重大な害悪の危険を発生させる。この危険を負うのは、妊娠している女性、または、将来妊娠する女性のみである。…死産、低体重児の出産、早産、認知機能の発達不良などは、本裁判所が重要でないと考えるには、あまりにも深刻すぎる異常である」

控訴と大法廷への回付

UAWは、もちろん控訴することにしたが、第7巡回区の連邦控訴裁で本件の弁論を行うために、上級審での経験が豊富な弁護士が欲しいと考えた。カリン・クラウスは、以前、連邦労働省の主任訟務官だった頃に、当時の政府による胎児保護方針への戦いの最前線で活動していた人である。その後、ウォーレン判事の判決が出されたときには、ウィスコンシン大学で法律学の教授となっていた。彼女が、控訴審での代理人となることに同意して加わった。

その数か月後の1988年10月、好ましくない動きがあった。EEOCがついに、胎児保護方針に関する初めての方針文書を発表したのである。CRROWに参加した権利擁護の運動家や、それと連携する政府機関の人々が恐れたように、1980年の選挙によりホワイトハウスが共和党の手に移ったことは、EEOCの方向性に変化をもたらした。この「生殖機能および胎児への危険に関する方針表明」という文書は、胎児保護方針の事案は「第7編の伝統的な分析枠組みにぴったりと適合せず、したがって、それ自体で1つの特殊な類型と考えられなければならない」と述べている。[*53] その上で、同じ結論を取った3つの巡回区の連邦控訴裁判決を引用しながら、そのような事案でも「業務上の必要性」が抗弁となることを承認し、より厳格な「真正な職業資格」(BFOQ)が必要という考え方を退けた。[*54] 第7編の施行において国のトップにある行政機関が、妊娠する「可能性がある」ことを理由に女性を有害職務から排除することも適法たりうると示唆するのは、最も控えめに言っても、落胆する出来事であった。

JC社の事件に関する控訴裁の検討は長引き、1年近くも続いた。1988年9月に口頭弁論が開かれ、クラウスは、3人の判事の前で弁論を行った。ジョン・コフィー、ジョエル・フラウム、フランク・イースターブルックの3判事は、いずれもレーガン大統領に任命された人々であったが、クラウスは、自分の立場が支持されているという感触を持った。ところが、いよいよ判決かと6か月も待つうちに、がっかりする知らせが届いた。控訴裁が、事件を3名の判事によるパネルから、11名の判事全員による大法廷に回付することに決定したのだ。そのため、再度の口頭弁論の予定が組まれた。バーティンの悲観的な観測によれば、「勝利を目前にしながら奪い取られてしまった」ことを示すものである。

控訴裁判所の判断

バーティンは正しかった。１９８９年９月26日、第７巡回区連邦控訴裁は、７対４で、ＪＣ社の主張を認める判決を下した。多数意見の執筆者は、「揺るがぬ保守の声」との異名を持つ、コフィー判事である。[*55] ２回目の口頭弁論の際、彼は最初から、偏見をあらわにしていた。判事席から身を乗り出して、次のように宣言したのだ。「本件は、胎児を傷つけることを欲する女性たちの事案です」[*56]

多数意見は、胎児保護方針の評価に当たって「業務上の必要性」の枠組みを支持し、ＪＣ社の方針がその要件を満たすと認めただけではなく、さらに踏み込んだ判断を示した。第７巡回区は、胎児保護方針が、より厳格なＢＦＯＱの要件をも満たすと認めた、初めての連邦控訴裁判所となった。すなわち、鉛のある職場では、男性または妊娠能力のない女性のみを使用することが、「会社の業務の正常な運営のために合理的に必要」と判断したのである。

このような飛躍は、ＪＣ社の「業務」の定義をねじ曲げることにより実現された。多数意見によれば、同社の業務はバッテリーの製造にとどまるわけではなく、「労働安全（健康危害の防止）」の確保も含まれると言うのである。[*57]

鉛が女性の身体に及ぼす残存的影響についての提出証拠に、早期段階の妊娠を検知・診断することの医学的困難の大きさを考え合わせれば、本方針を妊娠能力のあるすべての女性に適用することは、出生前の子を鉛への曝露から保護するという労働安全上の責任の観点から見て、適切かつ合理的に必要である、と結論せざるを得ない。[*58]

この多数意見は、どの水準の「労働安全」までなら許容できるかについて、女性自身に決定させるべきだ、という見解を拒絶した。その際、引き合いに出されたのが、刑務所で「接触業務」に従事する看守については男性であることがＢＦＯＱに当たるとした、ドサード事件の連邦最高裁判決である。最高裁は、女性看守が襲撃された場合、第三者(すなわち、収容されている囚人たち)が危険にさらされるので、職務上の危険を引き受けるか否かを本人だけで決定することは許されない、と判断した。本件でも、囚人を胎児に置き換えることによって、同じ結論が導かれるというのが、多数意見の論理であった。

控訴裁判所の反対意見

多数意見に反対した4人の判事からは、3つの反対意見が出された。それらはいずれも、JC社の方針は「性中立的」と呼びうるものだという考え方や、それを「業務上の必要性」により正当化することが可能という考え方を、拒否するものであった。反対意見によれば、JC社の方針は、明らかに女性を差別的に取り扱っており、それが正当化されるのは、より厳格なBFOQの基準をみたす場合のみである(UAWとしては、反対意見を述べた判事の中に、有力な保守派の論客であるポズナー判事が含まれていたことに、勇気づけられた。彼は、事件をウォーレン判事に差し戻して審理を行わせ、関連あるすべての科学的証拠を完全に検討させるべきだ、と主張した)。

中でも、ジョーン・バーティンに「本件を正しく理解する人がようやく現れた!」と言わしめたのは、フランク・イースターブルック判事の反対意見だった。同判事は、この事件が、第7編の制定以来「あらゆる裁判所が扱った性差別事件の中で、最重要のものである可能性が高い」と断言した上で、もしも多数意見の見解が全国の裁判所で採用された場合、「ある推計によれば、工場における2000万もの職務が女性に対して閉ざされてしまうことになる。鉛以外にも多くの有害物質が、胎児への危険を生じさせるからである」と指摘した。*59

イースターブルック判事と、彼の反対意見に加わったフラウム判事は、他の反対意見を述べた判事とは異なり、審理を開いて事実調べを行う必要はないとの立場を取った。どのような科学的証拠が提出されようとも、胎児保護方針がBFOQの例外として認められる余地は「皆無」だからである。イースターブルック判事の説明によれば、いちばんの問題は、胎児保護方針がJC社のバッテリー製造という業務の「正常な運営のために合理的に必要」であるという、誤った前提にある。同判事は、使用者は「両親の間違いから子どもを守る道義的責任」を負うというJC社の主張に対して、特に軽蔑的であった。[*60]このような論理は、女性のみの最長労働時間規制を認めた、連邦最高裁の悪名高い「ミュラー対オレゴン事件判決の香りがする」と、イースターブルック判事は嘲笑した。「あの事件で合憲性が肯定され、あの事件で提示された正当化根拠によって支えられるような種類の法律は、法の歴史における間違った歩みの記憶として、博物館に収められるべきである[*61]」

連邦最高裁への上告

１９９０年１月にＵＡＷが連邦最高裁に裁量上告の申立てを行ったとき、最高裁がこの問題に割って入るための機は熟していた。その時点までに、４つの巡回区の連邦控訴裁が胎児保護方針について判断を下していたが、結論は大きく分かれていた。そのような中で、本件におけるポズナー判事とイースターブルック判事の反対意見は、とりわけ注目に値した。どちらも不動の保守派で、しかも、多数意見に賛成した７人とはもちろん、相互の間でも何一つ意見が一致しないあの２人が、それぞれ反対意見を書いたのである。

さらに１９９０年１月には、ＥＥＯＣが、胎児保護方針に関する取扱い方針を改訂した。これは、本件の連邦控訴裁判決への対応として行われたものであるが、[*62]ＥＥＯＣは、判決の論理を批判し、第７巡回区以外の地域を担当する全職員に対して、胎児保護方針は表面上も差別的と扱うようにと指示した。したがって、それが正当化されるのは、ＢＦＯＱの抗弁が認められる場合に限られることになる。これに関してＥＥＯＣの新方針は、将来提起されるかもしれない人身傷害の訴訟のコストは、胎児保護方針がＢＦＯＱの例外に該当する理由とはならない、と明示的に述べた。このようなＥＥＯＣの態度変更は、ＵＡＷが裁量上告の申立てを行うわずか２日前に行われたものである。そのタイミングから言って、新方針は、連邦最高裁の審査を求めるＵＡＷの申立てを支持する立場からの「事実上のアミカス意見書」であったと、ある論者は述べている。[*63]

このような状況に照らせば、１９９０年３月29日に連邦最高裁が、本件の上告を受理して審査を行うことに同意したのは、何ら驚きではなかった。口頭弁論の期日は、同年秋とされた。

そこで問題となったのが、誰がＵＡＷの代理人として弁論を行うかという点だった。ＵＡＷの上部団体であるアメリカ労働総同盟・産業別組合会議（ＡＦＬ－ＣＩＯ）が、自らの副主任弁護士である、マーシャ・バーゾンを選んだ。バーゾンは、今は第９巡回区の連邦控訴裁の判事をしているが、かつて、連邦最高裁のウィリアム・ブレナン判事の最初の女性法務助手として仕事をしたことがあり、また、口頭弁論を行ったりアミカス意見書を書いたりして、連邦最高裁での豊富な経験を有していた。バーゾンは当時、夫と一緒に全米トップクラスの労働関係の法律事務所を経営しながら、ＡＦＬ－ＣＩＯでの職務を行っていた。また、バーゾンは、ＰＤＡの主たる起草者の１人でもあった。そのことが、ＪＣ社が主張する法解釈（特に、妊娠の事案における第７編のＢＦＯＱの解釈）を争う上で、彼女に専門家として格別に大きな権威を与えることとなった。

女性団体にとって、連邦最高裁がＪＣ社の事件の上告申立てを受理したのは、妊娠差別の事案で統一戦線を組むための好機を提供する、歓迎すべき出来事だった。当時はまだ、カルフェド事件が生み出したフェミニストの間の亀裂が、生々しい記憶として残っていた（「あの事件は多くの傷を残しました」と、事件の主人公、リリアン・ガーランドの弁護士の１人は語っている）。しかし、胎児の保護は、ＰＤＡの目的を実現するどころか、それと矛盾する、古めかしい「特別取扱い」の類型であるという点で、全員が一致することができた。今回は、東海岸と西海岸のフェミニスト団体が協力して、１つのアミカス意見書を作り上げた。[*64]

口頭弁論の朝の出来事

ＪＣ社の事件の口頭弁論の日、カリン・クラウスとジョーン・バーティンは、一緒に連邦最高裁に到着した。両人が裁判所の建物正面の階段を上り、弁護士に割り当てられた側面のドアから中に入ろうとすると、不安そうな顔をした２人の中年女性が、声をかけて来た。どちらもバーモント州ベニントンにあるJC社の工場で働く労働者で、背の低いほうのジニー・グリーンは、会社の胎児保護方針のために降格されていた。背の高いほうのジョアンヌ・リアードは、鉛に曝露されるが高賃金な職に就きたいと配転を求めたが、拒否された。[*65] 2人は最高裁の口頭弁論を傍聴したいと思ってはるばるワシントンにやって来たものの、法廷が満員で、入ることができなかったのだ。

クラウスとバーティンは、建物の中にいたバーゾンを見つけ、どうにかできないかと尋ねてみた。バーゾンは、少し待ってと言って姿を消すと、数分後に戻ってきた。以前、ブレナン判事の法務助手をしていただけあって、どこか特別なルートから入手したらしく、2枚のチケットを手にしていた。ジニー・グリーンとジョアンヌ・リアードは、最高裁判事の招待客のために用意された席で、口頭弁論を傍聴することができた。

原告側の弁論

口頭弁論で最初に演壇に立ったのは、原告側の弁護士のバーゾンだった。彼女の真正面にはレーンキスト長官が座り、その両隣に、最も在任期間の長い2人である、バイロン・ホワイト判事とサーグッド・マーシャル判事がいた。バーゾンから向かっていちばん右の端は、2日前に就任したばかりの、デービッド・スーター判事だ。

バーゾンは、長い時間にわたり、質問に妨げられずに自分の主張を述べることができた。連邦最高裁の口頭弁論ではあまり多くない幸運である。「本件での問題は、胎児の健康が守られるか否かではありません。誰が、いかにして、それを守るのか、ということです」と、彼女は断言した。女性たち自身が、OSHAのような職場の安全を監視する政府機関に助けられながら、守るのか。それとも、JC社のマネジャーたちが守るのか。[*66]

バーゾンは、JC社の方針が、実際には胎児の健康増進のためにほとんど役立っていないことを強調した。職場から排除された女性たちの大部分は、胎児に危険を生じさせない人々であった。子どもはそもそも欲しくないとか、子作りはもう終わったという者が多く、また、子どもが欲しい場合には、自分で申し出て鉛に曝露される職場から外れるか、OSHAの承認を受けた安全器具を用いて鉛曝露をコントロールすることが可能であった。他方、男性についても、鉛への曝露によって胎児の健康に害悪が生じる可能性があることが証明されているにもかかわらず、その方針では男性は無視されている。[*67]

バーゾンによれば、JC社の方針が実際に行ったのは、第7編の文言にも精神にも反して、女性が自分の生殖生活を管理することとの信頼性につき「行動面での否定的なステレオタイプ」を助長することであった。それは、女性の「私的な生殖機能」を同僚労働者や監督者に広く知らしめ、また、女性を最も賃金の高い職務から排除することによって、「女性一般を、職場における2級市民の地位に追いやった」のである。[*68]

最後にバーゾンは、胎児の健康に危険を生じさせる可能性のある職場の有害物質の多さを考えれば、JC社の方針を是認することは、すべての使用者に、あらゆる種類の仕事から女性を排除することを許容する結果になってしまう、と主張した。その「正味の影響」は、「労働力の再隔離を承認」し、「第7編とPDAの心臓をえぐり出す」ことである、と彼女は断言した。[*69]

バーゾンが最も活発な質問を受けたのは、会社が将来、鉛に曝露された労働者の子どもから訴訟を提起されるのではないか、という問題だった。ある判事は、「使用者が、胎児に損傷を与える場所と知りながら女性を配置して、現に胎児に損傷が生じた場合、州の裁判所が〔人身傷害〕訴訟で、非常に厳しい責任を負わせるだろうと考えるのは、突拍子のない話ではないと思います」と述べた。[*70] これに対してバーゾンは、使用者にそのような責任が負わされるのは、労働者の安全の保持に関して過失があったときに限られる、と回答した。そして、鉛への曝露をOSHAが承認するレベルにとどめる義務を使用者が果たしていれば、過失があったことにはならない。「それはまるで、使用者が、自分は黒人を雇わない、もし雇うと…彼らに過失のない態様で接しなければならないからだ、と言うようなものです」と、彼女は言った。[*71]

会社側の弁論と判事たちの質問

続いて、JC社の側の弁護士、スタンリー・ジャスパンが登壇した。彼は、判事たちから、はるかに多くの懐疑的な質問を受けた。彼が弁論を開始したとたんに、スティーブンス判事が口を挟み、鉛が胎児に与える危険を、会社自身の経験にもとづいて数値で示すよう求めた。

「これは、どのくらいの頻度で発生するのですか？証拠の中に書いてありますか？」と、スティーブンス判事は尋ねた。「工場のどれくらいの職場で、何件起きているのか、過去はどうだったのか、証拠には出ていないと思いますが」

ジャスパンは、自分の足場を探ろうとした。「いえ、証拠には、会社が自主的なプログラムを試みたことが書かれています。およそ１９７７年から１９８２年にかけて、会社は女性労働者たちに…」

スティーブンス判事は、逃げることを許さなかった。「何人の女性労働者なのですか？」

ジャスパンは、やむなく認めた。「厳密な数字は、証拠に出ていません」[*72]

判事たちは、ＪＣ社の方針が一体どうしたら雇用差別禁止法令と矛盾しないと言えるのか、という点についても、ジャスパンを厳しく問い詰めた。最初はオコナー判事だった。「ジャスパンさん、私は、」と言うと、彼女は言葉を止め、周囲が聞き取れるほど大きなため息をついた後、「私には、あなたがＰＤＡの効果について、よく理解されていないように思われます。ＰＤＡは、…妊娠の影響を受ける女性労働者は、雇用上のすべての目的に関し、同様の労働能力ないし不能力の状態にある者と同じに扱われなければならない、と定めています」と述べた。これに対してジャスパンは、ＰＤＡの「労働能力」という言葉は、「安全に」労働する能力という意味である、と答えた。[*73]

次は、スカリア判事の番だった。胎児の健康を考慮に入れることによって、ＪＣ社はＰＤＡを「死文」化させているのではないか、と彼は言った。「いつもそれが、妊娠した女性に対する差別を正当化するために用いられてきました。妊娠した女性はあまり長時間の労働をすべきではない、胎児に良くないから、と」。スカリア判事は喝破した。「あなた方は、せっかくの立法を、馬鹿げたものにしてしまっている」[*74]

しかし、ジャスパンが何らかの反論をする前に、別の点に関して長い質問が始まった。ＪＣ社は、他の職場では危険ゼロの環境を提供できていないのに、なぜ胎児にだけ、危険ゼロに固執するのか、というものである。口火を切ったのはスカリア判事だった。

「〔妊娠した女性は〕タバコを吸ったり酒をたくさん飲んだりもすべきではないけれど、だからと言って政府が、そうするかどうかの判断の余地を本人から奪うような法律を作ってはいません」と、スカリア判事は言った。ジャスパンは、ある有害な行為について、政府が自ら禁止することと、使用者が禁止する権限を認めることとは、違う話である、と答えた[*75]。

スカリア判事は、さらに続けた。「使用者が慎重な態度を取る場合に、どこまでなら第7編に違反しないのかを、裁判所としてどう判断すべきなのでしょうか」。彼は、露骨な聞き方をした。「私が言っているのは、どの程度の障害発生率であれば、女性をそこで働かせて良いと言えるのか、ということです。どのくらいだったら良いのでしょう。１００万人に１人ですか?」[*76]

しかし、ジャスパンは、具体的な数字によって縛られてしまうのを――賢明にも――回避した。彼は、その代わり、第7編が定めるＢＦＯＱの例外によって、ＪＣ社は「自らが作り出した危険から生じる損傷を防止する」権限を有していることを再説し、判事たちに、「第7編の解釈を行うときに、常識を玄関口に忘れて来る」ことのないよう懇願して、弁論を終えた[*77]。

連邦最高裁の判決

5か月後、連邦最高裁は全員一致で、ＪＣ社の方針は第7編違反に当たるという判断を下した。「ＪＣ社の方針の不平等性は明らかである」と、ハリー・ブラックマン判事による法廷意見は述べている。「女性労働者は、男性労働者とまったく同じように、その職務を遂行することができるのであり、彼女らに、子どもを取るか、仕事を取るかの選択を強いることは許されない[*78]」。したがって、控訴裁がこの方針を「中立的」なものと扱い、「業務上の必要性」の抗弁を用いて正当化したのは誤りである、とされた。「悪意の動機がなかったからと言って、本件のような表面上も差別的である方針が、中立的なものに変わってしまうわけではない」と、ブラックマン判事は説明した。[*79]

そうすると、JC社の方針が違法とならないための唯一の方法は、女性が妊娠する可能性がないことがBFOQであると認められることである。この点について、ブラックマン、マーシャル、スティーブンス、オコナーと、最も新しいメンバーであるスーターの、計５名の判事による多数意見は、いかに会社がそれを証明しようと努力しても、その可能性は「皆無」である、と判断した。18か月前に、控訴裁でイースターブルック判事が取ったのと同じ立場である。

多数意見は、BFOQのうちの「O」、すなわち、真正な職業資格のうちの「職業」に焦点を当てた。その職務を遂行するのに、何をなさねばならないのか?「証拠を見る限り、妊娠可能な女性も、他の労働者とまったく同じだけ有能に、バッテリー製造の業務に携わることができる」[*80]と、多数意見は結論づけた。「将来の子どもに対する損傷の可能性は、誰も無視することができない。しかしながら、BFOQは、この重大な社会的懸念をバッテリー製造の本質的な一部にしてしまうほど、広い概念ではない」[*81]

残りの４人の判事は、控訴裁のポズナー判事と同様に、BFOQの例外はそれよりも若干広いものであって、もう少し適切な限定を加えた胎児保護方針であれば、BFOQに該当する可能性はある、と考えた。中でもスカリア判事は、リバタリアン的な傾向を示す、独自の同意意見を書いている。「PDAがある以上、妊娠した女性の全員がこれらの職に就くことによって子どもを危険にさらしたとしても、問題とはならない。…控訴裁のイースターブルック判事が反対意見で述べたように、『第７編は、親たちに、自分の家族に影響を与えるような職業上の決定をする権限を与えている』のである」[*82]。もっとも、スカリア判事も、胎児への危険が生み出すコストの考慮が、BFOQとして正当化される余地があることには同意した。しかし、それは、使用者が十分な証明を行うことができれば、という話であり[*83]、彼の意見によれば、本件でJC社がそれに成功することはありえなかった。

そうである。

女性の生殖上の役割のほうが、彼女の経済的な役割よりも本人や家族にとって重要であるか否か、という決定は、使用者が行うのが不適当であるのと同じくらい、裁判所が行うことも不適当である。連邦議会は、この選択を女性自身にゆだねたのである。[*84]

判決の意義

このＪＣ社の事件は、アメリカの女性のあり方について、ミュラー対オレゴン事件判決の「母親であることが第1で、労働者は第2」という枠組みの終わりを記すものであった。１９０８年に同判決が述べたように、女性の生殖機能の健康は、以前は「公的関心事」とされていた。

> 医学界から多くの証言がなされているように、女性が立ったまま長時間継続して働き、それを日々繰り返すことは、彼女の身体に有害な影響をもたらす。そして、壮健な子孫を残すためには健康な母親が不可欠であるので、国民の強さと活力を保持するために、女性の身体的な健康は、公的な関心と配慮の対象となる。

しかし、ＪＣ社の事件の判決が出された以上、女性の生物的態様は、もはや「社会の運命」ではない。第7編のおかげで、それは女性自身に返された。少なくとも、彼女がどこでいかにして賃金を稼ぐかの決定に関しては

第8章

サンドラ・デイ・オコナー判事に言ってやる

ハリス事件　1993年

Harris v. Forklift Systems, Inc.（1993）

建設機械のレンタル・マネジャー

1987年8月、テネシー州ナッシュビルのある暑い午後、テレサ・ハリスは、小さなテープレコーダーをポーチに入れ、「録音」ボタンを押して、上司のオフィスに入った。仕事を辞める、と告げるためだった。それは、彼女が最もしたくないことだった。テレサは自分の仕事が大好きだったのだ。彼女は、フォークリフト・システムズ社(以下、FS社という)のレンタル・マネジャーで、同社が有するクレーンやトラックなど多数の建設機械を、建設業者と契約交渉をして、貸し出していた。男性が支配する建設業界では、希有な女性マネジャーだった。

テレサはナッシュビル出身で、5人の子どものいちばん上だった。少女の頃は、「アラバマ物語」に登場するアティカス・フィンチのような弁護士になる夢を抱いていたが、高校を卒業して以来、ずっと働き続けていた。最初は靴の製造を行う会社のカスタマーサービス部門だったが、セールスの仕事に進路を変更し、ボートなど船舶の営業を経て、建設機械の営業をするようになった。

1985年の春、テレサは、当時の会社の共同経営者だった夫婦が熾烈な離婚訴訟の最中だったため、逃げ出したいと思っていたところ、FS社のオーナー、チャールズ・ハーディから雇いたいとの申し出があり、それを受け入れることにした。彼女は、女優エバ・ガードナーを思わせる美貌と、鋭い機知と皮肉のセンスを備えた、生まれながらのセールスウーマンで、仕事に就いた最初の年に、FS社のレンタル事業の収益を倍増させた。

上司のセクシュアル・ハラスメント

けれども、テレサの成功の影には、不穏な現実が潜んでいた。彼女がFS社で働き始めて間もない頃から、ハーディは本性を見せ始めた。彼はいつも、女性従業員の服装についてコメントし、彼女たちの身体を評価した。彼はテレサに「君は競走馬のようなお尻をしている」と言い、ビキニを着ないようにと忠告した。「君のお尻はとても大きいから、もし着ようものなら、日食が起きて誰も太陽の光を浴びられなくなるよ」。彼はよく、ズボンの前ポケットに入れた小銭をチリンチリンと鳴らしながら、近づいて来た。「テレサ、ここに25セント硬貨があるんだ。ポケットから出してくれないか?」と言って、からかうのが好きだったと、彼女は語っている。

ハーディは、テレサに「不倫」を始めようと言い、また、彼女の昇給の交渉をするために、一緒にホリディ・インに行かなければ、と冗談を飛ばした(実際にはその頃までに、彼はテレサの歩合給を半分に減らしていた。彼に言わせれば、彼女の給料は「女性としては途方もなく高すぎた」とのことだった)。彼は、ペンと紙をわざと床に落とし、女性従業員にそれらを拾ってもらった後で、どのようなネックラインの服を着れば、胸がより美しく見えるか、という提案をした。また、エアコンの温度を下げて部屋を寒くし、女性の乳首が立って見え始めないかな、と嬉しげな声を上げたりもした。[*1]

ハーディは、このような性的発言を浴びせるだけではなく、テレサの能力についても毎回のように侮辱していた。しかも、しばしば彼女の男性同僚たちの面前で、そうするのだ。6人のマネジャーの中に女性は2人いたが、FS社の事業部門で働いていたのはテレサだけだった。もう1人の女性マネジャーは、ハーディの娘で、事務用品の発注や会社の請求書の支払いなどの管理部門を担当していた。「君は女のくせに、何を知っていると言うのだ?」経営会議でテレサが発言すると、ハーディはせせら笑った。彼はよく、テレサに対し、黙るようにと命じた。彼女を「馬鹿な女」と呼び、彼女の仕事には男性が必要だと言った。驚くには値しないが、テレサの男性同僚たちも、ハーディの意見をオウムのように真似し、同じように中傷的な言葉を使った。[*2]

苦悩の深まり

ハーディのハラスメントは、テレサに重大な影響を及ぼしていた。彼女は何年にもわたって男性の中で働いており、職場である程度は汚い言葉を聞くことに慣れていた(自分で使ったりもした)が、ハーディから絶え間なく自分の身体についてあれこれ言われることには、屈辱を感じていた。さらに良くないのは、彼女の能力に対するハーディの言葉だった。彼女は、自分のキャリアと、ナッシュビルで築き上げた、やり手のビジネスウーマンという評判に、誇りを持っていた。大学卒の学歴がなくても、しっかりやって来たのだ。「私が仕事ができず、馬鹿で愚かだという彼のコメントには、打ちのめされる思いがしました」と、テレサは後に裁判で証言している。「職場に足を踏み入れるのが大嫌いになりました。チャールズ・ハーディがそうするので、誰もが私を笑いものにしました。そして、私も笑うことが期待されているのです。でも、まったく面白くありませんでした」

テレサは慢性の不眠症になり、「毎晩、眠ろうとして酒を飲み、酔っ払っていました。翌日、起きて仕事に行くためです」。大量の飲酒は、テレサの家庭生活、特に彼女と2人の息子との関係に、きしみを生じさせた。彼女は「いつも」泣いていた。しばしば息切れし、オフィスで座っていると、震えが止まらないこともあった。助けを求めて医者に行くと、身体的な問題は何もないという診断で、精神安定剤と睡眠薬を処方して終わりだった。[*3]

テレサは常々、自分のことをフェミニストだと考えており、ハーディの不当な扱いに強い怒りを覚えた。彼の行為は違法でさえあるかもしれないと思った。しかし、仕事を辞めることはできず、ましてや訴訟を起こすことなど不可能だと感じていた。ハーディは、ナッシュビルの建設業界では有名な人物である。テレサにとって、そこが最も経験のある分野であり、そこで生きていくしかなかった。彼女はもともとシングルマザーで、病気の祖母の主たる扶養者でもあるため、ぜひとも仕事が必要だった。ハーディの会社で働いている間に、彼女は結婚したが、そのことによって、会社を辞めた場合に予想される家計面での打撃が軽減されることはなかった。FS社は、テレサの新しい夫、ラリーが経営する会社の主要な顧客だったのだ。ラリーの会社は、FS社の機械が使用するバッテリーを販売しており、さらにハーディは、ラリーの会社の経営を支援するための融資も行っていた。テレサは、会社を辞めれば、自分だけではなく夫の生計も崩壊してしまうのではないかと恐れていた。これらの現実を考えれば、「ただ黙っているしかないことは、誰にだってわかります」と、彼女は語った。

追い込まれた辞職

けれども、1987年8月までに、テレサは、もう2年にもわたって虐待を耐え忍び、限界に達していた。彼女は退職届を手渡すために、ハーディとの面談の予定を設けた。録音機を持ち込むことは、弁護士の友人のアイデアだった。もしもハーディがハラスメントを認める場面を録音できれば、彼女を業界から追放したりさせないための武器となるかもしれない、と思っていた。しかし、テレサが会社を辞めると言い、その理由を説明すると、ハーディは、自分は冗談を言ってからかっていただけで、彼女に「仲間の男たち」の一員であると感じさせようとしたにすぎない、と言い張った。彼は謝罪し、今後は敬意をもって彼女を扱うと誓った。テレサは警戒しながらもほっとして、会社に残ることに同意した。

そのときハーディが、本当に自分の態度を変えるつもりだったのかどうかはともかく、テレサが後に証言したところによれば、彼はその約束を長くは守らなかった。面談の何週間か後、テレサが同僚たちの前で、大きな顧客を獲得できたとハーディに言うと、彼はこう尋ねた。

「君は何をしたんだ、テレサ?　あの男に、土曜の夜にオカマを世話してやると約束したのか?」これが最後のとどめとなった。「私が我慢しているから、彼は『私に』恥ずかしい思いをさせ、困らせていたのです」と、テレサは述べている。「もう沢山だと思いました」。数日後、彼女は辞職した。それから1週間もしないうちに、ハーディは、ラリー・ハリスの会社とFS社の間の契約を解除し、融資残金の支払いを求めて彼を訴えた。テレサは、友人の紹介で、弁護士に相談に行った。

ビンソン事件で残された課題

当時のテレサは知らなかったが、1986年、彼女が仕事を辞めた時よりも1年少し前に、連邦最高裁はビンソン事件(第4章)で、画期的な判断を下していた。[*4] セクシュアル・ハラスメントを第7編違反の性差別と明言した点で、まさに新たな地平を切り開く判決であった。しかし、ある1点で、この判決は不十分だった。連邦最高裁は、ハラスメント行為がどの段階から、単に不快というだけではなく法律上も違法となるのかについて、説明していなかったのだ。判決の言葉を用いれば、どの段階で、ハラスメントがあまりに「苛烈または蔓延している」ため「虐待的な労働環境を作り出した」と言えるのか、ということである。[*5]

ミシェル・ビンソンは、上司シドニー・テイラーによる、本件よりもはるかにひどくて悪質なハラスメントを訴えており、そこには肉体的暴力と性的虐待も含まれていた(実際、彼が行ったとされる行為のほとんどは犯罪だった)。そのため、連邦最高裁は、ビンソンの職場環境が「虐待的」であったと判断するための法的基準を明確に示す必要はなかったのである。しかし、テレサの経験が示すように、女性は職場で、そのような極限にまで達しない、無数の種類のハラスメントに直面する。望まないのに身体を触られたり、自分の身体について嫌らしいコメントをされたり、性的な誘いを受けたり、卑猥なジョークや生々しい性体験の自慢話を聞かされたり、というのは、そのような屈辱的体験のほんの数例にすぎない。また、言葉以外でも、やはり同様に労働環境を悪い方向に「変える」行為もある。たとえば、猥褻な落書き、ポルノの見せびらかし、毎月違ったビキニ女性が登場するカレンダーの掲示などである。

では、ビンソン事件の後、使用者、女性、および裁判所は、ハラスメントが違法と言えるほど悪質かどうかをどのように判断すべきなのか？ 被害を受けた女性が、虐待的な環境であると個人的に認識していると証言すれば、それで十分なのか？ それとも彼女は、苦痛に対して精神科医の治療を受けたとか、職務遂行が明らかに低下したなど、より数量化の可能な被害(金銭的被害とまでは言わなくても)を示す必要があるのか？

クラレンス・トーマス判事の任命同意をめぐる上院の公聴会で証言したアニタ・ヒルに浴びせられた懐疑的意見は、この点に関する緊張関係を反映していた。もし「本当に」トーマスが、ポルノや、獣姦や、コーラの缶に付いた陰毛の話をしたとしても、それは法違反とまで言えるのか？ ヒルは、トーマスが彼女に妙な形で触ったとは主張しておらず、自分のことを通報したら解雇するぞと脅すなどの威嚇を行ったとも主張していない。そしてヒルは、トーマスが彼女にハラスメントをしていたとされる期間中、自分の仕事をちゃんと続けることができた。そればかりか、トーマスが教育省から（皮肉なことにセクシュアル・ハラスメントの中立てを受け付ける機関である）ＥＥＯＣの仕事に移った際に、彼を追うように、自分もＥＥＯＣに移っている。実際、彼らが一緒に働かなくなった後も、ヒルはトーマスと連絡を保ち、電話で話をしたり、時には一緒に食事をしたりもした。

懐疑論者たちは主張した。もしもトーマスが、後にヒルが語ったような醜いふるまいを本当にしたのなら、どうして彼女は彼の下で働き続けることができたのか？　また、なぜ彼女は、彼らが一緒に仕事をしなくなった後も、彼との職業上の関係を保ち続けていたのか？　きっと、そのハラスメントは、彼女が言うほどひどくはなかったに違いない。きっと、そのハラスメントは、彼女を「あれほど」苦しめるものではなかったはずだ。

弁護士との相談とラビデュー事件

１９８７年の秋にＦＳ社を退職した後、テレサは弁護士のアーウィン・ベニックに会った。皮肉っぽくてひげを生やしたニューヨーク生まれの男で、バンダービルト大学のロースクールに通うためにナッシュビルに引っ越して来て以来、ずっとここで暮らしていた。年齢は30代後半で、弁護士経験は約10年といったところだ。

彼は様々な民事訴訟の仕事をしており、その中には、州の公務員の組合に依頼された雇用関係の法律分野の仕事も、少し含まれていた。事実調べの審理の経験もいくつかあった。ビンソン事件の最高裁判決についてはよく知っていたが、自分でセクシュアル・ハラスメントの訴訟を担当したことは一度もなかった。それでも、テレサと話をし、彼女とハーディの会話の録音を聞き、ＦＳ社で働いていた別の女性からハーディの行動について裏付けを取ると、彼は、テレサの事案は、ビンソン事件が示した「敵対的環境」という漠然とした定義の中に収まる、と結論づけた。

とはいえ、最も大きな障害となるのは、前年に第6巡回区の連邦控訴裁が下した、ある判決だった（テネシー州は第6巡回区に含まれるため、同裁判所の法解釈は、州内の連邦地裁に対して拘束力を持つ）。ラビデュー事件（ラビデュー対オセオラ精製会社)である。[*6]この事件は、テレサの事案に似ていた。裁判所の認定によれば、ある男性のマネジャーが、オフィスで頻繁に、女性たちに対して卑猥な発言を行った。彼女たちのことを「淫売」、「カント」、「プッシー」、「おっぱい」などと呼んでいたが、特に、ある女性マネジャーに虐待の矛先を向けていた。その女性が、最終的に訴訟を起こして原告となった、ビビアン・ラビデューである。彼はラビデューを「でか尻女」と呼び、彼女の同僚たちに、「あのメス犬に必要なものは、上手なお相手だけだ」と言った。また、ラビデューの男性同僚たちは、裸の女性の写真をオフィスに飾るのを常としていた。[*7]

連邦地裁はラビデューの訴えを棄却したので、彼女の弁護士が控訴した。第6巡回区は、国内にある12の連邦控訴裁の中で、ビンソン事件の枠組みを最初に適用することとなったが、結局、地裁の判断を支持して控訴を棄却した。ラビデューは、自分の労働環境が、ビンソン事件で定義された、法的な意味で「敵対的」と認められるほど十分に悪化したことを、証明できていない、とされたのである。

この結論を導くに当たり、控訴裁は、原告側に追加的な証明責任を課した。ラビデューは、労働環境が虐待的であったことだけでなく、それが「[彼女の]精神的健康に深刻な影響を及ぼす」程度にまで達していたことも証明しなければならないという。結局のところ、「性的ジョークや、性的会話、ヌード雑誌」は常にアメリカの職場の一部というべきものであり、第7編はそれを変えることを意図していなかった、と判決は指摘した。[*8]要するに、ラビデュー事件の判断は、女性は「一切の」ハラスメントがない労働環境を期待することはできず、精神的健康を損なうほど深刻なハラスメントだけが禁止される、ということである。

訴訟に踏み出す

ベニックは、テレサの事案で新たなラビデュー判決の基準をみたすのは相当に苦しいだろうと理解していた。テレサが極度の苦痛を受けていたことは明らかであり、それが彼女の行動(不眠、大量の飲酒、家族関係の混乱)と身体症状（息切れ、泣き叫び、震え）に現れていた。けれども、彼女はカウンセラーと面談しておらず、かかりつけの医者も特に悪い点を発見しておらず、そして、彼女は仕事をし続けることができていた（しかも優秀な成績で）。とはいえ、テレサは、自分の情緒面での状況悪化について、非常な説得力をもって語っていた。また、ハーディのハラスメントが、ビンソン事件が示した、「歓迎されない」もので「苛烈または蔓延している」という要件の範囲内にあることは、あまりにも明らかだった。そのためベニックは、こちらにも勝訴の可能性が十分にあると考えて、事件を引き受けることにした。

これらの注意点を認識した上で、テレサは、前に進むことに同意した。「チャールズ・ハーディを裁判所に訴えて、彼がこんな事をしたのだと証明したいと思いました」と、彼女は語っている。「お金については期待していませんでした。訴訟をするという決定にあたり、金銭面は、まったく考慮の対象外でした。大切なのは『勝つ』ことだったのです」

地裁での審理

テレサの事件の審理は、１９９０年７月23日にナッシュビルの連邦地裁で始まり、１週間近く続いた。テレサは証言台に立ち、ハーディの虐待的な行為と、それが彼女にもたらした苦難や損失について説明した。ベニックは、他にＦＳ社の女性労働者１名と男性労働者２名を証人として呼び、ハーディの不快で侮辱的な態度について、証言を引き出した。ハーディはと言うと、自分が行ったとされる行為をまったく否定せず、冗談のつもりだったと主張しただけだった。もっとも、ハーディは、テレサに不利な証拠を下手にでっち上げようとして、自分で自分の信憑性を傷つけてしまった。彼は、労働者たちがテレサについて苦情を申し立てていたと言い、自分のスケジュール帳を証拠として提出したのだが、ベニックは、インクの専門家を証人に呼び、インクの分析結果から、それは最近になって書かれたもので、本物とは思えない、という明確な証言を得たのである。

会社の側は３人の女性労働者を見つけだし、証人として証言させた。３人はいずれも20代前半で、低い等級の事務職員であり、ハーディとの接触頻度は少なかったが、自分たちはハーディの振る舞いに悩まされていない、と証言した。また、会社側は、ハーディとラリー・ハリスとの間のビジネス関係の悪化にも焦点を当て、テレサの退職と訴訟提起の本当の動機はそれである、と主張した。それでも、すべての証言が終了して最終弁論まで終わったとき、テレサとベニックは、証拠は全体としてこちらに有利であると感じ、裁判官はテレサ勝訴の判決を出してくれるだろうと楽観していた。

地裁判決と控訴裁判決

数か月後、判決が下された。地裁の判事は、ハーディがテレサを「性にもとづく侮蔑的行為の継続的パターン」の下に置いたことを認めた。さらに、ハーディは「卑猥な男」で、「職場における女性労働者の品位を傷つけた」と判断した。[*9] しかし、彼は、ハーディの行動が、ラビデュー事件が新たに示した、「〔テレサの〕精神的健康に深刻な影響を及ぼす」という高い基準をみたしているとは考えなかった。まさにベニックが恐れたように、ハーディの虐待に対するテレサの精神的な強さが、逆効果となってしまった。「ハーディの行動が、時には本当に〔テレサ・ハリスの〕感情を傷つけたかもしれない。しかし、彼のせいで労働環境が極めて有害なものとなり、〔彼女にとって〕脅迫的あるいは虐待的というレベルにまで達したとは思われない」と、判決は述べている。[*10]

テレサは激怒した。「判事のくせに、よくもそんなことが言えますね。『この男は、あなたが言ったことをすべてやりました。彼は、職場で女性の品位を傷つける卑猥な男です。でも、それが何か?』なんて」と、彼女は記者の1人に息巻いた。「悔しさで頭がいっぱいです。これが許されてはなりません。ぜひとも変えなければ」[*11]

ベニックは、第6巡回区の連邦控訴裁に控訴した。これにより、テレサの訴訟は、ラビデュー事件を判断した、まさにその裁判所に係属することとなった。そして今、その裁判所は、ハラスメント事件の原告は精神的損害の発生を証明しなければならないという要件を撤回することができた。あるいは、テレサが審理の場で大量飲酒や不眠などの症状について証言したことにより、その要件がみたされた、と結論付けることもできた。しかし、その裁判所は、どちらもしなかった。1992年9月17日、第6巡回区の連邦控訴裁は、完全な文書による判決文を出すにも値しない事件だと考えたようで、連邦地裁の判決を支持する、とだけ書かれた声明を発表した。[*12]

どん底の日々

先例としてラビデュー事件があるため、テレサが控訴裁で勝てる可能性はもともと小さかったのだが、それでも、この判決は、彼女に大きな打撃を与えた。事件は終わり、彼女は負けた。そして、チャールズ・ハーディと闘ったことは、彼女に何をもたらしたのだろうか？

ハーディが同業他社に彼女を排斥するよう圧力をかけたのか、それとも、単に訴訟を起こしたことがトラブルメーカーという烙印になってしまったのかはわからないが、いずれにしても、テレサは新しい仕事を見つけることができなかった。この時点までに、彼女はもう5年も失業していた。人生で初めて請求書の支払いに遅れ、信用をひどく傷つけてしまった。電気を2回も止められ、玄関脇の私道には、ローンの支払いが滞った車を引き上げるための職員が現れた。彼女は、請求書の支払いをするためだけに、家を売らなければならなかった。テレサはいつも、自分の職業上の成功と完璧な信用歴を誇りに思っていた。このような財政困難に転落してしまったことを、彼女は「非常に屈辱的」と表現している。

最終的に、テレサは看護師として新しい職業人生を始めることを決意し、学校に通い始めた。しかし、それは、新たに様々な支払いをしなければならない状況を生み出しただけで、彼女が学位を取得できるのは、まだ1年も先だった。個人生活のほうも同様にひどい状況で、彼女とラリー・ハリスは離婚しようとしていた。テレサは、控訴裁でも敗訴したことを知った後、いとこに電話して、一緒に飲みに出かけた。その夜はずっと、吐き気がするほどむかつき、自分自身に怒り狂っていた。またしてもチャールズ・ハーディに、自分を惨めにさせることを許してしまった、と。

その翌日、ベニックはテレサに電話をかけ、決めなければならないことがあると伝えた。判決の見直しを求めて、連邦最高裁に上告の申立てをするかどうか、ということだ。もし上告するのなら、彼はすぐに手続に取りかかる必要があった。テレサは心が揺らいでいた。意気消沈し、絶望さえ感じていた。彼女は看護の仕事を始めるのを楽しみにしていた。多分、ＦＳ社に関するすべてのものを捨て去って、この人生の新たな章を受け入れるべきなのだろう。

上告を決断させたもの

テレサが後に語ったところによれば、答えはその夜、入浴している最中にやって来た。そのとき彼女は、地裁の審理の数週間前にハーディと会った時のことを思い出していた。元同僚の１人が電話をかけてきて、ハーディが彼女に会いたがっていると言ったので、気は進まなかったが、ベニックには何も言わずに、会うことに同意した。自分で何とか話をつけて事件を終わらせることができれば、誰にとっても最善だろうと考えたのだ。彼女は地元のレストランで、ハーディと、その元同僚（同席するようテレサが強く求めた）に会った。ハーディは思いやりのある態度で、人なつっこくて善良そうな、最高の笑顔を彼女に見せた。

「さて、テレサ、この裁判を終わらせるのに何が必要だろう？」

テレサは、ベニックの弁護士報酬を払い、仕事を辞めたことで失った収入の一部を回復する必要があるとして、２万５０００ドルを求めた。この金額は、ハーディが予想していたよりも高かったに違いない。彼は激怒したからだ。「彼は、裁判所で私を消耗させ切ってやる、と言いました」と、テレサは回想する。「最後まで闘うだけの金は持っていないだろう、と。そしてもちろん、彼は私を侮辱し、悪意をぶつけて来ました。お前を破滅させてやる、と言いました」

テレサは驚いたが、これに対する自分自身の反応にも同じくらい驚いた。「私は彼に『持ってるものはクソでも何でも売り払ってやるさ。私は絶対に止めないからね』と言いました。それから、彼を見ながら言ったのです。『サンドラ・ファッキン・デイ・オコナーに言ってやる！』って」

テレサは、この思い出を話しながら笑った（「彼は、誰のことだか分からなかったと思います！」）。こうして啖呵を切り終わると、彼女は持ち物をひっつかみ、レストランから勢いよく歩いて出た。それから、駐車場の車の中で、しばらく座っていた。とんでもない脅し文句を発してしまった自分を責める気持ちと、到着時よりもさらに高まった、ハーディの傲慢さに対する怒りの気持ちが、交互に襲ってきた。

あの大酒を飲んだ翌日の夜、バスタブに身を沈めながら、テレサは、最高裁に上告するかどうか、まったく悩む必要がないことに気づいた。彼女はその夜、ベニックの自宅に電話をした。「私はハーディに、どこまでも闘ってやる、この野郎、と言ってやったわ」と、彼女はベニックに言った。「そして、私は嘘つきじゃない。絶対にやるよ。で、勝てる見込みはどのくらいあるの？」

ベニックの悲しげな答えを、今でも彼女は思い出して笑ってしまう。「地獄の炎の中の雪玉よりも、小さいと思う」

「それで構わない」とテレサは言った。「私たちはやる。私はやると言ったの。だからもう私たちは、やってやるだけよ！」

上告の申立て

テレサの事件について最高裁に見直しを求める準備をするに当たり、ベニックは、誰かに指導を仰ぐ必要があることを認識していた。そこで、バンダービルト大学の法律学の教授である、ボブ・ベルトンに相談した。

ベルトンは、かつて全米黒人地位向上協会の法律弁護・教育基金（NAACP－LDF）の弁護士だった頃、第7編に関する有名なグリッグス事件（グリッグス対デューク電力会社）[*13]で、原告側の代理人チームの一員として連邦最高裁に上告し、画期的な判決を勝ち取っていた。また、ベルトンの2人の同僚も、それぞれ連邦最高裁判事の下で法務助手をした経験があり、最高裁の手続に関する有用な知見を共有したいと言って、加わってくれた。

数か月後の1992年12月、ベニックは裁量上告の申立てを行った。彼は、ビンソン事件の判決が、「原告の主張が認められるためにどのような証拠の要素が必要かについて、十分な手引きを提供していない」ことを指摘し、それを明確にするよう最高裁に求めた。この上告申立書によれば、当時、テレサの事件で提起された問題、すなわち、「セクシュアル・ハラスメントの事件の原告が勝訴するためには、彼女が深刻な精神的損傷を負ったことまで証明しなければならないのか?」という点について、様々な連邦控訴裁が相矛盾するような回答を示していた。第6巡回区によるラビデュー事件判決の後、第7巡回区と第11巡回区はそれを踏襲し、「深刻な精神的損傷」という基準を課した。他方、第3巡回区、第8巡回区、および第9巡回区は、ラビデュー基準を拒否し、原告は、ハラスメントによって不快な経験をしたこと(かつ、そのような反応を示すことが「合理的」であったこと)を示すだけで良い、という立場を取った。[*14]

この、いわゆる巡回区相互間の不一致を指摘することにより、ベニックは、ハラスメント事件において第7編が全国で公正かつ均一に適用されることを確保するために、連邦最高裁の介入が必要であることを、判事たちに納得させたいと考えていた。ベニックが上告を行った頃までに、セクシュアル・ハラスメントの被害を訴える申立ての件数は急増していた。EEOCは、1991年より前の申立て件数については信頼できる統計を取っていなかったが、1991年度と1992年度を比べると、連邦および州の機関に申し立てられたセクシュアル・ハラスメントの件数は、約7000件から10000件を超えるまでに増え、何と40%も増加した。

セクシュアル・ハラスメント急増の要因

この両年の間に、何が起こったのか? アニタ・ヒルとクラレンス・トーマスが証言した、あの公聴会だ。1986年のビンソン事件は、女性たちに、セクシュアル・ハラスメントへの法的救済を与えたかもしれない。しかし、実生活でセクシュアル・ハラスメントがどのような形で行われるかについて、国民的な議論を呼び起こしたのは、クラレンス・トーマスの最高裁判事任命をめぐる、1991年10月の上院での公聴会だった。ハラスメントの加害者は、通常、よだれをたらした変質者のようには見えず、また被害者のほうも、通常、無力な犠牲者のようには見えない。そしてハラスメントは、たとえ言葉だけのものであっても、心に傷を残しうる。これらをすべて分かっていた女性たちは、ヒルの話に耳を傾け、そして思った。「それは私にも起こったことだ」と。それは、電気で刺激を受けたような瞬間だった。

「〔あの公聴会の〕重要性は、いくら強調してもし過ぎることはない」と、全国女性法律センター（NWLC）の共同代表の1人であるマーシャ・グリーンバーガーは、後に書いている。「セクシュアル・ハラスメントの問題が、白日の下に引き出された。…識者たちは、アニタ・ヒルの証言がトーマスの任命を阻止できなかったため、以後、再び被害女性が名乗り出ることを、永久に怯えさせてしまうだろうと考えた。しかし、実際には逆のことが起こったのだ」[*15]

もう1つ、申立ての急増をもたらしたと思われる、より散文的な要因は、新たに行われた法改正である。1991年公民権法により、第7編の訴訟で勝訴した労働者は、心理的苦痛など無形の損害に対する損害賠償を、さらには懲罰的損害賠償も、請求することが可能となった。この法改正以前、労働者は、有形の経済的損失に対してしか補償を受けることできなかった。そのため、ハラスメントの被害者は、――テレサが本件で主張したように――その態様があまりにひどいために辞職に追い込まれた場合にのみ、申立てを行う傾向があった。この、いわゆる「みなし解雇」の場合であれば、失われた賃金を回復することができたのである。しかし、1991年以降は、心理的損傷に対する損害賠償も可能となったため、女性が何とか職にとどまって働き続けた場合でも、損害賠償を請求することができる。このような損害賠償は、「性化」された環境で働くという屈辱を経験した者に対し、それがいかに実態に見合わない金額であったとしても、一定の補償を与えてくれる。

1993年3月、ベニックが裁量上告の申立てをしてから3か月後、回答が届いた。連邦最高裁は上告を受理し、判断を行うという。口頭弁論の日は10月とされた。

口頭弁論の準備

連邦最高裁での弁論の準備は、誰にとっても非常に大変な難題であるが、ベニックは、とりわけ重いプレッシャーを感じていた。ベニックの言葉によれば、彼は「どこの誰ともわからない、ちゃちな弁護士」にすぎなかった。しかも、テレサの事件は、彼にとって初めてのセクシュアル・ハラスメントの事案である。多くの女性の権利擁護団体が、本件の結果に重大な利害がかかっていると考えていることを、彼は知っていた。

もしも連邦最高裁が、深刻な精神的損傷があった場合にしか第7編違反の責任は生じないと判断するならば、ハラスメントの被害者のうち、ほんの一部の者しか、裁判所で救済を受けられなくなってしまう。そんな事態になれば、それ以外の無数の女性たちは、法的手段を持たないことになる。テレサのように、ひどいハラスメントを受けたにもかかわらず何とか働き続けることができた女性たち、あるいは、他の数多くの女性たちのように、ハラスメントによって精神的健康が損われる前に仕事を辞めてしまった女性たちは、いずれも救済されないのである。

このような本訴の成否の重大さは、口頭弁論に至るまでの数か月間、ベニックに重くのしかかっていた。彼は特に、主導的な女性団体や公民権団体の人々がワシントンで開催した模擬法廷の席で、怖くておびえるような気持ちになった。会議用のテーブルで、女性の権利運動の最強打者たち約20人に囲まれながら、ベニックは、何時間もの間、浴びせられる質問を必死にさばいた。質問するのは、ビンソン事件よりも前からずっと、長年にわたりハラスメント訴訟を手がけてきた弁護士たちだ。おかげで、終わって会議室を出て行くときには、ベニックは、依然として自分はワシントンでは「外部者」であるものの、少なくとも無名さの程度が軽減されたはずだと、自信が高まるのを感じた。ナッシュビルに戻った後、彼は、ボブ・ベルトンが開催した別の模擬法廷にも出席して練習を積んだ。

テレサの事件の結果に注目していたのは、女性の権利擁護団体だけではなかった。本訴の結果に利害関係を有すると主張する40以上の団体から、10通余りのアミカス意見書が提出されたが、それらの団体には、労働組合、女性団体、公民権団体のほか、使用者、弁護士、ソーシャルワーカー、心理学者などの職業団体も含まれていた。警察官の団体も、男性支配の組織のためセクシュアル・ハラスメントが蔓延しており、本件に利害関係があるとして、意見書を提出した。これらのうち、FS社を支持する立場から意見書を提出したのは1つだけで、雇用均等諮問会議（EEAC）という、270の企業やビジネス関連組織からなる団体であった。

アミカス意見書

本件のアミカス意見書の中でも最も重要なものの1つが、EEOCの意見書であった。これも、テレサの側を支持する形で提出されたものである。EEOCは、ビンソン事件の最高裁判決が出される6年前の1980年に、初めてセクシュアル・ハラスメントを違法とする見解を示したが、1990年に、同判決を踏まえた、新たなガイドラインを発していた。テレサの事件のアミカス意見書で、EEOCは、最高裁が「精神的損傷」の要件を明確に否定して、ハラスメントが「通常人」にとって「その職務遂行に支障を生じさせる」ものであれば足りると判断することを、強く求めた。またEEOCは、言葉によるハラスメントだけでもその基準を十分にみたしうることも、特に指摘した。[*16]

アメリカ心理学会（APA）は、プライス・ウォーターハウス事件（第6章）で重要なアミカス意見書を提出して注目を集めたが、本件でも意見書を提出した。前回は、性的ステレオタイプについて、原告のアン・ホプキンスだけでなく、学者仲間であるスーザン・フィスク博士を支持することを明らかにしていたのに対し、今回のAPAの意見書は、どちらの当事者に対しても明確な支持は示していない。しかし、それが示す証拠は、間違いなくテレサの側に有用なものだった。この意見書によれば、1970年代以降に形成された「今も拡大しつつある社会科学の知見の集積」を調査したところ、セクシュアル・ハラスメントは、それが「深刻な精神的損傷」を引き起こさない場合でも、多くの有害な影響を及ぼすことが認められた。実際、ハラスメントの被害の多くは、精神的なものではまったくない、とAPAは指摘する。むしろ、ハラスメント行為者から逃れるための対処戦略を取ることによって、被害者のキャリアに中断や混乱が生じることのほうが、重大な損害である。被害者は、自ら転職したり、異動を希望したり、昇進への努力を放棄したり、より高い賃金や先任権や職業的ネットワークへのアクセスをもたらす機会を拒絶したりする。[*17]

テレサの事件との関係で特に注目に値したのは、APAの意見書が、ハラスメントに対する反応はそれぞれの女性によって異なることを確認した研究を、紹介していることだった。したがって、ハラスメント行為が適法性の限界を超えて違法となったか否かを考える際に、個々の被害者の対応に焦点を当てるのは、あまり有効ではないことになる。かえって、「精神的損傷の要件は、第7編による保護の焦点を、ハラスメント加害者の行為の性質よりも、被害者がどこまで虐待に耐える精神的な容量を持っているか、という点に移行させる」。様々な研究によれば、自己評価が高く、支えてくれる友人や家族のネットワークを持つ女性は、ハラスメントによる最悪の影響から自分を「隔離」することができるという。[*18] テレサは、このような回復力の強い女性の例証であった。オフィスにいる間も心の中が乱れ、また、帰宅後は夜に自己破壊的な行動を取ったにもかかわらず、仕事は良好に行い続けていた。言い換えれば、彼女は、それを外には見せなかったかもしれないが、間違いなく「虐待的な労働環境」を経験していたのである。

口頭弁論の開始

FS社を辞めてから6年後の1993年10月13日、連邦最高裁の口頭弁論の朝に、テレサは吐き気に襲われた。「私は非常におびえ、同時に興奮していました」と、彼女は後に語った。「自分で分かっていました。さあ、これで最後だ、ここでダメならもう行くところはない、と」

テレサは、数日前にワシントンに到着して少し観光をしたが(母親、妹、義理の弟と、友人1名も連れて来ていた)、連邦最高裁には来ていなかった。有名な大理石の階段を上り、弁論が行われる法廷に入るのは、「圧倒的でした。何と言うか、畏れを感じるほどすごかったということです。あんなものは見たことがありません。信じられませんでした」と、彼女は述べている。チャールズ・ハーディは出席しなかった。

ミシェル・ビンソンの事件に対する連邦最高裁の判決から既に7年が経過しており、判事の半分以上(ルース・ベーダー・ギンズバーグ、アンソニー・ケネディ、アントニン・スカリア、デービッド・スーター、クラレンス・トーマス)が、初めてセクシュアル・ハラスメントの問題について判断を下すことになる。最も新任の2人であるギンズバーグ判事とトーマス判事の立場は、これ以上に違うものはないというくらい異なっていた。ギンズバーグ判事は、女性の権利に関する数々の画期的訴訟を手がけることによって、キャリアを築いてきた。トーマス判事は、最近、テレサがハーディを訴えたのとまさに同じ種類の卑猥な行為を行ったという告発を受けていた。両人以上に「不釣合いな同僚」の組み合わせを想像するのは困難だった。

原告側の弁論

最初に、アーウィン・ベニックが演壇に進んだ。彼は、「深刻な精神的損傷」という基準自体の不当さについて、ある程度、述べることができた。しかし、判事たちは、では代わりにどんな基準がありうるのかという点に、より関心を持った。第7編の違反を証明するために、被害女性が精神的苦痛を示す必要がないとしたら、いったい何を示すべきなのか？　最高裁としては、EEOCがアミカス意見書で主張したように、ハラスメントが女性の職務遂行に「支障を生じさせる」ことを要件とすべきだろうか？　もしそうなら、いくつか別の疑問がわいてくる。「支障を生じさせる」とは、ハラスメントが労働環境を「不快な」ものにするだけでよいのか、それとも、「その職務をより困難にする」必要があるのか？　女性は自分の職務遂行が低減したことを、たとえば、欠勤の増加、締切りの遅れ、業績評価の低下のように、何らかの数量化できる形で示さなければならないのか？

ベニックは、「支障を生じさせる」という基準を適用することに反対した。精神的損傷の要件と同様に、この基準も、ハラスメントそのものではなく、ハラスメントに対する女性の反応に焦点を当てるものだからである。第7編は、使用者の不当行為に対処するために作られたのに、それはおかしいではないか。ベニックは、女性がビンソン事件に従って、ハラスメントが歓迎されないものであることを示すことができる限り、彼女の雇用「条件」が「変更」されたことの証明となり、その時点で彼女の主観的な反応の検討は終わるはずだ、と判事たちに言った。ギンズバーグ判事は賛同し、次のように述べた。「同じ立場にある男性と女性の労働者がいて、女性はいつも『お前は女だ』、『お前は女のように考える』と言われ、男性はそれらのことを言われないとしたら、女性の仕事はより困難になるのではないですか？　それ以上に何か必要ですか？　本当にもっと複雑な話なのでしょうか？　一方は悪しざまに非難され、もう一方はされないのなら、〔雇用の〕『条件』は等しいとは言えません」[*19]

最高裁が検討すべき主要部分は、「通常人」を想定したときに、その者が当該環境を法的な意味で虐待的と感じるかどうかである、とベニックは主張した。彼の主張によれば、この、より客観的な基準をみたすかどうかは、ビンソン事件の最高裁判決が、ハラスメントが「苛烈または蔓延している」か否かの判断のために提示した要因のすべてにかかっている。「その行為はどのくらいの頻度で発生するのか、誰がその行為を行っているのか、他に誰がその行為にさらされたのか、他に誰がその行為に参加したのか？」などである。

しかし、その基準も同じくらい曖昧ではないか、とスカリア判事が口を挟んだ。『雇用条件を変更するのに十分なほどに苛烈または蔓延している』なんて、私にはまったく意味不明です」と彼は言った。「我々〔連邦最高裁〕がそう言ったとしても、知ったことではありません」。傍聴席から笑い声が起こったが、彼は、さらに興奮して続けた。「いいでしょう。これらの要因が全部あったとします。でも、雇用条件が変更されるためには、それらのうち、どれが必要なのですか？　なぜそう言えるのですか？　どのような魔法の出来事が、おお、ハラスメントが深刻なレベルにまで上昇し、労働条件を変えた、と告げるのですか？……まあ、ハラスメントが職務遂行に影響を与えたという基準だったら、なるほど、それなら私にも識別できる！と思います」[*20]。ベニックは、さらに数分間、質問による攻撃をかわしながら、スカリア判事が提案した基準は高すぎると強く主張した。そこで彼の弁論の時間は終わった。

被告側の弁論

次に、本件の当初からFS社の代理人を務めるナッシュビルの弁護士、スタンリー・チェルノが演壇に進んだが、彼には説明すべきことがあった。口頭弁論に先立ち提出した準備書面で、チェルノは、ラビデュー事件が示した「精神的損傷」要件を否定するという、特異な行動に出ていたのである。その基準が、第6巡回区の連邦控訴裁で依頼人が勝利する基礎となったにもかかわらず、彼は、EEOCの、職務遂行への「支障」という基準のほうが正しい、と主張した。そして、本件でテレサは職務遂行が目に見える形で低下したことを示すことができなかったので、ハラスメントが職務遂行に「支障を生じさせた」ことの証明は成立しない、したがって、FS社の勝訴という控訴裁判決は維持されるべきだ、と。[*21]

チェルノの弁論はうまくいかなかった。スーター判事とギンズバーグ判事が先頭に立ち、控訴裁判決の引用を示して、彼を問い詰めた。この判決は、いかなる請求についても精神的損傷が前提条件となる、と述べている。第6巡回区が誤った証明基準を適用しているのであれば――今ではチェルノでさえ、この基準は正しくないと認めている――連邦最高裁としては、判決を破棄する義務があるのではないのか？　チェルノは、控訴裁の意見から、「支障」基準を適用したとしても同じ結論となったであろうことが読み取れる、したがって、そのような別の理由にもとづき判決を維持すればよいだけである、と答えた。[*22]しかし、判事たちは納得しなかった。

ギンズバーグ判事は、地裁の判決の中で、テレサが「継続的な侮蔑行為」にさらされていたことを認めた部分を読み上げた。その上で、彼女はチェルノに仮想問題を提示した。「私は興味があります。…仮に「侮蔑行為が」人種や宗教や出身国にもとづくものだったなら、そして、本件と同じくらい様々な行為が継続的に行われていたとしたら、あなたの分析に何か違いが出てくるのでしょうか？」

「私が思いますに、それに答えようとすると、答えるためには、それは非常に質問が難しい、回答するのは」と、チェルノは舌をもつらせた後、最終的に「いいえ」と述べ、性にもとづくハラスメントも、他の属性にもとづくハラスメントも、同じように分析する必要があることを認めた。[*23]

判事たちは、「支障」の基準をみたすために被害者は何を証明すべきかという点について、チェルノの解釈を尋ねた。これに対して彼は、セクシュアル・ハラスメントの主張がなされた事案で原告が「勝つために、職務遂行に支障が生じたことを特定的に主張・立証する必要があるとは、私は思いません」と明言した。

「おお、何と、驚いた!」と、スカリア判事は叫び声を上げた。「それは初耳です。あなたは、自分で書面に書いたことと立場を変えている」。[*24]チェルノは、さらにもう数分間、ギンズバーグ判事とスティーブンス判事から出された「通常人」の基準に関する質問に、しどろもどろに答えた。そこで時間が来て、彼の弁論は終わった。[*25]

テレサの感触

テレサはぞくぞくした。彼女の目には、ベニックが口頭弁論の勝者であることは明らかだった。「アーウィンがしたことと、チェルノがしたことは、昼と夜ほどにも違っていました」と彼女は言った。「信じられないような気持ちでした。もちろん、ギンズバーグ判事からは、良い感触が伝わってきました。彼女は味方してくれるはずです。でも、私には〔すべてのことが〕良い感触ばかりでした」

口頭弁論の終了後、ベニックとテレサは、全米女性機構(NOW)の法律弁護・教育基金の本部に向かった。そこで、女性の権利擁護の活動家や公民権運動の有名人たちが出席するレセプションが開かれ、2人は主賓として迎えられた。ワシントン在住の関係者の間に、最高裁の口頭弁論という場におけるベニックの能力について懸念があったとしても、それはもう確実に消滅していた。明らかにお祝いムードだった。

連邦最高裁の判決

ベニックの弁論は、たしかに見事な出来だったかもしれないが、連邦最高裁がどちらの側に傾いているのかを判断するのは困難だった。信頼できるリベラル派のギンズバーグ判事とスティーブンス判事は、口頭弁論の間、積極的に議論に加わっていた。しかし、「浮動する」中間派、あるいは保守派と目される何人かの判事たち、たとえば、ケネディ判事、レーンキスト判事、トーマス判事は、沈黙を保つか、ごくわずかな質問しかしなかった。彼らが双方の弁論についてどう思ったのかを知ることは、ほとんど不可能であった。

しかし、それが分かるまでに長い時間はかからなかった。通常、連邦最高裁は、少なくとも数か月をかけて判決の合議を行うが、本件（ハリス対フォークリフト・システムズ）の場合は、たった27日だった。テレサのところにベニックから電話があり、勝ったという知らせを受けた。しかも、全員一致の判決だ。

「第7編は、ハラスメント行為が神経衰弱の状態をもたらす前に作用し始める」と、判決は述べている。[*26] ＡＰＡのアミカス意見書から借用したのではないかと思われる一文で、最高裁は、次のように説明した。「差別的で虐待的な労働環境は、たとえ労働者の精神的健康に深刻な影響を与えない場合であっても、労働者の職務遂行を低下させたり、労働者が職にとどまる意欲を失わせたり、キャリアの昇進を妨げたりする可能性があり、実際にも、そのような事態がしばしば起こっている。さらに、」――この部分は、口頭弁論におけるギンズバーグ判事の意見を反映したものであるが――「このような有形の影響を考えなかったとしても、人種、性、宗教、または出身国にもとづいて差別的行為が行われ、それが非常に苛烈または蔓延していたため、労働者にとって虐待的な労働環境が作り出されたという事実そのものが、第7編の定める雇用平等という一般原則に反している」[*27]

ちなみに、ギンズバーグ判事は、性にもとづき不利益を受けることは人種差別の被害と同じくらい有害である、という彼女の信念をさらに詳しく述べた補足意見を提出した。この信念は、訴訟代理人として闘っていた時代にも、彼女を突き動かし支えたものであった。[*28]

示された判断基準

以上のように第6巡回区控訴裁の「深刻な精神的損

傷」基準を退けた後、連邦最高裁は、自ら選んだ代替策を提示した。判決は、ビンソン事件が示した、ハラスメント行為が「被害者の雇用条件を変更し、虐待的な労働環境を作り出すほどに苛烈または蔓延している」場合に禁止される、という枠組みを再確認した上で、同事件でシドニー・テイラーがミシェル・ビンソンに対して行った「身の毛もよだつような行為」は、何が違法かの「境界線を定める」ものではなく、それをはるかに超えていたことに、注意を促した。

境界線は、そんな所ではなく、想定される「通常人」が、労働環境を敵対的または虐待的と感じる地点にある。判決は、この基準がみたされるか否かについて「数学的に正確な判定方法」はないと警告し、最高裁の法理が実際上、下級審に対し、通常人がハラスメントと感じる可能性のある種類の行為を見ていく中で、自分で考え出すよう依頼するものであることを認めた。

> 我々の判決によって提起されるかもしれない質問のすべてに、今日、答える必要はない。…しかし、環境が「敵対的」あるいは「虐待的」であるかどうかは、それを取り巻くすべての事実を検討した上でしか判断することができない、という点は、明確に述べておくことができる。そのような事実としては、当該差別的行為の頻度、そのひどさの度合、身体的な脅威や屈辱をもたらすものであるか、それとも単なる不快な発言にとどまるか、それが労働者の職務遂行に不当に支障を生じさせるか否か、といった点が含まれる。[*29]

口頭弁論では、そのような「支障」をいかに証明するかをめぐって長々と質問がなされたのに、連邦最高裁は、この点について判断を示していない。判決は最後に、労働環境が違法に敵対的であるかどうかの評価にあたっては、「精神的な損傷も、他の要因と同様、考慮に入れることができる」が、「ある特定の要因が必須とされるわけではない」と強調して、結びとしていた。[*30]

最高裁判決のインパクト

このような連邦最高裁の判決は、実際上、第6巡回区のラビデュー事件判決と、以後のハラスメント事件で「精神的損傷」の要件を課すことによりそれを踏襲した他の連邦控訴裁の判断を、すべて無効にした。さらに、本件で連邦控訴裁が連邦地裁によるＦＳ社勝訴の判決を支持した判断も、やはり破棄された。チャールズ・ハーディのハラスメント行為が精神的損傷を引き起こしたことを、テレサが証明する必要はなかったはずである。連邦最高裁は、正しい基準にもとづき再検討するよう指示して、本件を連邦地裁に差し戻した。

喜びあふれるテレサは、すぐに、ベニックの事務所を訪れた。そこで２人は、ファックスで送られてきた判決文を一緒に読み、地元や全国の報道機関のインタビューに何度も応じた。「それから」と、ベニックは思い出しながら、笑顔を浮かべた。「私たちは、ダウンタウンに飲みに出かけました」

テレサが訴え出て、この最高裁判決を可能にしたことに対し、その勇気を賞賛する声が、公民権の推進を求める全米の人々から寄せられた。あのアニタ・ヒルからも、祝福の電話がかかって来た。テレサは、トーマス判事の任命の承認をめぐる公聴会のときに、彼女が証言するのを食い入るようにテレビで見つめ、質問する上院司法委員会の人々への怒りが高まるのを感じていた（「いいですか。自分の経験に照らしても、あんなことを作り話で言う人なんか、絶対にいません。思いつきもしないですよ」）。

自分が、今後会うこともない何百万人もの女性を助けたという事実は、なかなかピンとは来ないものの、喜ばしいことだった。「職場で女性がハラスメントを受けないなどと考えるのは、まったく世間知らずの甘ちゃんでしょう。事実、多くの女性が受けているのですから。まだまだ職場には、数多くの頑迷な偏見や、同種のありとあらゆる問題があります」と、彼女は語った。「けれども、私の事件によって、女性がハラスメントについて何か行動を取ることが、おそらく容易になったと思います。そのことに私は感謝し、嬉しく感じています」

その後の経過

連邦最高裁の判決によって、テレサの事件がテネシーの連邦地裁に差し戻された後、地裁の判事は新たな判決を下した。今回はテレサ勝訴の判決だった。判事はFS社に対し、ハーディのハラスメントによって辞職を強いられた時点以降に彼女が失った賃金として15万1435ドルを、累積した彼女の弁護士費用と合わせて支払うよう命じた。彼はまた、FS社がセクシュアル・ハラスメントを禁じる書面の方針を整備することも命じた。テレサとベニックは、判事が用いた逸失賃金の計算方法が誤っており、金額が低すぎると異議を唱えた。他方、FS社の側は、この判決に全面的に反対した。しかし、両当事者は、控訴してさらに多くの時間と金を費やすよりもましだと考え、和解によって訴訟を終結した(解決金の額は非公開)。

テレサは、連邦最高裁の判決が出る頃までに、看護学校を卒業して、バンダービルト病院の骨髄移植部門で1年近く働いていた。事件について同僚に話したことはなく、口頭弁論でワシントンに行くための休暇を取ったときでさえ、黙っていた。しかし、最高裁の判決が出て、テレサの名前と写真がニュースにあふれると、同僚たちは彼女を支持してくれ(これは嬉しい驚きだった)、長い間、ずっと秘密にしていたことを、からかうように叱ったりした。

しかし、連邦最高裁の判決にはもう1つ、テレサが個人的に、とても味わい深くかみしめる側面があった。それは、3年前、地裁の審理の前にチャールズ・ハーディと密かに会った時のことを考えれば、とりわけ甘美なものだった。ハリス対フォークリフト・システムズ事件の法廷意見を書いたのは、サンドラ・デイ・オコナー判事だったのだ。

第9章

通報者を撃つな

バーリントン・ノーザン事件　2006年
Burlington Northern & Santa Fe Railway Co. v. White（2006）

鉄道会社への就職

１９９７年の夏、シーラ・ホワイトは、テネシー州メンフィスのホワイトヘブン地区にある自宅から車を運転し、採用面接の会場に向かった。バーリントン・ノーザン・アンド・サンタフェ鉄道（以下、ＢＮＳＦという）が運営する車両基地が、ダウンタウンの南東15マイル（約24キロ）くらいの所に不規則に広がっており、そこの仕事に応募したのだ。シーラは当時41歳で、３人の子を持つシングルマザーだった。以前は、巨大製薬会社であるシェリング・プラウで機械オペレーターの仕事をしていたが、業務縮小に伴ってレイオフされ、１年近く失業中だった。シェリング・プラウやその前の会社で働いている間に、彼女はフォークリフトの運転ができるようになっていた。この事実は、シーラの採用面接者の１人であるメンフィス車両基地の施設長、マービン・ブラウンにとって朗報だった。

シーラが応募したのは線路作業員の仕事であり、その主たる業務は、ＢＮＳＦの貨物システム全体にわたる鉄道路線の修理と保守だった。しかし、ブラウンは、メンフィス車両基地で、フォークリフトを操作できる者を必要としていた。それまでフォークリフトを担当していた男が、最近、社内の他の仕事に移っていたからだ。シーラは２次面接に進んで合格し、身体検査もパスした後、１９９７年７月２日から勤務を開始した。彼女は、約１００人が勤務する部署で、ただ１人の女性であった。

シーラの生い立ちと経歴

メンフィス育ちのシーラは、２人姉妹の長女だった。小柄で感情豊かな女性で、丸い顔を、短く刈ったプラチナブロンドの髪が囲んでいた。強い南部の訛りで、礼儀正しい正確さを感じさせる、ゆっくりとした話し方をした。彼女は、自分の両親——高校の歴史の教師だった父親レオンと、ソーシャルワーカーをしていた母親ルビー——が、社会的な善悪の判断力を教え込んでくれたことに感謝していた。南部で育った同世代のアフリカ系アメリカ人の誰もが経験したように、シーラは、市のバスで後方の座席に追いやられたり、衣料品店では地下にある「有色人種」用の場所で買い物することを強いられたりして、日常的に屈辱を受けていたことを覚えている。彼女の高校では人種統合がなされていたが、名目だけのことだった。シーラや彼女の友だちは、白人の生徒からいじめを受けた。卒業アルバムでは、フェアリー高校を代表する「ミス・アンド・ミスター・フェアリー」という名を冠して、2組のカップルを取り上げていたが、白人のカップルの写真はカラーだったのに対し、アフリカ系アメリカ人のカップルの写真は白黒だった。

シーラの両親は、彼女の幼少期から10代の頃、メンフィス中で燃えさかっていた公民権運動を支持していたが、シーラは騒動に巻き込まれないように脇から見ていてほしい、と強く願っていた。そのため、シーラが何度か、メンフィス中心街の人種隔離をしている商店やレストランへの抗議デモに参加したときには、家をこっそり抜け出さなければならなかった。

シーラは、高校の最終学年で1人目の娘を出産し、高校の恋人と結婚した。2人はさらに4年間、一緒に暮らし、2人目の娘も生まれたが、結局離婚した。その後、シーラは再婚し、3人目の子として息子が生まれた。しかし、1977年の夏、BNSFで働き始める頃までに、この2度目の結婚も破綻し、彼女の生活は、子供たちと、教会、友人、ボランティア活動を中心に成り立っていた（彼女の好きなことの1つは、フェアリー高校のマーチングバンドの旗手たちのために、ユニフォームを縫うことだった）。2人の娘は大学に通い、息子は高校生だった。シーラは、時給が15ドル近くも支払われ、健康保険や年金制度などの恵まれた付加給付もある仕事に就くことができて、興奮するほどの喜びを感じていた。3人の子どもたちの大学教育を最後まで支え、さらに快適な引退生活が迎えられるようにしてくれる仕事だ、と考えていた。[*1]

男職場での苦労

メンフィス車両基地でのシーラの直属の上司は、BNSFに長年にわたって勤務する、ビル・ジョイナーだった。初出勤の日、ジョイナーが、シーラと他の5人の労働者を相手にオリエンテーションの説明をしていたときに、急に話を中断し、彼女だけに向かって次のように言ったので、シーラは愕然とした。「シーラ、生理の日になったら、ちゃんと知らせるんだぞ。仕事を軽くしてあげられるようにな」。あれから約20年が過ぎても、シーラはその時のことを思い出し、信じがたい気持ちになる。「私は凍りつきました。そんなことを口にするなんて、とても信じられなかったからです」。女性であるからといって仕事の上で別異に取り扱われたのは、およそ初めての経験だった。「そこで、虫の知らせのようなものがありました。気をつけたほうがいいぞ、って」

シーラの直感は正しかった。ジョイナーは、いつも決まり文句のように、鉄道は「女の職場ではない」、別の仕事を探したほうがいい、と彼女に言った。彼は、先任権がシーラと同等またはより低い労働者に、常に時間外労働の割り当てを認めながら、シーラには時間外の仕事をさせようとはしなかった。また、会社支給のレインコートも、男性の同僚たちには与えられるのに、シーラには渡してくれなかった。彼女が悪天候の中で働くよう命じられることは、珍しくなかったにもかかわらず、である。さらにジョイナーは、施設長のマービン・ブラウン——彼は、ほんの少し前、シーラを採用する際には有力な支持者だったのに——が、労働協約の保護の対象にならない60日の試用期間の間に、あいつを解雇する理由を見つけろと言ってきた、と彼女に語った。

シーラの職場での生活をみじめにした男は、ジョイナーだけではなかった。ある監督者が後に述べたところによれば、メンフィス車両基地には、「全体的な反女性感情」が存在していた。[*2] 上司が公然と偏見を示すのを見て勇気づけられたのかもしれないが、他の同僚たちも、女がここで働くべきではない、という発言をした。線路作業員たちは、遠く離れた場所での線路作業のために移動する間、性的体験の自慢話をし合っていた。メンフィス車両基地にある唯一のトイレは男女兼用で、ドアの鍵が壊れていた。シーラは、あまりに何度も使用中にドアを開けて入られてしまったので、鍵を修理するよう求めたが、誰もそれに関心を示さなかった。彼女は仕方なく、同情してくれた同僚のトラックを借り、女性用トイレがある近くのＢＮＳＦのオフィスまで行くようになった。列車の踏切で止められることがなければ、通常は5分くらいで戻って来ることができた。

苦情の申立てと会社の対応

１９９７年9月10日、列車の脱線事故があったため、シーラは真夜中に現場に呼び出された。そこにビル・ジョイナーが到着すると、彼はシーラに、ある車両の、同僚たちのグループから離れた反対側に来るよう命じた。「そして、彼は言いました。『こっちに来い、シーラ。その懐中電灯で俺のあれを照らせ。どこに小便が飛んでいるか、わかるようにな』」と、シーラは回想した。「反吐が出るほどひどい話だと思いました。自分のものを露出して、私に光を当てさせようと言うのですか？　私はそんなことをするつもりは絶対にありません、と彼に言いました」

シーラはＢＮＳＦに苦情を申し立てた。手書きの申立書に「ジョイナー職長は、異性の同僚と一緒に働くことに問題があるようです」と書き、過去2か月半の間、彼がいかに様々な形でシーラを目の敵にし、ひどい扱いをしたかを説明した。その日の後刻、彼女は、マービン・ブラウンと彼の上司の男と会って話をした。彼らは申立書に目を通し（小便事件の箇所に来ると、2人で笑っていた）、その後、この申立書をＢＮＳＦの人事部に提出して調査をしてもらう、とシーラに約束した。

10日後、ブラウンはシーラを呼んで、面談を行った。今回は、人事部の担当者も同席した。ブラウンはシーラに、調査の結果、会社としてもジョイナーが彼女にハラスメントを行っていた事実を確認した、と伝えた。ジョイナーは、10日間の無給の出勤停止処分となり、対人面の感受性トレーニングを受けることも命じられる。さらに、彼の人事記録には、懲戒を受けた旨の文書が永久に保存されるという。しかし、残念ながら、話はそれだけではなかった。

ブラウンの説明によれば、調査中に話を聞いた男性の同僚たちの中から、フォークリフトの運転というシーラの仕事は、自分たちの仕事よりも楽なので不当だ、と不満の声が上がった。そこで、彼女をその仕事から外し、代わりに、前にその仕事をしていた男に担当させることにした。シーラは、通常の線路作業員の業務に就くことになる。その上、ジョイナーが、出勤停止処分から戻った後も、彼女の直属の上司にとどまるという。

「私は泣き始めてしまいました。こんな扱いをするなんて、シーラは回想した。〔彼らは〕間違っている、だって、それは正しくないことだから、って。会社は、ビル・ジョイナーが悪いことをしたと認めたのです。それなのに、だからと言って、なぜ私をフォークリフトの仕事から外す必要があるのでしょう?」シーラは、この職務変更は自分に対する報復だと思うと言ったが、ブラウンらは反応を示さなかった。

苛酷な作業とEEOCへの申立て

シーラは、悲しく陰うつな気分だった。彼女はフォークリフトを運転する仕事が大好きだったのだ。そのために必要とされる操作の腕前も、作業を上手に行うことで得られる満足感も。そして、その仕事は、仲間の労働者が不平を漏らしたように、みんなが就きたいと望むものだった。

それに比べると、通常の線路作業員の仕事は、はるかに大変だった。作業員たちは、暑いテネシーの太陽の下で、鉄道の線路を分解したり組み立てたり、トラックから重機の積み降ろしをしたり、雑木林を切り開いたり、線路をふさぐゴミや廃棄物を片付けたりした。また、この仕事では、フォークリフトの運転とは比べものにならないほど、汚れまみれになることを余儀なくされた。道具や機械の潤滑を良くするためにオイルを使ったり、線路を敷くための砂利から出る粉塵を吸い込んだり、時には、四つん這いになって作業をすることもあった。さらに、作業員たちは、家族を残して遠い場所まで出かけ、1度に数日間あるいは数週間にもわたって残業を繰り返すシフトで働くことを求められることも、珍しくなかった(シーラは、メンフィス車両基地で常識になっている話を語ってくれた。その仕事に就くときに最初に聞かれるのは、「お前は結婚しているのか?」という質問である。それに「はい」と答えると、「そうか、じゃあ離婚することになるな」と言われるのだ)。賃金の額は今までのフォークリフトの仕事と同じであったが、シーラは、今回の配置換えが、苦情を申し立てたことに対する懲罰として行われたのは確実だと思っていた。

シーラと同じ教会に通う1人の女性がEEOCに勤めており、EEOCのオフィスに行って、差別の申立てをすべきだ、と言ってくれた。シーラは忠告に従うことにし、BNSFでの生活について勤務の初日からずっと書き留めていた手帳の束を持参して、EEOCの調査官に自分の経験を説明した。

シーラは、生理に関するジョイナーの発言や、職場に女性の労働者がいることに対する彼の敵意が法違反であるという点には、かなりの確信を持っていた。これに対し、彼女をフォークリフトの業務から外したことについては、よくわからなかった。しかし、EEOCの調査官から、第7編は、差別について苦情を申し立てた労働者に対して使用者が報復を行うことも禁止している、と教えられた。個人を報復から守ることは、差別の根絶という第7編の広い目標を実現するために、一体となって進められるべき事柄である。もしも報復が咎められることなく行われ、それを恐れて労働者が申立てをしなくなれば、差別ははびこり続けてしまうだろう。

調査官の女性は、フォークリフトの業務からシーラを外して配置換えしたことは、ジョイナーの行為に書面で苦情を申し立てたことに対する違法な報復に当たる、という意見だった。1997年10月10日、シーラはEEOCに、まさにそのように主張して申立てを行った。

疎外と監視の日々

シーラは、新しい線路での仕事を、様子もわからないまま、勘を頼りに行っていた。「その仕事をどうやるべきか、いちばん最初のことさえ知りませんでした」と、彼女は語っている。100ポンド（約45キロ）を超えるような機材を扱う場合、無知は危険なことだった。「そこでは、簡単に命を落としたり、怪我をしたりします」[*3]。そこで、同僚の仕事を観察したり、より友好的な態度を示してくれる何人かにチューターとして指導してもらうことによって、何とか追いつこうと努力した。彼女は、仲間と共同作業を行うことや、新しい技術（たとえば、ジャックハンマーを使って、レールと締結プレートと枕木をつなぐ犬釘を打ち込む方法）を身につけることに、喜びを感じた。

しかし、シーラによれば、ＢＮＳＦは、あらゆる方法を用いて彼女を孤立させ、退職に追い込もうとした。何と言っても、当時のシーラは、会社内で苦情を申し立てただけではなく、連邦の政府機関に正式の申立ても行っていたのだ。彼女はしばしば、２人以上でしか安全に行うことができない作業を、単独で行うよう命じられた。仲間の作業員とあまりにうまくやっていると、急に新しい仕事に移された。それは、他の町での仕事であることが多く、時には他の州のことさえあった。このような遠出の際、シーラは、周辺の様々な地域から来ているＢＮＳＦの作業員や監督者と、よく一緒に仕事をしたが、彼女の噂はもう知れ渡っていた。「どの州で仕事をしても、彼らは私のことを知っていました。職長が、『お前がシーラ・ホワイトだな』と言うのです。私は自己紹介をする必要もありませんでした。『ルールに従い、俺の言う通りにするんだぞ』と言われました」

シーラは少なくとも、ビル・ジョイナーと一緒に働き続ける必要はなかった。ジョイナーは、出勤停止処分から復帰してから間もなく――彼はその処分のことを、笑いながら「休暇」と呼び、給与は支払われたと主張していたが――アーカンソー州のポストへの異動を認められた。彼の後任として、パーシー・シャーキーという若いアフリカ系アメリカ人の男が、新たにシーラの職長となったが、それによりシーラの生活が少しでも楽になるわけではないことは、最初から明らかだった。「指示した通りのことをしてもらう。質問は許さない」と彼は言った。また、シャーキーは、マービン・ブラウンが彼女のことを「トラブルメーカー」だと考え、「クビに」したいと思っている、とシーラに言った。「ブラウンは、毎日シャーキーに電話をかけて来ると言うのです。私がどこで何をしているのか、何時に出勤して何時に帰るのかを、知りたがっているそうです」と、シーラは、当時を思い出しながら語った。

シーラの耳には、他の監督者たちもブラウンから、辞めさせる理由が見つかるように、彼女のすべての行動を監視せよと命じられている、という話も伝わってきた。もし成功すれば、会社でいちばん新しいトラックを当あてがわれるという噂さえ聞いた。時には、ブラウン自身が監視をしに来ることもあった。「彼は自分のトラックでやって来て、私の仕事の現場で椅子に座り、私が働いている姿をじっと見つめていました」と、シーラは言った。もちろん、彼女が標的にされているという事実は、同僚たちに、シーラへの親愛の情を感じさせるものではなかった。彼女と一緒のトラックに乗るだけで、職長に止められ、全員がシートベルトを着用しているかをチェックされることになるのだ。

　顕微鏡で観察されているような日々のストレスは、シーラに影響を与え始めた。１９９７年の秋が冬に変わる頃、彼女は、「貝殻の奥に閉じこもるような落ち込み」と自ら表現するような状態に陥った。「自分で考えることも、運転することも、ほとんどできませんでした」。彼女は、常に疲れているのに、眠ることもできなかった。友だちや家族との付き合いをしなくなり、教会やボランティアの活動もやめた。彼女は頭痛に苦しみ、自分では制御できない泣き叫びの発作に襲われた。シーラの長女、モニカは、後に裁判の審理の席で、母親が「孤立し」て「引きこもった」状態になったため、自分がノックスビルの大学から少なくとも月に2回、励ますために家に帰るようにしていた、と証言した。「以前の母は、私の最高の親友で、私の姉でもありました」と、モニカは語った。「でも、〔彼女はもはや〕そうではなくなってしまったのです」[*4]

停職処分と苦情の申立て

　１９９７年12月４日、シーラは、会社が彼女に対する監視を強めたのは報復に当たると主張して、ＥＥＯＣに新たな申立てを行った。その1週間後、シーラは、アーカンソー州ブライスビルでの線路作業のため、メンフィスの作業員チームと一緒に派遣された。その朝の業務分担の指示の際、シャーキーは、メンフィスの作業員の1人であるグレッグ・ネルソンに、自分と一緒にトラックに乗るようにと言った。また、シーラに対しては、現場に到着後、地元の鉄道車両基地から来た職長が率いるグループに加わるよう指示した。シーラは言われた通り、メンフィスの職長のトラックに乗ろうとしたが、職長は彼女を乗せることを拒否した。代わりに、グレッグ・ネルソンが職長のトラックに乗り込み、トラックの一団は、彼女を乗せないまま走り去った。シーラが派遣隊の出先本部に戻り、シャーキーに起こったことを報告すると、彼は激怒した。シャーキーは、マービン・ブラウンに電話をかけて話をした後、シーラに対し、上司に対する不服従のため直ちに無給の停職処分となることを告げ、すぐにメンフィスに戻るよう命じた。ところがグレッグ・ネルソンは、何の処分も受けなかった。

シーラは、さらにもう1つEEOCへの申立てを行い、この停職処分も報復に該当すると主張した。また、併せて労働組合の代表者に連絡し、この停職処分は労働協約違反に当たるので撤回せよと求める、協約上の苦情手続を開始してもらった。しかし、その後は、彼女にできるのは待つことだけだった。しかも、収入のない状態で暮らすには、考えうる最悪の時期だった。もう2週間でクリスマスだというのに、シーラが次に賃金を支払われるのはいつになるのか(あるいは、そもそも支払われるのか)、まったく分からなかった。

彼女は後に、この時の休暇シーズンについて、審理の場で次のように証言した。「あれは、人生で最悪のクリスマスでした。収入がなく、お金もないため、みんなが不機嫌になりました。…私はとても落ち込んでしまいました。…クリスマスのディナーも、食事もできなかったからです。…私は不安で、全然眠れませんでした。もう完全に打ち砕かれていました」[*5]。1月に2人の娘の大学で新学期が始まったとき、シーラは授業料を払うことができず、自分の両親に援助を頼まなければならなかった。そこで、両親と友人たちが助けに乗り出し、食料品やその他の必需品を買うのを助けてくれた。彼らの支援により、シーラは何とか生計を保つことができた。

処分の取り消しから休職まで

シーラは、もう1つ、仕事の問題が自分の精神にもたらす悪影響についても、対処する必要があると分かっていた。1998年の1月上旬、彼女は精神科医の診察を受け始めた。初回の診察を受けたところで、良いニュースが届いた。彼女の苦情が認められ、仕事に戻ることができるというのだ。上司への不服従があったという会社の主張は認められず、停職処分は不当と判断された。また、37日間の停職中に失ったすべての賃金や手当が、彼女に払い戻されることになった。

シーラは、経済的セーフティネットが回復されたことに安堵したが、メンフィス車両基地に戻ると、以前と何も変わっていないことに気づいた。セクシュアル・ハラスメントに加えて、3つの報復の申立てをEEOCに行い、さらに今度は労働組合への苦情の申立てまで、すべてに彼女の名前が刻まれている。シーラは、これまで以上に大きな「トラブルメーカー」になっていたのだ。

仕事に戻って1か月余りが過ぎた頃、精神科医は、シーラは「現時点では働くことができない状態にある」と宣告し、夏まで傷病休暇を取るよう指示した。[*6] その休暇の期間が満了すると、精神科医は、さらに休職が必要と判断した。1998年11月4日付けでBNSFに提出した診断書で、彼女はシーラについて、心的外傷後ストレス障害（PTSD）と、大うつ病性障害であり、うつ状態、不安、フラッシュバック、記憶力低下、集中不能などの症状が見られる、と述べた。「患者は、不安を抱えた状態が続き、通常のように就労してストレスに対処することが不可能な状況にある」。シーラが仕事に復帰できると思われる日について、診断書には「不明」と書かれていた。[*7]

地裁の手続の開始

シーラの事件（ホワイト対BNSF）の審理が開始されたのは、それから2年近くが過ぎた2000年8月であるが、結局、彼女はその時点でも、メンフィス車両基地に復帰していなかった。1999年6月、まだ精神科医から、シーラが就労可能な状態になったという診断が出ていない段階で、BNSFでは業務不足のため、多くの線路作業員を一時的にレイオフする必要が生じたのだ。シーラは先任権が低く、レイオフの対象となることを免れなかった。彼女は完全に解雇されたわけではないが、働くこともできなかった。

地裁の審理で、シーラの側は、雇用問題で経験豊かなメンフィスの弁護士、ドン・ドナティと、彼の義理の息子で、ロースクールを1年少し前に卒業したばかりのビリー・ライアンが、代理人となった。BNSFの側の代理人も、親族関係にある2人で、エベレット・ギブソンとラルフ・ギブソンという名前の父と息子だった。BNSFは、ユニオン・パシフィック鉄道に次ぐ大規模な鉄道会社で、資力も十分にあるのに、ギブソン親子に依頼したのは、奇妙な選択であった。彼らの小さな法律事務所は、主として飲酒運転者の弁護や、人身傷害、離婚問題の訴訟を扱っており、雇用訴訟の被告となった使用者の代理は行っていなかった。

裁判官は、ジョン・マッカーラ判事であった。かつて陸軍中尉だった人で、ジョージ・ブッシュ(父)大統領によって判事に任命された。彼は、メンフィスの法曹界で「変人」という悪評を得ており、[*8]何人もの弁護士から苦情の申立てがなされ、彼の行為に関する公式の調査が行われた。そして、シーラの事件の審理のわずか数か月前には、量刑審問における弁護士への「不謹慎な行動」を理由に、連邦控訴裁から叱責を受けていた。[*9]シーラはこのような経緯を知らなかったが、マッカーラ判事が陪審員候補の女性たちに話しかけるときに、「棘」のようなものを感じて不快に思った。また、陪審員の構成にも、シーラは懸念を感じていた。1人を除いて全員が白人で、女性よりも男性が多く、ほとんどの陪審員が、彼女に共感することができないタイプの人々のように思われた。あまりに「会社的」だと、彼女は表現した。

原告側の主張と証人調べ

シーラの側は、3つの主張をした。1つ目は、ジョイナーの行為が、彼女にとって敵対的な労働環境を作り出した、というものである。他の2つは、報復に関する主張だった。第1に、フォークリフトの仕事からシーラを外したのは、ジョイナーからハラスメントを受けたという苦情を申し立てたことに対する報復だったのではないか？　第2に、不服従を理由にシーラを停職とした決定は、正当な懲戒処分ではなく、EEOCに申立てを行ったことへの報復として意図されたのではないか？

陪審員たちは3日間、計9名の証人から話を聞いた。その中には、シーラ自身と、会社側の主要人物であるビル・ジョイナー、マービン・ブラウン、パーシー・シャーキーも含まれていた。彼らは、フォークリフトの操作は、通常の線路作業員の仕事よりも負担が軽くて清潔で、より望ましい職務と思われている、と証言した。そして、ブラウンは、シーラがこのような「おいしい」仕事に配置されたことに対して、男性労働者たちは以前からずっと不満を述べていたものの、彼がシーラの配置換えを決めたのは、彼女がハラスメントの苦情を申し立てた後であったという事実を認めた。[10] また、ブラウンとジョイナーは、シーラがフォークリフトの仕事をうまく行っており、配置換えが必要となるような職務上の問題はなかったことを認めた。[11] さらに、シーラの停職のきっかけとなり、後に取り消された、彼女が不服従であったという嫌疑に関して、ブラウンもシャーキーも、その決定を誰がなぜ行ったかについて、筋の通った話をすることができなかった。[12]

報復に関する法律の規定

シーラが行った2つの報復の主張は、「勝利間違いなし」というものでは決してなかった。そして、その理由は、陪審員は常に予測不能であるから、というだけではない。報復の禁止を定める第7編の規定は、最小限のことしか定めておらず、連邦議会の委員会での証言など、それに肉付けするような立法時の資料も見当たらない。この規定は、差別と思われる取扱いに反対した者に対して「差別」を行うことは違法と定めるのみで、何がこの報復的「差別」に当たるのかを定義していないのだ。

この点、基本となる雇用差別の禁止を定めた条文には、対照的に、性を理由として(人種、出身国、肌の色、宗教を理由とする場合も同様だが)使用者がどのような行為を行うことが禁止されるのかを、詳細に述べた文言が含まれている。すなわち、この条文では、次のいずれかの行為は違法であるとして、①「個人を雇用せず、あるいは雇用を拒否し、もしくは個人を解雇すること、または、その他の形で、雇用における報酬、条件、権利について、個人を差別すること」、②「個人の雇用機会を奪ったり、その他、労働者としての地位に不利な影響を与えるような方法で、労働者または求職者を、制限、隔離または分類すること」、と定めている。[*13]

そこで、誰かが差別を受けたと感じて苦情を提起した場合に、何がそれを理由とする報復的「差別」に当たるのかを決定する仕事は、裁判所にゆだねられることになる。そして、当時までにこの問題を検討した裁判所のすべてが、基本的な判断枠組みを確立していた。それによれば、原告となる労働者の側が、第1に、自分が差別を受けたと考えて苦情を申し立てたこと、第2に、その苦情が使用者に「不利益な措置」を取らせたこと、という2点を示さなければならない。しかし、この「不利益な」というときに、どのくらい不利益であれば「違法な」不利益と言えるのだろうか？

解釈をめぐる争いと陪審の評決

連邦裁判所の答えは、一致していなかった。全米に12ある連邦控訴裁の中でも、少なくとも3つ以上の基準が用いられていた。いくつかの控訴裁は、苦情を申し立てたことに対する制裁が、解雇や降格のように、最も重大な種類のものである場合にのみ、報復の主張が認められるとの立場を取った。別のいくつかの控訴裁は、報復の証明はもっと大幅に容易であるべきであり、軽微に見えても明らかに報復として意図された使用者の行動(たとえば、労働者の出退社の時刻を細かく監視したり、以前に許可された休暇申請を取り消したりすること)を、広く含める必要があるとした。

両者の中間の立場を取ったのが、第6巡回区の連邦控訴裁であった。ケンタッキー州、ミシガン州、オハイオ州と並んでテネシー州を管轄し、シーラの事件は、ここの判断に拘束されることになる。この控訴裁は、報復の主張を、他の第7編違反の差別と同じ枠組みで判断することとした。つまり労働者は、自分が苦情を申し立てたことにより、「雇用の条件」に「実体的に不利益な変化」がもたらされたことを示す必要がある。「実体的に不利益な」という言葉は、ある裁判所の説明によれば、解雇や給与の削減のように、労働者に経済的な影響を与える行為には限られない。「より見栄えのしない肩書きへの変更、福利厚生の実質的な喪失、職務上の責任の相当程度の縮小」のような雇用上の変更、さらには、「その他、ある特定の状況にのみ当てはまるような固有の指標」[*14]も、それに含まれうる。本件は、この最後の包括的表現に該当する、と陪審が認めてくれることを、シーラと彼女の弁護士は期待していた。

ＢＮＳＦの側は、シーラに対する配置換えも停職処分も、第６巡回区の連邦控訴裁のいう「実体的に不利益な」という基準をみたしていない、と主張した。通常の線路作業員の仕事は、たしかにフォークリフトの操作よりも激務かもしれないが、彼女が応募して面接を受け、雇用されたのは、まさにその仕事である。また、シーラの配置換えによって、賃金の削減、先任権の喪失、その他、何らかの具体的な損害も発生していない。彼女は単に、線路作業員の業務があまり好きではなかっただけであり、法違反といえるほどに「実体的」な不利益はない、という議論が展開された。シーラの停職についても同様だった。彼女は結局、復職を認められ、苦情が係属していた37日間に失った賃金も先任権もその他の給付も、すべて後で回復することができた。したがって、彼女には自分の持ち出しとなる損失はなく、仕事もちゃんと保持している。１か月以上も中ぶらりんの状態に置かれたのは、間違いなく大きな精神的負担だったであろうが、やはり違法な報復として認められるほどに「実体的」な損害があったとはいえない、とＢＮＳＦは主張した。

陪審員たちは、わずか数時間の討議の後、評決を下した。２つの報復の主張について、シーラの訴えを認めるものであった（もう１つの敵対的環境の点に関しては、主張が退けられた。理由はわからない。陪審の決定には、理由の説明が求められないからである）。彼女には、うつ病の治療により生じた自己負担分の医療費の償還として３２５０ドル、精神的苦痛に対する賠償として４万ドルが、訴訟費用の支払いと合わせて認められた。

地裁判事による評決の支持

陪審の決定が、訴訟当事者の一方にとって好ましいものでなかった場合、不満な当事者には２つの選択肢がある。第１は、審理の手続に問題があったと主張として争うことである。たとえば、ある証拠が不当に排除されたとか、適用される法的基準についての陪審員への説示が間違っていたという主張である。第2は、審理を担当する判事に、陪審の評決を覆すよう求める申立てを行うことである。BNSFは後者を選んだ。

マッカーラ判事は、審理の際の公開協議の席で、本件は法の新たな領域に踏み込むものだと認めていた。彼は、「いずれ控訴がなされ、第6巡回区〔連邦控訴裁〕が意見を書くことになるかもしれない」とつぶやいたが[*15]、BNSFの申立てに対しては、即座にこれを退けた。シーラの配置換えと停職処分は、本件の「状況に固有の指標」に照らせば、十分に「実体的な」不利益をもたらすものであり、評決は支持できる、という判断である。線路作業の過酷な実態からいえば、たとえフォークリフト作業と同じ賃金が支払われても、この配置換えはどう見ても降格である。また、37日間の停職は、その間、シーラを無収入の状態にし、労働組合の介入がなかったら、そのまま永久的な解雇になってしまったかもしれないのだ[*16]。

地裁判決の破棄とEEOCの意見書

マッカーラ判事の予感は、この上なく正確だった。たしかに第6巡回区の連邦控訴裁は、本件でたくさんの意見を書く結果となった。

最初は2002年の秋、審理のやり直しの申立てをマッカーラ判事が棄却したことに対し、BNSFが行った控訴に対する判断である。控訴裁は、2対1で地裁の結論を覆し、シーラ勝訴の評決を支えるだけの十分な証拠はないと判断した。「我々は、BNSFがそもそも〔シーラ・〕ホワイトを雇った目的の職務に就くよう命じることが、なぜ彼女にとって不利益な雇用上の決定に当たるのか、理解できない[*17]」と、この判決は述べている。「さらに、地裁判決の論理は、BNSFが最終的にホワイトの停職処分を撤回し、失った賃金と時間外手当を全額支払って彼女を復職させた、という逃れようのない事実を無視するものである[*18]」。シーラは、地裁での勝利が取り消されたことを知ったとき、「爆弾を投げられたような気分でした」と述べている[*19]。

そこで、ドナティは、地裁でいえば新たな審理の申立てに当たる控訴審での手続を申し立てた。第６巡回区控訴裁に所属する判事全員で、改めて判断を行うことを求めたのだ。この申立てが認められ、２００３年の夏、控訴裁の大法廷で口頭弁論が行われた。この段階からＢＮＳＦの側は、地元の親子の弁護士チームを、より重量級の打者に替えた。企業法務を専門とするテキサス州ダラスの大手法律事務所、トンプソン・アンド・ナイトである。

シーラの弁護士は相変わらずドナティだったが、本件は高いレベルの人々の間でも注目されるようになってお り、ＥＥＯＣが、彼女のためにアミカス意見書を提出した。ＥＥＯＣは、シーラの側を支持しただけではなく、同控訴裁に対し、「実体的不利益」の要件を全面的に廃止することを強く求めた。代わりに、ＥＥＯＣのガイドラインが定める、労働者により有利な基準を採用すべきだ(他の3つの控訴裁もこれを採用している)と述べている。この基準によれば、使用者が、苦情を申し立てた労働者に対して——事前に労働者がそうなることを知っていたら——苦情を述べること自体を思いとどまらせるような懲罰措置を取った場合には、第7編の違反が成立することになる。[*20]

このガイドラインは、１つの仮想事例を掲げていた。ある労働者が、彼女の昇進を認めなかった上司の決定に苦情を申し立てた。以後、数日のうちに、その上司が、苦情を申し立てた労働者に対し、部内の労働者全員が参加する毎週のランチ会に、あなたは出席するには及ばない、と告げたとする。ＥＥＯＣによれば、上司の行動は違法な報復に当たる可能性が高い。なぜなら、ほとんどの労働者は、上司から公然と疎まれることを望まず、昇進させてもらえなかったことに苦情を述べることで、そのような扱い受ける危険を冒したくないと考えるからである。つまり、そのような疎外行為は、労働者が苦情を申し立てることを「合理的に思いとどまらせる可能性が高い」といえる。[*21] その基礎にある論理は、使用者が労働者に報復を加える方法は、解雇や賃金減額以外にも数多くのものがあり、第7編は、それら目立ちにくい形の報復からも労働者を守らなければならない、というものである。

（「会社が私の名前の付いたものすべてに異議を申し立てるであろうことは分かっていました」と、シーラはため息をつきながら語った。「彼らは私の名前を憎んでいるのです」）。

２００５年12月５日、連邦最高裁はＢＮＳＦの上告を受理した。

控訴裁判所間の不一致の背景

「奇妙に聞こえるかもしれないが、上告を受理して本件を見直すという連邦最高裁の決定に、驚きはなかった。それが私たちの実感だった」と、ドン・ドナティは後に書いている。[*22] 報復の問題に関する連邦裁判所の見解の不一致は、まさに「巡回区相互間の対立」の典型例であり、連邦最高裁が、年に数千件もある裁量上告の申立ての中から、あえて取り上げて判断してみようという気になる可能性があることを、彼は理解していた。法的基準がパッチワークのような状態であることは、使用者、労働者、裁判所のいずれにとっても、混乱を意味するのである。

この対立の問題は、比較的最近になって生じたものだった。原因の１つは、１９９１年公民権法である。この

控訴裁の再判断と会社側の上告

２００４年４月、第６巡回区連邦控訴裁の大法廷判決が下された。全13人の判事は、「不利益な措置」の判断について、１つの基準に合意することはできなかった。８人が、「実体的不利益」の基準を維持すべきだとの立場を取ったのに対し、５人が、ＥＥＯＣの提唱した、より緩やかな基準に賛成した。しかし、13人全員が、１つの点には同意することができた。同裁判所の３人のパネルが先に下した判決は破棄されるべきであり、シーラ勝訴の陪審評決が復活されるべきだ、ということである。ＢＮＳＦが、フォークリフトの業務からシーラを配置換えしたこと、および、不服従を理由に彼女を停職処分にしたことは、どのような定義を取ったとしても、違法な「不利益な措置」に当たる、と判断された。

ＢＮＳＦは、ＥＥＯＣへの３件の申立てから、地裁での審理、再審理の請求、控訴裁での２回の手続まで、ずっとシーラの主張を否定して争ってきた。そのため、控訴裁で敗北した後も、ＢＮＳＦがさらに連邦最高裁に裁量上告の申立てをしたのは、驚くに値しないことだった

法律は第7編を改正し、バックペイや弁護士費用など被害者が負担した損失の回復だけではなく、精神的苦痛に対する損害賠償や、懲罰的損害賠償の請求も可能にするという形で、救済を拡張した。その結果、シーラのように、使用者の報復による経済的な影響はなかったものの、精神的損害を生じさせた、という主張がなされる事案が増え、裁判所がその判断に取り組む中で、対立する基準が採用されるようになったのである。

もう1つには、連邦最高裁そのものが、間接的とはいえ、報復の申立てが急増する原因を作っていた。1997年のある判決で、連邦最高裁は、第7編による報復禁止の保護は、現に雇用されている労働者だけではなく、辞めた後の元労働者にも及ぶ、と判断した。この事件では、チャールズ・ロビンソンという、シェル石油の販売担当者だった男性が、人員削減で解雇されたことに対してEEOCに人種差別の申立てをしたところ、シェル石油は、彼が再就職をしようとしている会社に悪い評判を流し、新たな仕事を得る機会を妨害した、という主張がなされた。連邦最高裁は、シェル石油が悪評を伝えたとされる時点では、彼がもはや同社に雇われていなかったにもかかわらず、ロビンソンの主張は第7編の対象となることを認めた。判決によれば、元労働者を報復から保護することは、差別の是正という第7編の根本目的を維持するために不可欠である。人種差別による解雇に異議を唱えることの代償が、ブラックリストに載せられて迫害を受けることならば、ほとんどの元労働者は当然ながら、そんな代償は払いたくないと考えるだろう。解雇された労働者は異議を唱えず、使用者は自由に差別をし続けることができてしまう。

ファラガー事件とエラース事件

連邦最高裁は、さらに、1998年に下したセクシュアル・ハラスメントに関する2つの画期的判決により、報復の訴えを行う原告の層が、より広くて深くなることを確実にした。これら2つの判決で、連邦最高裁の判事たちは、10年前のミシェル・ビンソンの事件では保留にしていた問題に、ついに解答を示した。使用者は、監督者がハラスメントを行っていることを知らなかった場合でも、そのハラスメントについて責任を負うのか、という問題である。

2つのうち、第1の事件は、フロリダ州ボカラトンの海岸で救護員として働いていた女性、ベス・アン・ファラガーに関するものである。ウォール・ストリート・ジャーナル紙が、テレビドラマ「ベイウォッチ」と「ロー&オーダー」を合わせたような趣がある[*23]、と楽しげに評したこの事案において、ファラガーは、直属の男性上司2人による絶え間ないハラスメントにさらされた、と主張した。2人はいつも彼女を性的に触り、彼女の身体について露骨な評言を発し(「お前におっぱいがあったら、すぐにでもやるのにな[*24]」)、身振りで性行為をまねて見せ、卑猥な提案を行った。彼らのうちの1人は、「俺とデートしろ。それとも、1年間、トイレの掃除をするか?」と言ってきた[*25]。

第2の事件は、キム・エラースという女性が訴えたものである。彼女は、織物産業の巨大企業、バーリントン・インダストリーズの営業担当者だったが、自分の上司の上司による、絶え間ない流れのような色欲の発散に、苦しんでいた。彼は、彼女の胸をいつまでも見つめ続け、思わせぶりに彼女に触り、彼女からの電話に性的なほのめかしで応答し(「君の美脚は元気かい、キム?」)、頭の軽い金髪美女に関する卑猥なジョークで彼女を面白がらせようとした[*26]。出張先でも、彼はエラースに、飲みに付き合うよう強く迫り、彼女の胸のサイズについて発言し、「打ち解けてゆっくり」するようにと言い、「いいかい、キム、君のバーリントンでの生活を非常に厳しいものにすることも、非常に楽なものにすることも、私にはできるんだぞ」と言った。

これら2つの事件は、たいへん異なる職場で生じたものであるが、本質的には同じだった。2人の女性は、それぞれ、上司からあまりにも執拗なセクシュアル・ハラスメントを受けたため、自ら辞職せざるを得なかった、と主張した。そして、どちらの女性も、使用者に正式な苦情を申し立てたことはなかった。

両事件の最高裁判決とインパクト

連邦最高裁は、同じ日に出された2つの判決により[*27]、監督者が行ったハラスメントについて使用者たる会社が第7編の下でいかなる場合に責任を負うかに関し、新しいルールを提示した。これによれば、ハラスメントの行為者が、被害労働者に対し、自分の権限を用いて解雇や降格などの具体的な措置を行った場合には、会社は自動的に責任を負う。しかし、ファラガーの事件やエラースの事件のように(また、ミシェル・ビンソンの事件も同様であるが)、そのような措置がなく、ハラスメントの行為者が敵対的な環境を作り出したにすぎない場合には、使用者たる会社は、①苦情を申し立てる手続などの防止手段を講じていたこと、②被害を訴えた労働者が、それらの手段を利用していないこと、を示すことにより、訴えを打ち負かすことができる。

連邦最高裁によれば、このような法理を採用する意図は、労働者がハラスメントを報告するのを促すことにある。それを受けた使用者が、すみやかに是正をはかり、文字どおり、連邦裁判所の事件になる前に、解決されるようにしようとするものである。両事件についていえば、ボカラトンではそのような防止の仕組みがなかったため、ファラガー勝訴という下級審の判断が支持された。他方、エラースの事件では、バーリントン・インダストリーズが、事件の対象となる期間中、ハラスメント禁止方針を定めていたので、右記の枠組みに従って審理をやり直させるために、差し戻しとなった。

ほとんどの人は、この、いわゆる「ファラガー、エラースの抗弁」のことなど、聞いたこともないであろう。けれども、職場で働く人々の多くが、その影響を直接に体験している可能性が高い。法理が作られてから約20年が経過した今日では、セクシュアル・ハラスメントの禁止方針、「感受性トレーニング」、会社の苦情ホットラインなどは、電子メールと同じくらい、多くのアメリカ人の労働生活の一部となっている。このようなメカニズムにより、使用者は、少なくともいくつかの種類のセクシュアル・ハラスメント訴訟で、責任から身を守ることを望んでいるのである。

報復事案の増加

もちろん、実際上、多くの会社がそのような防止手段を講じると、労働者は現実にそれらを利用して、ハラスメントの苦情を申し立てるようになった。そして、苦情が増えることは、報復の機会が増えることを意味する。そのため、ファラガー事件とエラース事件の判決は、女性労働者にとって、第7編の報復禁止規定が持つ意味を大きく増大させた。この規定は、「性を理由とする」差別だけではなく、あらゆる種類の差別を申し立てた労働者を保護するものではあるが、セクシュアル・ハラスメントの申立てを行う労働者は、大多数が女性であるからである。[*28]

以上のような1990年代の発展が重なり合い、総体として、報復の事案が増加した。その結果、何が違法な報復に当たるかについて裁判所間の混乱が生じたのみならず、報復の事案の増加件数そのものが、驚くべき数字となった。連邦最高裁がシーラの事件で上告を受理した頃までに、EEOCに対する年間7万5000件の申立てのうち、報復があったと主張される事案が、約3分の1を占めるまでになっていた。[*29]

連邦最高裁の口頭弁論

2006年4月の雨の降る朝、連邦最高裁で、シーラの事件（BNSF対ホワイト）の口頭弁論が行われた。シーラは出席するために、メンフィスから夫のアンドリュー・パリッシュと一緒にやって来た。彼女が最初にBNSFの仕事の面接を受けてから、10年近くが経過していた。今では、線路作業員の仕事による身体の「損耗」のため労働不能となり、障害給付を受給して生活をつないでいる。それでもシーラは、口頭弁論の数日前、ある地元の記者にこう語っていた。「誰かがどこかで私のこと、特に判決とか法律とかに関心を持ってくれていると考えると、気分が明るくなります[*30]」

口頭弁論の日は荒れ模様の天気となったが、シーラは、最高裁の建物の階段を上り、大理石の柱の間を通り抜ける（しかも、観光客ではなく訴訟当事者として）という経験を、かみしめるように味わった。「私にとって、素晴らしい経験でした」と、彼女は感嘆した。「多くの人々は、こんな機会は持てないのですから」。非常に驚いたのは、満員の法廷でシーラが苦労しながら自分の席に向かっていると、傍聴席の人々が、彼女だと気づき始めたことだ。彼女にサインを求める人までいた。

連邦最高裁の判事の顔ぶれは、10年以上も変化のない時期が続いた後に、劇的に変化した。ジョン・ロバーツ長官は、ウィリアム・レーンキスト前長官に代わって着任してから、まだ６か月余りだった。また、サミュエル・アリート判事は、つい最近、サンドラ・デイ・オコナー判事の後任として着任したばかりだった。オコナー判事の引退により、連邦最高裁の女性はただ１人、ルース・ベーダー・ギンズバーグ判事だけが残る形となった。このような連邦最高裁の新しい性別構成と、２人の保守派判事の追加（どちらの判事についても、女性の権利や公民権運動の人々が幅広い連合を作り、任命反対を訴えた）により、雇用差別の事件がどのように判断されるのかを予測するのは、通常よりもさらに困難となっていた。

双方の代理人と模擬法廷

ＢＮＳＦの側の弁論を行うのは、全米でも最大手の法律事務所の１つであるシドリー・オースティンのベテラン弁護士、カーター・フィリップスだった。彼は以前、連邦政府の訟務長官のアシスタントや、連邦最高裁のウォーレン・バーガー長官の法務助手を務めた経験があり、連邦最高裁で口頭弁論を行うのは、本件で50回目であった。

シーラの側は、ドン・ドナティが弁論を行うことになっていた。ただ、ドナティは、メンフィスの基準でいえば経験豊富な訴訟弁護士であるが、連邦最高裁の口頭弁論のような全国的な大舞台は、それまでの仕事ではまったく無縁だった。そのため、上告が受理されてから間もなく、国内で最も高名な最高裁弁論者の１人であるエリック・シュナッパーに援助を求めた。シュナッパーは、全米黒人地位向上協会の法律弁護・教育基金（ＮＡＡＣＰ－ＬＤＦ）で25年を過ごした後、ワシントン大学の法学教授に就任した人物であり、主に雇用法の分野において、連邦最高裁で12回の口頭弁論を行い、自分の名前で意見書を提出したことも80回という経験を持っていた。[*31]

シュナッパーは、弁論の草稿作成について主たる責任を引き受け、他方、ドナティは、口頭弁論の場で９人の判事による詰問に対応するための準備をした。[*32] 彼は、2つの模擬法廷に参加した。1つは、シーラの側を支持するアミカス意見書を提出した40余りの女性の権利団体や、それらの関連組織のいくつかに所属する弁護士たちが開いたものである。もう1つは、ジョージタウン大学ロースクールの、有名な「最高裁インスティテュート」で実施された。[*33]

会社側の弁論

カーター・フィリップスの弁論では、最初から、最高裁に対する彼のメッセージは明確だった。皆さんの判断が「現実の生活」に及ぼす意味を考えてください、というものだ。弁論の開始から2番目の文で、彼は、「報復の主張がなされる事案の数は、過去10年間で100％以上も増加して、今ではＥＥＯＣが扱う事件全体の30％以上を占めており、報復が争われた事案にかかる平均コストも、1件あたり13万ドルを超える」という事実を思い出すよう、判事たちに求めた。事案の数が「さらにもう100％」増加するのを防ぐための唯一の方法は、「実体的不利益」の基準を固守することである。[*34] さらに、第6巡回区の控訴裁が最初に本件を検討した時と同じように、連邦最高裁も、シーラに対するＢＮＳＦの取扱いは、その基準をみたすほど「実体的」ではなかったと判断すべきである、とフィリップスは主張した。[*35]

フィリップスにとっての問題は、ほとんどの判事が、使用者が労働者の毎日の生活を困難にすることがいかに簡単かを理解しているらしいことだった。ブライヤー判事が、真っ先に口を挟んだ。「連邦議会は、人々が苦情を申し立てなくなることを懸念しています。そして、人をいじめる方法は、何百万通りもあるのです。…使用者は、ありとあらゆる事をします。除け者にしたり、侮辱したり」。その数分後にも、同判事は、「苦情を言うのを止めさせるために…人をひどく傷つける方法は、本当に多くのものがありえます」と述べた。[*36] また、ギンズバーグ判事は、上司が、苦情を申し立てた女性労働者に報復するために、育児のスケジュールが問題を来すことを知りながら、その者の労働時間を動かした場合はどうか、と仮想事例を示して質問した。[*37] さらに、スカリア判事は、わずか2週間でも賃金がもらえなければ（シーラのように37日間となれば、なおさらであるが）、後でその分が払われたとしても、「人によっては大変な苦難となる」可能性がある、と指摘した。[*38]

フィリップスは、使用者が行ったとされる報復行為が、結局どれだけの「経済的影響」をもたらしたのか、という点に議論を集中させようとした（本件で言えば、フォークリフトから線路作業への配置換えによる経済的影響はゼロである、と主張した）が、ムダであった。そのたびに、ケネディ判事が、「でも、背中には悪い影響があると思います」と割り込んだり、[*39]スーター判事が、「フィリップスさん、あなたの議論がもし正しいとしたら…どの使用者も、職務区分を定める時に、本当に良い仕事と本当にひどい仕事を、同じ区分の中に入れ込んでおいたほうがいいですね」と言ったりした。スーター判事は、両方の仕事に同じ賃金が支払われる限り、本当にひどい仕事に労働者を配置換えすることによって制裁を加えても、違法ではないことになってしまう、と指摘したのである。「つまり、私には…報復という概念そのものを潜脱する議論のように思えるのです」と、彼は述べた。[*40]

原告側の弁論

次に、ドン・ドナティの番になった。ドナティの真面目で庶民的ともいえる態度は、フィリップスと非常に対照的だった（フィリップスは自信にあふれ、スカリア判事が「苛烈または蔓延している」という言葉を「苛烈または説得力のある」と言い間違えた時、それを口に出して訂正したほどだ）。ドナティは、「素晴らしい質問です」[*41]、「もっともな質問です」[*42]、「おっしゃる通りです」[*43]など、判事を賞賛する言葉を多用した。ドナティは、弁論の間ずっと、違法な報復と単なる些細な冷遇をどこで区別すべきかに関し、明確な線引きを示そうとして苦しんだ。後者は、たとえば、スカリア判事が提示した仮想事例では、差別を訴えられた上司が、苦情を申し立てた部下に対して、以前ほど「友好的でない」態度を取った、という場合である。「報復は、人間の想像力と同じくらい多様です」と、ドナティは述べたが、スカリア判事は、「そう、私はそれを心配しているのです。陪審員の中には、素晴らしい想像力を持っている人もいますので」といなした。[*44]
しかし、ドナティは抜け目なく、フィリップスと同じように、本件の判断が「現実の生活」に及ぼす影響に判事たちの注意を集中させた。口頭弁論の前にシュナッパーから指導された通り、[*45]ファラガー事件とエラース事件の判決が、労働者の日々の生活にどのような事態をもたらしているのかを説明した。演壇に立ってから最初の数分のうちに、ドナティは、次のように述べた。「本件で皆さまが目にしているのは、…この連邦最高裁がエラース事件で被害者に行うよう求めたことを、まさしく行った女性です。彼女は、セクシュアル・ハラスメントについて、会社内部で苦情を申し立てました。…そして、セクシュアル・ハラスメントに苦情を申し立てたがために、フォークリフトの業務から外されたのです」[*46]
その25分後、彼は、同様のメッセージで弁論を締めくくった。ファラガー事件とエラース事件の判決は、セクシュアル・ハラスメントを受けた労働者に対し、直接に裁判所で訴訟を起こすよりも、使用者の苦情申立ての手続を用いることを求めた。もし最高裁が、労働者に苦情の申立てを強いていながら、使用者がそれに対する報復を行ったときに労働者を保護しないのであれば、労働者は結局、反対の声を上げることをまったく止めてしまうだろう、と。[*47]
シーラとドナティは、一緒に最高裁の建物を出て、階段の下で待ち構えていたマイクの放列の前に立った。まだ雨が降っていた、とシーラは回想した。「私はびしょ濡れでしたが、気になりませんでした。あれは私の日だったのです。気分が良く、解放感でいっぱいでした。私は報われたのだ、と感じました」[*48]。シーラは楽観的でもあった。「判事の方々は、私たちの側に傾いているように思いました」と、彼女は言った。ただ、彼女が予想していなかったのは、判事の間の大きな態度の違いだった。シーラの要約によれば、その日の口頭弁論では、「1人のおしゃべり屋と1人の居眠り屋」がいたという(前者はスカリア判事、後者はトーマス判事のことだった)。

連邦最高裁の判決

「シーラ! 勝ったぞ! 我々は勝ったんだ!」 シー

ラは、まだ寝起きのところで、オフィスから電話してきたドン・ドナティからのニュースを理解するのに苦労した。「聞こえたかい？　大声を上げて、飛び跳ねているはずなのに！」　しかし、シーラが感じたのは、安らぎだった。「それは、私の人生の中で、蓄積されたすべての緊張から解放され、喜びを感じた瞬間でした」と、彼女は後に書いている。[*49]

それは、判事の全員一致による勝利判決だった。シーラ勝訴の地裁の陪審評決が、維持されることになる。さらに良いことに、連邦最高裁は、今後の事案についての「実体的不利益」の基準を否定した。代わりに、ＥＥＯＣのガイドラインに書かれていた基準を採用したのだ。今後、報復がなされたことを証明しようとする労働者は、「通常の労働者が、差別の申立てをしたり、それを支援したりするのを思いとどまらせる」ような不利益行為があったことを示すだけでよい。[*50]その上で、ブライヤー判事による法廷意見は、この判断は個々の職場によって異なることを強調した。「我々がこの基準を一般的な文言によって定めるのは、それぞれの報復行為の意味や影響が、当該の状況に依存するからである。背景や前後の文脈が重要である」

ここで、ブライヤー判事は、口頭弁論の際に提起された、いくつかの例を取り上げた。「労働者の勤務スケジュールの変更は、多くの労働者にとって、ほとんど影響がないかもしれない。しかし、学齢期の子供を持つ若い母親にとっては、途方もなく大変な問題となりうる」と述べている。さらに、ＥＥＯＣのガイドラインの例を引きながら、次のように続けた。「上司がある労働者をランチに誘わないことは、通常は大した問題ではなく、訴訟の対象とならない些細な冷遇にすぎない。しかし、労働者を本人の職務上の昇進に大きく役立つような毎週のトレーニング・ランチから除外することで報復するならば、通常の労働者は当然、差別について苦情を申し出るのを抑制されてしまう」

かくして連邦最高裁は、労働者に降格や解雇などの有形の損害が生じない限り、報復を理由とする訴訟上の請求はできない、という考え方を退けた。代わりに、使用者は、その気になれば、ほとんど無限の形で報復を行うことができるものだ、という事実を認めたのである。

和解の成立とシーラの思い

この最高裁判決がどれほど重要であるかをシーラが理解するまでには、数か月が必要だった。1つの問題は、彼女にとって、本件がまだ実際には終わっていなかったことだ。次に控えるのは、懲罰的損害賠償の問題に関する審理だった。第6巡回区の連邦控訴裁はこの点について地裁で審理を開始するよう命じたが、BNSFの上告により、本件が連邦最高裁に係属している間は保留とされていた。しかし、それが本当に開始される前に、BNSFは、和解の提案をドナティに持ちかけて来た。シーラは、その金額では適正な補償とは言えないと感じたが、他方、審理になると、陪審員が事実関係をこちらとは違うように理解して、さらに少ない額の賠償しか認めない恐れがあることも分かっていた。彼女はリスクを避け、和解を受け入れて、新しい人生を歩むことにした。

時の経過とともに、シーラは、自分がやり遂げたことを正しく理解することができるようになった。「私は、この訴訟が、たいへん広範囲な結果を及ぼすことに気づきました。私自身の苦労なんて、それに比べれば大したことではありません」と、彼女は後に書いている。「本件の最高裁判決がとても多くの人々に影響を与えるのだと思うと、ゾクゾクするほど感激しました」[*51]。シーラは、全国の法律家の団体や、労働組合や、その他の権利運動のグループからしばしば招かれて講演し、彼女はその役割を楽しんでいた。判決から約10年が経過しても、聴衆たちは今もなお、彼女の事件が、苦情を申し立てることへの労働者の不安を少しでも和らげるのにどれだけ役立っているか、という話をしてくれる。

「この判決は、私の正しさを証明してくれました」と、シーラは語った。「この達成感と満足感を、誰も奪い去ることはできません」[*52]

第 10 章

安全な配達、安全な出産

ヤング事件　2015 年
Young. v. United Parcel Service, Inc.（2015）

最高裁前に集まった人々

２０１４年12月3日の朝8時前から、連邦最高裁の前には、多くの人々が集まり始めていた。最高裁の建物の有名なファサードの灰白色の大理石に似つかわしい、蒼白で鋼のような空の下、ほとんどが女性の行動参加者たちは、いくつかの小さな集団になって身を寄せ合い、寒さをしのいでいた。彼女らは手に手にプラカードを掲げ、それら――明るい色のカラーマーカーで書かれた手作りのものもあれば、様々な女性団体の名前の入った大量生産の品もあった――には、「妊娠した労働者への支持を」、「荷物よりも人間を守れ」、「誰もが安全な配達(出産)を求める権利がある」などの言葉が書かれていた。

2時間後に開始予定の口頭弁論は、連邦最高裁が、およそ四半世紀ぶりに、職場における妊娠差別の問題について判断を行う事案であった。前回は、１９９１年のジョンソン・コントロールズ事件(第7章)である。同社の女性労働者たちが、妊娠する可能性がないことを証明しない限り、最高の賃金を支払われる仕事から女性を排除するという「胎児保護方針」を無効と判断するよう、連邦最高裁に求めた。連邦最高裁は、全員一致で女性たちの主張を認め、平等への道を1歩進める判決として賞賛された。女性の生殖生活を安全に管理する責任を、使用者ではなく、女性自身にゆだねたのである。

しかし、それから20年以上を経て、連邦最高裁は、ジョンソン・コントロール事件の反対側の端に当たるような問題に直面した。妊娠を安全に管理するために、女性が職場の危険を一時的に回避したいと考える場合、彼女はどのような権利を有するのか？　そして、彼女の使用者はどのような義務を負うのか？

あの12月の朝、連邦最高裁前の階段での示威行動に参加した人々が明示した感情と、その前の数週間にわたり、全国の至る所でなされた熱心な報道から判断すれば、この事件は、妊娠女性と母親の両方が抱くアメリカの現状への不満を刺激し、集団的に噴出させていた。妊娠差別禁止法(ＰＤＡ)の成立から35年以上が過ぎ、家族・医療休暇法（FMLA）の制定から20年が経ったにもかかわらず、依然として女性たちは、妊娠した場合、仕事は失わないかもしれないが、収入を失っていた。当時、ある論者が書いたように、「子どもを持つという単純な（かつ、祝福されるべき）行為が、実際には、経済的にも職業的にも、驚くほど危うい選択となる」のである。[*1]

ペギーの妊娠

最高裁の階段前に集まった人々の渦の中心にいたのは、真面目で元気のいい、シングルマザーだった女性、ペギー・ヤングである。彼女は、ツイッターのハッシュタグを用いて「#私はペギーを支持」と書かれたプラカードに囲まれながら、自分がその場にいることに驚いていた。「社交的ではなく、1人でいることが好きなタイプの人間」であるペギーは、8年前、自分でも気づかないうちに、この全国的な舞台へと至る旅を開始した。

当時、彼女は、荷物配送の巨大企業、ユナイテッド・パーセル・サービス（以下、UPSという）で、「エアー・ドライバー」として働いていた。毎朝6時30分から、ペギーは、夜の間にメリーランド州ランドーバーにあるUPSの施設に飛行機で運ばれて来た荷物を、アナポリスとその周辺地域が含まれるルートを運転して配達した。この配達が終わると、彼女は退勤し、今度は午前11時から、フローラル・エキスプレスという別の会社で、花の配達の仕事を始めるのだった。

２００５年の夏、ペギーと彼女の夫は、体外受精で子どもを作る試みを始めた。1度目は妊娠に成功したものの、間もなく流産してしまった。2度目も失敗に終わった。しかし、２００６年7月、ペギーは、休暇を取っている間に妊娠した。妊娠初期が終わる頃、彼女の地区のUPSの安全衛生マネジャーであるキャロル・マーティンに連絡し、職務への復帰について相談をした。

就業制限の証明？

ペギーは、マーティンから、自分の就業「制限」について説明した文書を医者に出してもらうように、という指示を受け、当惑した。何か就業制限があると言われたことはない。今回の妊娠は、いわゆるハイリスク妊娠でもなかった(その点は、出産まで行った過去2回の妊娠も同じだった)。また、彼女の仕事の内容も、特にきつくはなかった。航空運送は、陸上運送よりも重量当たりの運賃が高いため、ペギーが配達する荷物は小さくて軽く、横の助手席に収まる10インチ×13インチ(約25・4センチ×33・0センチ)の封筒がほとんどだった。実際、出産まで行った妊娠のうちの2回目のときは、それらよりはるかに重い物、すなわち、3歳になる長男を常に抱き上げたり運んだりしながら、陣痛が始まる直前まで働いていたのだ。

けれども、摩擦を起こすのは避けたいと思ったので——「それ以外にどうすれば良いのか分かりませんでした」と、彼女は後に語っている——ペギーは、マーティンの指示を助産師に伝えた。「私がどんな仕事をしているのかを、彼女に説明しました。ミニバンを運転し、小さな封筒を配達している、と」。ペギーは、助産師の困惑した反応を覚えている。「なぜ文書が必要なのですか? 身体的に何の問題もありません」。しかし、ペギーがUPSの指示に応じられるようにするために、助産師は妥協案を示した。「20ポンド(約9キロ)を超える物を持ち上げないことを『推奨する』という文書を書きましょう」と彼女は言いました」

ペギーがそれほど重い荷物を持ち上げることはめったになく、ましてや、職務記述書に、エアー・ドライバーは最大でこれだけは運搬可能である必要がある、と書いてある70ポンド(約32キロ)というのは、ほとんどありえなかった。いずれにしても、彼女は自分の区域をもう1人のドライバーと一緒に担当しており、重い荷物がその日の積み荷に含まれているという稀な場合には、その同僚が、快く配達を引き受けてくれていた。

ところが、安全衛生マネジャーのマーティンは、荷物を持ち上げることに「制限」が付いている状態では、UPSの方針により、ペギーはまったく就労を続けることができないと言う。この方針は、ペギーの労働組合が締結した労働協約に定められたものであり、次の3つの場合にのみ、労働者を一時的に「軽作業」あるいはデスクワークに再配置することを認めていた。第1は、労働者が業務上の災害により負傷した場合、第2は、障害を持つアメリカ人法（ADA）にもとづき、労働者が障害に関して「合理的適応措置」を求めることができる場合、第3は、連邦運輸省の規則により、商用運転免許の保持が不適格となった場合（これは、様々な疾病等の身体状況だけでなく、飲酒運転で有罪となったような場合も含む）である。妊娠は、これらのどれも当たらない、というのがマーティンの説明だった。

強いられた無給休業

ペギーは、仕事に復帰したいと懇願した。すべての業務を完全にこなすつもりであり、妊娠への配慮は必要ない、と確言したが、マーティンは認めなかった。ペギーは必死の思いで、ランドーバー施設のシニア・マネジャー、マイロン・ウィリアムズに相談した。彼に状況を説明し、自分は制限なしに仕事に戻りたいと言ったが、ペギーによれば、ウィリアムズの返事は、「過大な負担になるので、妊娠していない状態になるまで、この建物に戻って来るな」というものだった。別の監督者にも訴えてみたが、同じことを言われるだけだった。

２００６年の末までに、ペギーは万策尽きた状態となった。妊娠わずか14週で、残りの妊娠期間を無給で休業しなければならなくなった。ＵＰＳの人事システム上、彼女は「労働不能」と登録されたが、障害給付を受給することはできなかった。そのためには、助産師から、いかなる労働も不適当という新しい文書を出してもらう必要があったからだ。しかし、それは真実とは異なっていた。実際、ペギーは、フローラル・エキスプレスの仕事を、何の調整もなしに、予定日まで続けていた。

彼女は、ＵＰＳから支払われるはずだった、毎週４００ドルから５００ドルの賃金を失っただけではなく、年金の勤務期間への算入が停止され、さらに健康保険の受給もできなくなった。夫の軍人医療保険の適用を受けることができたのは幸運であったが、その内容は、ＵＰＳが提供する手厚い保険給付には遠く及ばないものだった。ＵＰＳの保険なら利用できたはずの、家から15マイル（約24キロ）ほどの病院から、車で2時間以上もかかる遠くの病院に変更し、そこで出産しなければならなかった。２００７年の4月下旬、ペギーは、娘のトリニティを出産し、同年6月下旬、約6か月の無給休業期間を過ごした後、仕事に復帰した。その時までに、彼女は弁護士を雇っていた。

ペギーの生い立ちと結婚生活

1971年にサウスダコタ州で生まれたペギーは、5人の子どものいちばん下だった。彼女が幼い頃、大工の父と主婦の母は、テキサス州の東部にある非常に小さな農村(人口300人)、スカリーに、一家で引っ越した。ペギーの兄の1人が、そこで木工業のビジネスを始めたので、父もそれに加わったのだ。

15歳までに、ペギーはサンドイッチ店で働き、新聞配達もしていた。17歳までに、高校を中退して結婚し、陸軍軍人である夫と一緒に、ドイツの基地に転居した。19歳で、彼女は妊娠した。ドイツに行ってから最初の数年間は、外国に住むのが非常に面白く、ヨーロッパ中を旅行して楽しんだが、妊娠がちょうど、第1次湾岸戦争で夫がイラクに配置される時期と重なってしまった。初めて母親になる経験を1人きりでしなければならないと思うと、圧倒される気分になったので、ペギーは、テキサスの両親の家の近くに戻った。

息子のチェイスが3か月の頃、ペギーの夫が前線から戻って来た。彼は、最初はノースカロライナ州に配置され、その後、またドイツに行くこととなった。ペギーも同行し、国外にいる間に2人目の子どもが生まれた。娘のキャシーだ。しかし、そこでまた夫が配置換えになった。今度は韓国で、しかも、家族を連れて行くことが許されなかった。ペギーは、子どもたちと一緒にテキサスに戻ったが、この地理的な距離が大きな負担となった。2人は心が離れてしまい、まもなく離婚した。

UPSへの就職と再婚

2人の子を抱えるシングルマザーとなったペギーには、賃金が高くて諸給付も充実した仕事が必要だった。そのような仕事を、彼女はついにUPSで見つけた。1999年に、ダラス・フォートワース空港で働く早朝シフトのパートタイムの職に就き、大きな貨物用コンテナを飛行機に積み込んだり下ろしたりする車両の運転業務を行った。また、第2の仕事として、ゴーカートのコースに付設されたバーで、バーテンダーとしても働いた。そこで彼女は、2番目の夫と出会った。彼は、アメリカ海兵隊の音楽隊で録音技師として働いており、ダラスのステート・フェアで演奏する音楽隊に随行していたのだ。

竜巻のような大恋愛の末に、2人は結婚し、2002年、ペギーと彼女の子どもたちは、ワシントンで彼と一緒に暮らすようになった。幸運なことに、ペギーは、そちらのUPSで、パートタイムの仕事を続けることができた（UPSは「素晴らしい職場」だと彼女は考えていた）だけでなく、過去3年間にテキサスで積み重ねてきた先任権を維持することもできた。間もなく、ペギーと夫は、自分たちの子を持つことにした。2度の体外受精失敗による悲しみを乗り越えて、ついに妊娠に成功し、彼らは喜びに包まれていた。

しかし、ペギーが後に証言したように、「とても幸せな妊娠期となるはずだったのが、人生で最もストレスの大きい時期の1つとなってしまいました」[*2]。それからの6か月間、UPSからの給料なしでやって行くために、ペギーたちは生活を切り詰めなければならなかった。「支払いに遅れたりするようになり、家計のことが、とてもとても心配でした」と、ペギーは、証言録取の際に述べている。「夜、眠れなくなり、目がさめると、いつも頭の中にそのことがありました。私は情緒がすごく不安定になっていました」[*3]

また、ペギーは、UPSの仕打ちに、信じられない思いがした。最初に、妊娠による「制限」を記した文書の提出を命じることによって（助産師が、そんな制限があるとは考えていなかったにもかかわらず）、次に、助産師が一定の「推奨」を行った時に、それに応じた措置を取るのを拒否することによって（他方で、一時的な損傷を受けた他の労働者については、そのような措置を認めたにもかかわらず）、UPSは事実上、彼女を職から追い出すことを画策したのだ。「それは間違ったことです。完全に間違っています」と、後日、ペギーは語っている。「私は働きたかったのです。働いて賃金を稼ぎ、給付を獲得したかったのです。今までずっと、そうして来たように」。あなたは妊娠しているので無用である、と感じさせられることに、彼女は特に動揺を覚えた。「私は妊娠を理由に差別されていると確信し、そのことに愕然としました」と、彼女は証言した。「私はまともに考えることができませんでした。吐き気がするほど不快な気分でした」*4

弁護士への依頼

ペギーは、休業を強いられている間、少なくとも一時的障害給付を払ってほしいと必死になり、法律的な助けを求めざるを得ないと感じていた。友人から、ある法律事務所の名前を教えてもらったが、そこの弁護士に、自分たちは多忙過ぎるからと、アーリントンで1人で開業している弁護士、シャロン・グスタフソンを紹介された。ペギーはすぐに、彼女の事務所でグスタフソンと会った。自宅の後ろにある車庫を改装した、とても小さな事務所だった。ペギーは妊娠していたが、グスタフソンも、生まれたばかりの娘、シグリッドの世話をしていた。彼女の9人目の子どもだった。

「私は実のところ、新たな妊娠差別の事件を引き受けるような気分ではありませんでした」と、グスタフソンは笑いながら、当時のことを回想した。背が高くて快活なブロンドヘアの女性で、話し方には、ミシガン州出身者の特徴的な母音が、今でもはっきりと響いていた。彼女の弁護士としてのキャリアは、ワシントンにある大きな法律事務所に所属し、雇用差別事件の使用者側の代理人となることで始まった。しかし、非常に醜いセクシュアル・ハラスメントの事件を経験した後、反対の側に立つことを決意した。以後、自分の事務所を開き、10年以上にわたって、主として労働者側の代理人として仕事をしてきた。原告側の代理人のあり方を、彼女は次のように説明した。「あなたは、正義の印である白い帽子をかぶらなければなりません。法律を破る悪い奴らを追いかけて、逃がさないようにするのです」

ペギーの状況は、グスタフソンがこれまでに遭遇したどの事件とも異なっていた。彼女は、もっと単純な妊娠差別の事件(たとえば、女性労働者が使用者に妊娠を伝えると解雇された、というもの)で、女性労働者の代理人となったことはあったが、妊娠に関する身体上の制限について使用者が適応措置を取ることを拒否したという事案は、扱ったことがなかった。そこで、会社の一時的障害給付制度をペギーに適用することを求めてUPSと交渉する一方で（結局、この努力は不成功に終わった）、会社が、軽易業務への転換制度を、妊娠した労働者にも拡大するのを拒否することが適法か否かという問題について、勉強を始めた。その結果は、ペギーの事件は困難な闘いとなるだろうが、法律上はこちらの側に理がある、と確信させるものだった。

妊娠による身体のリスク

アメリカのように「膨らんだおなか」をやみくもに賛美する文化では、妊娠が健康上の重大事であることを忘れがちである。関節の緩み、筋肉の引きつり、血圧の急上昇、脚のむくみ。通常の妊娠でさえ、吐き気、偏頭痛、尿路感染、手根管症候群、背中の痛み、息切れ、めまい、慢性疲労を引き起こす可能性があり、より深刻な場合には、糖尿病、深部静脈血栓症、前置胎盤、妊娠高血圧腎症などを発症する。

これらのすべてが、労働者に休みを与えたり、少なくとも、職務の一部を変更したりする必要を、生じさせる可能性がある。後者は、たとえば、スケジュールの変更（朝のひどいつわりに対応するため）、トイレに近い席への移動（それ以外の時間における吐き気やめまいに対処するため）、時どき腰掛けるための椅子の提供（小売店員やレジ係のように長時間立ち仕事をする必要がある場合）、持ち運べるボトル水の用意（脱水症状や尿路感染を防ぐため）などである。

また、ペギーの場合には、就労「制限」は、助産師による医学的意見よりも、妊娠に関するUPSの憶測にもとづくものであったが、実際に妊娠に危険を与えるような仕事に就いていて、健康な妊娠を実現するために職務に何らかの変更が必要となる女性も、たいへん多くいる。危険な環境条件（煙、毒素、過大な騒音）、業務に必要な身体活動（前屈する、登る、持ち上げる）、不規則な労働時間（夜勤、残業）などである。

これらの医学的現実と結びつくのが、いくつかの人口統計学的な事実である。現在、全女性の60％近くが働いており[*5]、働く女性の4分の3が、労働生活の期間中に少なくとも1回は妊娠している。[*6] そして、妊娠した女性の大部分が、出産予定日になるまで仕事を続けている。アメリカ国勢調査局の調査によれば、妊娠9か月目まで働く女性の数は、過去40年で2倍以上になり、また、2006年から2008年の間に第1子を産んだ女性のうち、妊娠9か月目までフルタイムで働いていた者は、何と87%にも上った。[*7] 妊娠に対して最も危険を生じさせる仕事は、看護師、ハウスキーピング、小売、サービスなどの女性(特に有色人種の女性)が支配的な分野と、法執行機関、消防、建設などの男性が支配的な分野である。[*8]

使用者の対応拒否とPDA

多くの使用者が、UPSと同様、妊娠中の女性が安全に働き続けるために必要な職務変更を行うことに、抵抗を示してきた。これらの使用者には、ウォルマート、[*9] ピア・ワン、[*10] オールド・ネイビー[*11]のように、誰もが名前を知っている企業が含まれており、さらに、ほとんど誰も聞いたことのないような小規模な使用者は、はるかに数が多い。[*12] 「女性と家族のための全国パートナーシップ」という団体が行った最近の調査によれば、年間25万人以上もの女性が、適応措置の申請を拒否されていると推定される。[*13] これらの女性は、妊娠への危険を冒して働くか、仕事を辞めるか、という選択しか許されない状況に置かれる。ペギーは幸運にも、労働協約の規定によって、無給ではあったが長期間の休業をすることができたので、雇用が継続された。しかし、そのような保護のない、数え切れないほど多くの女性たちが、欠勤を理由に簡単に解雇されている。妊娠中の女性が、まさに食べさせていかねばならない子が生まれようとする時期に、賃金を得る手段を失うのは、破滅的な事態である。

これらの様々な現実が重なり合う形で、妊娠差別の申立ての爆発的な増加がもたらされた。EEOCや州の雇用差別担当機関に対する申立て件数は、1997年から2011年の間に50%近く増加した。[*14] そして、最近の統計によれば、これらの申立てのほとんどが、低賃金の仕事や、歴史的に男性が支配的な仕事に就いている女性によって、なされている。[*15]

とはいえ、どのような仕事をしている女性であっても、妊娠すれば、どこかの時点で何らかの程度は、業務に影響が生じる可能性が高い。問題は、どの程度の影響が生じた時に、使用者は何をすることが求められるのか（あるいは、何をすることが許されるのか）、である。

PDAには、2つの文がある。第1文は、「性を理由とする」差別が、「妊娠を理由とする」差別を含むことを明確にしている。[*16] 第2文は、使用者が、妊娠した女性を「同様の労働能力ないし不能力の状態にある」者と同じように扱うことを義務づけている。[*17] もし使用者が、一時的に労働能力が損傷した労働者に対し、支援を与える方針を採用している場合（たとえば、その間も給与の一部を支払う場合や、復帰時のために職を空けておく、不就労でも健康保険が維持されるようにするなど、他の何らかの利益を与える場合）、PDAにより、使用者は、妊娠した労働者にも、その支援の対象を拡大しなければならない。

裁判所によるPDAの解釈

PDAは、ペギーに勝利をもたらす切り札のように見えるかもしれない。何と言ってもUPSは、妊娠以外の3つの場合に、完全な業務遂行ができない労働者に対する職務変更を行っていることを認めているではないか。ところが、シャロン・グスタフソンが調べてみると、連邦控訴裁の多くが、そのように法律を解釈していないことが分かった。「これらの問題を取り扱った裁判所の判断を読めば読むほど、私は気づいたのです。何と、これは驚きだ、と」。また、この問題に関係する様々な法律の中に、障害差別を禁止するADAも含まれているが、一般に、妊娠による労働能力の損傷は、命に危険があるものでさえ、ADAにもとづき適応措置の権利を生じさせる「障害」に当たるとは認められていなかった。妊娠による損傷は一時的なものだから、という理由で認められないのだ。

PDAの下で、使用者が措置を拒否したことが争われた事案は、ほとんどが、UPSのように、業務上の災害により負傷した労働者には軽易作業への転換を認めながら、業務外の事由（妊娠を含む）の場合には認めない、という制度をめぐって生じていた（この傾向は、多くの州の労災補償法が、給付請求の額を最小限に抑えるための手段として、使用者にそのような転換を認めるよう義務づけていたことが要因となっていた。法律がそれを義務づけていない場合でさえ、多くの使用者は、軽易業務への転換を認めることで、労災補償の責任を最小化しようとしていた)。

この問題を取り扱った連邦控訴裁のうち3つが、使用者勝訴の判決を下していた。いずれも、業務上の災害で負傷した労働者は、PDAにより「同じ」取扱いをする義務が発生するほど十分に、妊娠した労働者と「同様」とは認められない、と判断したものである。妊娠した労働者は、実際にはむしろ、業務「外」の病気やけがで働けなくなった労働者と「同様」であり、それらの者と「同じ」に扱っていればよい、つまり、何の適応措置も取らなくても構わない、という説明がなされていた。

しかし、残りの1つ、第6巡回区の連邦控訴裁では、より有望な先例が見つかった。10年ほど前の判決であるが、使用者が業務上災害の労働者に適応措置を講じていた事案で、PDAは、妊娠した労働者にも同じ措置を講じることを義務づけている、と判断した。この判決によれば、重要なのは、妊娠した労働者と同僚の労働者が、同様に働くことができないという事実であって、その者の労働不能が「どのようにして」生じたのかという意味での類似性ではない[*18]。

グスタフソンは、この第6巡回区の判決を読み、また、メリーランド州を管轄する第4巡回区の連邦控訴裁が、妊娠による労働不能の際にPDAが使用者に適応措置を義務づけているか否かの問題につき、まだ判断を示していないという事実を知って、勇気づけられた。さらに、本件の場合は、運転免許を失った労働者に対してさえもUPSが別業務への転換措置を取っている点で、他のどの事案よりもペギーの立場は強く、たとえ「悪い」先例のある巡回区だったとしてもそうである、と彼女は確信した。UPSの方針によれば、業務上の負傷や病気以外の様々な事由による労働不能者に、軽易作業やデスクワークへの転換が認められるのに対し、妊娠した労働者は依然として除外されていた。実際、ペギーの職場の労働組合の代表者は、自分の経験によれば、これまでにUPSが措置を講じることを拒否したのは、妊娠した労働者に対してだけであると、驚いた様子でグスタフソンに語った。「法律には、妊娠した場合、同様の労働能力ないし不能力の状態にある者と同じに扱われなければならない、と書いてあります。そして、彼女は、ＵＰＳがずっと措置を行ってきた他の何百人もの人々と、同じ状態にあったのです」と、グスタフソンは言った。

訴訟の提起から地裁判決、控訴へ

２００８年の秋、グスタフソンは、ペギーの代理人として、連邦地裁に訴訟を提起した。その後、１年半にわたる困難な証拠開示の手続の後、ＵＰＳは、審理なしに訴えを棄却するよう求める申立てを行った。そして、ほぼ1年後、――２０１１年のバレンタインデーに――その申立てが認められた。連邦地裁の判事によれば、本件では、妊娠した労働者を、特に括り出して苛酷な取扱いをしたわけではないので、妊娠差別は成立しない。妊娠した女性たちはむしろ、「同様の労働能力ないし不能力」の状態にあるけれどもやはり適応措置を与えられない、より大きな労働者の集団（つまり、業務外の傷病等により働けない人々）の一部である、とされた。

グスタフソンは落胆し、疲れ果てた。彼女の家族も、これ以上、本訴を争い続けるべきではないと主張した。しかし、彼女はその決定をペギーにゆだね、ペギーは控訴して頑張ることを希望した。「私はただ、ＵＰＳがあのまま逃げ切るのを許したくありませんでした」と、ペギーは回想した。「少し怖い気がしました。私のようなちっぽけな人間が、あの巨大企業に立ち向かうのか、という感じで。でも、それが、彼らが責任を逃れる、いつものやり方です。誰も立ち上がらないから、逃げ切れてしまうのです」

ペギーはもうＵＰＳで働いていなかったので、闘い続けるのは少し容易な状況にあった。彼女は、トリニティが生まれてから2年近くＵＰＳで働き続けたが、２００9年の夏に辞める決心をした。彼女の配達ルートはだんだん長くなり、配達距離は、１シフトで完了するのが次第に難しいものになっていた。多分、違法な報復に当たる、という正式の申立てをするに値するほど露骨なものではなかったが、それでも、彼女の日々の生活にきしみをもたらす難事だった。訴訟が何か月にもわたって長々と続き、さらに満1年をも超える中で、自分が必要とされていないと感じる場所にいることのストレスは、過大なものとなっていた。花の配達はもっと早く辞めていたが、その代わり、ウェイトレスの仕事を2つ、行っていた。1つは、イタリアン・レストランのチェーン店の「オリーブ・ガーデン」、もう1つは、フォートマイヤー陸軍基地の中にあるレストランである。これらがあるので、UPSを辞めても経済的に大丈夫だと、ペギーは感じていた。

グスタフソンは、家族旅行でヨーロッパに出かけた。異例のやり方だったが、彼女はペギーに、第4巡回区の連邦控訴裁に控訴状を提出する方法を指示した。ペギーがこれをきちんと行うかどうかが、彼女の本気度を知るリトマス試験紙になると考えたのだ。グスタフソンは、海外から電子メールをチェックして、控訴裁からの通知を確認した。「控訴受理」と書かれていた。

控訴裁判所の3人の裁判官

連邦控訴裁の口頭弁論で、グスタフソンは、自分の弁論が終わる前から、負けることが分かっていた。3人の判事のうちの2人が、明らかに彼女に反対の立場であり、UPSが勝つためには、それで十分だった。2人のうちの1人、J・ハービー・ウィルキンソン3世は、レーガン大統領に任命された判事であり、数年前、ジョージ・ブッシュ(子)大統領は、サンドラ・デイ・オコナー判事の後任として彼を連邦最高裁に任命することも考えたが、結局、ジョン・ロバーツ判事のほうを選んだ(ウィルキンソンは、その後、ニューヨーク・タイムズ紙の記者に、ブッシュ大統領との面談の様子を詳しく話した。噂によれば、この軽率な行為のため、その数か月後にレーンキスト長官が亡くなり、ロバーツ判事が後任の長官になったときに、彼の名前が再び連邦最高裁判事の候補に上がる可能性は「ほぼ完全に消えていた」という)。[*19] ウィルキンソン判事は、グスタフソンの弁論時間のかなりの部分を使って、UPSの立場を支持する他の控訴審の判決を並べ上げた。良くない兆候だった。

グスタフソンの持ち時間が少なくなり、こちらの主張のすべてを記録に残すことができるかどうかを心配していたとき、アリソン・ケイ・ダンカン判事が口を挟んで来た。彼女はジョージ・ブッシュ（子）大統領により任命された判事であるが、１９７０年代の末、ＰＤＡが制定されて間もない頃に、自分はＥＥＯＣで弁護士として働いていた、とグスタフソンに思い出させるように言った（ダンカンは、アニタ・ヒルがクラレンス・トーマスからセクシュアル・ハラスメントを受けたと主張した告発ドラマに、名前だけとはいえ登場した。トーマスは、自伝の中で、彼がヒルを差し置いてダンカンを首席補佐官に昇進させたとき、ヒルは「激怒して私の部屋を飛び出し…私が色の白い女性を好んでひいきしている、と文句を言った」と書いている。[*20]ヒルのほうは、ダンカンが任命されたので、トーマスの下で働く日々のストレスが軽減された、と上院の公聴会で述べている。「私の仕事の大部分が、彼女を通じて来るようになり、クラレンス・トーマスとは、ほとんどスタッフ会議で会うだけになったからです[*21]」）。

ダンカン判事は、ＰＤＡは、ペギーが求めている「特別の取扱い」を保証することを決して意図していない、という意見を述べた。「この『特別の取扱い』という言葉を聞いた瞬間、私は彼女の票を失ったことを知りました」と、グスタフソンは憂鬱そうに回想した。

３人目のロジャー・グレゴリー判事は、クリントン大統領により任命された、第４巡回区で初めてのアフリカ系アメリカ人判事である。彼は、口頭弁論の間、ほとんど口を開かなかった。彼がどちらに傾いているのか、グスタフソンには判断がつかなかった。

控訴裁判所の判決

グスタフソンは、その答えを、数か月後の２０１３年１月９日、控訴裁の判決が出された時に知ることとなった。ダンカン判事が書いた意見に、ウィルキンソン判事とグレゴリー判事が共に加わり、ＵＰＳの側を支持するものだった。

この判決は、ＵＰＳが職務の変更を認めた３つのカテゴリーの労働者のいずれとも、ペギーは実は「同様」ではない、と判断した。したがって、彼女は「同じ」取扱いを受ける権利を有しないことになる。このような結論を支える理屈は、明らかに循環論法だった。彼女は、Ａ

DAの対象となるような障害を持っていないので、同法の適応措置を求めることができる労働者と「同様」ではない。彼女は、「法的に運転能力が失われた」とはいえないので、連邦運輸省により運転免許が失効された労働者と「同様」ではない。最後に、彼女は、業務上の災害により負傷したわけではないので、業務上の災害により負傷した労働者と「同様」でもない、とされた。そして、これらの論理はいずれも性的に中立であり、「妊娠か否かで区別していない」ため、妊娠した労働者に対する意図的な差別とは認められないという。

グスタフソンは、ペギーに電話して結果を伝えた。「彼女の声でわかりました。電話に出たとたん、負けたのだと」と、ペギーは、当時のことを思い出して語っている。2人は、残された数少ない選択肢について、気の滅入るような会話をした。その時点でできることは、控訴裁の判事全員による再審査を求めるか、あるいは、連邦最高裁の判断を求めて上告することだったが、それはまるで、星に願いをかけるようなものだった。ペギーはグスタフソンに、それまでの努力と頑張って健闘したことへの感謝を述べた。

しかし、その翌日、グスタフソンは再びペギーに電話をかけた。ペギーは彼女に言った。「何があったのか知らないけど、昨日とはまったく声が違うじゃない!」たしかに、何かが起こっていた。助けがやって来るのだ。

バジェンストスの申し出

サム・バジェンストスは、ミシガン大学ロースクールの自分の研究室にいるときに、ペギーの事件、ヤング対UPSの第4巡回区控訴裁判決の話を読んだ。彼は、ADAの専門家として全国に名を知られており、「私は、ADAに関して連邦控訴裁が下した判決はすべて、当日か翌日には読むようにしています」と述べている(ペギーの事件の場合、グスタフソンは最初から、予備的な請求原因として、ADAにもとづく主張も行っていた。同法は、本当は障害を有しないが、障害を有すると使用者が「信じている」労働者に対する差別も禁止しており、本件はその違反に当たる、と主張した。この主張も、地裁、控訴裁とも不成功に終わった)。ペギーの訴訟が提起された後、ADAは改正され、劇的に適用対象が拡大されたため、同法に関する本件控訴裁の判断が将来の訴訟に影響を与える可能性は、ほとんどなかった。しかし、判決のうちＰＤＡに関する部分が、バジェンストスの目を引いた。

「私は判決を読み、それから法律の条文を読みました」と、バジェンストスは言った。「そして、つぶやきました。これは全然おかしいじゃないか、と」。このＰＤＡの適応措置の問題について、バジェンストスは、他の巡回区の連邦控訴裁の判決も読んで検討してみたが、それらもやはり完全に間違っていると確信した。そして、あまりにも明らかに間違っているため、ロバーツ長官が率いる、あの保守化した連邦最高裁でさえ、是正しておきたいと考える可能性があるのではないか、と思った。特にペギーの事案は、ＵＰＳが寛大にも、運転免許を喪失した労働者に対してさえ措置を講じている点で、強い訴求力があるように感じられた。ＵＰＳが措置を認める労働者には、ペギーのように、業務以外の要因により労働能力の損傷が生じた者だけではなく、飲酒運転で有罪判決を受けた者のように、身体的な労働能力の損傷がない者さえ含まれていた。第４巡回区の控訴裁が、身体は大丈夫な飲酒運転者に与えられるのと同じ利益を、妊娠中の女性に認めるのを拒否したことは、そのようなＰＤＡの解釈はいっそう間違っていると印象づけることになった。

バジェンストスは、連邦最高裁の判断の方向を予測することについて、特段の知見を有する人物だった。彼は、10年以上にわたって憲法と公民権訴訟の講義を行っており、また、最近、連邦司法省の公民権部門で、上から2番目の高職に就いたこともある。かつてはルース・ベーダー・ギンズバーグ判事の法務助手を務めており、過去に2回、連邦最高裁で口頭弁論を行った経験もあった。彼は、次のように語っている。「今の［ロバーツ判事が長官を務める］連邦最高裁は、一般的に言って、公民権法に対してあまり好意的ではないと思います。私は通常、人々に警告を発しているのです。だめ、だめ、だめ、だめ、裁量上告の申立てをしては、絶対にだめだ、と」。連邦最高裁が上告を受理して事件の見直しを行うと、その機会を利用して控訴裁の不当な判決を承認し、全国的な先例にしてしまう危険があるからだ。しかし、ペギーの事件では、「やってみればいいじゃないか、という気がしました」と、バジェンストスは語っている。

彼は、グスタフソンに電話をした。「彼は私に、助けが必要だろうか、と聞いて来ました。そして、私のほうは、『助けが必要かですって?』という気分でした」と、彼女は笑った。ほぼ6年にもわたり、本件を1人で担当して争い、負けてばかりいたのだ。答えは明らかだった。「はい、もちろん、イエスです!」

上告に対する慎重論

バジェンストスとグスタフソンが、ペギーの事件で2013年4月に裁量上告の申立てを行った頃、女性の法律支援運動を行う人々の間では、同様の事案が、しばらく前から注目されるようになっていた。その1年前には、EEOCが、妊娠した女性が最も頻繁に受ける差別の類型についての公聴会を開催し、多くの報道がなされた。この公聴会では、非常に多数の証言者が、使用者が妊娠中の身体的制約に対して適応措置を取らないこと、そして、この問題について裁判所が誤った法解釈によりPDAの保護を否定していることが、切迫した懸念事項である、と指摘した。全国女性法律センター(NWLC)[*22]、女性と家族のための全国パートナーシップ(かつての女性法律支援基金(WLDF)が改組)[*23]のほか、低賃金労働者の支援団体[*24]、労働組合[*25]、大学などの研究者[*26]の代表者が、そのことを異口同音に訴えた。
ペギーが上告申立てを行ってからわずか2か月後、2つの著名な団体が共同で、この問題に関する報告書を発表し、各所で広く引用された。この報告書は、「全国の様々な地域に住む、経済面でも多様な階層の、何ダースもの女性」に面接調査を行った結果をまとめたものであるが、「彼女たちの妊娠中、使用者が職務の合理的な調整をはかることを拒否した後に、職の喪失、収入の減少、妊娠合併症の発症、流産などが生じた。他の障害や負傷による制限のある労働者については適応措置が取られていたにもかかわらず、妊娠には不可とされたのである」と述べている。[*27]
しかし、これらの支援者の多くが、バジェンストスとグスタフソンに、連邦最高裁の審査を求めるのを思いとどまらせようとした。第4巡回区の連邦控訴裁が完全に間違っているという点については誰も異論がなかったが、要は、戦術的な問題だった。ロバーツ長官就任後の連邦最高裁は、数々の判決によって、労働者に対しておおむね、また、女性に対してはとりわけ、非好意的な態度を示していた。2007年の判決で、リリー・レッドベターという女性がグッドイヤー・タイヤ社を相手に賃金差別を訴えた事案について、彼女の請求を認めた陪審評決を反故にして捨て去ったのは、悪名高い事例である。[*28] そのため支援者たちは、警戒して弱気になっていた。もしロバーツ長官に、スカリア、トーマス、ケネディ、アリートの4判事が加わって手を付けた場合、PDAが完全に骨抜きにされてしまうと恐れていたのだ。

支援者たちは、むしろ、妊娠時の適応措置の事件を、まだこの問題について判断をしていない巡回区の連邦控訴裁に持ち込んで、有利な先例の蓄積を目指すほうが、安全だと考えていた。これにより、第4巡回区やその他の巡回区の控訴裁判所が作り出した否定的な潮流を、方向転換させることができるかもしれない。他方、連邦最高裁で悪い判断が出されてしまうと、このような潜在的利益が、電気回路がショートするように失われてしまい、はるかに多くの女性たちにとって、事態はさらに悪化することになる。

また、支援者たちは、ADAの改正によって「障害」の定義が拡大されたため、今後、妊娠による身体的な制約もそれに該当する(したがって、同法が明示的に定める「合理的な適応措置」を求める権利が発生する)、という形で、PDAを用いなくても、法的請求が認められるようになるだろうと期待していた。さらに、立法による解決への希望もあった。2012年に初めて連邦議会に提案された「妊娠労働者公正法」案は、労働者が妊娠した場合に適応措置を求めることを、独立の権利として保障していた。つまり、妊娠した労働者に対し、他の「同様の労働能力ないし不能力の状態にある」者とは切り離して権利を与えるのである。実際、多くの州や一部の市では、広い超党派的な支持を得て法律や条令が制定され、すでに何らかの形で、その法案の内容が実現されていた。

上告申立てから受理まで

けれども、バジェンストスにとって（また、グスタフソンにとっても）、リスク計算の結果は、違う方向を示していた。「他の訴訟を起こしても失敗に終わる可能性があり、悪い判例が残るだけかもしれません。…上告以外の戦略では、さらに5年も6年も裁判で争ったあげく、何の良い結果も出てこない、という事態になりそうな理由が山ほどあったのです」と、バジェンストスは説明した。「私が考えたのは、我々は今まさに、連邦最高裁に乗り込むのに最適な事案を手にしており、勝訴の可能性もまずまずある、ということでした」。そこで、２０１３年４月18日、バジェンストスとグスタフソンは、裁量上告の申立てを行った。支えてくれるアミカス意見書は、２人の法学教授が書いた、情熱あふれる学問的なものが１通のみ。それは、２つの女性法律団体と、社会正義のための団体、その他大勢の大学教授たちを代表して提出されたものだった。

数か月後、ローマ教皇選挙の秘密会議の煙突の煙のような、かすかな動きが現れた。連邦最高裁が、連邦政府の訟務長官、ドナルド・ベリリに意見を求めたのだ。最高裁として見直しを行うべきか、それとも、上告を受理せずに控訴裁の判断をそのままにしておくべきか、と。バジェンストスは、好ましい兆候だと考えた。最高裁が訟務長官に意見を求めた場合、「上告が受理される可能性が劇的に高まる」からである。しかし、数か月に及ぶ検討の後、２０１４年５月にベリリが提出した回答は、かなり回りくどいものであった。すなわち、第４巡回区の判断は、同様の論理を採用した他の巡回区の判断と同じく、完全に間違っている。けれども、このようにＰＤＡに関する誤った解釈が広がっているにもかかわらず、彼は、上告を受理しないことを勧告すると言う。[*29]

その理由は２つあった。第１は、女性の権利団体の人々の多くが抱いていた、連邦最高裁の判断を求めることへの消極的意見を反映する形で、ＡＤＡが改正され、同法のいう「障害」について、より寛大な新定義が採用されたので、今後、妊娠した女性が適応措置を求める場合、ＡＤＡ上の「障害を持つ」者として権利が認められるはずだ、と指摘するものである。第２は、妊娠に対する適応措置の問題について、ＥＥＯＣが近日中に新しい「ガイダンス」を発表する予定であり、これによって連邦最高裁が判断を下す必要性は「減少する」と考えられる、というものである。[*30]

その年の連邦最高裁の開廷期間が残り1か月余りとなった頃、バジェンストスとグスタフソンは、最高裁のウェブサイトのオンライン・カレンダーを、常に監視するようになった。事件について判事が議論をする日が決まると、印が付くのだ。6月3日、ペギーの事件の上告申立てが、6月19日の会議の議題に入ったという告知があった。しかし、その日が来て過ぎても、連絡はなかった。6月23日に、6月26日の会議で審議される事案のリストに入った。しかし、6月26日、やはり何の動きもなかった。開廷期間の最終日である6月30日、その日に議論が行われている旨の告知があった。7月1日、公式な開廷期間の終了日の翌日に、新しい告知がポンと出された。「上告受理」であった。

このような連邦最高裁の決定のタイミングは、バジェンストスにとって、かなり皮肉なものだった。彼は、ＰＤＡの事件を最高裁で争って勝利することにつき非常に強気だったが、最高裁は、その前日、バーウェル対ホビー・ロビー・ストアーズ事件[*31]で、厳しい判決を下していた。使用者は、自分の宗教的信条に反する場合、健康保険制度の適用対象に女性労働者の避妊薬や装具を含める必要はないという、5対4の判断である。ルース・ベーダー・ギンズバーグ判事の言葉を借りれば、女性の問題に関する「盲点」が露出される形となった。[*32]

アミカス意見書によるサポート

ペギーの事件で上告して連邦最高裁の判断を求めることについて、女性の権利の支援者の間でどのような疑念や不安があったにせよ、上告が受理された後は、過去の話となった。バジェンストスとグスタフソンを喜ばせたのは、ペギーを支持する立場から、様々な団体が、互いに調整しながら組織立った形でアミカス意見書を提出するために、積極的な動員が行われたことだった。アミカス意見書では、突いておくべき、いくつかの重要なポイントがあった。第1に、妊娠差別が女性やその家族に与える具体的な経済的損失を分かりやすく述べること、第2に、女性の職務内容の変更が必要とされる医学的現実を説明すること、第3に、PDAはそのような適応措置を要求していると解釈すべきだという広いコンセンサスがあることを、最高裁に示すことである。

第1の点については、アメリカ自由人権協会の女性の権利プロジェクト(ACLU-WRP)や、「ア・ベター・バランス」などの団体が意見書を提出し、最近は女性が世帯主や子どもの唯一の養育者としての役割を果たすことが増えていることを強調した。[*33] また、「黒人女性健康インペラティブ」という団体の主導で作られた、黒人女性を代表する様々な組織の連合体も意見書を書き、人口の中で女性の家計の稼ぎ手としての役割が拡大しており、低賃金で肉体的にきつい仕事では特にそれが不均衡なほど顕著に見られる、と指摘した。[*34] 第2の点に関しては、女性と家族のための全国パートナーシップが、医師等の医療従事者の団体や、母子の健康のために活動する人々の団体を結集し、意見書をまとめた。[*35] 第3の点については、労働組合[*36]、使用者側の米国女性商工会議所[*37]、PDAの制定に関与した連邦議会の議員たち[*38]、州や地方の議員が作った超党派の組織など[*39]が、意見書を提出した。

この第3のグループには、人工妊娠中絶に反対する23の団体の連合体も含まれていた。ここが提出した意見書は、職場での適応措置がなければ、女性の中には、絶望的になって、仕事にとどまるために妊娠中絶を行う者も出てしまう、と主張した(正確な指摘といえる)[*40]。通常、社会問題に関する保守派の人々は、よりビジネス寄りの傾向を示すものだが、女性の家庭と仕事の責任が衝突する場面では、必ずしもそうではない。実際、1970年代末のPDAの制定時や、1980年代末から1990年代初頭のFMLAの制定時には、女性運動の人々と、中絶反対を唱える「プロ・ライフ」の諸団体が、協力して支援を行ったのだ。ペギーの事件は、バジェンストスの言葉によれば、「チームを再結成する」機会となった。

バジェンストスとグスタフソン自身が、この「妊娠ケア連合」(ある論者の言葉)の象徴のような存在だった。[*41] かつてギンズバーグ判事の法務助手を務め、オバマ政権の連邦政府で高官として働いたバジェンストスと、信心深く、妊娠中絶反対の活動家であったグスタフソンが、手を結んでいるからだ。実際、アミカス意見書の提出者の名簿に、あれほど錚々たる名前が並んだのも、中絶反対派の中でグスタフソンが持っていた人脈が役に立ったためであった。これらの声を通じて、連邦最高裁の保守派の人々――ロバーツ長官、スカリア、トーマス、ケネディ、アリートの各判事――にアピールすることを、バジェンストスは期待していた。

口頭弁論の準備

ペギーの側は、オバマ政権の支持も得ていた。訟務長官のドナルド・ベリリは、以前は上告を受理しないよう連邦最高裁に勧告したが、それが受理された後は、連邦司法省およびEEOCの高官と共に、ペギーを支持する意見書に加わった[*42]（彼が予測したように、EEOCは最近、PDAの解釈に関して正式に新しいガイダンスを発表し[*43]、その中で、本件における第4巡回区の判決を明示的に否定していた）。ただ、連邦政府は1つ、厄介な問題を抱えており、これについては意見書の注の中で触れられていた。政府の一部である米国郵便公社が、それ自身、労働者が妊娠した場合には職務の変更を認めず、業務上の災害により負傷した場合に限定していたのだ。この明らかな二重基準について、政府が連邦最高裁に確言できたのは、同公社が「選ぶべき手段を検討している」ということだけであった[*44]。

2014年の夏から秋にかけて、バジェンストスは、さらにアミカス意見書を集めた。また、UPSに対するペギーの側の主張の要点をまとめた書面を作るとともに、12月3日に予定される口頭弁論の準備を始めた。彼は、苛酷な模擬法廷のスケジュールをこなした。模擬法廷は3回もあったのだ。1つは、ミシガン大学で（主に彼の同僚である教員たちで、思想的に幅広い人々が集められた）、もう1つは、ジョージタウン大学の最高裁インスティテュートで（学者と実務家の混合）、最後に、消費者の権利擁護団体である「パブリック・シティズン」で（様々な専門分野の弁護士が参加）、それぞれ開催された。

ペギーは、これらの熱心な準備を脇から見ていた。本件に関して多くの報道がなされ、人々の支持が押し寄せるように集まって来るのに、畏敬の念を感じていたが、中には、ほろ苦い気持ちになる出来事もあった。口頭弁論の少し前、２０１４年10月にＵＰＳが反論書を提出したとき、同社は、２０１５年1月1日より制度を改正し、適応措置の対象に、妊娠した労働者を含むようにすることを明らかにしたのだ。ＵＰＳは、この変更はＰＤＡが義務づけているからではなく、単に、妊娠に適応措置を求める州や地方の法令がパッチワークのように増えていることに鑑み、事業運営を容易化するために採用したものである、と主張した(当時、既に9州がそのような法律を制定していた)。もしも会社が、この方針変更によって、ある種のイメージ向上効果を意図していたのなら、まったくの見込み違いだった。ほとんどの人々が、この心変わりを、土壇場のＰＲ戦術にすぎないと切り捨てた。これにより、ペギーに措置を拒否したことがいっそう不当なごまかしに見えるのは、避けられないことだった。

ペギーは、自分の訴訟が、今後ＵＰＳで働く何千人もの女性たちの助けになったことを喜んだ。しかし、もちろんこの方針変更は、彼女を助けるには遅すぎた。数か月前、彼女の娘は7歳の誕生日を迎えていたのだ。

口頭弁論の開始と原告側の主張

「ペギー・ヤングがいる！　ほら、そこに！」ペギーは、連邦最高裁の廊下を歩いている時、こんな囁き声が聞こえたのを覚えている。ペギーは、じろじろ見られることから、少しは保護されていた。グスタフソンが横におり、グスタフソンの娘のうち3人も付き添っていたからだ。それでも、人々の注目を浴びると、不安な気持ちになった。「私はまったくの一般人ですもの！」と、ペギーは笑いながら言った。「とにかく、すごい迫力があり、もしかしたら本当に、何か女性のための変化が起きるかもしれない、と思いました」。バジェンストスにとっては、これが3回目の連邦最高裁の法廷だったが、「あれほど緊張したことはありませんでした」と、彼は語っている。「たいへん大きな世間の注目を集めた事件だったので、私は痛いほど感じていました。もしこれで、ひどいヘマをすると、誰もが知ることになるぞ、と」

口頭弁論では、バジェンストスがまず演壇に立った。

彼が、最初のいくつかの文章──「もしもペギー・ヤングが、20ポンドの持ち上げ制限に対する適応措置を、業務上であれ業務外であれ、他のいくつもの状況のために求めたのであれば…UPSは、措置を認めたはずです。しかし、ペギー・ヤングの20ポンドの持ち上げ制限が、それらの状況ではなく、彼女の妊娠から生じたものであったがために、UPSは、措置を拒否しました」[*45]──を述べたか否かのところで、ケネディ判事が、不機嫌そうに口を挟んだ。「おや、措置が拒否された唯一の状況が、妊娠のための持ち上げ制限であったかのような言い方ですね。…私は、そうだったとは理解していません。…あなたの話は、最初から間違った印象を与えるように思われます」。バジェンストスは、穏やかに反論した。「UPSは、私の依頼人であるペギー・ヤングと同様の持ち上げ制限があるドライバーで、妊娠していなくて適応措置を拒否された者を、ただの1人も示すことができませんでした」[*46]。ケネディ判事は何も言わなかった。これで1票を失った、とバジェンストスは思った。

バジェンストスの残りの時間は、判事たちが最も食いついて来るだろうと彼が予想した問題の分析に費やされた。3つの模擬法廷でも、常にこの問題の議論にほとんどの時間が当てられたのだ。それは、妊娠していない労働者で、妊娠した労働者と「同様の労働能力ないし不能力の状態」にある者が、「2種類」存在し、片方のグループは措置を講じられているが、他方のグループは講じられていない場合、PDAとの関係で、どちらのグループの労働者を基準とすべきか、ということである。妊娠した労働者は、誰と「同じ」取扱いを受けるべきなのか？　良い扱いを受けているグループなのか、それとも、悪い扱いを受けているグループなのか？　妊娠している労働者が、後者のグループよりも前者のグループのほうと、より「同様」である(あるいは、その逆である)、と判断する場合の境界線は、どこにあるのか？

判事たちの質問

いつものように、判事たちは、問題となっている原則の限界点を探るために、仮想の事例を提示した。使用者が、最も長い先任権を持つ労働者に対し、自分で運転できなくなった場合には車で職場まで送り迎えをしてあげるという特典を与えたとしよう、とスカリア判事が言って質問した。その会社は、妊娠した女性にも車で送り迎えをしなければならないのか？　いいえ、とバジェンストスは答えた。その妊娠した労働者が、自分の先任権にもとづいてこの取扱いを受ける資格があるのでない限り、そうではない、と。[*47]

次は、ブライヤー判事だった。使用者が、ある特定の職種の労働者について、仕事で負傷した場合に週100ドルの現金給付を与えることにしていた場合はどうか？　妊娠した女性にも、同じ額を払わなければならないのか？　いいえ、とバジェンストスは答えた。使用者が、ある小さな労働者集団に対して「特異的な」決定を行った場合には、妊娠した女性も同じに扱えという義務づけは発動しない、と。

その数分後、アリート判事が議論に加わった。もし使用者が、「ほんのたまにしか」持ち上げ作業をせず、かつ、周りに助けてくれる同僚がたくさんいる労働者に対して適応措置を行い、他方、ほとんどの時間、重い物を持ち上げる仕事をし、かつ、おおむね1人で作業をしている労働者に対して、措置を行っていない場合はどうか？　妊娠した労働者は、どちらの仕事に従事しているかにかかわらず、適応措置を認められなければならないのか？　いいえ、とバジェンストスは答えた。妊娠した労働者の主たる仕事が重い物の持ち上げで、いつも1人で働いている場合には、彼女は、ほとんど持ち上げ仕事をせず、かつ、それが生じた稀な場合には助けてくれる同僚がたくさんいる前者の労働者と「同様」とはいえないからである。[*48]

バジェンストスは、再三、彼の主要な論点に話を戻した。UPSの制度は、妊娠以外では、あれほど幅広い職種の多くの労働者に対して適応措置を認めているのに、妊娠した女性は依然として除外している点で、PDAに違反する、というものである。措置の対象とされたのは、最も長い先任権を持つ数少ない労働者だけ、特定の職位に就いている労働者だけ、あるいは、最も肉体を使う労働を担当する労働者だけ、というわけではなかった。彼の言葉（口頭弁論の様々な箇所で出てきたもの）によれば、

「たいへん広い種類」の労働者、「会社の労働者の大抵」、「会社の労働者の多く」、「あれほど大きな種類の労働者」、「3つの非常に大きな種類」が、対象とされていたのである。[*49] もしもPDAの第2文が、妊娠した労働者が、会社の労働者のうちこれほど大きな部分の労働者と比べて「より悪い」取扱いを受けないことを保障しているのではないのなら、その規定におよそ意味があると言えるのか、とバジェンストスは問いかけた。

「連邦議会は、第2文を加えることで、何かを行ったはずです」と、彼は論じた。その行ったこととは、具体的には、連邦最高裁の1976年のギルバート事件（ゼネラル・エレクトリック社対ギルバート）判決を、完全に否定することである。この判決は、本件でまさにUPSが主張しているような種類の区別を適法と認めており、PDAは、それを覆すために制定された。[*50] 同事件の使用者であるゼネラル・エレクトリック社（GE社）が、労働不能に対する給付を多数の労働者に認めながら、妊娠した労働者はたまたま除外したにすぎない、と言ったのとまったく同様に、UPSの決定は、3つの種類の労働不能に対して適応措置を認めながら、たまたま妊娠を切り出してより悪い取扱いをしたにすぎない、と言っているのだと、バジェンストスは説明した。[*51]

弁論を終えて座ったとき、バジェンストスは、自分が標的に定めていた中道派から保守派の判事たちにどの程度まで迫ることができたのか、よく分からなかった。最も積極的に発言したのはブライヤー判事で、彼はペギーの側に傾いているように見えた。ただ、将来の事案との関係で、どこに線を引いておくべきかについて、迷っているようだ。ケネディ判事は、最初に苛立った態度を見せた後、ほとんど沈黙したままだった。ロバーツ長官は何の質問もしなかった。アリート判事はいくつか質問をしたが、明らかに反対の立場ではないように見えた。他方、スカリア判事は「否」の投票のようだ。質問の中で何度も、ペギーが妊娠に対して「最恵国待遇」を求めている、と述べていた。つまり、UPSが措置を拒否していた他の業務外の理由による健康状態と比べて優遇される、という意味であるが、[*52] この言葉は、UPSが提出した準備書面から、そのまま引き出されたものだった。トーマス判事は予想通り、何も言わなかった（彼は、途中で法廷職員に、辞書のようなものを持って来させていた）。

会社側の弁論

ＵＰＳの番になると、ケイトリン・ハリガンが演壇に立って、話しはじめた。彼女は、大手エリート法律事務所のギブソン・ダンに所属する弁護士で、上級審での訴訟経験が豊富だった。ニューヨーク州の訟務長官を務めたこともあり、若い頃は、ブライヤー判事の法務助手であった。オバマ大統領は、彼女を、連邦控訴裁の中でも「最も権威が高くて重要」と言われる、コロンビア特別区の控訴裁の判事に任命しようとした。[＊53]しかし、共和党の上院議員が議事妨害をするなどして、指名に対する上院の承認手続が、動きのないまま長期にわたって停滞したため、大統領は、本人の希望にもとづき、ハリガンの名前を取り下げたのだった。ハリガンにとって、本件は、連邦最高裁における6回目の弁論であった。

ハリガンが演壇に立っている時間の多くは、ケーガン判事とギンズバーグ判事からの質問で占められた。ニューヨーク・タイムズ紙のアダム・リプタックが後に記したように、両判事はそれぞれ多くの質問をし、残りの時間に他のすべての判事が行った質問の合計と同じくらいの質問を、2人で行った。[＊54]ハリガンが最初のいくつかの文章を述べたばかりのところで、ケーガン判事が質問を始めた。「すると、あなたの法律解釈では、基本的に〔ＰＤＡの第2文に書いてある〕すべてが余分だということになりますね」。そして彼女は、冷ややかな口調で付け加えた。「あなたも、それに同意しますよね？」[＊55]ハリガンは同意しなかった。第2文は、妊娠した労働者が比較されるべき適切な労働者を定義するものであり、本件の場合、それは業務外の負傷や病気の労働者である、と主張した。さらにハリガンは、スカリア判事が指摘した「最恵国待遇」の問題を取り上げた。原告側の立場によれば、妊娠していない労働者で措置を受けた者をたった1人でも示すことができれば、すべての妊娠した女性が、その恩恵を受ける権利を有することになる。[＊56]しかし、それはＰＤＡが意図した結果ではない、ＰＤＡは、妊娠した労働者が「他のいかなる労働者とも同じに」取り扱われなければならないとは書いていない、とハリガンは異議を唱えた。そこで、ギンズバーグ判事が割り込んだ。「では、〔あなたの立場は〕最低国待遇ですね、違いますか?」と、彼女は尋ねた。「バジェンストス氏の話では、本件の記録上、妊娠した労働者以外には、持ち上げ仕事について特別の措置が必要なのに認められなかったという例は、たった1つもなかったそうですが」。ハリガンは、業務外で負傷した労働者で、措置を希望したが認められなかった者が何人かいた、と反論した。[*57]

PDAが禁止したこと——そして本件でUPSが行わなかったこと——は、「妊娠を特に取り出して、不利益な取扱いをする」ことである、とハリガンは主張した。それ以上の要求は、別の法律を求めることにほかならない。ペギーと彼女の支援者たちは、まさにそれを求めて立法運動をすべきである。連邦議会に提出されている「妊娠労働者公正法」法案や、妊娠した労働者に対してさらに有利な適応措置を義務づける州や地方の法令に言及しながら、ハリガンは、「これは民主政のプロセスが、あるべき形で機能している分野です」と述べた。

「おや、ハリガンさん、民主政のプロセスがあるべき姿で機能するためには、PDAの規定が正しく解釈される必要がありますね」と、ケーガン判事はピシャリと言った。「そして、我々がPDAについて知っているのは、この法律が、妊娠した労働者を無用な労働者と考える偏見を除去するために作られた、ということです。妊娠した労働者が、不当に職場から排除されないように保障するということです。そして、あなたが言っているのは、一部の労働者に対しては適応措置を講じるけれども、妊娠した女性はすべて線の反対側に置く、という方針です」。[*58]

これに対してハリガンがほとんど発言する間もないうちに、ギンズバーグ判事が、さらにいくつかの質問をした。それらは、バジェンストスが受けた質問に対応する形で、妊娠していない労働者の中に、妊娠した女性と同じだけ悪い扱いを受けた者が1人でもいれば、差別はなかったことになるのか、と問うものだった。そこでハリガンの時間は終わりとなった。

再弁論と口頭弁論の終了

バジェンストスが再び演壇に立ち、短い反論を行った。彼は、ハリガンに対するケーガン判事とギンズバーグ判事の質問を利用しながら、その時間を最大限に活用した。はい、ギンズバーグ判事、本件の証拠によれば、UPSが適応措置を認めなかった労働者は、妊娠した労働者だけです。[*59] はい、ケーガン判事、PDAの第2文に関するUPSの解釈には欠陥があるというご意見は、その通りだと思います。はい、ギンズバーグ判事、UPSの法解釈は、妊娠した労働者に「最低国」待遇を与えるものです。そして、はい、ケーガン判事、「この法律の目的は、使用者に、…妊娠した労働者を、他のどの労働者とも同じように価値ある労働者として扱わなければならない、と命じることにあります」[*60]。ここで、ロバーツ長官が、口頭弁論の終了を告げる言葉を発した。「本件の手続は完了したものとします」

外に出ると、最高裁の正面の階段に、たくさんの支持者たちがペギーを待っていた。「私たちはペギーを支持する！」と、連呼の声を上げながら。誰かが彼女に、ピンクと紫と赤の花束を手渡した。「マムズ・ライジング」という草の根組織は、全国の人々から集めたファンレターと何千もの署名を1冊に綴じたものを贈呈した。ある男性は、彼女を脇に連れて行き、自分の妻も軽易業務に回してもらえなかったため、仕事を辞めざるを得なかった、と打ち明けた。ペギーは、多くの記者に囲まれることは予期していたが、支援者や活動家の人々は予想外だった。彼女は、胸がいっぱいになりながら、襟と袖口に柔らかい毛の付いたベージュのコートに身を包み、マイクの放列の前に進み出た。首の周りのチェーンには、小さな金の十字架が見えた。「私はただ、世の中のすべての女性たちに、あなた方は声を持っており、それを使う必要がある、と知ってほしいと思います」と言った。「私たちは、家族を作りたいと願っています。私たちは、家族を作り、かつ、同時に仕事を続けることが可能であるべきです」[*61]

それから、彼女とグスタフソンは、昼食のため、グスタフソンの夫の事務所に向かい、その後、ニュース専門の放送局、MSNBCのスタジオで、ニュースキャスターのアンドレア・ミッチェルのインタビューを受けた。バジェンストスは、自分の家族――妻と15歳の双子の子どもたち――と一緒に、近くのレストランでお祝いをした後、空港で飛行機に乗り、ミシガン州アナーバーの自宅へと戻った。彼らの誰もが、連邦最高裁がどのような判断を下すのか感触がつかめなかった。しかし、それは良い兆候だった。

連邦最高裁の判決

２０１５年３月25日の朝、グスタフソンはペギーに電話をかけた。連邦最高裁が６対３で、第４巡回区の判決を覆したのだ。ロバーツ長官とアリート判事まで、多数意見に加わっていた(アリート判事は、別に同意意見も書いた)。反対の立場を取ったのは、スカリア、トーマス、ケネディの３判事だけだった。グスタフソンがこのニュースを知らせると、ペギーは泣いた。「私は嬉しくて、泣いていました」と、彼女は思い起こした。「何と言うか、これはもう、すべての人にとっての大きな勝利でしたから」

「本件の記録をヤングに最も有利な観点から見た場合、ＵＰＳが、ヤングと合理的に区別できない状況にある労働者の少なくとも一部に、より有利な取扱いを与えたのか否かについて、真に争いが存在する」と、多数意見を執筆したブライヤー判事は書いている。「なぜ使用者は、あれほど多くの労働者に適応措置を認めながら、妊娠した労働者にもそれを認めることができないのか？」[*62] 控訴裁はこの問題を検討していなかったので、やり直しのために、事件は差し戻されることとなった。

差し戻し後に第４巡回区が――また、将来の事件ですべての裁判所が――どのような基準によって、違法と適法との間の線を引くべきかという問題に関し、連邦最高裁は、ペギーに完全な勝利を与えそうなところまで行ったが、結局、そうはしなかった。ブライヤー判事の説明によれば、最高裁としては、使用者が妊娠以外の一定の労働者に「時には」職務の変更を認めることを許容する、つまり、それにより一挙に水門が開かれて、すべての妊娠した労働者が同じ措置を与えよと請求する事態にならないようなアプローチを取る必要があった。「我々は、次の限りではＵＰＳに同意する。すなわち、連邦議会が、妊娠した労働者に最恵国待遇を与えることを意図していたとは考えられない、ということである」[63]。しかし他方で、ＵＰＳが主張した、誰が適応措置を受けられるかについてＵＰＳは中立的な基準を用いていたので、妊娠差別は成立しない、という論理については、最高裁は採用を拒否した。これは、ギルバート事件で、連邦最高裁がＧＥ社の労働不能給付制度を是認する際に用いた論理であり、連邦議会は、ＰＤＡを制定することによって、この論理を否定したからである。

今後、連邦最高裁は、適応措置を拒否したことがＰＤＡ違反か否かという事案に、第７編の下で直接証拠がない場合に一般的に用いられる枠組みと同じものを適用する、とブライヤー判事は述べた（この枠組みは、差別の「決定的証拠」がない場合に、差別の意思を推認するために用いられるものであり、最初にこれを採用した１９７３年の連邦最高裁の事件名を取って、「マクダネル・ダグラスの枠組み」と呼ばれる）。その結果、妊娠した労働者は、「多くの」労働者が自分たちよりも良い取扱いを受けており、かつ、使用者がそのような異なる取扱いを行う理由として提示したものが、実は差別を隠す「口実」であった、ということを証明する必要がある。

そして、この「口実」の証明を行う方法として、妊娠した労働者としては、使用者の方針が正当な理由なく「妊娠した労働者に大きな負担を課す」ことを示せばよい。なお、その場合の「理由」は、「使用者が措置を認めている種類の労働者（同様の労働能力ないし不能力にある者）に、妊娠した労働者を追加すると、より費用がかかる、あるいは面倒だ、という主張だけでは成り立ち得ない」ことに、ブライヤー判事は注意を促した[64]。

２つの反対意見

スカリア判事は反対意見を書き、そして、期待を裏切らなかった。「ＰＤＡについて考えられる２つの解釈を前にして、法廷意見は、そのどちらも選ばなかった」と、彼は述べている。「代わりに、素晴らしいほど法律の条文からかけ離れ、立法過程にさえ結びつかないような、新しい法を作り出した」[65]。彼のトレードマークである皮肉を滅多にないほどにまで駆使しながら、――「最高の魔法の杖を何度か振るだけで、お望みの結果を導くことができるわけだ。ほら、ピューッ！」、「お楽しみは、それだけでは終わらない」、「しかし、（信じられないかもしれないが）さらに悪くなるのだ」――スカリア判事は、多数意見を、「ありうる法律解釈の間を取った、政策志向の妥協の産物にすぎない。連邦議会で下院と上院が異なる法案を可決した時に調整を行う、両院協議会のようである」とこき下ろした。[*66]

ケネディ判事は、もしかしたらスカリア判事の軽蔑的トーンとは距離を置きたいと考えたのかもしれないが、別個に短い反対意見を書いた。例の「妊娠ケア連合」の声は、少なくとも1人の保守派判事の耳に届いたようである。「働いている女性――自分の選択であれ、経済的必要のためであれ、あるいはその両方であれ――が、妊娠した後に、極めて不利な状況に直面することは、ほとんど疑問の余地がない」と、ケネディ判事は認めた。[*67] その上で、彼は、ペギーの側を支持する立場で書かれた2つのアミカス意見書を、肯定的に引用した。1つは米国女性商工会議所、もう1つは法律学の教授たちと公民権諸団体の連合が出したものである。[*68] ケネディ判事は最後に、妊娠関連の健康状態に対し、他の労働者に与えられる保護とは無関係に適応措置を認めるために制定された州法に言及した。「これらの法律は、女性が職場とアメリカの家庭の両方において行っている重要な貢献を尊重し、保護するものである」

事件を振り返って

連邦最高裁の判決から数週間後、ペギーは、ワシントンのすぐ郊外にあるグスタフソンの自宅の居心地の良いリビングルームに座り、7年以上にわたる訴訟と、その最高点での感情の高まりを振り返っていた。娘のトリニティは、グスタフソンの花柄の磁器を使い、お茶やお菓子を出す遊びをしながら、もうすぐ航空宇宙博物館に行くのだと、興奮して話していた。

ペギーは今でも、2つのパートタイムの仕事をしていた。1つはレストランのオリーブ・ガーデン、もう1つは政府の請負業者であり、そこでは、様々な連邦政府機関のオフィス機器の目録管理の手伝いの仕事をしていた。彼女とグスタフソンは、本件がどのような展開になるのかを待っていた。技術的に言えば、次の段階は、第4巡回区の連邦控訴裁が本件を見直して、新しい判決を下すことになる。しかし、両当事者が、本件はもう終わりにしたいと考えて、和解することもありえた(数か月後の2015年10月、実際に和解が成立した。合意の内容は秘密とされている)[*69]。

ペギーは、自分の事件が持つ極めて大きな意義を、少しずつ理解し始めていたが――「私は、あれが大きな事件だったことは理解していますが、そんなにすごいものだったとは考えないようにしています」――、その事件の結果を、自分の娘たちのために、最も喜ばしく思った。「娘たちには、この種の女性を貶める行為、母であることを貶める行為を、経験してほしくありません」と、彼女は言った。「本当に、あってはならないことですから」

エピローグ

第7編がもたらしたもの

第7編がもたらした法と文化の変化は、まさしく革命的であった。妊娠中に雇用を維持される権利、働く母親になる権利、歴史的に「男のみ」とみなされてきた仕事に就く権利、集団的な特性ではなく自分自身の価値によって評価される権利、セクシュアル・ハラスメントという屈辱を受けない権利、自分らしい格好をして自分らしくふるまう——それが伝統的な「女性らしさ」に適うものであってもなくても——権利。

これらの進歩のすべてが(さらに、それ以外の進歩も)、第7編のおかげである。つまり、本書で紹介してきた各事件の恩恵を受けたものである。第7編は、働く女性であることの意味を変えることを通じて、女性であることそのものの意味まで変えてしまった、と言っても過言ではない。

子どもを持つ母親の問題

では、本書で紹介した数々の画期的事件は、今日、法にどのような影響を与え続けているのだろうか。雇用差別は、今でも女性たちを、どのように抑え付けているのだろうか。そして、法はそれに対して何ができるのだろうか。

本書は、学校に行く前の小さな子を持つ母親として職に就くことを求めて闘った、アイダ・フィリップスの話から始まった。したがって、ここでも彼女の話から始めるのは、理にかなったことであろう。母親となることは、依然として、女性の平等にとって最も突破困難な壁の1つである。それは、女性たちを、労働から離れるよう駆り立て、[*1] 労働に戻ることを抑制し、[*2] 職に就いている間も賃金と機会を減少させる[*3](風刺ウェブサイト「オニオン」に先ごろ載った次の見出しは、あまりにもそのものズバリで、ほとんどジョークとは言えなかった。「会社は女性の応募者に対して露骨に、赤ちゃんを産むまでの間に我々はどれだけの走行距離をあなたから引き出すことができるだろうか、と尋ねている」[*4])。

アイダがマーチン・マリエッタ社に応募した1966年当時、6歳未満の子どもを持つ母親のうち労働者として働いていたのは、25%にすぎなかった。今日では、その数字は倍以上に増えて、ほぼ65%である。[*5] そして、いかなる年齢においても、子どものいる家庭のうちの40%で、母親が唯一の、または主要な、稼ぎ手となっている。[*6] しかし、家庭の経済的幸福に対する母親の責任が増大しているからといって、職場における彼女たちへの支援が増大しているわけではない。その多くは、差別禁止法ではなく、政策の失敗に帰着するものである。

その失敗には、アメリカの様々な恥ずべき状況が含まれている。たとえば、職が保障された有給の親休暇の欠如（両親のいずれについても）[*7]、普遍的で手頃な価格の育児サービスの不存在[*8]、すべての時間を仕事に捧げることを期待する「働き過ぎ」の文化である。[*9] また、低賃金の労働者に関しては、2つの仕事を掛け持ちする必要があるという事実もある。彼女たちは、高い積み木の塔のような微妙なバランスの上に整えた育児の体制を、いわゆる「ジャスト・イン・タイム」方式による直前のシフト割当てや取消しのために、大急ぎで組み替えなければならないのだ。[*10]

けれども、母親に対する露骨な偏見は、相変わらず問題の大きな部分を占めている。法学者たちは、社会科学者の助けを借りながら、「母性の壁」について記録をしてきた。[*11] これは、有名な「ガラスの天井」に頭をぶつけるよりもずっと前に、働く母親たちの道を妨害するものである。2003年にこの言葉を生み出した学者、ジョアン・ウィリアムズは、母性の壁を構成する様々なステレオタイプを、次のように叙述した。

子どものいない女性がオフィスを留守にすると、彼女は仕事で外出中なのだろうと推定される。母親である女性が不在のときは、しばしば育児で大変なのだろうと考えられてしまう。上司や同僚は、妊娠した女性や新たに母親になった女性を、心理的に「女性らしさ」の霞で覆って見るかもしれない。思いやりがあり、情緒が豊かで、優しくて、攻撃的でない、と。つまり、ビジネスにはあまり向かないということだ。これらの女性が、その霞を突き抜けて輝き、タフで、クールで、断固として仕事に打ち込み続ける場合には、同僚たちは、母親らしさが足りない、と非難するかもしれないのである。[*12]

ステレオタイプの弊害

では、法的な解決方法は何だろうか。ＥＥＯＣは、母性の壁による偏見を「世話をする人々への差別」と呼び（「家族責任差別」とも呼ばれる）、第７編の下で訴訟可能な性差別として承認した。２００７年、ＥＥＯＣはこの問題に関する正式なガイドラインを発表したが[*13]、同じ時期、この種の事件に関する民事訴訟が爆発的に増加した。ウィリアムズによって設立された「ワーク・ライフ法センター」は、１９９９年から２００８年の間にこのような訴訟が４００％近くも増加し、かつ、他の差別事件よりもはるかに高い成功率を示した、と述べている。[*14] その１つの理由は、使用者は露骨に「この営業職に母親は欲しくない」とは言わないことを学んだかもしれないが、善意から出たように見える感情を表明することについては、それほど慎重ではなかったからだ。たとえば、「あなたには小さな新しい家族が家にいるので、もうあまり出張には関心がないだろうと我々は考えたのです」といったものである。プライス・ウォーターハウス事件で確認されたように、このようなステレオタイプは、たとえ相手を助けることを意図していたとしても、母親に対する正面切っての禁止と同じくらい「性を理由とする」差別である。

社会科学の研究は、さらに、働く父親も、親であることを大事に思っていることを公然としすぎると、世間で承認された「男らしさ」の役割を逸脱することになり、罰を受けることを明らかにした。[*15] ジョアン・ウィリアムズは、ある記者に、「私は、短時間勤務を求めたり休暇を取ったりすると『根性なし』と呼ばれたという話を、たくさんの人から聞きました」と語っている。[*16] 裁判所は、男性に対するこのようなステレオタイプも、母性の壁による偏見と同じくらい「性を理由とする」差別であることを認めている。ニュースチャンネルＣＮＮの記者であるジョシュア・レブスが、父親休暇をめぐって親会社のタイム・ワーナー社を訴えた事件は、トップ記事として大きく報道された。生物学上の母親と、養子をもらう際の両方の養親には、最長10週の休暇を与えながら、生物学上の父親には、わずか2週の父親休暇しか認めていなかったのだ。同社は後に、すべての新しい親に最長6週の休暇を与えた上で、出産をした女性の回復のために、さらに追加的な休みを与える、という形に制度を変更することに同意した。[*17]

もう1つの広く報道された訴訟では、ボストンのある男性弁護士が、家族・医療休暇法(FMLA)にもとづく休暇から戻った後にすぐに解雇されたことに対し、勤務先の法律事務所を訴えた。その休暇は、新しく生まれた子どもと精神疾患のある妻の世話をするために取ったものである。彼は、家族の世話を行う男性を低く評価する「マッチョ」な企業文化が解雇の原因である、と非難した。[*18] この事件でも、審理が始まる前に和解が成立したが、この問題は今後も当分、なくなることはないであろう。

スポーツラジオのホスト、マイク・フランセサが、2014年の春、ニューヨーク・メッツの内野手、ダニエル・マーフィーを激しく非難した件は、家族の世話をする男性をどのような嘲笑が待ち受けているのかを鮮明に示した。マーフィーは、生まれたばかりの息子と一緒に過ごすために、シーズン最初の2試合を休むと発表したのであるが、フランセサは、自分は子どもの誕生で休みを取ったことは1度もないと自慢し、父親休暇は「見せかけ」だけの「詐欺」だと言い、[*19] 20分にわたってマーフィーを笑いものにした。「君は何をするつもりなのか?」と、彼は、そこにいないマーフィーに問いかけた。「何と言うか、そこに座って、病院のベッドにいる奥さんを2日も見ているのかい?」[*20]

妊娠に対する差別

母親への偏見と同様に、妊娠を理由とする差別も、働く女性の平等にとって、最も有害な障壁の1つであり続けている。1997年から2011年の間に、EEOCおよび関連機関に対する妊娠差別の申立て件数は、50%近くも増加した(もっとも、ここ数年はわずかに減少しているが)。[*21] あまりにも露骨で、当惑して頭を掻きむしりたくなるような違法行為も、依然として後を絶たない。たとえば、最近、テキサス州ヒューストンの統一聖書牧師協会が採用した、「在職中は妊娠禁止」のルールである。この事件ではEEOCが自ら訴訟を提起する事態となったが、後に和解が成立した。[*22] また、オートゾーン社では、妊娠した女性マネジャーが降格され、賃金も削減されたが、彼女の上司は、妊娠のことを知った際に、「おめでとう…多分」、「君に申し訳なく思うよ」と発言した。後の訴訟で陪審員は、会社が3年にもわたって彼女を放逐しようと画策したことに対し、バックペイおよび損害賠償として1億8500万ドルを支払うよう命じた。[*23]

有色人種の女性や、小売、サービス、ヘルスケアなどの低賃金な仕事で働いている女性は、このような差別に対して特に脆弱である。[*24] アメリカの最近の国勢調査によれば、2006年から2008年の間に、ラテン系の女性が第1子を妊娠したときに解雇される割合は、白人女性の約2倍、黒人女性も白人女性の約1・5倍であった。[*25] ワーク・ライフ法センターが発表した文書には、低賃金の労働者が妊娠したことを告げた後に経験した、数々のあからさまな差別が記されており、それらの中には、即時の解雇から、妊娠中絶すべきだという訓戒まで、広い範囲のものが含まれていた。[*26] もちろん、妊娠をめぐるハラスメントを受けるのは、最低近くの階層でギリギリの生活をしている女性だけに限られない。ニューヨーク・メッツの元幹部の女性は、同球団の最高執行責任者が、彼女が未婚で妊娠したことを繰り返し侮辱した(かつ、そのことに抗議すると報復として彼女を解雇した)、と主張して、球団を訴えた。[*27]

ありがたいことに、ジョンソン・コントロールズ事件で問題となったような、露骨で広すぎる胎児保護方針は、過去のものとなった。けれども、あのような方針の背景にあったパターナリズムは、今でも頭をもたげて来る。男性が支配してきた、低賃金で肉体的にきつい仕事で働く女性に対しては、特にそうである。[*28] 数年前に私が依頼を受けた警察官の顧客の場合、使用者は、妊娠した女性は全員、仕事の内容や妊娠の段階に関わらず、「腹部損傷の危険」があるとして、直ちに職務から外す方針を取っていた。結局、この事件では、その後、使用者が方針を変更することに同意し、和解が成立した。[*29]

妊娠中の適応措置

これらのような妊娠差別を違法と考えることについては、ほとんど議論の余地がない。これに対して、ヤング事件で連邦最高裁が取り扱った問題――すなわち、妊娠中の女性で、健康な妊娠の継続のために職務の変更が実際に必要で「ある」者について、使用者はどのように対応すべきか――は、より微妙な領域に属する。同事件では連邦最高裁が指示した枠組みを下級審がどのように適用するのか、今後の進展を見守る必要がある。妊娠差別禁止法(PDA)は、妊娠した女性を他の「同様の労働能力ないし不能力の状態にある」労働者と同じように扱うことを使用者に義務づけているが、ヤング事件の判決は、この義務が発動するためには、他の「多くの」労働者が適応措置を受けており、かつ、妊娠に対して措置を受けられないことが本人に大きな負担を生じさせる場合に限られる、としている。第7編の「性を理由として」という最小限の文言の場合と同様に、これらの言葉についても、そこに真の意味を与えるためには、妊娠しながら働く女性たちの生きた経験にもとづく裁判例が、将来にわたって積み重ねられる必要があろう。

女性の権利の支援者たちは、このように「ヤング事件後の世界」で訴訟による戦いを続ける一方で、より直接的な修正策も同時に求めている。つまり、PDAそのものを全面改正することだ。「妊娠労働者公正法」(PWFA)法案は、妊娠した労働者に対して、同様の労働能力の制限のある他の労働者をどのように扱っているかに関わりなく、「合理的な適応措置」を与えることを、使用者に義務づけるものである。皮肉なことに、この法案の最も声高な支持者の中には、カルフェド事件でカリフォルニア州の出産休暇法に反対した様々な団体が含まれている。2015年7月、148の組織が連名で、連邦議会にPWFA法案の可決を強く求める書簡を送ったが、そこには、アメリカ自由人権協会・女性の権利プロジェクト(ACLU－WPA)、全国女性法律センター(NWLC)、全米女性機構(NOW)、リーガル・モメンタム(かつてNOWの下にあった法律弁護・教育基金が改組)、女性と家族のための全国パートナーシップ（かつての女性法律支援基金〔WLDF〕が改組）など、「平等取扱い」を熱烈に信奉する団体も名を連ねていた。

妊娠・出産だけに恩恵を与えることについて、反対から賛成へと心変わりした理由は何か？　それは、カルフェド事件が争われていた1970年代後半から1980年代初頭とは対照的に、現在の連邦法は、障害を持つ労働者に対し、性を問わない形で保護を与えているからである。すなわち、1990年に制定された、障害を持つアメリカ人法（ADA）が、「合理的な適応措置」を与えることを使用者に義務づけており、職務の変更や、雇用保障を伴う休暇の付与もそこに含まれる。妊娠した女性たちは、PDAの下で適応措置を勝ち取るために、他の労働者と「同様」であることを認めさせようと格闘している間に、気がついてみれば、自分たちだけが保護されずに取り残されていたのである。[*30] このような状況下では、妊娠した女性の職を守るための運動は、もはや、彼女たちに烙印を押す「特別取扱い」とはみなされない。それこそが、新しい「平等取扱い」なのである。

PWEF法案が連邦議会を通過して成立しない限り、また、ヤング事件をどう適用するかについて連邦裁判所の態度が固まるまでの間は、空白が残ることになるが、それを埋めるために、州が動き始めている（これが可能になったのは、1982年のある日、リリアン・ガーランドがカリフォルニア州の公正雇用・住宅省を訪問したからである）。2015年末の時点で、15の州と4つの都市が、ペギー・ヤングが求めたような合理的適応措置の提供を使用者に義務づける法令を制定している。また、それらの中には、母乳育児を行う母親が職場で搾乳したいと希望する場合にも保護を与えている（信じがたいことに、この搾乳ニーズについては、多くの裁判所が、PDAの適用対象となる、妊娠・出産に「関連」する「健康状態」には当たらない、と判断している）。[*31] このようにして、州と地方の政府は、連邦法による不安定な「床」の上に、カルフェド様式とでも言うべき高い「天井」を、若干ながらも築いたのである。

主張する女性へのプレッシャー

プライス・ウォーターハウス事件で示されたような、自己主張する女性に対する偏見は、腹立たしいほど根強く残っている。しかし、少なくとも、その存在を否定する者は、もはやいないようである。働く女性が経験するジレンマ――自己主張をすれば、玉潰しの強面女というレッテルを貼られ、柔らかな態度を取れば、何とでもなるヤワな奴だと蹴飛ばされてしまう――は、2013年に、ビジネススクールの白書で取り上げられたもの[*32]が一般のメディアに拡散し、広く議論されるようになった。その契機となったのは、フェイスブック社の最高執行責任者の女性、シェリル・サンドバーグが、著書『リーン・イン』で、女性たちに、一歩を踏み出して自分のキャリアに身を傾けるよう忠告したことだ[*33]。

目に見える変化を実現するための戦略として、この「リーン・イン」の勧めに対する評価は分かれている[*34]。1つには、多くの人々が指摘するのが、職場における構造的な不平等の存在である(この不平等は、性別だけではなく、人種や階級によっても引き起こされている)。そのため、女性が十分な努力をしていないから男女間のギャップがなくならない、と示唆するのは、まったく臆病な議論に思われる。実際、何百万人もの女性がすでに仕事に身を傾け過ぎ、今にも倒れそうになっているのだ[*35]。

また、もう1つ、批判者たちが指摘するのは、多くの女性たちにとって、主張することにより現実の世界で受ける罰があまりに大きく、社会実験としてのリスクが高すぎることである。特に残酷な教訓となった話は、2015年にシリコンバレーのベンチャー資本家、エレン・パオが提起して広く報道された(かつ、最終的に失敗に終わった)差別訴訟である。彼女は、裁判の中で、低い評価を受けたのは「強引で利己的」であったため、という描写をされた。また、彼女が解雇されたのはセクシュアル・ハラスメントに抗議したことへの報復だと主張したが、やはりうまく行かなかった[*36]。別のエピソードとして、2014年にインターネットで大きな話題となった、若手研究者によるブログの記事がある。彼女が受けていた仕事のオファーが、より高い給与を希望すると、撤回されてしまった経緯を詳しく述べたものである。オファーをした大学の側は、彼女の「組織適合」能力に疑問がある、と言ってきた。[*37]

パオの敗訴が示すように、このような態度が取られている現実を、訴訟で差別意思の証拠として認められるところまで持っていくのは、容易なことではない。実際、雇用上の決定を行う者は、自分たちがそのような偏見を持っているという意識すらまったくないかもしれない[*38]（ある調査によれば、使用者は、たとえば、監督者が女性の対人スキルについて否定的評価を行った場合、その理由を必ず説明させることによって、訴訟が発生する前に偏見を除去することができるという）。[*39] しかし、最低限、サンドバーグや、パオや、ブログを書いた若手研究者や、その他のあらゆる形の発言を行う代弁者たちがきっかけとなって[*40]、すべての働く女性が直面するジレンマ――人に好まれることと有能さとの間の緊張関係――について、女性たちが（さらに、多分より重要なこととして、男性たちも）[*41]、率直に話をし始めた。どんなに高い地位に昇っても、女性にはこの問題がつきまとうのだ。そして、アン・ホプキンスと、彼女のプライス・ウォーターハウス事件判決のおかげで、原告が、そのような偏見が彼女の雇用の「条件や権利」に害を与えたことを証明することができれば、今では法的救済を受けることが可能である。

女性的な男性、トランスジェンダー、性的指向

プライス・ウォーターハウス事件の判決により保護されるのは、アン・ホプキンスのような「男性的な」女性たちだけではない。「女性的な」男性たちも、この判決を用いて第7編の訴訟で勝利してきた。その中の1人が、ブライアン・プラウェルである。彼は同性愛者で、ペンシルバニア州の西部にあるワイズ・ビジネス・フォームズ社の事業所で働いていた。彼は声が高く、他にも「女性的」と見られがちな身振りや話し方の特徴を備えていたことは、争いのないところである（本人も認めていた）。プラウェルは、同僚から様々な辱めや嫌がらせを受けた。たとえば、彼を「薔薇のつぼみ」や「お姫さま」と呼んで嘲笑したり、彼の机の上に、羽根飾りの付いたピンクのティアラを置いたりした。

1審の連邦地裁は、彼の訴えは「性的指向を理由とす

る」差別を主張するものであり、第7編の対象外であるとして、請求を棄却した。[*42]しかし、2008年、第3巡回区の連邦控訴裁は、プライス・ウォーターハウス事件の判決がプラウェルを保護すると判断し、地裁の判決を覆した。「異性愛者で女性的な男は性的ステレオタイプにもとづく差別を主張して訴訟を提起できるのに、同性愛者で女性的な男はそれができない、と考えるべき根拠は、法律にも判例法にも見いだすことができない」と、この判決は述べている。「合理的な陪審が、差別やハラスメントが『性を理由として』生じたと結論づけることができるだけの十分な証拠を労働者が集めている限り、彼または彼女の性的指向のいかんにかかわらず、陪審の審理がなされるべきである」[*43]

近年、プライス・ウォーターハウス事件の恩恵を受けている、もう1つのグループは、トランスジェンダーの労働者たちである。2012年にEEOCは、ミア・メーシーの事件で、大々的なニュース報道の対象となった。メーシーは、連邦司法省のアルコール・煙草・火器局(ATF)の求人に最初に応募した時は男性であるとしていたが、その後、女性に転換する途中であることをATFに告げると、採用を拒否された。EEOCは、プライス・ウォーターハウス事件の判決を援用しながら、第7編が禁止するのは「『生物学的な』性を理由とする」差別に限られない、と判断した。[*44]EEOCによれば、メーシーは、生物学的な男性はこのような服装やふるまいや生き方をすべきだ、とATFが考えるような服装やふるまいや生き方をしなかったため不利益を受けたのであり、彼女の事案は性を理由とする差別に該当すると認められる、とされた(EEOCはまた、ATFはメーシーの代わりに男性を採用したので、彼女の事案はより伝統的な意味の性差別にも該当する、とも述べている)。EEOCは、さらに2015年の事案で、性的指向にもとづく差別は「性を理由とする」違法な差別に当たる、と判断するところまで踏み込んだ。以後、EEOCは、被害を受けた労働者に代わって自らが提起する訴訟でも、このような第7編の解釈を固持している。そして、2015年4月にはオバマ大統領が、連邦政府と契約を結ぶ業者に対し、性的指向と性自認にもとづく差別を禁止する大統領命令を発した。[45]
しかし、LGBTの支援者たちは正当にも、法律上保護される属性として、性的指向と性自認を明示的に含める形に第7編を改正するよう、連邦議会に求め続けている。プライス・ウォーターハウス事件の判決が広く拡張され、同性愛者の「ように見える」労働者も保護されるのに、他方で、実際に自分が同性愛者であるという事実のみにもとづき主張を行う労働者は保護されないというのは、理不尽な話である（結局のところ、ゲイや、レズビアンや、バイセクシュアルであることは、性的ステレオタイプに適合しないことの究極的な形ではないか？　つまり、男性は女性にのみ、女性は男性にのみ、惹かれるべきである、という性的ステレオタイプである）。
支援者たちは、現在、同性婚を憲法上の権利として認めた2015年の連邦最高裁判決が、第7編の改正を実現するために必要な勢いを与えてくれるものと期待し、まさにそのような内容を定める「平等法」法案の推進に力を注いでいる。オレゴン州選出のジェフ・マークリー上院議員が、この法案の可決を目指して戦う意思を表明したときに述べたように、「人々は、朝に〔同性同士であっても〕結婚することができるのに、午後には…解雇されうるという事実に気づくでしょう。これは受け入れがたいことです」[46]

身だしなみや服装の規制

使用者がそう「あるべきだ」と考えるような外見や行動から外れた労働者について、前記のようにおおむね積極的な進展が見られるが、ある1つの領域においては、第7編が制定されて以来、長い年月が経ってもほとんど現状維持で、変化が見られない。それは、使用者が義務づける、身だしなみや服装の規則である。このような規則は、常に女性労働者に対して、アン・ホプキンスに要求されたものとは比べものにならないほど、過度に女性的な基準（時には、過度に性的魅力が付加された基準）に従うことを求める。そして、例外もあるものの、それらは通常、裁判所によって適法と判断されている。ブランドを構築することに関する企業の利益を過大に評価し、介入を差し控えるという態度が取られているのである。[47]

中でも悪名高いのは、２００９年のダーリーン・ジェスパーセンの事件である。ジェスパーセンは、ネバダ州リノにあるハラーズ・カジノの女性バーテンダーで、20年にわたって仕事を十分にこなしてきたが、そのカジノが新しく採用した「パーソナル・ベスト」の方針に従うことを拒否したために解雇された。この方針は、彼女に、フェイスパウダー、頬紅、マスカラ、口紅、マニキュアを塗り、かつ、髪を「逆毛を立てる、カールする、スタイルを整える」のいずれかにより常に下ろしておくことを義務づけるものであった(他方で男性は、メイクをすることや、シャツの襟より下まで伸びる長髪を禁止された)。「私は性的な対象物とならざるを得ませんでした」と、ジェスパーセンは後に書いている。「それは、カクテルを混ぜることや客の応対をすることとは何の関係もありません。しかし、私が仕事を続けるためには、女性がどのように見えるべきかに関するハラーズの極端かつ時代遅れの考え方に合わせることが、必要になってしまったのです」[*48]

第９巡回区の連邦控訴裁は、ハラーズの方針を容認した。判決によれば、女性に厚化粧をするよう求めることが、女性を装飾的な性的対象物と考えるステレオタイプを明らかに強化する、という点を示すだけでは不十分である。原告たる女性は、さらに、カジノが実際に女性をそのような劣等な役割に追いやる明確な意図を持っていたという(ほとんど不可能な)証明までしなければならない、とされた。[*49] また、２０１５年にニュージャージー州の裁判所は(第7編をモデルにした同州の法律の下で)、ボルガータ・カジノが採用した、「ボルガータ娘」と呼ばれる肌もあらわなカクテル・サービス係は、体重を７％以上増やしてはならない、という方針を是認した。[*50]

ジェスパーセン事件やこのボルガータ・カジノの事件のような判決は、50年近く前、第7編が制定された時にマーサ・グリフィス下院議員が発した、容赦のない辛辣な言葉を思い起こさせる。ユナイテッド航空が客室乗務員の職務に、若くて細身の未婚女性しか雇わないとしていたことに対し、彼女が、同社の経営陣を次のように述べて非難したのは、有名な話である。「あなた方は何を経営しているのですか？　航空会社ですか、それとも売春宿？」[51]

人種による特別の困難

使用者が定める外観規則に関して言えば、有色人種の女性たちは、特に難しい問題に直面する。それらの規則は、女性らしさについて、ステレオタイプ的な概念を不正に紛れ込ませるだけではなく、白人を基準として定められているからである。有色人種の女性にとって、とりわけ不安（および紛争）の種となっているのが、髪の毛のスタイリングである。彼女たちは、「あまりにエスニック」に見えることが、不利に働くのではないかと恐れている。[52] 実際、ジェスパーセン事件で問題になった「パーソナル・ベスト」の方針では、明らかに女性が白人であることを前提に、髪について、「逆毛を立てる、カールする、スタイルを整える」のいずれかにするのみならず、「常に下ろしておくこと、例外は認めない」と定めていた。[53] ある学者がジェスパーセン事件についてコメントしたように、「ほとんどの黒人女性にとって、髪を『下ろして』おくには、電熱ブラシか縮毛矯正剤を使って、髪の毛をまっすぐにする必要があるのです」[54]

黒人女性によく見られる他の髪型は、ブレイズから、ツーストランド・ツイスト、ドレッドロックス、フィンガーウェーブまで、使用者から「エスニック過ぎる」、「あまりにワイルド」、あるいは（特に意味不明なものとしては）「人目を引く」という理由で禁止されることが多く、そして裁判所は、そのような狭い基準を是認してきた。[55] 最も初期の事件の1つでは、アメリカン航空で働くリニー・ロジャースが、彼女のコーンロウの髪型を不可とする規則は不当であると主張して争った。[56] しかし、裁判所は、男性も女性も同様に髪を編み込むことを禁止されていたという理由で、性差別の主張を退けた。さらに、アフロヘアーにすることは許されていたと指摘して、彼女が黒人女性である自分にとって最も落ち着くことのできる髪型を禁じられても、人種差別には当たらないと判断した。[57] 米国陸軍は、２０１４年３月、これと同じような制限を課そうとした。外見に関する新しいガイドラインを発表するに当たり、ブレイズや、ツイストや、アフロさえも含めて、黒人女性のほとんどの髪型を禁止しようとしたのだ。[*58] しかし、一般の人々や、軍人、連邦議会黒人議員団などから非難が殺到したため、陸軍は数か月後に、この規則を撤回した。[*59]

外観に関する使用者の規則が有色人種の女性に与える厳しい影響は、差別禁止法の、より大きな失敗を反映するものである。つまり、それが労働者を、ただ1つの特性を持つ主体――男性、女性、白人、黒人、ラテン系、ストレート、ゲイ、等々――として扱いがちだということである。それらの交わりこそが、私たち人間を形作り、同時に、ほとんど無限の形の差別の契機となることを、認識すべきであろう。たとえば、アジア系の女性、ラテン系の女性、その他の有色人種の女性は、それぞれ互いに異なる、かつ、白人女性は決して経験することのない、特有の敵意に直面する。年配の女性は、どの人種であっても、女性を若さで評価する職場において、無視や軽視と闘うことになる。妊娠した女性は、法律により、目の見えない労働者や、車椅子の必要な労働者や、がんを患っている労働者と同等であるとされているが、もちろん、これらの状況はそれぞれ異なっており、文化的にも異なる重荷を背負うことになる。

このような無数の問題に対して完全な法的解答を与えることは、本書の範囲を超える。しかし、法は、少なくとも、この際限なく多様な現実世界で、差別がどのように発現するかについて、もっとよく注意を払うべきである。その中には、差別的な意思決定の原因となる偏見は、多くが無意識のものである、という事実も含まれる。無意識ではあっても、それにさらされる人々にとっては、痛いほど生の現実なのだ。

男性職場への進出

ドサード事件、プライス・ウォーターハウス事件、ジョンソン・コントロールズ事件の3判決が合わさった効果として、歴史的に男性が占めてきた分野に、ますます多くの女性が進出することが促進された。また、連邦最高裁が1987年の判決で、特定の職務で「明らかな」両性間の不均衡がある場合には、使用者は性にもとづくアファーマティブ・アクションを行ってよい、と判断したことも、たいへん貴重な進展であった。[*60] 何百万人もの女性たちが、アファーマティブ・アクションの恩恵を受けて、特に歴史的に男性ばかりがいた職場で、働いて賃金を得ることができるようになった[*61]（もっとも、働く女性が得た他の多くの成果と同様に、このような政策から最も大きな利益を受けたのは、白人の女性なのであるが[*62]）。

ドサード事件で適用された差別的インパクトの法理は、歴史的に男のものとされてきた仕事、中でも警察や消防といった部門において、特に有益な機能を果たしてきた[*63]。使用者が応募者を選別するに当たり、適切とはいえない身体上の基準を設けているときに、これを武器に立ち向かうのである。ドサード事件の判決が出された１９７７年から２０１２年までの間に、それらの部門の身体基準に対して訴訟が起こされた事案のうち、半分以上が原告の勝訴となった[*64]。これらの成功事例は、40年前のブレンダ・ミースやキム・ローリンソンの事案と同様に、使用者が、より良い緊急対応者（警察官や消防士）を選別するために、その基準が確かに役立つと示すことができなかった、という事実にもとづくものである。

とはいえ、進歩の速度は遅い。２００８年のある調査によれば、ミルウォーキー、サンフランシスコ、マイアミ・デイドなど、全国でも最も規模の大きい消防署では、女性の消防士の比率が10%を超えていた[*65]（中には、署長が女性であるところもいくつもあった）のに対し、他の消防署では、女性消防士の数は、哀れなほど低いままであった。全国の消防署のうちの半数以上で、女性の消防士は皆無だったのだ[*66]。警察の仕事では、女性の状況はほんの少しだけましであった。２０１４年の時点で、女性が、全国のパトロールを行う警察官と郡保安官のうち約12%、刑事と犯罪捜査官のうち約21%を占め、これらの職では、監督者のうち16%も女性であった。また、矯正施設の矯正官、執行官、看守についても、女性が30%となっている[*67]。

ハラスメントによる抵抗

もちろん、女性たちが、以前は「男性のみ」とされていた仕事に参入する法的権利を持っていると言っても、そこで歓迎されることを意味するわけではない。そのような職場で女性へのハラスメントが行われることは頻繁にあり、その態様も、特に悪質となりがちである。その結果、多くの女性たちが職にとどまるのをあきらめ、性別で分離された「現状」が維持されてしまう。

このような場合、ハラスメントは、ポルノの掲示や露骨な落書きのように、極度に性的なものとなることがある。女性たちに、この職場でお前たちは同僚としてではなく性的対象物としてのみ歓迎される、ということを思い出させるのである。逆に、ハラスメントが性的でない形で行われることもある。ひどい罵倒の言葉や、物理的な攻撃や、作業材料の破壊のような形を取るが、これらもやはり深い敵意に根ざしており、危険ですらある。[68] シーラ・ホワイトが、懲罰的に線路業務に配置換えされた後、仕事のやり方について、きちんとした訓練を受けたいと言ったのに取り合ってもらえなかったことや、通常は2人以上で行う業務を頻繁に割り当てられたことや、トイレの設備が近くになかったことは、すべて、この現象を示すものだ。実際、全国の女性消防士を対象とする最近の調査によれば、自分が経験した差別やハラスメントとして、仲間からの忌避と、消防署のロッカー室でのプライバシーの侵害のほうが、ポルノグラフィーや、性的誘いよりも多くなっている(もっとも、後者についても、それぞれ30%以上が経験しているのであるが[69])。

アメリカで初めてセクシュアル・ハラスメントの事案でクラスアクションが認められたジェンソン事件(ジェンソン対エベレス鉄鉱会社[70])は、このようなパターンを確認するものであった。しかも、過去に例のないほどの規模で。[71] この事件は、後にノンフィクションの書物の題材となり、さらに映画「スタンドアップ」も作られたが[72]、男性が圧倒的に多い職場に少数の女性が入ってきたという環境(エベレス鉄鉱の鉱山では４００対4だった)で、何が起こりうるのかを、特に生々しく描き出していた。原告のロイス・ジェンソンがその仕事に就いた初日、男性労働者の1人が彼女を部屋の隅に追い詰め、身を乗り出してきて言った。「ここは、お前ら腐れ女どもがいるような場所じゃない。家に帰ったらどうだ[73]」。ジェンソンと3人の同僚の女性たちは、他にも様々な嫌がらせを受けた。付きまとわれたり、仕事机の前に絞首用の縄を吊されたり、衣服に精液を付けられたりした[74](伝統的に男性が占めてきた職場に入ってきた女性たちをいじめるために、そのような体液が用いられる頻度の高さは、率直に言って驚く――吐き気がするのは言うまでもないが――ほどである。極めて本能的なレベルで、縄張りにマーキングをしているかのようだ。私は、複数の女性消防士から、ブーツの中に大便を入れられていたという話を聞いた。また、ある依頼人は自動車整備士で、約200人の中で唯一の女性だったが、ある日、出勤すると、自分の道具がすべて尿でびしょ濡れにされていたという)。

喜ぶべきは、これらの行動が、すべて違法なハラスメントに該当することである。もちろん、ビンソン事件で定立され、ハリス事件で明確化された、「苛烈または蔓延している」という基準をみたすことが前提となるが。この原則は、連邦最高裁が1998年の判決で、同性間のハラスメントも「性を理由とする」差別に当たると判断したことにより、さらに強固なものとなった。[*75] 海底油田の掘削を行うプラットフォームで働いていたジョゼフ・オンケールは、彼の男性同僚たち(同性愛者ではない)から、悪質なハラスメントを受けて苦しんだ。様々ないびりや虐待の中には、暴行やレイプの脅しも含まれていた。連邦最高裁の全員一致の判決で、スカリア判事は次のように述べている。「ハラスメント行為が性を理由とする差別であるとの推認を裏付けるためには、それが性的欲望にもとづくものである必要はない」[*76]

レストランの接客係

男性が支配してきた職場に参入して働く女性たち以外にも、低賃金の職場で働く女性たち(その中には有色人種の女性が不均衡に多いのだが)は、決まってハラスメントの試練にさらされる。そのような人々の集団の1つが、チップをもらって生活する、いわゆるチップ労働者である。チップ労働者の60%が女性であるが、1時間当たりの稼ぎはたったの2・13ドルである。[*77] ニューヨークの「レストラン・オポチュニティー・センター」が実施した最近の調査によれば、驚くことに、レストランで働くチップ労働者のうち80%もの人々が、客からハラスメントを受けた経験があるという。[*78] チップ労働者は、アメリカの労働者全体の7%にすぎないのに、EEOCに申し立てられるセクシュアル・ハラスメントの件数では37%を占めている。[*79]

裁判所やEEOCは、第7編は使用者に対して、顧客によるハラスメントから労働者を保護することも義務づけている、と解釈してきた。しかし、だからといって、レストランの管理者が、女性の接客係に、売り上げを伸ばすために性的魅力を高めるよう勧めることを(あるいは、そうするよう指示することさえ)止めたわけではない。[*80]接客に当たるスタッフは、客から触られたり、いやらしい目で見られたり、性的な誘いを受けたりしたことを管理者に通報しようとすると、大きなジレンマに陥る。彼女らは収入の大部分を、そのような客の好意に依存しているのだ。だからこそ、チップ労働者の基本給を引き上げようというのが、女性の支援者たちのスローガンとなっている。[*81]それにより、にっこり笑って、さまよい出てくる客の手を我慢することへの経済的圧力が、軽減されるのである。

農業で働く労働者

セクシュアル・ハラスメントが今でもごく普通の状況となっている、もう1つの集団が、農業労働者である。全米で約200万人といわれる農業労働者の4分の1を、大人の女性と少女が占めている。[*82]その大半は移民で、ほとんどがラテン系女性であり、控えめに見積もっても半分以上が不法滞在者である。[*83]2012年に人権団体「ヒューマン・ライツ・ウォッチ」が発表した報告書は、「農業労働者が経験する性的暴力とセクシュアル・ハラスメントは、あまりにも当たり前になっているため、農業労働者の女性の中には、そのような虐待は農業労働の不可避的な条件だと考える者もいる」と述べている。[*84]他の支援団体が行った研究も、同じ結論に到達した。[*85]農業労働者の虐待事件を数多く担当してきたEEOCのベテラン職員は、カリフォルニア州の会社の話を伝えている。その会社が運営する、ある現場は、「フィールド・デ・カルゾン」、パンティーの畑と呼ばれていた。たくさんの労働者が、そこでレイプされていたからだ。[*86]

女性の農業労働者は、家族の援助のネットワークから遠く離れ、しばしば人里離れた場所できつい労働に従事し、英語もまだ上手に話せず、文句を言うと国外退去になるのではないかと恐れており、アメリカの全労働者の中でも最も弱い立場にある。第7編は、その法的保護を受けるための要件として、労働者がアメリカ市民であることを要求してはいない。しかし、不法滞在をしている労働者にとって、差別の申立てをするために連邦政府の機関に連絡や相談をすること自体(そもそも第7編のことを知っている幸運な人に限られるが)、考え難いところである。

そのため、EEOCは、労働者と使用者の両方に対して第7編の教育を行い、かつ、訴訟戦略の中で農業労働者の虐待に狙いを定めること(これにより労働者が自分で弁護士を探して訴える必要がなくなる)を、優先事項と定めた。*87 その成果として、世の注目を集めたいくつかの訴訟が提起され、労働者が何百万ドルもの支払いを受ける結果となった。*88 最も大きなものの1つが、2015年9月、マイアミ州のモレノ農場で箱詰め作業をしていた5人の女性労働者に対して計1700万ドルを支払うよう、陪審が命じた事案である。彼女らは、3人の会社従業員から脅迫による支配とレイプを受け、最終的に解雇されていた。*89 このような巨額の支払いを命じる判決が、ゆっくりと、しかし確実に、農業分野の使用者に対し、法律上の義務に関する認識を高めさせている。州の中には、このような特に脆弱な人々を保護するために、自ら施策を講じたところもある。たとえば、カリフォルニア州では、2015年に法律が制定され、すべての農業事業者は(大規模な事業者だけではない)と労働請負業者に対し、自分の労働者にハラスメント禁止の訓練を行うことが義務づけられた。*90

セクシュアル・ハラスメントと使用者の責任

職場のセクシュアル・ハラスメントがまだ広く存在し続けているにもかかわらず、連邦最高裁は、近年、使用者にその責任を負わせることをより困難にした。1998年のファラガー事件とエラース事件の判決で、監督者が敵対的環境型のハラスメントを行ったとの主張がなされた場合、使用者は、そのような不当行為を防止・是正するための合理的な手段を取っていたことを示すことにより、責任を免れて勝訴することができる、と判断したのである（他方で、監督者が、対価型のハラスメント、たとえば、自分を拒否した相手に対し、解雇や降格など有形の不利益を与えることによって制裁する、という行為を行った場合には、ファラガー事件・エラース事件の判決でも、使用者は自動的に責任を負うとされている）。

連邦最高裁が、この「ファラガー、エラースの抗弁」を創設してから、20年近くが経つ。その間、この法理が善良な使用者に対し、監督者のハラスメントを発見して是正することを促すという効果を発揮したのは、間違いないところであろう。しかし、多くの場合、裁判官は、「ファラガー、エラースの抗弁」の成否を判断するに当たり、使用者がハラスメント行為の通報にきちんと対処したのか、それともしなかったのかよりも、ハラスメントを受けた労働者が、苦情を申し立てる十分な努力を行ったか否か、という点に焦点を当てる傾向がある。本来、危険な監督者に関して十分な手段を講じたことを示すという「使用者」の抗弁であったはずなのに、「労働者」の側に、彼女が訴訟を避けるために十分な行為を行ったことを示させるというのは、話が逆転している。のみならず、この法理は、使用者に、ある権利擁護団体が「ファイルキャビネット・コンプライアンス」と名付けた戦略を採用することを促す要因となってしまう。[*91] つまり、ハラスメントは許さないという方針を発表し、1回だけ感受性トレーニングを実施し（かつ、確かに参加したという労働者の署名を集めておく）、後は、椅子にゆっくり座って、何か違反があったという苦情が来るのを待つ、というものである。

もし本当に労働者が苦情を申し立てて来た場合にも、一部の裁判所は、使用者が極めていい加減な形でも調査を行えば、「ファラガー、エラースの抗弁」の要件をみたすのに十分だと判断してきた。[*92] つまり、使用者としては、まず申立てをした者と面談し、次に加害者とされた者の話を聞き、結局、両者の間で言った言わないの相違があって分からないと結論づけ、その調査の記録を書類にしてファイルキャビネットの中にしまっておけばよい。そして、申立てをした労働者が後で訴訟を起こしたら、その書類を引っ張り出し、裁判官に、自分がどれだけ一生懸命に苦情に対処したかを示すのである。かくして訴えは退けられ、一件落着となる。

監督者の定義の縮減

最近では、監督者が行ったハラスメントについて使用者に責任を負わせることが、さらにまた難しくなっており、立法による是正が必要である。２０１３年のバンス事件(バンス対ボールステイト大学)で[*93]、連邦最高裁が、ファラガー事件・エラース事件の枠組みにおいて、誰がそもそも「監督者」に該当するかという点で、定義を狭めてしまったからである。５対４の判断であるが、アリート判事による法廷意見は、採用、解雇等の決定を行う正式な権限を持つ者だけが「監督者」に該当する、と判断した。単に誰かのスケジュールを決定したり、日々の業務を監督するだけでは足りないという。その場合には、監督者ではなく、同僚の労働者とみなされる。そして、同僚によるハラスメントに関しては、使用者に過失があったこと、つまり、使用者がハラスメントについて実際に「知っていた、あるいは、知るべきであった」のに何もしなかったことを、証明する必要があるとされており、原告にとって証明がはるかに難しくなる。

ギンズバーグ判事は、厳しい反対意見を書き、ブライヤー、ソトマイヨール、ケーガンの３判事も賛同して加わった。この意見によれば、多数意見が新たに示した「監督者」の不自然な定義は、「労働者が実際に働く現場の状況を無視する」ものである[*94]。今日の職場では、何層もの監督者が存在しうるのであり、たとえ究極的な採用や解雇の権限はなくても、それぞれが様々な程度で労働者の毎日の生活をコントロールしている。「労働者がハラスメントを行う上司に異を唱えれば、リスクを冒すことになる。たとえば、厄介な仕事や危険な仕事を割り当てられたり、望まない異動を命じられたりするかもしれない」。あるいは、「過大な量の仕事を押しつけられたり、家庭生活を破壊するような時間帯にシフトを入れられたりする可能性もある[*95]」。

ギンズバーグ判事は、連邦議会が１９９１年に、連邦最高裁が出したいくつもの「不当で的外れな」判決を覆すために、第7編を改正したことを引き合いに出し、今回も連邦議会が乗り出して、バンス事件の判決を覆すべきだと強く主張した。「今日、ボールは再び連邦議会の側のコートにある。最高裁が陥った誤謬を修正すること、最高裁が本判決で弱体化させてしまった職場のハラスメントからの強靭な保護を回復することが、求められている」[*96]。バンス事件の判決以来、まさにこの目的のために、連邦議会に「公正雇用保護法」の法案が提出されてきた。

バンス判決は原告に乗り越えがたい負担を負わせることになる、というギンズバーグ判事の予言は、当たっていた。2014年の秋、バンス事件の判決が下されてから1年少しという段階で、全国女性法律センター(NWLC)がまとめた集計によれば、セクシュアル・ハラスメントの訴訟のうち、行為者がより厳格化された新しい「監督者」の基準を満たさず、かつ、原告の側が使用者の過失を証明することもできなかったとして訴えが棄却された事案は、43件にも達している[*97]。

報復事案における立証の困難化

連邦最高裁は、バンス事件の判決と同じ日に、もう1件、第7編の下における労働者の権利を縮減する判決を下した。そして、こちらでも、ギンズバーグ判事が怒りのこもった反対意見を書き、ブライヤー、ソトマイヨール、ケーガンの3判事がこれに加わった。

このナッサー事件(テキサス大学サウスウェスタン医療センター対ナッサー)で、連邦最高裁は、原告が自分は報復を受けたと主張する場合、「動機の競合」の証明枠組みは利用できないとする判断を示した。1989年のプライス・ウォーターハウス事件では、連邦最高裁の判事の多数が、労働者が差別を主張して訴訟を起こした場合、たとえ使用者が当該行為について差別以外の正当な理由も同時に有していたとしても、原告は勝訴することができるとしていた。そして1991年公民権法も、その点を確認した。ところが、ナッサー事件で、連邦最高裁の保守派の判事たちは、ケネディ判事が書いた法廷意見により、報復の主張を行う原告には、より高い基準を適用することとした。今後、そのような原告は、報復「だけ」

が使用者の動機であったことを証明しない限り、勝訴できないのである。

ナッサー事件は、第7編が定める報復禁止の保護をそれまで極めて広く解釈してきた連邦最高裁が、Uターンをしたことを示すものである。以前の最も重要な判決は、もちろん2006年のバーリントン・ノーザン事件であり、労働者が差別に対して苦情を申し立てることを「思いとどまらせる可能性が高い」行為であれば、すべてが違法な報復に含まれると判断した。しかし、この判決の前や後にも、連邦最高裁は、第7編は退職した元労働者も報復から保護していると判断し、また、他の労働者の苦情に関してそれを裏付けるような証言を行った労働者[*98]や、苦情を申し立てた労働者と同じ会社で働いている家族[*99]も、同様に保護されると判断していた(この最後の事件は、女性労働者が差別の苦情を申し立てたことに対し、同じ職場で働いていた彼女の婚約者を会社が解雇した、というものである)。

一般的に言われているのは、報復を受けたと主張する訴訟がずっと増え続けているため、連邦最高裁がそれらを制限する方向に態度を変えた、という解釈である。連邦最高裁がナッサー事件の検討をする頃までに、EEOCに申し立てられる件数のうち、報復の事案が40%近くを占めていた。バーリントン・ノーザン事件が最高裁にかかっていた時期と比べると、約30%の増加である。しかし、より冷笑的な見方をする人々は、ケネディ判事は、プライス・ウォーターハウス判決で構築された「動機の競合」の枠組みそのものに反対していたので、あの判決に裏側からダメージを与える機会を喜んで活用した、と考えた[*100]。ギンズバーグ判事の言葉は、それを暗示している。「本日の判決は」と、彼女は苦々しげに述べた。「プライス・ウォーターハウス事件で正当に退けられた議論を、再び蒸し返すものである[*101]」

ギンズバーグ判事は、ナッサー事件の反対意見の最後の部分で、これについても連邦議会が是正措置を取ることを訴えかけた。「本日の誤った判断は、あの〔バンス事件の〕判決と相まって、〔第7編の改正を〕促すに違いない[*102]」。これに対応して、連邦議会では、「高年齢労働者を差別から保護する法律」の法案が提出された。これは、ナッサー事件判決と、雇用における年齢差別禁止法の下で「動機の競合」に関して下された同様の判決を、是正することを目指している。

退職年金に関する差別とハルティーン事件

女性と退職後の資金という問題について言えば、マンハート事件とノリス事件の判決が、現在まで変更されずに維持されている。特にマンハート事件は、「第7編は、労働者を集団の一員としてではなく、個人として扱うことを命じている」という、より大きな原則を示すものとして、広く知られている。ただ、多くの使用者が、以前のような退職年金制度を避け（労働組合により組織化された職場の消滅が、それに拍車をかけた面がある）、401(k)などの確定拠出の制度に移行したため、実際上の重要性は低下した。しかしながら、このような変化は、退職後の資金に関して女性が男性よりもはるかに少ないという状況を改善していない。退職後に受け取る年金額は、在職中の実際の稼得額に連動しているため、今もなくならない男女の賃金格差——男性1ドルに対して、白人女性は77セント、有色人種の女性はさらに低額であり、最終的に女性全体の平均で、生涯に稼ぐ賃金は男性よりも53万ドルも少ない——が、社会保障による国の年金でも、401(k)の制度でも、女性の受け取る額が低いという事態をもたらす。[*103]

ノリス事件以降、連邦最高裁が女性の年金の問題を再び取り上げて検討したのは、2009年の1度だけであるが、その結果は、当事者の女性たちにとって喜ばしいものではなかった。ノリーン・ハルティーン、エレノア・コレット、リンダ・ポーター、エリザベス・スナイダーの4人は、電話会社AT&Tやその関連の前身会社に長く勤めた労働者である。彼女たちは、1960年代後半から1970年代の初頭、子どもを産むために休暇を取った。その頃の会社の制度では、一時的な労働不能のために休暇を取った労働者は、その休みの期間の全体を、勤続年数に算入されるという扱いを受けていた。これにより、後に退職した時の年金給付の計算に当たっても、有利な結果になるのである。しかし、当時の他の多くの企業と同様に、女性労働者が妊娠・出産のために休暇を取った場合は例外で、ほとんどの期間が勤続年数に算入されない扱いとされていた。

１９７８年に連邦議会がＰＤＡを可決すると、ＡＴ＆Ｔは、新たな制度を導入した。勤続年数の計算について従前の制度を改め、妊娠・出産のための休暇にも、他の理由による一時的労働不能の休暇と同様に、休んだ期間のすべてを勤続年数に算入することとしたのである。しかし、古い制度の下で休暇を取った女性たちに関して、会社は、失われた勤続分を回復する措置を取らなかった。そこで、これらの女性たちが、退職するに当たって訴訟を提起し、ＡＴ＆Ｔは、今では出産休暇を取る女性労働者に対して勤続年数への算入を否定していないが、自分たちに対し、ＰＤＡ以前の方法に依拠して勤続年数を計算し続けるのは、現在も継続する差別である、と主張した。

しかし、連邦最高裁はこれを認めず、ＡＴ＆Ｔの不平等な年金の計算方法は、「元の」制度における勤続年数への不算入も違法な差別であった場合にのみ、継続する差別と考えることができる、と判断した。そして、本件で元の制度は違法な差別ではないとされた。なぜか？　妊娠を理由とする差別は、ＰＤＡが制定された１９７８年までは違法ではなかったのであり、それは、ハルティーン氏ら原告の女性たちが出産休暇を取った時期よりも、ずっと後のことだったからである。

ギンズバーグ判事は、ここでも怒りのこもった反対意見を書き、ブライヤー判事がこれに加わった。第７編が制定される以前の年月、いかに法律が、連邦最高裁の判決にも助けられながら、女性の妊娠するという生物学的な能力を、職場において女性を軽視するために一貫して用いてきたか、という歴史を振り返った上で、ギンズバーグ判事は、連邦最高裁が、この恥ずべき伝統を復活させ、連邦議会の権威を愚弄したことを嘆いた。それにより、連邦最高裁は実質的に、女性労働者が子どもを産むことに対してＡＴ＆Ｔが懲罰を与え続けることを許容しているのである。

レッドベター事件と２００９年公正賃金法

このハルティーン事件は、そのわずか2年前に同じ連邦最高裁で出された、もう1つの問題判決と、驚くほど類似している。レッドベター事件(レッドベター対グッドイヤー・タイヤ・アンド・ラバー会社)[*104]である。この事件でも、過去の使用者の行為のせいで現に生じている差別的な結果について、いかに(あるいは、そもそも)対処すべきか、という点が問題となった。

リリー・レッドベターは、アラバマ州にあるグッドイヤーのタイヤ工場で20年近く働いており、そこで唯一の女性マネジャーだった。彼女は、退職する少し前、彼女の給与は他のどの男性マネジャーよりも少ないことを知らせる匿名のメモを受け取った。調べてみると、この誰だか分からない内報者の情報は正しいことが判明し、レッドベターは訴訟を起こした。連邦最高裁は、グッドイヤーが、過去の不公正な決定の結果として、現在、彼女により少ない賃金を支払っているという事実だけでは、第7編の責任を発生させるには十分ではない、と判断した。判決によれば、差別は、実際には何年も前に、会社が彼女に対して男性同僚よりも低い賃金を払うことを決定した時点で発生したのであり、この差別の主張に関するEEOCへの申立ての期限は、ずっと以前に過ぎていた。彼女が当時、それに気づかなかったのは、運が悪かっただけである、と。

連邦議会は、このレッドベター事件の判決を否定するために、行動を起こした。かつて1978年に、連邦最高裁のギルバート事件の判決を覆すためにPDAを成立させたように、また、その後、連邦最高裁の他の様々な判決を是正するために1991年公民権法を制定したように。2009年、連邦議会はリリー・レッドベター公正賃金法を制定した。この法律は、使用者が不平等な賃金の支払いをする度に、その賃金額の決定がいつ行われたのかに関わりなく、新たな差別の主張の「時計」が動き始めることを明らかにした。

また、女性の権利の支援者たちは、さらに「ペイチェック公正法」を制定することも求め続けている。これは、男女間の賃金格差と戦うための武器である1963年同一賃金法(EPA)について、連邦最高裁がその機能を阻害する判決を多く下してきたので、それらを否定しようとするものである。その中には、レッドベターや、その前や後に彼女と同じ状況に置かれた何百万人もの女性たちにとって、とりわけ助けとなる規定が含まれている。労働者が仲間同士で、自分たちの賃金について、公然と議論や比較をすることを禁じてはならない、という規定である。

レッドベターと、他のヒロインたち

自分に対してなされた間違った行為を必ず正す、というリリー・レッドベターの決意は、たった1人の女性がどれだけ大きな変化を生み出すことができるかを示すものであり、彼女自身は結局グッドイヤーから1銭も受け取ることはできなかったものの、私たちを勇気づけてくれる。彼女が、その不屈の闘いゆえに、誰もが名前を知る有名人となったのは、正当なことである。

過去50年の間に、アイダ・フィリップスからペギー・ヤングまで、そのようなヒロインは他にも多くいた。私たちは、彼女たちの名前も覚えておくべきである。不平等の泥沼から前に進む次の1歩を、連邦議会で、裁判所で、そして労働の現場で記すために、私たちも懸命に努力しなければならない。彼女たちのように、時には後退があってもそれを克服し、法を前進させ続けるのである。ゆっくりと、確実に、押しとどめることのできない形で。

謝辞

これは陳腐な決まり文句だが、ここに記すのにふさわしいと思う。この本を書くことができて、夢が現実になったような気分である。それが実現したのは、私が助けを求めたときに、あれほど多くの人々がイエスと言ってくれたからだ。

　何よりも、この企画は、見も知らぬ人々が、自分たちの生活の中に(場合によっては家の中にまで)私が立ち入ることを許し、個人的な歴史や経験に関する質問に答えてくれることに依存していた。誰もが親切かつ寛大で、思い出すのが辛い記憶についてさえ、そうだった。中でも重要だったのは、テレサ・(ハリス・)ウィルソンと、彼女の弁護士、アーウィン・ベニックである。彼らは4年ほど前、私が突然電話をして本の構想があることを話し、エージェントと出版社に話を持って行く際の名刺代わりに、サンプルとなる章が必要だと説明すると、インタビューに応じてくれた。また、本書にその苦闘が記されている他の女性たちにも、私は恩義を感じている。リリアン・ガーランド、アン・ホプキンス、ブレンダ・ミース、キム・ローリンソン、シーラ・ホワイト、ペギー・ヤング。また、アイダ・フィリップスの3人の子供である、ペギー・ブラント、アルフレッド・マカリスター、ベラ・サープ(その夫、マーク・サープも)は、自分たちの思い出を通して、私が母親のことを知るのを助けてくれた。本書で紹介したすべての女性たちは、会うことができなかった他の女性たちとともに、私にとってヒロインである。彼女たちの物語を語ることができたのは光栄であり、私の仕事が有益だったと彼女たちに感じてもらえることを願っている。

　また、これらの画期的な事件における自分たちの役割を説明するために時間を割いてくれた、献身的な弁護士の方々の助けも不可欠であった。アーウィン・ベニックのほか、サム・バジェンストス、パトリシア・バリー、ジョーン・バーティン、ジョン・キャロル、カリン・クラウス、ロバート・ドーマン(奇跡的にも40年前のマンハート事件のファイルをまだ所有していた)、シャロン・グスタフソン、パム・ホロビッツ、ミリアム・ホーウィッツ、ダグ・ヒューロン、リンダ・クリーガー、ジョー・レビン、ジュディス・ルドウィック、ジョン・マーシャル・メイスバーグ・ジュニア、リーズ・マーシャル、ウィリアム・ロビンソン、パトリシア・シウ、マーレー・ワイス。私は、これらの人々が語る詳細な説明と、それぞれの事件の重要性にどのように気づいたかという話を聞くのが大好きだった。スーザン・フィスク博士は、アン・ホプキンスのために専門家証人となったときの経験を、同様に寛大に話してくれた。

セント・マーティン出版の私の担当の編集者、エリザベス・ディセガードにも、私が感謝をやめることは決してないだろう。法律雑誌に自分の名前で1本の論考しか書いたことのない弁護士である私に賭けてみてくれたことと、これらの物語を世に知らせたいという彼女の揺るぎない情熱に。彼女のアシスタントのローラ・アパーソンは、私がこの困難な過程を苦心しながら進んで行くのを、冷静さと激励で助けてくれた。セント・マーティン出版のチームの残りの人々、特に宣伝とマーケティング担当の、魔法で助けてくれる妖精たちのような、ガブリエル・ガンツ、ローラ・クラーク、クリスティーヌ・カタリーノ、クリス・シャイナ。この人たちのエネルギーに、私は畏敬の念を抱く。制作の達人、アラン・ブラッドショーと彼のチームは、冷静沈着で観察眼が鋭く、忍耐心においても素晴らしい聖人のようだった。

私のエージェント、ロブ・マキルキンがいなければ、私はどこにも到達できなかっただろう。彼の洞察力、非常に鋭い筆、そして無限のしゃれた名文句の供給は、この経験をする間、良い時も悪い時も私を支えてくれた。彼が触れたすべてのものが、本書をより良いものにした。また、エージェンシー会社、リッピンコット・マッシー・マキルキンにおける彼のチーム、特にアマンダ・パニッチと、クレア・マオ、ジュヌヴィエーヴ・ブゾーには、多くの謝意を表したい。

また、私の調査を助けてくれた、たくさんの人々にも感謝している。その中には、ニューヨーク公立図書館のジェイ・バークスデールとメラニー・ローケイ、フロリダ州中部地区連邦地裁のサラ・ボスウェル、アラバマ州法執行庁のロビン・ブラッドレー・ブライアン、連邦議会図書館のエミリー・カー、イェール大学ロースクール図書館のマーガレット・チショルム、IBEW第18支部のジェニファー・ハドリー、アラバマ州更生局のボブ・ホートン、コロンビア特別区連邦地裁のブライアント・ジョンソン、連邦労働省女性局のデービッド・タッカーとミシェル・バッカ、南部貧困法律センターのペニー・ウィーバーが含まれている。ゾリアナ・ブルアーとミシェル・デュバートは、何時間ものインタビューの記録を丁寧かつ正確に書き起こしてくれた。

キーボードに指を置くという毎日の儀式は、女性ライターのコミュニティ「パウダーケグ」(火薬樽)のおかげで、限りなく生産的になった。この特別な場所を紹介してくれたモニク・チュオンと、私を歓迎してくれた共同設立者のシャロン・ラーナーとホリー・モリスに、限りない感謝の意を表したい。親愛なる机の「隣人」であるルーシー・ホワイトハウスは、辛辣なユーモアと共感、そして何よりも炭水化物で、私を支えてくれた。

私は幸運なことに、恐ろしく賢明で洞察力があって親切な人々を知っている。これらの人々は、多忙な生活の中から数え切れないほどの時間を割いて、本書の原稿を読んで検討し、フィードバックだけでなく励ましの言葉も提供してくれた。中でも真っ先にあげられるのはミシェル・ホストである。本書に対する彼女の献身は、私自身のそれに匹敵するほどであり、この過程で彼女が読者として、また友人として示してくれた寛大さには、決して恩を返すことができないだろう。デービッド・フランクリンも、やはり全部の原稿を読み、冷酷であると同時に底抜けに愉快な編集者であってくれた。彼が与える切り傷はいつも親切だった。ジェニファー・シーゲルとモーリス・サミュエルズは、どちらも長年にわたる著作家であり(長年の友人でもある)、あらゆる機会に、輝かしい才気と共感と鋭い目を貸してくれたが、最も忘れがたいのは、私たちがイーストハンプトン・コロニーに住んでいた頃である。その他にも、イブ・ボーエン、ジョアンナ・グロスマン、ジュリー・ケイ、シャロン・ラーナー、アンナ・ポール、ギータ・シュワルツ、ガレン・シャーウィン、カトリン・バン・ダムが、不可欠な読者となり、私の気持ちを素晴らしく高めてくれた。

本書の企画には、他の友人や同僚も無数の方法で貢献してくれた。何人かは私の旅行の際にB&Bのサービスを提供してくれたし、他の人たちは、惜しみのない精神的支援や、執筆と出版という新しい世界を進んで行くための指導や、専門的な知識という通貨の貸与をしてくれた。それは以下の方々である。（作家の隠れ家「反逆の道と666キャロル」の）ゾーイ・アレンとエリック・ヘッカー、ジェシカ・アロンズ、メリンダ・アロンズ、ディナ・バキスト、コンラッド・バトグ、ダニエル・バウマン、ジジェシカ・ベネット、ジュリアン・バーンバウム、ジュリアン・ボンド、エミリー・ブラッドフォード、マイケル・カントウェル、ドロレス・カバリア・フィッシャー、デボラ・クラークとダン・キーファー、ケビン・クレミン、ハーバート・アイゼンバーグ、ジェニファー・エンティーン・マッツ、ベンジャミン・フェルドマン、トニー・フロス、ジム・ガットー、マーサ・ガットー、メリンダ・ガットー、ジェイソン・グリック、ジャニス・グッドマン、ゲイル・ゴーブとジョーダン・ヤング、マリア・グランディとマット・ハイマー、デービッド・グリーンバーグ、リン・ハリス、エミリー・ホー、サラ・アイブリー、マジョリー・ジョレスとマシュー・ピアソン、レノラ・ラピダス、トム・レパック、ダリア・リスウィック、P・デービッド・ロペス、マギー・マロイ、ミランダ・マッシー、ルイーズ・メリング、ジャスティン・ムレール、ダニエル・ムルコフ、ジンジャー・アダムス・オーティス、マヤ・ラグー、ジャディラ・リベラ、アレクサンドリア・セージ、アミ・サングビー、ジル・サビット、ジェニファー・シュースラー、ローラ・シュネル、エレナ・セイバート、ジェニファー・シェリダン、ジェイコブ・ソルとエレン・ウェイランド・スミス、アメリア・トゥミナロ、キャロライン・ウェーバー、キャロリン・ウェスリング、エミリー・ホイットフィールド、ベルナ・ウィリアムズ、スーザン・ウィリアムソン、サーシャ・ジル。

私の両親であるジョンとナンシー・トーマスは、人生では何でも可能だと感じさせてくれ、その実現のためにあらゆることをしてくれた。彼らは私と同じくらい、ここで語られた物語を愛するようになった。彼らが本書を誇りに思ってくれることが、私にとって最大のご褒美である。

ジェフ・ガットは、この本の構想から完成までを私と一緒に生きてきて、その功績を共有している。彼は多くの役割を果たしてくれた。洞察力ある読者、揺るぎないチアリーダー、比類のないカクテルを作るバーテンダー、賢明なセラピスト、人間工学の専門家、1回ではなく2回も行ったアパートの引越しのコーディネーター、金融コンサルタント、そして比類のないカクテルを作るバーテンダー(そう、私はこれを2回言った)。しかし、彼は何よりも、ずっと私の友人であり、そうあり続けてくれた。そのゆえに、私は彼を愛している。

訳者あとがき

1

本書は、２０１６年3月に刊行された、ジリアン・トーマス氏の著書、Because of Sex: One Law, Ten Cases, and Fifty Years That Changed American Women's Lives at Workを翻訳したものである。

お読みいただけばわかるように、本書は冒頭で、雇用差別を禁止する１９６４年公民権法(Civil Rights Act of 1964)の「第7編」、いわゆるタイトル・セブン(Title VII)の立法に当たり、対象となる差別事由に「性」(sex)という言葉が追加された場面を、印象的に描いている。南部バージニア州出身のハワード・スミス議員が、人種差別の禁止を目的とする公民権法案の成立を何とか阻止しようとして、法案審議の最終段階でこの修正提案を行ったところ、そのまま「性」を含む形で可決されてしまったと言われる(スミス議員の意図については、著者が述べるように異論もあり、議論が続いている)。その結果、瓢箪から駒のように、雇用の全場面にわたって「性を理由とする」差別を禁止する法律が生まれたのである。

しかし、著者が指摘するように、第7編の成立は、実は出発点にすぎない。以後のさまざまな事件で、連邦最高裁の判例が積み重ねられることによって、徐々に「性を理由とする」差別の具体的な意味内容が明らかになっていく。本書に描かれた10の事件は、いずれも連邦最高裁の判決が下された有名な事案であるが、それらをフィリップス事件(１９７１年)からヤング事件(２０１５年)まで順にたどることによって、私たちは、アメリカの雇用上の性差別に関する法理の発展を、歴史的に追体験しながら学ぶことができる。

ただ、言うまでもないが、そのような判例は、どこからか自然に発生するわけではない。ある労働者が使用者を相手に訴訟を提起し、地裁から長い道のりを経て連邦最高裁にたどり着き、最後に判決が下される。そのプロセスは、普通の一労働者、一市民である原告にとって、生やさしいものではない。最後まで勝負のわからない、長くて苦しい闘いとなる。

2

本書の最大の魅力は、それぞれの事件における右記のプロセスが、原告となった女性の視点から、苦しみも喜びも含めて、生き生きと描かれていることである。各章で、まず、いかなる問題が彼女に発生し、どのような経緯で訴訟を提起するに至ったのかが、本人のそれまでの人生や、弁護士との出会い、その問題に関する当時の状況などにも触れながら、テンポ良く語られ、小説を読むように引き込まれてしまう。次に、裁判の手続が始まって、1審の連邦地裁、2審の連邦控訴裁と判断が下されるが、それぞれを担当する判事、法律上の論点、弁護士の戦略、判決の内容、その間の本人の生活などが、やはりキビキビと的確に述べられる。

その後、上告がなされると、いよいよ連邦最高裁へと舞台が移る。そこでのクライマックスといえるのが、9人の判事の前で双方の弁護士が行う口頭弁論である。これは、弁護士が一方的に主張を述べるものではなく、次々に判事が割り込んで質問をし、厳しい口頭試問のような様相を呈する(その模様は録音され、書き起こされたテキストと一緒にウェブサイトで公開されている)。口頭弁論が終わった後、判事の合議にもとづいて判決が下されるが、日本と違って全員一致の判決は少なく、ほとんどの場合、多数意見の結論に賛同しない反対意見や、結論は同じでも別の理由を述べる同意意見が付され、判事の間での考え方の違いが示される。本書は、このような連邦最高裁の判断の過程を、法的な論点をしっかり押さえながら、人間くさく魅力的に叙述している。しかも、各事件の後半に現れる連邦最高裁の場面で、時の流れとともに判事の顔ぶれが変化していく様は、まことに興味が尽きない。

けれども、こうして連邦最高裁の判決が下されても、多くの場合、当事者にとって事件が終わるわけではない。下級審に戻って手続が再開され、また何年も続くことがある。また、和解等によって最終的に事件が終結しても、原告だった女性の人生はさらに続く。本書の各章の末尾には、他ではなかなか知ることのできない「判決後」の経緯が簡潔に記されており、これを読むことによって、判決の意義をさらに深く考えさせられることとなる。

3

本書の著者、ジリアン・トーマス(Gillian Thomas)氏は、ニューヨーク在住の女性弁護士であり、アメリカ自由人権協会(American Civil Liberties Union：ACLU)の「女性の権利プロジェクト」のシニア・スタッフ弁護士という肩書きが記されている。多くの性差別訴訟を手がけた経験があり、また、ニューヨーク・タイムズ、ロサンゼルス・タイムズ、ワシントン・ポスト、アトランティックなどの新聞・雑誌に様々な記事を執筆している。

本書は本人にとって初の著書であるが、これだけの書物をまとめる構想力と筆力に、感嘆するばかりである。本書の末尾に訳出した「謝辞」によれば、最初に第8章のハリス事件(1993年)の原告と弁護士にコンタクトをしてインタビューに応じてもらい、以後、他の事件についても当事者や関係者のインタビューを重ねたようである(2018年6月、第6章のプライス・ウォーターハウス事件の原告だったアン・ホプキンス氏が他界したとの報道がなされたが、今後、当事者の声の記録としての価値は、ますます高まることであろう)。もちろん、本書は単なる聞き書きではない堂々たる研究書であり、参照した膨大な文献も巻末の注に記されている。翻訳に当たっては、残念ながら、紙幅の関係で割愛せざるを得なかったが、文章の注番号は入れた上で、日本評論社のウェブサイトから原著の注を参照することができるようにしているので、より深く勉強したい方は、それらの文献(当然ながら、すべて英語である)に当たっていただければ幸いである。

原著は、各章の中に、いくつか切れ目が入っているだけであるが、日本の読者にとっての読みやすさを考え、私のほうで、より多くの区切りを入れ、それぞれに見出しを付した。また、各事件の主人公となる女性については、読者により親しみを持っていただくために、原著とは異なってファーストネームを用いたことも、お断りしておきたい。

とにかく、本書を手に取って、1つずつ彼女たちの物語を読み進んでいただきたい。ハッとする鋭い指摘や、ニヤリとさせられるユーモアや、胸にジーンと来る場面も、しっかり味わいながら。10の物語を読み終わり、最後のエピローグに至ったとき、彼女たちが苦闘の末に闘い取ったものの大きさが、残された課題とともに、鮮やかに浮かび上がって来ることであろう。

4

ただ、本書の内容を理解するためは、法律の仕組みや手続について、若干の解説があったほうが有益であろう。説明をし始めればきりがないが、ここでは骨格だけを記しておくことにしたい。

(1) まず、1964年公民権法は、市民生活上の様々な場面における差別を禁止するために作られた連邦法であり、その「第7編」は、雇用関係について、「人種、皮膚の色、宗教、性、または出身国」を理由とする差別を禁じている。差別の中には、いくつかの類型があり、それぞれに立証の枠組みが異なる。

第1に、「女性は採用しない」というように、「性」を理由とすることが明らかな場合もある。これはもちろん違法であるが、ごく狭い例外として、特定の性でなければ職務の遂行が不可能である場合には、「真正な職業資格」(bona fide occupational qualification：BFOQ)という抗弁が認められる。たとえば、映画の俳優や、性的プライバシーの保護が必要な弱者を相手にするような仕事である。

第2に、性を理由とすることが直接的に明らかではなくても、たとえば採用拒否や解雇について、様々な間接証拠を集めていけば、使用者の真の動機は「性」であったと判断されることがある。この場合の立証の枠組みを示したのが、第10章でも登場する、連邦最高裁のマクダネル・ダグラス事件(1973年)であり(同事件は人種差別の事案であったが、性差別にも同様に適用される)、①原告による一応の証明、②被告による非差別的理由の提示、③原告による「口実」の証明、という3段階のプロセスとなる。差別が許されないことが定着している今日では、第1のようなケースは少なく、この第2の枠組みの中で、隠された使用者の差別意思をいかに証明するかが焦点となることが多い。

第3に、ある制度が男女を区別せず中立的であるように見えても、実際上、それを適用することによって、一方の性のほうが不均衡に大きな不利益を受けることがある。この場合、使用者は、当該制度に「業務上の必要性」があることを示す必要があり(前記のBFOQほど厳格ではない)、それができないときには、たとえ差別の意図がなかったとしても、違法な差別が成立しうる。連邦最高裁のグリッグス事件(1971年)により確立された、「差別的インパクト」(disparate impact)と呼ばれる法理である。同事件では人種的なインパクトが問題となったが、第2章のドサード事件(1977年)で出てくる身長・体重の要件は、性に関する差別的インパクトの代表例である。

また、「性」差別の特殊な類型として、妊娠差別とセクシュアル・ハラスメントがある。妊娠差別については、本書でもたびたび出てくるように、1978年の法改正で、妊娠差別禁止法(Pregnancy Discrimination Act：PDA)が作られた。これは、健康保険の給付に関し、妊娠した女性労働者を不利に扱うことは違法な性差別に当たらない、と判断した連邦最高裁のギルバート事件(1976年)を覆すためのものである。「法」と言っても第7編の中の1条項であるが、妊娠・出産や、それらに関連する健康状態を理由とする差別も「性を理由とする」差別であると明記し、他の事由による一時的労働不能者と同じ扱いをするよう命じている。他方、セクシュアル・ハラスメントに関しては、第7編に特別の規定はなく、第4章で記されているように、当初は性差別に当たることを否定する裁判例が多かった。しかし、１９８０年に発出されたＥＥＯＣ（Equal Employment Opportunity Commission：雇用機会均等委員会）のガイドラインを契機として肯定説が優勢となり、連邦最高裁も第4章のビンソン事件（１９８６年）で、セクシュアル・ハラスメントが第7編違反の性差別に当たることを認めた。

(2) 次に、救済の手続について見れば、使用者が違法な差別を行った場合、被害者たる労働者は、連邦の機関であるＥＥＯＣに申立てを行って、救済を求めることができる。ＥＥＯＣはその申立てについて調査を行い、たしかに違反があったと考える場合には、使用者に是正を求める（最近は、専門の調停員の下で調停が行われることが多い）。しかし、強制力はないため、使用者が自主的な解決に応じない場合には、連邦地裁に訴訟を提起することが必要になる。

この訴訟については、１９７２年の法改正により、労働者に代わってＥＥＯＣが使用者を相手に訴訟を提起することも可能となった。しかし、実際上、それが利用されるのは、ごく一部の事案に限られる（特に悪質な違反や、本人が訴訟を提起する資力がない場合など）。大多数の事案では、ＥＥＯＣから労働者に対して、調査が終了したので自分で訴訟を提起してよいという旨の通知（訴権付与状と呼ばれる）が届く。つまり、ＥＥＯＣとしては訴訟を提起しないということであり、労働者は、そこで諦めるのでなければ、自分で弁護士を雇って訴訟を提起すべきことになる。

第7編違反の訴訟は、連邦地裁（District Court）が第1審となり、そこで敗訴した当事者は、連邦の控訴裁判所（Court of Appeals）に控訴することができる。控訴裁は、全米を12の巡回区（Circuit）に区分して設けられており、それぞれの巡回区内の地裁は、そこの控訴裁の判断に拘束される。控訴裁で敗訴した当事者は、連邦最高裁に上告の申立てをすることができるが、これを受理して見直しを行うか否かは、最高裁の裁量にゆだねられる。実際に上告が認められ、最高裁の判断が下されるのは、非常に少数である。

連邦最高裁の判事の定員は9名であり、そのうち1名が、長官（Chief Justice）となる。判事は、大統領の指名にもとづき、連邦議会上院の同意を得た上で任命される（任期はなく、引退あるいは死亡まで職にとどまる）。本書でも描かれているように、多くの事案で保守派とリベラル派の意見が対立し、多数意見と少数意見の間で厳しい議論が繰り広げられるのが通例である。

(3) 以上のような、第7編の内容と手続、さらにそれを取り巻くアメリカの雇用・労働法制のより体系的な情報については、私が執筆した『アメリカ労働法〔第2版〕』（弘文堂、２０１０年）を参照していただきたい。本書の10の事件のうち、第９章のバーリントン・ノーザン事件（２００６年）までの９件については、同書に記載がなされている。また、最後（第10章）のヤング事件は、同書刊行後の事案であるが、中窪裕也「妊娠した女性労働者に対する業務転換措置の拒否と差別立証の枠組み」労働法律旬報１８５２号29頁（２０１５年）で、紹介と解説を行った。さらに、第９章やエピローグで触れられている、連邦最高裁のファラガー事件とエラース事件（１９９８年）については、中窪裕也「アメリカにおけるセクシュアル・ハラスメント法理の新展開」ジュリスト１１４７号10頁（１９９８年）でより詳しい紹介を行っているので、あわせて参照していただければ幸いである。

もう１つ、ごく最近の情報を補足しておこう。連邦最高裁は、第７編が禁止する「性を理由とする」差別に、いわゆるＬＧＢＴに対する差別が含まれるか否かという問題（本書のエピローグを参照）について、２０２０年６月15日、これを肯定する判決を下した（Bostock v. Clayton County, 590 U.S. ___ (2020)）。６対３の多数による法廷意見は、ホモセクシュアルやトランスジェンダーであることを理由とする労働者の解雇は、本人が別の性であったならば問題にされなかったはずの特徴や行動が理由となっている点で、明らかに「性」が役割を果たしており、第７編に違反する、と判断している。１９６４年の第７編の立法時、「性」がそのような内容を含むとは考えられていなかったはずだという反対意見の主張に対し、「起草者の想像力の限界は、法の要求を無視する理由とはならない」と指摘している点は、特に印象的である。賛否はともあれ、「性を理由とする」という言葉に新たな意味があることを明らかにした画期的な判決であり、そこに至るまでの法の発展を確認するためにも、本書は大きな手助けとなるであろう。

5

最後に、本書を翻訳することになった経緯について、少し説明をさせていただこう。私が本書の原著に出会ったのは、２０１７年3月、アメリカのウェストバージニア大学のロースクールを訪問した際に、図書館の本棚で、ふと目にして手に取ったときである。とても面白そうだったのでメモを取り、帰国後しばらくして入手した。

実際に読み始めたのは、その年の暮れであったが、いずれも有名な連邦最高裁判決の背後にある多彩な人間ドラマにぐいぐい引き込まれ、２０１８年の正月明けには、本文全２４６頁の原書を読み終わっていた。そして、エピローグのいちばん最後の段落の文章が、私の胸を突いた。著者は、連邦最高裁のレッドベター事件（２００７年）の原告であった女性、リリー・レッドベターの不屈の闘いを賞賛した上で、「過去50年の間に…そのようなヒロインは他にも多くいた。私たちは、彼女たちの名前も覚えておくべきである」と言う。

私は数年前、レッドベター氏の自伝を読んで感動し、日本語に翻訳して刊行した（リリー・レッドベター、スコット・S・アイソム著『賃金差別を許さない！――巨大企業に挑んだ私の闘い』（岩波書店、２０１４年））。労働法の研究者である私にとって、ややお門違いの仕事であったが、本の内容の素晴らしさに加え、後半に出てくる訴訟や法律の部分を適切に翻訳するためには専門的な知識が不可欠であろうと考えたことから、アラバマ州を訪問してご本人から話を伺った上で、自ら翻訳を行った次第である。この訳書には自分でも満足と誇りを感じているが、その間の並々ならぬ苦労を考えれば、翻訳の仕事はもうこれで十分と考えていた。

そのような私にとって、本書末尾の右記の文章は、個人的な挑戦状のように響いた。本書を読み終えた数時間後には、何としてでももう1冊、翻訳をしたい、しなければならない、という気持ちになっていた。とはいえ、様々な仕事に区切りをつけたり、企画を受け入れてくれる出版社を見つけたりするのに時間を取られ、実際に翻訳の作業に取りかかったのは、2019年の春のことである。最後の部分は、新型コロナウイルスの感染が拡大する中、ほとんど自宅にこもりきりの状態で行うこととなったが、何とか完成にこぎ着けることができたのは幸いであった。

この間、歩みののろい私を激励しながら辛抱強く支えてくださった日本評論社の鎌谷将司氏に、心より御礼を申し上げる。また、私の大学院の修士課程の学生である荒井由希子さんには、一部の章の下訳と、注番号を入れ込む作業を手伝っていただいた。記して謝意を表したい。本書が、レッドベター氏の自伝とともに、多くの人々に読まれ、日本の雇用平等の進展に少しでも役立つことを願っている。

2020年8月

中窪裕也

［追記］　2020年9月、本書の再校中に、連邦最高裁のルース・ベーダー・ギンズバーグ判事の訃報に接した。女性の権利のために長年にわたり多大な貢献をされた方で、本書でも影の主役のような存在である。私は2014年春、お目にかかる機会を得たが、優しく静かな口調の中から凛とした気迫が伝わってきて、感銘を受けた。ご冥福をお祈りしつつ、追記としたい。

※　本書は、日本学術振興会（JSPS）科学研究費（課題番号19H01419）の成果の一部である。

《著者紹介》

ジリアン・トーマス（Gillian Thomas）

アメリカ自由人権協会（ACLU）「女性の権利プロジェクト」シニア・スタッフ弁護士。イエール大学およびミシガン大学ロースクール卒業。多くの性差別訴訟を手がけるほか、ニューヨーク・タイムズ、ロサンゼルス・タイムズ、ワシントン・ポスト、アトランティックなどの新聞・雑誌に記事を執筆。

《訳者紹介》

中窪裕也（なかくぼ・ひろや）

一橋大学大学院法学研究科教授。東京大学法学部卒業、ハーバード・ロースクール LL.M.課程修了。日本労働法学会代表理事（2019年度～）。専攻は労働法。『アメリカ労働法〔第2版〕』（弘文堂、2010年）、『労働法の世界〔第13版〕』（共著、有斐閣、2019年）、リリー・レッドベター、ラニアー・S・アイソム『賃金差別を許さない！―巨大企業に挑んだ私の闘い』（訳、岩波書店、2014年）ほか。

雇用差別《こようさべつ》と闘《たたか》うアメリカの女性《じょせい》たち　最高裁《さいこうさい》を動《うご》かした10の物語《ものがたり》

2020年12月5日　第1版第1刷発行

著　者　ジリアン・トーマス
訳　者　中窪裕也
発行所　株式会社日本評論社
　　　　東京都豊島区南大塚3-12-4（〒170-8474）
　　　　電話　03-3987-8631（編集）03-3987-8621（販売）
　　　　振替　00100-3-16　　https://www.nippyo.co.jp/
印　刷　精文堂印刷株式会社
製　本　井上製本所
装　幀　図工ファイブ

Printed in Japan　ISBN 978-4-535-52482-8